NEUE SCHRIFTEN DES DEUTSCHEN STÄDTETAGES

———————— Heft 40 ————————

# Deutscher Städtetag
# Im Dienst deutscher Städte
# 1905-1980

## Ein kommunales Sachbuch
## zum 75jährigen Jubiläum

W. KOHLHAMMER VERLAG

DIE NEUEN SCHRIFTEN DES DEUTSCHEN STÄDTETAGES

veröffentlichen neben offiziellen Äußerungen des Deutschen Städtetages auch Arbeitsergebnisse und Diskussionsbeiträge seiner Gremien, seiner Mitglieder und sonstiger Mitarbeiter. Meinungen, die in den Schriften geäußert werden, stellen deshalb nicht in allen Fällen die festgelegte Ansicht des Deutschen Städtetages dar, sondern werden von den Verfassern verantwortet.

Sonderdruck für den Deutschen Städtetag

ISBN 3 17 007002 9

Werk-Nummer 7002

© Copyright 1980 Verlag W. Kohlhammer GmbH, Stuttgart, Berlin, Köln, Mainz - Verlagsort Köln

erstmalig für diese Schriftenreihe 1956

Druck: Drei Kronen Druck, Reifferscheidt GmbH & Co KG, Efferen/Köln

Printed in Germany   Imprimé en Allemagne

# Inhalt

**Vorwort** .............................................. 11

DR. BRUNO WEINBERGER
GESCHÄFTSFÜHRENDES PRÄSIDIALMITGLIED
DES DEUTSCHEN STÄDTETAGES DST

**Der Deutsche Städtetag in der zweiten Hälfte des Jahrhunderts** 13

    Kapitel I
    Die ersten 50 Jahre - ein kurzer Überblick ............... 13

    Kapitel II
    Die Organisation des Deutschen Städtetages
    in den vergangenen 25 Jahren......................... 20

    Kapitel III
    Schwerpunkte der Stadtpolitik ....................... 34

    Kapitel IV
    Der Deutsche Städtetag im Staatsgefüge................. 65

DR. ERNST PAPPERMANN, STÄNDIGER STELLVERTRETER
DES HAUPTGESCHÄFTSFÜHRERS DES DST

**Stellenwert und Finanzierung kommunaler Kulturarbeit**..... 73

DR. WERNER BÖCKER, BEIGEORDNETER DES DST

**Privatisierung öffentlicher Aufgaben**..................... 89

DR. BERNHARD HAPPE, BEIGEORDNETER DES DST

**Ausländer in unseren Städten**........................... 103

Hans-Georg Lange, Beigeordneter des DST
**Wertgleiche Lebensverhältnisse und örtliche Selbstverwaltung - ein Widerspruch?** .................................... 117

Hans-Joachim Schäfer, Beigeordneter des DST
**Gemeindefinanzreform - zehn Jahre danach** .............. 131

Sigmund Wimmer, Dezernent des DST
**Datenschutz gegen den Bürger?** ........................ 149

Dr. Ewald Müller, Hauptreferent des DST
**Städtische Presse- und Öffentlichkeitsarbeit in ständiger Bewährung** .............................. 167

Prof. Dr. Erika Spiegel, Leiterin des Deutschen Instituts für Urbanistik (Difu), Berlin
**Kommunalpolitik und Wissenschaft** .................... 185

Han van Putten
Generalsekretär der International Union of Local Authorities (IULA), Den Haag
**Städte in der Dritten Welt** ............................ 195

Gerhard Banner
Vorstand der Kommunalen Gemeinschaftsstelle für Verwaltungsvereinfachung (KGSt), Köln
**Verwaltungsführung und Verwaltungsleistung in den Städten** 203

JAKOB BERGER
HAUPTGESCHÄFTSFÜHRER DER VEREINIGUNG DER KOMMUNALEN
ARBEITGEBERVERBÄNDE (VKA), KÖLN

**Die Kommunen als Arbeitgeber** .......................... 217

ERNST AUGUST POHL
WIRTSCHAFTSPRÜFER UND STEUERBERATER, DÜSSELDORF

**Neues Prüfungsrecht für kommunale Wirtschaftsbetriebe** .... 223

DR. KARL AHRENS, MDB
GESCHÄFTSFÜHRENDES PRÄSIDIALMITGLIED DES VERBANDES
KOMMUNALER UNTERNEHMEN E.V. (VKU), KÖLN

**Die Städte und ihre Versorgungsunternehmen**
**- Konzept und Ziele im Wandel der Zeit -** ................ 233

PROF. DR.-ING. GÜNTER GIRNAU
VERBANDSDIREKTOR UND GESCHÄFTSFÜHRENDES PRÄSIDIAL-
MITGLIED DES VERBANDES ÖFFENTLICHER VERKEHRSBETRIEBE
(VÖV), KÖLN

**Öffentlicher Personennahverkehr als Instrument der**
**Stadtentwicklungspolitik** ............................... 247

HELMUT GEIGER
PRÄSIDENT DES DEUTSCHEN SPARKASSEN- UND
GIROVERBANDES, BONN

**Sparkassen und kommunale Bindung** ................... 259

DIETER BLISSENBACH, BIBLIOTHEKAR DES DST

**Die Veröffentlichungen des Deutschen Städtetages 1905 - 1980**
**(Bibliographie)** ....................................... 269

**24 Bildtafeln**

# Vorwort

75 Jahre Deutscher Städtetag — das ist kein ganz besonderes Jubiläum, nimmt man nur die Zahl. Sieht man jedoch den Bogen, der von 1905 bis 1980 reicht, dann zeigt sich auch ohne historische Sicht der Weg, den Deutschland in diesem Jahrhundert bisher gegangen ist. Es ist nur eine kurze Strecke im Laufe der Zeit, aber eine schicksalsschwere in der Geschichte nicht zuletzt unserer Städte und ihrer Bürger, die ihren bedeutenden Anteil daran haben, daß es trotz der Wirrnisse dieser 75 Jahre, vor allem aber nach dem Chaos von 1945, hierzulande längst wieder heller aussieht. Unser Land ist klein geworden. Dennoch ist gerade in den Städten eine unerhörte Vielfalt des Lebens anzutreffen. Natürlich müssen sie noch menschlicher werden. Aber der modernen, weit verbreiteten Kritik an den Lebensverhältnissen in unseren Verdichtungsräumen darf entgegengehalten werden, daß die Städte noch nie so menschengerecht gewesen sind wie heute, und daß sie den Vergleich mit der Vergangenheit hervorragend bestehen können.

So betrachtet darf der Deutsche Städtetag, abgesehen von der runden Zahl, ein Jubiläum feiern, weil er seinen Mitgliedstädten und denen, die für sie Verantwortung trugen und noch tragen, all die Jahre tatkräftig zur Seite gestanden hat. Das bedeutet in einem Land, das heute immer noch nach seinem Geschichtsbewußtsein sucht, ein Mosaikstein der Kontinuität. Auch deshalb hat der Deutsche Städtetag die Vertreter seiner Mitgliedstädte und zahlreiche Persönlichkeiten aus allen Bereichen unseres öffentlichen Lebens zu einer Festsitzung seines Hauptausschusses am 27. November 1980 nach Bonn eingeladen, und die führenden Repräsentanten der Bundesrepublik Deutschland — an der Spitze der Bundespräsident — geben ihm die Ehre.

Mit diesem Band 40 seiner Neuen Schriften legt der Deutsche Städtetag zu seinem 75jährigen Jubiläum ein kommunales Sachbuch vor — keine Jubelschrift eines kommunalen Spitzenverbandes. Darin sollen die mühselige Arbeit, aber auch die Leistungen zum Ausdruck kommen, die der Deutsche Städtetag im Dienst der städtischen Selbstverwaltung vor allem in der zweiten Hälfte dieses Jahrhunderts erbracht hat und noch erbringen muß: eine kommunalpolitische Bilanz also, die Stadtpolitik in ihren größeren Zusammenhängen durchschaubar und damit verständlich machen will, aber auch die Auseinandersetzung mit gegenwärtigen und drohenden Sorgen der Städte.

Das Buch versucht an zahlreichen politischen Gegenständen etwas von der Kraft der städtischen Selbstverwaltung zu zeigen, die in

Festreden stets gerühmt, in der ganzen Welt bewundert, in der innenpolitischen Wirklichkeit aber schwer bedrängt wird. Dabei müßte sie tatsächlich in hohem Ansehen stehen. Denn der Bürger begreift den Staat in erster Linie im Bilde der Gemeinde. Davon handelt dieses Buch.

Der Band soll aber auch etwas von der Kunst der Kommunalpolitik deutlich machen. Wie zwischen Planbeginn und Planverwirklichung in einer Stadt oftmals eine lange Zeit liegt und deshalb in der Kommunalpolitik zum Erfolg eine große Kontinuität erforderlich ist, so zeigt sich die Stadtpolitik in übergreifenden Zusammenhängen, wie sie im Deutschen Städtetag gepflegt wird, dann auf der Höhe ihrer Wirksamkeit, wenn sie geduldig und mit beharrlichen kleinen Schritten der städtischen Selbstverwaltung einen vernünftigen Weg durch das Labyrinth der staatlichen Ebenen bahnt. Auch das wird bei der Lektüre dieses Buches offenbar.

So wird hier der gute Brauch, zu einem Jubiläum Gedrucktes vorzulegen, das beim Innehalten, d. h. beim Nachdenken über das Geschehene und bei der Prognose über das in der Zukunft Liegende behilflich sein soll, auch zu einem Zeichen der Ermunterung der städtischen Selbstverwaltung und der Stärkung ihres Selbstbewußtseins. Über den Wert der städtischen Selbstverwaltung, eines bewährten demokratischen Systems zwischen der vielbeklagten Bürgerferne des Staates und der in einem Land unserer Größenordnung nicht zu bewältigenden unmittelbaren Demokratie, ist bereits alles gesagt und geschrieben worden. Dieses kommunale Kompendium will noch etwas anderes: zur Gestaltung der Stadtpolitik von heute und morgen beitragen — auch aus dem Rückblick.

In diesem Sinne ist dem vorliegenden Werk nach der „Geschichte des Deutschen Städtetages" von Otto Ziebill, die bis in die fünfziger Jahre reicht, eine weite Verbreitung zu wünschen.

Köln, im Oktober 1980

Günther Bantzer
Präsident
des Deutschen Städtetages

Manfred Rommel
Vizepräsident
des Deutschen Städtetages

Heinrich Friedrich Karl Reichsfreiherr vom und zum Stein, der Erneuerer städtischer Selbstverwaltung in Deutschland
(1757—1831)
Statue vor dem Haus des Deutschen Städtetages in Köln-Marienburg. Die überlebensgroße Plastik war ursprünglich Teil eines im zweiten Weltkrieg stark beschädigten Denkmals, das König Friedrich Wilhelm III. von Preußen zeigte, 1862 von Gustav Blaeser entworfen worden war und seit 1878 auf dem Heumarkt in Köln stand.

Bruno Weinberger

# Der Deutsche Städtetag in der zweiten Hälfte des Jahrhunderts

Dieser Rückblick ist keine Fortsetzung der „Geschichte des Deutschen Städtetages", die Otto Ziebill 1955 zum 50jährigen Jubiläum des Städtetages herausgegeben hat. Die Geschichte des Deutschen Städtetages fortzuschreiben, muß der Zukunft überlassen bleiben. Dieser Bericht soll in vier Kapiteln Sinn und Zweck, Wirken und Ergebnisse des Deutschen Städtetages anschaulich machen.

## Kapitel I

### Die ersten 50 Jahre — ein kurzer Überblick

Der Deutsche Städtetag wurde am 27. November 1905 im Plenarsaal des Preußischen Landtages in Berlin gegründet. Zwei Entwicklungslinien führten zu dieser Verbandsgründung. Einmal wurde damit eine Entwicklung auf Reichsebene abgeschlossen, die seit der Mitte des 19. Jahrhunderts durch die Schaffung von Städteverbindungen auf Provinzial- und Landesebene vorbereitet worden war und die darauf abzielte, die mit der Wiedergeburt der städtischen Selbstverwaltung aus den Reformen des Freiherrn vom Stein gewachsene Idee in das Staatsgefüge hineinzutragen und zu festigen. Zum anderen fügten sich die deutschen Städte in einen Prozeß ein, der in Industrie und Landwirtschaft bereits auf Reichsebene zur Konstituierung von Spitzenverbänden geführt hatte. So gesehen war der Deutsche Städtetag, obwohl er der älteste der kommunalen Spitzenverbände ist, ein „verbandspolitischer Nachzügler".

Der letzte Anstoß zur Gründung des Deutschen Städtetages erfolgte 1903, als sich am Ende der Deutschen Städteausstellung zu Dresden 350 Delegierte von 146 Städten zum Ersten Deutschen Städtetage versammelten. Später bezeichnete man diesen Städtetag von 1903 als lediglich „vorläufigen", um jene erste ordentliche Hauptversammlung als „Ersten Deutschen Städtetag" gebührend zu markieren, die nach zwei Jahren in Berlin durch Annahme der Satzung und Errichtung der ständigen Zentralstelle zum eigentlichen Arbeitsbeginn des Deutschen Städtetages führte. Die Zentralstelle nahm am 1. April 1906 unter der Leitung des Berliner Magistratsrates SCHALHORN mit vier Kräften ihre Tätigkeit auf. Seit 1907 erscheinen die „Mitteilungen der Zentralstelle des DST". 1908 hatten sich die Dienstkräfte bereits auf acht verdoppelt. Einen entscheidenden Schritt in seiner Entwicklung machte der Städtetag am 1. April 1913: Die Geschäftsstellen des Deutschen und des Preußischen Städtetages wurden vereinigt und der Magdeburger Stadtrat DR. HANS LUTHER übernahm die gemeinsame Geschäftsführung. Damit war die bis heute gültige Tradition der Personalunion in der Geschäftsführung zwischen dem Deutschen Städtetag und dem Städtetag des Sitzlandes der Zentralregierung begründet.

Bemerkenswert waren die fachlichen Motive, welche die deutschen Städte zusammengeführt hatten. Es waren nicht, wie man vermuten könnte, Finanznöte — JOHANNES VON MIQUEL hatte in den Jahren 1890 bis 1893 ein modernes Gemeindesteuersystem geschaffen! —, sondern Versorgungs- und Sozialprobleme. Im Mittelpunkt des Treffens von 1903 standen — so auch das Thema zweier Vorträge von Oberbürgermeister ADICKES, Frankfurt am Main, und Oberbürgermeister BEUTLER, Dresden — „die sozialen Aufgaben der deutschen Städte". In der Gründungsversammlung 1905 beschäftigten sich die Vertreter der Städte mit der „Fleischversorgung der deutschen Städte und der Schädigung ihrer Bevölkerung durch die gegenwärtige Fleischteuerung". Die Kriegsjahre 1914 bis 1918 gaben dem Städtetag reichlich Gelegenheit, sich in den Versorgungs- und Bewirtschaftungsfragen zu bewähren. Der sogenannte Nahrungsmittelausschuß wurde zum wichtigsten Fachausschuß des Städtetages. Es entstand eine enge Zusammenarbeit mit den Reichsorganen und die neuen Aufgaben führten im Verlauf des Krieges zu einer Verdoppelung des Städtetagshaushalts.

Der Mitgliedsbestand des Städtetages hatte sich von 144 Städten und sieben regionalen Städtevereinen im Jahre 1905 auf 187 Städte und 11 Mitgliedsverbände im Jahre 1914 ausgeweitet. Im Krieg trat dann in dieser Entwicklung eine Pause ein. Die Leitung der Geschäftsstelle übernahm 1918 (LUTHER war zum Oberbürgermeister von Essen gewählt worden) der frühere Bochumer Bürgermeister SAHM, 1919 der ehemalige Bromberger Oberbürgermeister MITZLAFF und 1926 der vormalige Leiter der Kommunalabteilung im Preußischen Innenministerium DR. MULERT.

Der Zusammenbruch des Deutschen Reiches und der Aufbau der Weimarer Republik leitete auch für die Gemeindeselbstverwaltung, die Städte und den Städtetag eine neue Epoche ein. Die wirtschaftlichen und sozialen Probleme dauerten an und wurden im Verlauf der zwanziger Jahre noch größer. Hinzu kamen finanz- und steuerpolitische Fragen, da die Erzbergersche Reichsfinanzreform von 1919/20 für die Gemeinden außerordentlich schwerwiegende Folgen hatte. Das Personal des Städtetages war bereits 1921 auf 40 Personen angewachsen. In jener Zeit entstand übrigens auch das Emblem des Deutschen Städtetages. Es zeigt in einem Kreis das Lübecker Holstentor in schlichter, klarer Umrißzeichnung mit den dem Original entsprechenden Strukturlinien in der Waagerechten. Mit geringfügigen Varianten hat sich dieses 1925 von EDMUND SCHÄFER, Professor an der Kunstgewerbeschule in Berlin-Charlottenburg, geschaffene Symbol für den Selbstbehauptungswillen städtischer Selbstverwaltung bis heute gehalten. Ebenfalls der Hanse entlehnt sind die Farben des Deutschen Städtetages: Rot und Weiß.

**Deutscher Gemeindetag von 1933 bis 1945**

Der Nationalsozialismus führte ein vorläufiges Ende des Deutschen Städtetages herbei. Sofort nach Übernahme der Kanzlerschaft durch Adolf Hitler wurden am 4. Februar 1933 in Preußen alle kommunalen Parlamente aufgelöst. Gleichzeitig begann, zunächst hinter den Kulissen, der Kampf um die kommunalen Spitzenverbände. Nach mehreren Wochen zähen Ringens zwischen den Gremien der Spitzenverbände und der neuen Staatsführung wurde am 22. Mai 1933 die Auslieferung der kommunalen Spitzenverbände an die Beauftragten der NSDAP sowie der Zusammenschluß der Verbände zu einem „Deutschen Gemeindetag" bewerkstelligt. Die amtliche Installierung des Deutschen Gemeindetages erfolgte durch Gesetz vom 15. Dezember 1933; die Satzung vom 24. April 1934 wurde vom Reichsminister des Innern erlassen.

Beim Deutschen Gemeindetag von 1933/34 handelte es sich um einen Einheitsverband, der Körperschaft des öffentlichen Rechts war, und dem alle Gemeinden und Gemeindeverbände zwangsweise angehörten. Politisch dem Regime verpflichtet, versuchte der Verband fachlich dennoch seinen Mitgliedern für den Erfahrungsaustausch und für Gutachtertätigkeit dienlich zu sein. Die in den ersten, noch vor 1933 entstandenen Entwürfen der Selbstverwaltung durchaus noch verbundene Deutsche Gemeindeordnung wurde 1935 erlassen und dabei durch das in ihr verwirklichte „Führerprinzip" belastet. Die an sich gemeindefreundliche Realsteuerreform von 1936 wurde durch die bald nachfolgenden Kriegswirtschaftsbestimmungen ausgehöhlt.

### Der Wiederaufbau des Städtetages nach 1945

Nach dem Zusammenbruch im Jahre 1945 waren die Gemeinden für eine gewisse Zeit die einzige funktionsfähige deutsche Verwaltung. Die Selbstverwaltungsidee erhielt dadurch nicht nur erneut eine historische Bestätigung, sondern auch Auftrieb für eine Epoche, die von der Beseitigung der Kriegsfolgen und von der gewaltigen Aufgabe des Wiederaufbaus geprägt war. Das Streben zu einem Zusammenschluß in einem Verband setzte unmittelbar ein, nachdem durch Gesetz Nr. 5 der Militärregierung der Deutsche Gemeindetag aufgelöst worden war. Von Mitarbeitern des aufgelösten Deutschen Gemeindetages wurde eine kammerartige Spitzenorganisation der Gemeinden angestrebt. Schneller und anders reagierte KONRAD ADENAUER, Oberbürgermeister von Köln von Juni bis Oktober 1945. Bereits im Juli beauftragte er PETER VAN AUBEL, den Vorstandsvorsitzenden der Wirtschaftsberatungs AG, der einzigen kommunalen Fachorganisation, die den Zusammenbruch ohne größere Beeinträchtigung überstanden hatte, den Wiederaufbau des Deutschen Städtetages vorzubereiten. Am 21. August 1945 begann in Bad Godesberg eine neue Geschäftsstelle zu arbeiten. Eines der ersten Schreiben war folgender Aufruf des Kölner Oberbürgermeisters KONRAD ADENAUER:

„Der Oberbürgermeister          Köln, den 23. August 1945
  der Stadt Köln

An die
Herren Oberbürgermeister
der größeren Städte (der Städte über 80 000 Einwohner)

BETR.: DEUTSCHER STÄDTETAG

Die Auflösung des Deutschen Gemeindetages durch das Gesetz Nr. 5 der Militär-Regierung gibt die Arbeit der kommunalen Spitzenverbände, die durch das nationalsozialistische Gesetz über den Deutschen Gemeindetag zur Untätigkeit verurteilt waren, wieder frei. Da der letzte Vorsitzende des Deutschen Städtetages verstorben und vom engeren Vorstand außer mir offenbar niemand mehr amtiert oder erreichbar ist, halte ich mich für verpflichtet, die Arbeit des Städtetages wieder in Gang zu bringen. Leider ist auch der geschäftsführende Präsident des Städtetages, Herr Dr. Oskar Mulert, zur Zeit nicht erreichbar. Ich habe deshalb den 1931 berufenen Vorsitzer des Vorstandes der seiner Zeit vom Städtetag und den kommunalen Wirtschaftsverbänden gegründeten Wirtschaftsberatung Deutscher Städte (jetzt: Wirtschaftsberatung Deutscher Gemeinden), Herrn Dr. Peter van Aubel, gebeten, bis auf weiteres das Amt eines Geschäftsführers des Städtetages mit wahrzunehmen. Die Geschäftsstelle befindet sich vorläufig in Bad Godesberg, Rheinallee 69.

Ich darf wohl annehmen, daß auch Ihre Stadt an der Tätigkeit des Deutschen Städtetages auf der alten Grundlage interessiert ist und bitte Sie, dies der Geschäftsstelle oder mir persönlich alsbald zu bestätigen. Ebenso sind Anregungen für die Erfüllung vordringlicher gemeinsamer Aufgaben erwünscht.

Dr. Adenauer<br>Oberbürgermeister"

Das Echo war groß und kam schnell. Die Oberbürgermeister trafen sich auf Konferenzen zum Erfahrungsaustausch, soweit dies die Bewegungsmöglichkeit jener Zeit gestattete. Die rheinisch-westfälische Oberbürgermeister-Besprechung beschloß am 25. August 1945 in Mülheim/Ruhr: „Herr Oberbürgermeister Dr. Adenauer in Köln wird gebeten, seinen Plan, einen neuen Städtetag ins Leben zu rufen, möglichst bald zu verwirklichen." Am 19. Dezember 1945 konstituierte sich in Essen ein vorläufiger Vorstand. Am 12. Mai 1946 sprach die Militärregierung die Genehmigung für einen Deutschen Städtetag in der Britischen Zone aus. Im Juli 1946 fand in München die Erste Interzonale Städtekonferenz statt, im September wurde auf einem Rheindampfer in Köln die zweite durchgeführt und im November 1946 traf man sich auf Schloß Hohenheim bei Stuttgart zur dritten Zusammenkunft. Hierbei wurde der wiedergegründete Deutsche Städtetag auch von der amerikanischen Militärregierung akzeptiert. Die erste ordentliche Hauptversammlung des neuen Deutschen Städtetages fand am 20. Mai 1948 in der Frankfurter Paulskirche statt. Den regionalen Verbänden in der Französischen Zone wurde im Frühjahr 1949 der Anschluß an den Deutschen Städtetag gestattet. Den Städten Ost- und Mitteldeutschlands, die bei der ersten Gründung des Deutschen Städtetages teilweise sehr aktiv waren, war eine Mitwirkung nicht möglich.

Die Satzung, die in den Jahren 1947 bis 1951 entstand, prägte den Deutschen Städtetag in seiner neuen Form. Die Neufassung unter dem Datum vom 17. Mai 1947 führte die berühmt gewordene Bestimmung ein, daß für alle Beschlüsse in allen Gremien die Dreiviertelmehrheit erforderlich ist. Die Satzung von 1948 schuf die Position des Präsidenten (bis dahin: Federführendes Mitglied des Präsidiums) in der Form eines ehrenamtlichen Vorsitzenden; die in der Zeit von 1926 bis 1933 geltende Regelung, die neben dem ehrenamtlichen Vorsitzenden einen hauptamtlichen geschäftsführenden Präsidenten kannte, wurde nicht aufgegriffen. Nach kleinen Änderungen 1949 fand mit der Satzungsänderung 1951, durch die vor allem die Zahl der Delegierten zur Hauptversammlung verdoppelt und dem ehrenamtlichen Element hierbei eine starke Stellung eingeräumt wurde, der organisatorische Aufbau des Städtetages einen gewissen Abschluß.

Der Deutsche Städtetag war wiedererstanden, wie er gegründet worden war, nämlich als freiwilliger Zusammenschluß deutscher Städte, der auf Unabhängigkeit bedacht ist. Um die Unabhängigkeit zu wahren, wurde schon im Satzungsentwurf, den der Dresdner Oberbürgermeister BEUTLER 1903 ausgearbeitet hatte, der öffentlich-rechtliche Status vermieden und ein eingetragener Verein angestrebt. Der Berliner Oberbürgermeister KIRSCHNER ging 1905 noch einen Schritt weiter und setzte seinen Vorschlag durch, den Städtetag als nicht-eingetragenen Verein zu gründen. Dabei blieb es bis heute, obwohl gelegentlich öffentlich-rechtliche Organisationsformen diskutiert worden sind. (So wurde z.B. 1929 ein Vorstoß unter Hinweis auf folgende Äußerung LUTHERS aus dem Jahre 1921 zurückgestellt: „Ich bin immer der Meinung gewesen, daß die beste Kraft des Städtetages auf seiner Freiheit beruht . . . Ich habe mich stets gesträubt, die Eintragung des Städtetages als Verein auch nur zu erwägen und habe umgekehrt betont, daß er ein Gebilde ganz neuer Art sei, für das es eine wirklich zutreffende Ausdrucksform in der Gesetzgebung nicht gäbe." *Siehe Otto Ziebill, S. 53.)*

1948 konnte der wiederaufgebaute Städtetag mit den ordentlichen Hauptversammlungen beginnen. Zur ersten Tagung versammelte man sich geschichtsbewußt in der Frankfurter Paulskirche und gedachte auch des Revolutionsjahres 1948, in dem übrigens erstmals von einem „Städtetag" die Rede gewesen war. Die zweite Hauptversammlung fand im Juli 1949 in Lübeck statt. Nachdem 1948 das Präsidentenamt von Oberbürgermeister PÜNDER auf die Berliner Bürgermeisterin LOUISE SCHROEDER übergegangen war, übernahm in Lübeck für fast fünf Jahre der Berliner Regierende Bürgermeister ERNST REUTER die Präsidentschaft bis zu seinem Tod unmittelbar nach seiner erneuten Wiederwahl 1953 in Hamburg.

Der Wiederaufbau des Deutschen Städtetages nach dem Krieg war maßgeblich ein Werk PETER VAN AUBELS. Nach fast sechsjähriger Tätigkeit als Hauptgeschäftsführer kehrte er 1951 wieder in die Leitung der Wirtschaftsberatungs-Aktiengesellschaft, die er 1931 übernommen hatte, zurück. Neuer Hauptgeschäftsführer wurde zum 1. April 1951 der Nürnberger Oberbürgermeister DR. OTTO ZIEBILL.

Kapitel II

## Die Organisation des Deutschen Städtetages in den vergangenen 25 Jahren

1955 konnte der Deutsche Städtetag auf sein fünfzigjähriges Bestehen zurückblicken. Die Hauptversammlung dieses Jahres wurde aus diesem Anlaß in Frankfurt am Main festlich gestaltet. Die Festrede hielt Bundespräsident Theodor Heuss über das Thema „Die Stadt der Zukunft". Unter den zahlreichen Ehrengästen befand sich auch der erste hauptamtliche Geschäftsführer des früheren Deutschen Städtetages, Alt-Reichskanzler Hans Luther.

Das halbe Jahrhundert Deutscher Städtetag war eine schicksalsträchtige, wechselvolle Zeit gewesen: zwei Kriege, zwölf Jahre Nationalsozialismus und dann mühsamer Wiederaufbau unter Besatzungsmacht. 1955 hatte sich der Deutsche Städtetag längst wieder konsolidiert, die sachliche Arbeit war in vollem Gange, die Organisation stand. Die Satzung wurde noch einmal mit Wirkung vom 23. Juni 1956 geringfügig geändert: man verlängerte den Hauptversammlungsturnus auf zwei Jahre. Eine gewisse Unruhe entstand nur noch durch die Überlegungen zur Sitzverlegung von Köln nach Berlin. „Der Wunsch nach der Wiedervereinigung Deutschlands" und „der Gedanke, Berlin wieder voll den Charakter der deutschen Hauptstadt zu geben", führten im Dezember 1956 den Hauptausschuß zu dem Beschluß, „den Sitz des Deutschen Städtetages zu dem frühesten Zeitpunkt, den die sachliche Erfüllung seiner Aufgaben zuläßt, nach Berlin zurückzuverlegen" *(siehe Geschäftsbericht 1956/57, S. 8).* Die Geschichte verlief anders, Bonn blieb Bundeshauptstadt, der Deutsche Städtetag sitzt nach wie vor in Köln — fühlt sich seiner Mitgliedstadt Berlin (West) deshalb aber nicht weniger verbunden.

Welchen Städten stand und steht der Deutsche Städtetag offen? Bei der Gründung 1905 war an Städte mit mindestens 25 000 Einwohnern gedacht worden. Bereits 1921 wurde diese Grenze auf 10 000 Einwohner herabgesetzt und nach dem Kriege wurde die unmittelbare Mitgliedschaft sehr bald allen deutschen Städten geöffnet. Im Geschäftsbericht 1956/57 *(S. 5)* steht als Bekenntnis: „Unser Ziel bleibt unverrückbar, alle deutschen Städte im Deutschen Städtetag zu vereinen." Im Mitgliedsbestand ist ein Vergleich zwischen Vorkriegs- und Nachkriegszeit infolge der Teilung Deutschlands kaum möglich. Anfang der dreißiger Jahre, gegen Ende des ersten

Deutschen Städtetages, waren rund 300 Städte unmittelbare und alle regionalen Städteverbände mit insgesamt 950 Städten mittelbare Mitglieder. 1955 war der neue Deutsche Städtetag bereits wieder auf 135 unmittelbare Mitgliedstädte, 258 mittelbare Mitglieder durch die Landesverbände sowie fünf außerordentliche Mitglieder angewachsen. Jetzt, nach 25 Jahren, sind es 138 unmittelbare Mitgliedstädte (die drei Stadtstaaten, die 89 kreisfreien Städte und 46 kreisangehörige Städte), 11 Mitgliedsverbände mit 402 mittelbaren Mitgliedstädten und acht außerordentlichen Mitgliedern. Ein Vergleich der Städtezahlen ist auch jetzt kaum möglich, weil in dieser Zeit die große kommunale Neugliederung stattgefunden hat. Mehr sagt deshalb ein Vergleich der repräsentierten Bevölkerung aus: 22 Mill. = 41% der Bevölkerung waren es 1955, 31,5 Mill. = 51% der Bevölkerung sind es derzeit.

Beim Aufbau der Organisation und der Organe stand man vor der schwierigen Aufgabe, zwei gegensätzliche Kräfte zu vereinen. Einmal galt es der Tatsache gerecht zu werden, daß die Landesstädtetage und -verbände zuerst entstanden und vor der Organisation auf Reichsebene vorhanden waren, ein Vorgang, der sich nach 1945 weitgehend im Verhältnis zwischen Bundesländern und Bundesebene wiederholte und der föderalistischen Struktur der Bundesrepublik auch entsprach. Zum anderen war dem Verlangen deutscher Städte zu entsprechen, über Landesgrenzen hinweg verbunden zu sein und mit der Reichs- bzw. Bundesebene unmittelbare Beziehungen unterhalten zu können; immerhin war diesem Verlangen bei den freien Reichsstädten schon Rechnung getragen worden! Beiden Erfordernissen wurde satzungsrechtlich mit einer geschickten Konstruktion aus unmittelbarer Mitgliedschaft und Landesverbandszuständigkeiten entsprochen. Jede Bevorzugung einer der beiden Komponenten würde zu Schwierigkeiten führen, die Bewahrung des Gleichgewichts gehört zu den Führungsaufgaben in der deutschen Städteorganisation.

Der satzungsrechtliche Doppelcharakter zeigt sich im obersten Organ, der HAUPTVERSAMMLUNG (Hv). Sie wird beschickt aus den unmittelbaren Mitgliedstädten und aus den Mitgliedsverbänden sowie von den außerordentlichen Mitgliedern. Dadurch entsteht bei dem derzeitigen Mitgliedsbestand eine Versammlung von rund 400 Delegierten. Sie treffen sich alle zwei Jahre und wählen den Präsidenten, den Vizepräsidenten und die weiteren Stellvertreter. Außerdem legen sie die große kommunalpolitische Linie der Städtetagsarbeit fest und nehmen zu bedeutsamen aktuellen Fragen der deutschen Kommunalpolitik Stellung. Ein Überblick über die 20 ordentlichen und die eine außerordentliche Hauptversammlung der Nachkriegszeit zeigt die ganze Breite des städtischen Aufgabenfeldes und die Probleme und Nöte der Epoche:

1. HV 1948 in Frankfurt am Main
Sachthemen:
— Kommunale Arbeit im deutschen Aufbau
— Kommunale Forderungen an ein deutsches Gemeinderecht

2. HV 1949 in Lübeck
Sachthemen:
— Die deutschen Städte vor dem Problem der Heimatlosen
— Kommunalkredit und kommunale Kreditinstitute

3. HV 1950 in Köln
Motto:
Unsere Städte und ihre Jugend

4. HV 1951 in München
Sachthemen:
— Die staatspolitische Bedeutung der kommunalen Selbstverwaltung
— Die kommunale Fürsorge im System der sozialen Sicherung
— Die heutige Lage der kommunalen Wirtschaft

5. HV 1952 in Berlin
Motto:
Städte und Sport

6. HV 1953 in Hamburg
Gesamtthemen:
— Städte und Schulen
— Kulturaufgaben der Städte

7. HV 1954 in Stuttgart
Motto:
Die Städte und ihre Bürger

8. HV 1955 in Frankfurt am Main
Sachthemen:
— Finanzen
— Sozialer Wohnungsbau
— Verkehr
— Film

9. HV 1956 in Essen
Motto:
Soziale Aufgaben der deutschen Städte

10. HV 1958 in Hannover
Motto:
Die Städte und die 5-Tage-Woche

11. HV 1960 in Augsburg
Motto:
Erneuerung unserer Stadt

12. HV 1962 in Düsseldorf (1. Teil)
Motto:
Die Stadt muß leben — wenn Ihr leben wollt

12. HV 1963 in Berlin (2. Teil)
Sachthemen:
— Der Bundesgesetzgeber und die Städte
— Die Städte in der Bildungspolitik der Gegenwart

13. HV 1965 in Nürnberg
Motto:
Leben in der Stadt? — Leben in der Stadt!

14. HV 1967 in Bremen
Motto:
Reformen für die Städte von morgen

Außerordentliche HV 1968 in Bonn
Motto:
Städte fordern — Bürger fordern: Gerechte Finanzreform

15. HV 1969 in Mannheim
Motto:
Im Schnittpunkt unserer Welt: Die Stadt!
— Sie ist das Forum moderner Demokratie,
— sie trägt den Fortschritt der Wirtschaft,
— sie bestimmt das Klima der Kultur,
— sie ist die Basis einer freien Gesellschaft.
Die Stadt brauchen wir alle!

16. HV 1971 in München
Motto:
Rettet unsere Städte jetzt!

17. HV 1973 in Dortmund
Motto:
Wege zur menschlichen Stadt

18. HV 1975 in Berlin
Motto:
Die Stadt: Zentrum der Entwicklung

19. HV 1977 in Stuttgart
Motto:
Unsere Städte und die junge Generation

20. HV 1979 in Kiel
Motto:
Starke Städte — Lebendige Demokratie
Standort und Zukunft der kommunalen Selbstverwaltung

Der HAUPTAUSSCHUSS ist noch stärker föderal geprägt als die Hauptversammlung. Er besteht aus dem Präsidenten und dem Hauptgeschäftsführer, den von den Mitgliedsverbänden nach einem Einwohnerschlüssel zu entsendenden Mitgliedern und fünfzehn vom Hauptausschuß selbst zuzuwählenden Personen. Derzeit umfaßt er 94 Mitglieder. Er tagte früher viermal, seit einigen Jahren nur noch dreimal im Jahr und bestimmt mit seiner Zuständigkeit für den Haushalt und für die Führungspositionen der Hauptgeschäftsstelle sehr maßgeblich die Entwicklung des Deutschen Städtetages. Seit Wiedergründung hat sich der Hauptausschuß zu 108 Sitzungen getroffen, wobei man bestrebt war, in Abstand von ein bis zwei Jahren regelmäßig in Berlin zu tagen.

Eine weitere Funktion des Hauptausschusses ist es, die Mitglieder des PRÄSIDIUMS zu wählen. Das Präsidium bereitet die Sitzungen des Hauptausschusses vor und beschließt über die ihm vom Hauptausschuß überwiesenen Angelegenheiten, jedoch auch über dringende Angelegenheiten anstelle des Hauptausschusses. Das Präsidium entscheidet über die Aufnahme von Mitgliedern und die Einberufung von ordentlichen und außerordentlichen Hauptversammlungen und des Hauptausschusses sowie über die Einsetzung von Fachausschüssen. Das Präsidium umfaßte 1948 neun Mitglieder, 1955 17 und derzeit 24 Mitglieder. Bei der Auswahl spielt — ohne satzungsrechtliche Verankerung — neben der Persönlichkeit das an den Ratsitzen in den Mitgliedstädten gemessene Kräfteverhältnis der Parteien und Gruppen eine praktische Rolle. Das Präsidium führte seit Wiedergründung des Deutschen Städtetages

Dr. Dr. h. c. Hans Luther
\* 10. März 1879   † 11. Mai 1962
Geschäftsführer des Deutschen Städtetages
(1913—1918)
Oberbürgermeister von Essen (1918—1922). Reichsernährungs- und Reichsfinanzminister (1922—1925). Reichskanzler (1925—1926). Präsident der Deutschen Reichsbank (1930—1933).

223 Sitzungen durch. In der Regel traf sich also das Präsidium fünf- bis sechsmal im Jahr. Diese häufige Tagungsfolge, mit der das Präsidium fortlaufend die Verbandsarbeit prägt, macht es zum wichtigsten Führungsorgan des Deutschen Städtetages.

Eine Besonderheit, die den Deutschen Städtetag auszeichnet, ist das Erfordernis der Mehrheit von Dreivierteln der abgegebenen Stimmen für alle Beschlüsse und Wahlen. Diese Satzungsbestimmung wird allgemein als Grundlage für die große Wirkung und die Beständigkeit des Deutschen Städtetages und deshalb als weise Entscheidung der Gründungsväter gewertet.

Diese Regelung verlangt vor allem dem PRÄSIDENTEN ein hohes Maß an Ausgleichsfähigkeit ab. Er hat den Vorsitz in allen Organen, bei seiner Verhinderung der Vizepräsident, im Falle von dessen Verhinderung einer der weiteren Stellvertreter, von denen es gegenwärtig drei gibt. Diese Vertretungsbestimmung erscheint etwas umfangreich, hat sich jedoch sehr bewährt.

In den ersten Jahren des neuen Deutschen Städtetages war es mit zwei Ausnahmen (PÜNDER und SCHWERING) Übung geworden, den jeweiligen Berliner Bürgermeister in das Amt des Städtetagspräsidenten zu wählen. Am 22. Februar 1963 erklärte jedoch Regierender Bürgermeister WILLI BRANDT, daß er mit Rücksicht auf seine starke politische Belastung für eine Wiederwahl als Präsident, der er seit Juni 1958 war, nicht mehr zur Verfügung stehen könne. Mit der neuen Präsidentenwahl in der Hauptversammlung 1963 ging das Präsidentenamt — in der erklärten Absicht des Präsidiums, es künftig zwischen den deutschen Städten wechseln zu lassen — zunächst auf westdeutsche Bürgermeister über. Die Reihe der Städtetagspräsidenten, die im Foyer der Hauptgeschäftsstelle und in dieser Jubiläumsschrift mit Porträtphotos dokumentiert ist, zeigt das Engagement bedeutender Kommunalpolitiker für die Gemeinschaft der deutschen Städte:

| | |
|---|---|
| 1945—1948 | Oberbürgermeister DR. HERMANN PÜNDER, Köln (Federführendes Mitglied des Präsidiums) |
| 1948—1949 | Frau Stellv. Oberbürgermeister LOUISE SCHROEDER, Berlin |
| 1949—1953 | Reg. Bürgermeister Prof. DR. ERNST REUTER, Berlin |
| 1953—1955 | Oberbürgermeister DR. ERNST SCHWERING, Köln (von 1953 bis 1954 amtierender Präsident) |

| | |
|---|---|
| 1955—1957 | Reg. Bürgermeister Prof. DR. OTTO SUHR, Berlin |
| 1957—1958 | Oberbürgermeister DR. ERNST SCHWERING, Köln (amtierender Präsident) |
| 1958—1963 | Reg. Bürgermeister WILLI BRANDT, Berlin |
| Februar 1963 bis Mai 1963 | Oberstadtdirektor DR. WALTHER HENSEL, Düsseldorf (amtierender Präsident) |
| 1963—1965 | Oberbürgermeister DR. ARNULF KLETT, Stuttgart |
| 1965—1967 | Oberbürgermeister DR. ALFRED DREGGER, Fulda |
| 1967—1970 | Oberbürgermeister Prof. DR. WILLI BRUNDERT, Frankfurt am Main |
| Mai 1970 bis November 1970 | Oberbürgermeister DR. ALFRED DREGGER, Fulda (amtierender Präsident) |
| November 1970 bis Mai 1971 | Oberbürgermeister DR. HANS-JOCHEN VOGEL, München (amtierender Präsident) |
| 1971—1977 | Präsident des Senats Bürgermeister HANS KOSCHNICK, Bremen |
| 1977—1979 | Oberbürgermeister MANFRED ROMMEL, Stuttgart |
| 1979—1980 | Oberbürgermeister GÜNTHER BANTZER, Kiel |

Die Nachkriegsepoche des Deutschen Städtetages spiegelt sich nicht nur in seinen Präsidenten, sondern auch in seinen EHRENMITGLIEDERN wider. Dazu werden von der Hauptversammlung Personen berufen, die sich um die Selbstverwaltung und um den Deutschen Städtetag hervorragende Verdienste erworben haben. Diese Ehrung wird in der Praxis auf Personen beschränkt, die mit dem Ausscheiden aus der Tätigkeit für den Deutschen Städtetag gleichzeitig ein Lebenswerk abschließen. In der folgenden Tafel der Ehrenmitglieder fehlen deshalb die jüngeren verdienten Kommunalpolitiker, die ihren beruflichen Weg nach der Städtetagszeit fortsetzen konnten.

Oberdirektor und Oberbürgermeister
DR. HERMANN PÜNDER † 3. 10. 76

Oberbürgermeister DR. LAUTENSCHLAGER,
Stuttgart † 6. 12. 52

| | |
|---|---|
| Oberbürgermeister Ernst Böhme, Braunschweig | † 21. 7. 68 |
| Frau Bürgermeister Louise Schroeder, Berlin | † 4. 6. 57 |
| Hauptgeschäftsführer Dr. Peter van Aubel | † 10. 4. 64 |
| Bundeskanzler und Oberbürgermeister Dr. Konrad Adenauer | † 19. 4. 67 |
| Bürgermeister Max Brauer, Hamburg | † 2. 2. 73 |
| Oberbürgermeister Dr. Ernst Schwering, Köln | † 2. 3. 62 |
| Geschäftsführendes Präsidialmitglied Dr. Otto Ziebill | † 27. 12. 78 |
| Bürgermeister Wilhelm Kaisen, Bremen | † 19. 12. 79 |
| Bürgermeister Prof. Dr. Herbert Weichmann, Hamburg | |
| Oberbürgermeister Dr. Hans Reschke, Mannheim | |
| Oberstadtdirektor Dr. Anton Kurze, Aachen | |

Vorstand im Rechtssinne des Bürgerlichen Gesetzbuches ist der Präsident; die Willenserklärungen bedürfen jedoch der Mitzeichnung durch den Hauptgeschäftsführer. Dieser ist auch zuständig für die Geschäfte der laufenden Verwaltung und für die Leitung der Hauptgeschäftsstelle. Die Hauptgeschäftsstelle ist das hauptamtliche Instrument des Deutschen Städtetages. Von ihr sind alle Aufgaben des Verbandes zu bearbeiten; sie hat die Beschlüsse der Organe vorzubereiten und auszuführen. Die Hauptgeschäftsstelle umfaßt derzeit zwölf Abteilungen in sieben Dezernaten, eine Direktionsabteilung und die entsprechenden technischen Dienste. Aus der kleinen Zentralstelle bei der Gründung des Deutschen Städtetages mit vier Dienstkräften war im Laufe der ersten 50 Jahre ein Apparat von 62 Personen entstanden. Z.Z. umfaßt die Hauptgeschäftsstelle 104 Personen, eine ansehnliche Organisation im Vergleich zu den Anfängen der Städtetagsarbeit, ein sehr kleiner Apparat im Vergleich zu den großen Bürokratien der Ministerien und zu den Aktivitäten der Parlamente und ihrer Ausschüsse. Neuere Entwicklungen in der Gesetzgebung, in den Aufgaben der Städte und in den Anforderungen an den Städtetag haben zu der Frage geführt, ob er mit dem bestehenden Apparat den Erfordernissen noch gerecht werden kann.

Die Leitung der Hauptgeschäftsstelle übernahm, wie bereits erwähnt, im April 1951 aus den Händen PETER VAN AUBELS DR. OTTO ZIEBILL. Dieser trat nach zwölfjähriger Tätigkeit im März 1963 in den Ruhestand. Der Hauptausschuß wählte am 14. April 1964 in Lübeck den Frankfurter Oberbürgermeister DR. WERNER BOCKELMANN zum neuen Geschäftsführenden Präsidialmitglied. Der Hauptausschuß ernannte ferner den Ersten Beigeordneten DR. BRUNO WEINBERGER, der seit dem Ausscheiden Ziebills die Hauptgeschäftsstelle geleitet hatte, zum sogenannten Ständigen Stellvertreter des Hauptgeschäftsführers und wählte ihn in das Präsidium. Am 7. April 1968 verlor der Deutsche Städtetag auf tragische Weise durch einen Verkehrsunfall WERNER BOCKELMANN. Mehr als 22 Jahre seines Lebens hatte er der deutschen kommunalen Selbstverwaltung als Oberbürgermeister und Oberstadtdirektor von Lüneburg, Oberbürgermeister von Ludwigshafen, Oberbürgermeister von Frankfurt am Main und als Geschäftsführendes Präsidialmitglied des Deutschen Städtetages gedient.

Der Hauptausschuß wählte am 4. September 1968 in Berlin den bisherigen Ständigen Stellvertreter DR. WEINBERGER zum neuen Geschäftsführenden Präsidialmitglied. DR. ROLF KRUMSIEK wurde am 28. Februar 1969 zum Ständigen Stellvertreter des Hauptgeschäftsführers und Finanzbeigeordneten gewählt.

Die Hauptgeschäftsstelle begann ihre Nachkriegsarbeit in Bad Godesberg. Am 1. März 1948 zog der Städtetag nach Köln-Marienburg, in die Lindenallee 11 und — seit 1950 — in die Lindenallee 17. 1966 kam das Haus Lindenallee 15 hinzu. Die provisorische Unterbringung in drei Häusern konnte nicht befriedigen, zumal ein Teil der Räume im Keller und unter dem Dach für das Personal unzumutbar war und Rationalisierungsmaßnahmen kaum möglich waren. Bereits in den Jahren 1964 bis 1966 war ein Neubau in Köln in Aussicht genommen worden. In der Amtszeit BOCKELMANNS wurde dann jedoch eine Verlegung des Deutschen Städtetages nach Bonn lebhaft diskutiert, vom Präsidium aber sowohl im Interesse des Personals als auch im Hinblick auf die doppelte Geschäftsführung als Deutscher Städtetag in Richtung Bonn und als Städtetag Nordrhein-Westfalen in Richtung Düsseldorf, die sich von Köln aus gut betreiben läßt, abgelehnt. Anfang 1969 wurden die Kölner Baupläne wieder aufgegriffen und am 30. April 1970 stimmte der Hauptausschuß dem Neubau zu. Im Sommer 1973 konnte nach zweijähriger Bauzeit der Neubau der Hauptgeschäftsstelle des Deutschen Städtetages, zugleich Geschäftsstelle des

Städtetages Nordrhein-Westfalen, bezogen werden. Damit hatte nach mehr als 25 Jahren des Provisoriums die Hauptgeschäftsstelle mit dem von Prof. SCHÜRMANN entworfenen markanten Bau wieder eine angemessene Unterbringung erhalten.

Im Neubau konnte sich endlich auch die BIBLIOTHEK des Deutschen Städtetages ausreichend entfalten. Die Notwendigkeit und der Wert einer guten Sammlung einschlägiger Literatur für die Zentrale der deutschen Städte war von Anfang an erkannt worden. Die „Deutsche Städte-Zeitung" vom 5. Januar 1906 begrüßte die Installierung der Zentralstelle des Deutschen Städtetages u.a. mit folgender Feststellung: „Damit bekommen die deutschen Städte endlich einen geistigen Mittelpunkt . . . Die deutsche Städtesache bekommt ein wissenschaftliches Rückgrat, nachdem sie bisher auf die verhältnismäßig wenigen literarischen Publikationen und die verstreuten Auslassungen in den Verwaltungszeitschriften angewiesen gewesen ist. Was das platte Land sich in seine Fachinstitutionen schon längst geschaffen hat, das soll sich nun auch der Städtesache erschließen" *(s. Otto Ziebill, Geschichte des Deutschen Städtetages, S. 35).* Die alte Städtetagsbibliothek war auf rund 30000 Bände angewachsen, blieb aber in Berlin, bildete dort nach 1945 den Grundstock der Senatsbibliothek und steht heute dem Difu zur Verfügung. Die neue Städtetagsbibliothek — trotz Raumnot konsequent aufgebaut — hatte vor 25 Jahren einen Bestand von 12000 Bänden, heute sind es rund 60000 Bände und 814 laufend bezogene Zeitschriften und Amtliche Periodika. Die Literaturmitteilungen, eine monatliche Beilage zu den „Mitteilungen des Deutschen Städtetages", erscheint inzwischen im 27. Jahrgang. Die Bibliothek ist zu einer der größten kommunalwissenschaftlichen Sammlungen geworden und sie ist in ihrer Themenvielfalt und in ihrer Bestandsqualität eine der Grundlagen der Städtetagsarbeit.

Die Ergebnisse der Arbeit des Städtetages werden vorwiegend durch eine Fülle von Publikationen nach außen getragen. Im Anhang dieses Buches ist das gesamte SCHRIFTTUM seit Bestehen des Deutschen Städtetages nachgewiesen. Im Rückblick auf die letzten 25 Jahre ist vor allem darauf hinzuweisen, daß 1956 die „Neuen Schriften des Deutschen Städtetages" entstanden sind (bisher 41 Bände), und daß ferner 1972 die „DST-Beiträge" mit ihrem Vorläufer „Sozialpolitische Schriften des DST" ab 1965 ins Leben gerufen worden sind, mit denen die Mitgliedstädte seither 65 Arbeitshilfen erhalten haben.

Für den Erfahrungsaustausch zwischen den Städten und zur Beratung der Hauptgeschäftsstelle aus der Sicht der Praxis wurden im Laufe der Jahre folgende 13 Fachausschüsse eingerichtet:

Recht und Verfassung
Personalwesen
Schule
Kultur
Soziales und Jugend
Sport
Gesundheit
Bauwesen
Wirtschaft und Verkehr
Finanzen
Statistik und Stadtforschung
Presse
Mittlere Städte

Die Fachausschüsse werden — und hier kommt wiederum die föderale Struktur des Städtetages zum Ausdruck — von den Landesverbänden und den außerordentlichen Mitgliedern des Deutschen Städtetages beschickt. Neben den Fachausschüssen gibt es aber noch zahlreiche weitere Unterausschüsse, Arbeitskreise, Beiräte, Arbeitsgruppen usw. Nach derzeitigem Stand hat die Hauptgeschäftsstelle mehr als hundert derartige Gremien zu betreuen oder zumindest zu beobachten.

Ein Überblick über die Entwicklung der Organisation des Deutschen Städtetages muß auch einige nahestehende Institutionen einschließen. Die WIRTSCHAFTSBERATUNGS-AKTIENGESELLSCHAFT wurde wegen ihrer Geburtshilfefunktion für die Neugründung des Städtetages bereits erwähnt. Das Grundkapital dieser Gesellschaft, die 1930/31 als „Wirtschaftsberatung deutscher Städte" gegründet und jetzt fünfzigjähriges Jubiläum feiern kann, befindet sich zu 95% beim Verein für Kommunalwissenschaften. Das Grundkapital betrug 1955 200 000 DM und es beträgt heute ohne zusätzliche Leistung der deutschen Städte 3,4 Mill. DM. Vorsitzender des Aufsichtsrates war mehrere Jahre Prof. KARL MARIA HETTLAGE und ist seit 1978 Bürgermeister HANS KOSCHNICK, Bremen.

Der VEREIN FÜR KOMMUNALWISSENSCHAFTEN E. V. (VFK) Berlin wurde als Verein zur Pflege kommunalwissenschaftlicher Aufgaben 1951 gegründet, um einen Rechtsträger für die in Berlin anstehende Vermögensauseinandersetzung zu haben. Es ging hierbei um die

Rückübertragung der Vermögenswerte der alten kommunalen Spitzenverbände und des 1945 aufgelösten deutschen Gemeindetages. Dem Deutschen Städtetag wurde zugewiesen und juristisch auf den Verein übertragen das Aktienkapital der WIBERA AG und das Ernst-Reuter-Haus in Berlin, das 1938/39 für den Deutschen Gemeindetag gebaut worden war. Der Verein für Kommunalwissenschaften — diesen Namen führt er seit 1963 — besteht aus sechs vom Deutschen Städtetag und zwei von der Stadt Berlin (West) benannten und als Treuhänder wirkenden Mitgliedern. Die Kölner Grundstücke des Deutschen Städtetages wurden zunächst ebenfalls dem VfK übereignet, 1971 jedoch auf die inzwischen in Köln entstandene Wirtschaftsverwaltungs-GmbH. übertragen. Diese Wirtschaftsverwaltungs-GmbH. mußte für die steuerrelevanten Geschäfte des Städtetages geschaffen werden.

Der VfK ist verpflichtet, Erträge seines Vermögens für wissenschaftliche Zwecke zu verwenden. In diesem Rahmen entstanden 1962 die Halbjahreszeitschrift „Archiv für Kommunalwissenschaften" und 1966 im Ernst-Reuter-Haus das Kommunalwissenschaftliche Forschungszentrum. 1970 waren bereits 15 wissenschaftliche Mitarbeiter verschiedenster Fachrichtungen in diesem Forschungszentrum tätig. Nachdem die Hauptversammlung 1971 in München in einer Entschließung gefordert hatte, ein Forschungsprogramm der Stadtentwicklung aufzustellen und ein DEUTSCHES INSTITUT FÜR URBANISTIK (DIFU) zu schaffen, konnte, nach entsprechenden Vorbereitungen, 1973 vom Hauptausschuß des Deutschen Städtetages die Gründung des Instituts als Einrichtung der deutschen Städte in der Trägerschaft des Vereins für Kommunalwissenschaften e.V. gebilligt werden. Mit Befriedigung wurde hierbei die grundsätzliche Bereitschaft des Bundesbauministers festgestellt, das Vorhaben ideell und materiell zu unterstützen. Das Institut nahm seine Arbeit unter Leitung von DR. WOLFGANG HAUS auf; 1978 trat Prof. DR. ERIKA SPIEGEL seine Nachfolge an. 75 Mitgliedstädte haben sich bisher entsprechend der Empfehlung des Deutschen Städtetages entschlossen, dem Institut eine jährliche Zuwendung von 0,07 DM je Einwohner zu zahlen. Das Institut beschäftigt z.Z. 35 wissenschaftliche Mitarbeiter.

Vom VfK wird auch noch eine selbständige, den drei kommunalen Spitzenverbänden verbundene Stiftung verwaltet. Zweck dieser Stiftung ist die Förderung kommunalwissenschaftlicher Aufgaben auf allen Gebieten. Die Förderung erfolgt durch in der Regel jährlich stattfindende Ausschreibungen zur Prämierung von Dissertationen, die kommunalwissenschaftlich von besonderem Wert sind und der Praxis der kommunalen Selbstverwaltung in Deutschland neue Erkenntnisse vermitteln.

Im Haue des Deutschen Städtetages in Köln ist neben der Hauptgeschäftsstelle und der Kölner Abteilung des Difu auch die KOMMUNALE GEMEINSCHAFTSSTELLE FÜR VERWALTUNGSVEREINFACHUNG (KGST) untergebracht. Die KGSt betreibt kommunale Verwaltungsrationalisierung mit Hilfe von gutachtlicher Arbeit. Sie ist eine selbständige Organisation, ein Rückblick muß jedoch erwähnen, daß sie einmal Teil der Hauptgeschäftsstelle war. Die Forderung nach Vereinfachungsmaßnahmen für die Kommunalverwaltung entstand unmittelbar nach dem Krieg. Im Mai 1947 beschloß der Vorstand des Städtetages, solche Verwaltungsvereinfachungsarbeiten durch die sogenannte Hoheitsabteilung (später Abteilung Verwaltungsberatung) der Wirtschaftsberatungs AG durchführen zu lassen. Mit Wirkung vom 1. Juni 1949 an wurde die Abteilung Verwaltungsberatung in die Kommunale Gemeinschaftsstelle für Verwaltungsvereinfachung im Deutschen Städtetag umgewandelt. 1951 kam es dann durch einen Beschluß des Hauptausschusses und die Schaffung eines Organisationsausschusses zur finanziellen und organisatorischen Verselbständigung der KGSt.

Wir haben gesehen, daß nach Auflösung des Deutschen Gemeindetages bei der Wiederaufnahme der Verbandsarbeit nicht die Idee eines Einheitsverbandes zum Zuge kam, sondern daß einzelne kommunale Spitzenverbände neu entstanden, die an ihre Tradition vor 1933 anknüpften. Andererseits waren aber gerade in jener Zeit die Probleme und Aufgaben der Gemeinden und Gemeindeverbände und ihrer Spitzenverbände in vielen Bereichen gleichartig. Der Wille zur Zusammenarbeit war deshalb von Anfang an vorhanden. Gestützt auf die guten Erfahrungen der Arbeitsgemeinschaft der kommunalen Spitzenverbände vor 1933 bildete sich eine ähnliche Arbeitsgemeinschaft etappenweise von 1947 an schnell wieder. 1953 haben dann der Deutsche Städtetag, der Deutsche Landkreistag, der Deutsche Gemeindetag und der Deutsche Städtebund die BUNDESVEREINIGUNG DER KOMMUNALEN SPITZENVERBÄNDE gebildet. Die seither geltende Vereinbarung über die Zusammenarbeit sieht als Gremien der Bundesvereinigung die Hauptversammlung, den Gesamtvorstand, die Geschäftsstellenbesprechungen sowie die Möglichkeit der Bildung gemeinsamer Fachausschüsse vor. Die Federführung liegt wie schon bei allen vorangegangenen Arbeitsgemeinschaften beim Deutschen Städtetag. Während von der Möglichkeit, die Hauptversammlung einzuberufen bisher kein Gebrauch gemacht wurde, tritt der Gesamtvorstand einmal jährlich zur Beratung kommunalpolitisch bedeutsamer Angelegenheiten zusammen; der Vorsitz wechselt jährlich zwischen den drei Verbänden, die es inzwischen infolge der Fusion des Deutschen Gemeindetages mit dem Deutschen Städtebund im Jahre 1973 geworden sind. Das tragende Element der Koordinierung zwischen den Verbänden bilden die Geschäftsstellenbesprechungen. Im Laufe der Jahre sind für Angelegenheiten des Zonenrandgebietes, des Forstwesens, des Personalwesens und der internationalen Arbeit gemeinsame Fachausschüsse gebildet worden. Die Bundesvereinigung der kommunalen Spitzenverbände beruht auf dem Kompromiß zwischen Selbständigkeit der Spitzenverbände und Zweckmäßigkeit der Zusammenarbeit. Es gibt demnach keine Organe im Sinne des Vereinsrechts, sondern nur Koordinierungsgremien, es gibt auch keine Mehrheitsbeschlüsse, kein Verband kann überstimmt werden.

Kapitel III

## Schwerpunkte der Stadtpolitik

Die Arbeit des Deutschen Städtetages in den vergangenen 25 Jahren und etwas weiter gefaßt der Nachkriegszeit ist ein Spiegelbild der kommunalpolitischen Aufgaben und Probleme, die diese Epoche den deutschen Städten gestellt hat. Es ist hier nicht möglich, auch nur annähernd die Vielzahl der Aktivitäten des Städtetages in diesen Jahren darzustellen oder auch nur aufzuzählen. Die folgenden 15 Skizzen zeigen nur eine kleine Auswahl von Themen, die die Städte und den Städtetag beschäftigt haben — eine charakteristische Auswahl allerdings, die über die kommunalpolitischen Schwerpunkte der letzten 25 Jahre Auskunft gibt.

### Beseitigung sozialer Notstände — Neuordnung der Sozial- und Jugendhilfe

Die Beseitigung sozialer Notstände als Folgen des 2. Weltkrieges war die erste, größte und wichtigste Aufgabe, die sich nach Kriegsende den Städten stellte. Solidarisches Handeln, Einfallsreichtum und die Bereitschaft, Verantwortung für die Bürger zu tragen, halfen als hervorstechende Eigenschaften der kommunalen Selbstverwaltung mit, Millionen von Menschen (Heimatvertriebene, Flüchtlinge, Evakuierte, Kriegsheimkehrer) zunächst Nahrung und Bleibe, dann eine neue Existenz und eine neue Heimat zu schaffen. Umfassende und komplizierte, ständig verfeinerte Gesetze waren in die Praxis umzusetzen. Der Lastenausgleich, die Kriegsopferversorgung und -fürsorge, die Flüchtlings- und Evakuiertenhilfe als große Blöcke beispielhaft genannt, wurden gesetzlich kodifiziert und unter ständiger Mitarbeit des Deutschen Städtetages ausgebaut. Die Geschäftsberichte aus den fünfziger und sechziger Jahren zeugen in vielfältiger Weise von dem ständigen und in wesentlichen Teilen erfolgreichen Bemühen des Deutschen Städtetages um eine sachgerechte und praxisnahe Gesetzgebung. Die Umsetzung der Normen in die Realität des Lebens, der Aufbau einer kompetenten Leistungsverwaltung fielen den Städten und Gemeinden zu und wurden in den Gremien des Deutschen Städtetages vorbereitet, koordiniert sowie in ständigem Erfahrungsaustausch weiterentwickelt.

Nachdem die größte existentielle Not gelindert war, konnte eine grundlegende Reformierung des Sozial- und Jugendhilferechts in

Angriff genommen werden. An den jahrelangen Vorarbeiten zu einem neuen Bundessozialhilfegesetz (BSHG) und einem gründlich überarbeiteten Jugendwohlfahrtsgesetz (JWG) waren die Städte durch den Deutschen Städtetag maßgeblich beteiligt.

Viel beachtete Großveranstaltungen des Städtetages haben sich, wie der Überblick über die Hauptversammlungen zeigt (insbesondere 1949, 1950, 1951, 1956, 1977), immer wieder mit Themen des Sozialbereichs und der Jugend beschäftigt. Die Arbeitsergebnisse, Erfahrungsberichte und Entschließungen dieser Tagungen haben die Sozialpolitik der Bundesrepublik maßgeblich mitgestaltet.

Das als eines der modernsten Sozialgesetze der Welt geltende BSHG aus dem Jahre 1961 und seine verschiedenen Novellierungen — insbesondere der Jahre 1965, 1969 und 1974 — tragen die Handschrift von Experten aus dem kommunalen Bereich. Die umfassenden und detaillierten Vorschläge des Deutschen Städtetages gingen in wesentlichen Teilen in das BSHG ein. In einer grundlegenden Streitfrage mußten die deutschen Städte unter Federführung des Städtetages das Bundesverfassungsgericht bemühen. Das Gericht stellte den Grundsatz einer partnerschaftlichen Zusammenarbeit zwischen öffentlichen und freien Trägern der Sozial- und Jugendhilfe auf und bestätigte ausdrücklich die Gesamtverantwortung und Entscheidungszuständigkeit der Städte für Planung und Gewährung der Hilfen.

Das BSHG gründet auf der Zuständigkeit der kreisfreien Städte und Kreise als Träger der Sozialhilfe. Die finanziellen Größenordnungen ergeben sich aus einem einfachen Zahlenvergleich: Die konsumtiven Sozialhilfeleistungen der Gemeinden (ohne Investitionen) stiegen von 1972 4,8 Mrd. DM auf 1978 11,3 Mrd. DM im Jahr.

Das Schwergewicht der Leistungen verlagerte sich von der reinen Unterhaltsgewährung auf die sogenannten Hilfen in besonderen Lebenslagen. U.a. die Hilfen für Behinderte, alte Menschen und Obdachlose wurden unter gewaltigen personellen und finanziellen Anstrengungen in die Praxis umgesetzt. Ein breit gefächertes Netz von ambulanten Hilfen und stationären Einrichtungen beweist, daß die Reform des BSHG in weiten Bereichen Wirklichkeit geworden ist.

In der Reform der Jugendhilfe ist der große gesetzgeberische Wurf bisher nicht gelungen. Das Reichsjugendwohlfahrtsgesetz des Jahres 1922 wurde in den Jahren 1953, 1961, 1970 und 1977 durch wesentliche Teilnovellierungen der Entwicklung angepaßt. Die

Vorschläge der Städte (als Träger der Jugendhilfe) zur Weiterentwicklung z.B. des Nichtehelichenrechts, des Pflegekinder-, Adoptions- und Vormundschaftswesens, des Rechts der elterlichen Sorge gingen in die Gesetzgebung ein. Die Kodifizierung eines völlig neuen Jugendhilfegesetzes ist in mehreren Anläufen immer wieder steckengeblieben. Seine letzte Fassung, bis auf wenige verbliebene Streitpunkte konsensfähig, ist in den fachlichen Teilen durch umfangreiche Stellungnahmen des Deutschen Städtetages entscheidend mitgeprägt.

Auch die Entwicklung der konsumtiven Ausgaben in der Jugendhilfe zeigt die erwachsende Bedeutung dieser Aufgabe für die Städte (1972: 2 Mrd. DM; 1978: 4,4 Mrd. DM). Wichtiger noch ist der Ausbau der in der Verantwortung der Städte liegenden fachlich-institutionellen Hilfen. Einige Beispiele beleuchten die erfolgreiche Arbeit: Im Kindergartenbereich ist inzwischen ein qualifiziertes flächendeckendes Platzangebot erreicht. Das Netz von Erziehungsberatungsstellen und Jugendfreizeiteinrichtungen vervollständigt sich von Jahr zu Jahr.

Seit zehn Jahren laufen ebenfalls unter Beteiligung von Fachleuten des Deutschen Städtetages die Arbeiten an einem Sozialgesetzbuch. Das Sozialrecht soll vereinfacht und für den Bürger transparanter gemacht werden. Der Allgemeine Teil dieses Sozialgesetzbuches aus dem Jahre 1975 und sein Verfahrensrecht des Jahres 1980 sind auch für die Sozialverwaltungen der Städte geltendes Recht. Schwierigkeiten in der Praxis bestätigen die Befürchtungen des Städtetages, daß die Sozialhilfe mit ihrer Sonderproblematik im Verhältnis zu den übermächtigen Bereichen Versicherung und Versorgung nicht genügend berücksichtigt werden könnte.

Das BSHG soll als 9. Buch in das Sozialgesetzbuch aufgenommen werden, während das Jugendhilfegesetz nach der jüngsten Entwicklung selbständig bleiben wird. Wie sich in der Praxis der Städte die Anwendung unterschiedlichen Rechts bei so eng zusammenhängenden Fachbereichen wie der Sozialhilfe und der Jugendhilfe auswirkt, bleibt abzuwarten.

**Eine weitere große Nachkriegsaufgabe: Wohnungsbau und Baulandbeschaffung**

Der Wiederaufbau der zerstörten Städte und die Schaffung von Wohnraum für ca. 12 Mill. Vertriebene und Zugewanderte aus den

FRITZ ELSAS
\* 11. Juli 1880   † 4. Januar 1945
Vizepräsident des Deutschen Städtetages
(1926—1931)

1931 bis 1933 Bürgermeister der Stadt Berlin. Oktober 1933 als „nicht rein arisch" entlassen. Verfaßte die Proklamation, mit der Dr. Goerdeler nach dem erhofften Sturz Hitlers an die Öffentlichkeit treten wollte. Verhaftet am 10. August 1944. Ohne Urteil erschossen am 4. Januar 1945 im Konzentrationslager Sachsenhausen.

deutschen Ostgebieten war eine weitere riesige Aufgabe, die den Städten und Gemeinden in der Nachkriegszeit gestellt wurde. 22% des Wohnungsbestandes waren im Krieg zerstört worden, in manchen Städten bis zu 90%. 1950, fünf Jahre nach Kriegsende, standen für 15 Mill. Haushalte immer noch erst 9,5 Mill. Wohnungen zur Verfügung. Bis Ende 1968, also in knapp zwei Jahrzehnten, in denen 11 Mill. neue Wohnungen gebaut wurden, war das Wohnungsdefizit, zumindest im statistischen Querschnitt der Bundesrepublik, beseitigt.

Diese Leistung ist nicht denkbar ohne den vollen Einsatz der deutschen Städte für diese Aufgabe. Am Anfang standen die Probleme der Trümmerbeseitigung, der Wiedernutzbarmachung teilzerstörter Gebäude, die Wiederherstellung der Straßen, Leitungsnetze, Schienenwege und öffentlichen Einrichtungen, kurz der Wiederaufbau der zerstörten Stadtkerne. Später verlagerte sich das Gewicht städtischer Aktivitäten auf die Beschaffung und Erschließung großer Flächen für neue Wohngebiete. Von 1951 bis 1969 nahm die bebaute Fläche in der Gruppe der Großstädte im Durchschnitt um ca. 40% zu, in einzelnen Städten erheblich mehr, so etwa in München um 55%, in Köln um 69% und in Stuttgart um 163%. Das erforderte den Einsatz hoher Finanzmittel der Städte für Grundstückserwerb, Erschließung und Schaffung von Infrastruktureinrichtungen, der oft unterschätzt wird und der sich mit den Leistungen von Bund und Ländern für die Wohnungsbauförderung durchaus messen kann. Ohne diese städtischen Leistungen wären jedenfalls die Wohnungsbauprogramme von Bund und Ländern nicht zu verwirklichen gewesen. Darüber hinaus ergänzten viele Städte die staatlichen Wohnungsbauförderungsprogramme um eigene Förderungsmittel.

Die Rolle der Städte bei der Baulandbeschaffung wird beispielsweise aus einer Erhebung von 1960 deutlich: In 11 ausgewählten Städten entfielen 32% der Ankäufe von noch zu erschließendem Bauland (Rohbauland) und gar 70% der Ankäufe von werdendem Bauland (Bauerwartungsland) auf städtische Ankäufe. Beim Verkauf von erschlossenem Bauland kamen z.B. 1956 in sechs ausgewählten Städten 25% der Verkaufsfälle auf Verkäufe der Stadt an private Bauherren.

Der Deutsche Städtetag hat die Bemühungen der Städte zur Lösung dieser Probleme von Anfang an durch Beeinflussung der Gesetzgebung, durch Vermittlung des Erfahrungsaustausches und Beratung der Städte unterstützt. So beruhte etwa der sogenannte Lemgoer Entwurf eines Gesetzes über den Aufbau der deutschen Städte von 1947, der die Grundlage für die späteren Aufbaugesetze der Länder darstellte, auf einem vom Deutschen Städtetag entwickelten Vorschlag.

Das Baulandbeschaffungsgesetz von 1953 ist durch Vorschläge des Städtetages, die vor allem auf die Praktikabilität des Instrumentariums und die Eingrenzung der Baulandpreissteigerungen gerichtet waren, entscheidend mitgestaltet worden. In der Wohnungsgesetzgebung waren die Bemühungen des Städtetages vor allem darauf gerichtet, einen vorzeitigen Abbau der Wohnraumbewirtschaftung durch regionale Differenzierung zu vermeiden und die Wohnungsbauförderung stärker in die Zentren der Wohnungsnot und auf die primär förderungsbedürftigen Bevölkerungskreise zu lenken. Der Städtetag wandte sich bereits in den frühen fünfziger Jahren bei aller Anerkennung des Eigentumsgedankens gegen die bevorzugte Förderung des Einfamilienhausbaus, der sich zum Nachteil der Innenstädte und ihrer Erneuerung sowie in höheren Aufschließungskosten für die Gemeinden auswirkte, und er wandte sich auch gegen die bevorzugte Förderung von Eigentumsmaßnahmen, die sich zum Nachteil des Mietwohnungsbaus und der Wohnungsversorgung vor allem der minderbemittelten Bevölkerungskreise auswirkte. Hier konnte er jedoch erst spät und nur bescheidene Erfolge erreichen. Erst das Wohnungsbauänderungsgesetz 1965 brachte eine leichte Auflockerung der gesetzlichen Rangfolgen für die Wohnungsbauförderung und ein wenig Spielraum für örtliche wohnungspolitische Prioritätsentscheidungen. Die Folgen dieser auch heute noch nicht voll überwundenen Wohnungsbauförderungspolitik, die ursprünglich auch als eine Politik der „Entballung" verstanden wurde, werden die Städte noch lange tragen müssen.

**Ein neues Baurecht entsteht und ändert sich**

Je mehr sich die Wohnungsnot entspannte, um so deutlicher trat die städtebauliche Seite des Wohnungswesens in den Vordergrund. Nach der notdürftigen Instandsetzung des kriegszerstörten Altbaubestandes und der zunächst vordringlichen Inangriffnahme des Wohnungsneubaus als eines Massenproblems machten sich neue Probleme bemerkbar: Lücken in der Infrastruktur, die Enge der baulich hochverdichteten Altbaugebiete, störendes Nebeneinander von Gewerbe und Wohngebäuden sowie der geringe Ausstattungsstandard des Althausbestandes. Verstärkt wurden die städtebaulichen Defizite durch die wachsenden Flächenansprüche und gewandelten Standortanforderungen der sich wieder entwickelnden Industrie, des Handels und der Dienstleistungen, durch die rasche Motorisierung und den dadurch ausgelösten Bedarf an zusätzlichen Verkehrsflächen sowie durch die mit wachsendem Wohlstand steigenden Ansprüche der Bürger an Größe, Ausstattung und Lage der Wohnungen.

Die bisherigen gesetzlichen Grundlagen des Städtebaus reichten nicht mehr aus, diese Probleme zu lösen. Der Bauausschuß des Deutschen Städtetages setzte schon Anfang der fünfziger Jahre einen Unterausschuß mit dem Auftrag ein, die Anforderungen der Städte an ein zu erlassendes Bundesbaugesetz zu formulieren. Vordringliche Anliegen waren dabei, die Bauleitplanung als gemeindliche Selbstverwaltungsangelegenheit bundesrechtlich abzusichern, den Gemeinden ein differenziertes Angebot planerischer Festsetzungsmöglichkeiten an die Hand zu geben, die Bemessung des Erschließungsbeitrags der gemeindlichen Satzungsautonomie zu überlassen und die Fälligkeit des Beitrags auf den Zeitpunkt der Fertigstellung der Anlagen vorzuverlegen. Ferner wurden Instrumente zur Eindämmung übermäßiger Bodenpreissteigerungen, zur Abschöpfung von Planungsmehrwerten und zur Schließung von Baulücken angestrebt.

Nach mehrjährigen Beratungen und begleitet von intensiver Mitarbeit des Städtetages gemeinsam mit den anderen kommunalen Spitzenverbänden im federführenden Bundestagsausschuß kam 1960 endlich das Bundesbaugesetz. Mit den ersteren Forderungen konnte sich die kommunale Seite durchsetzen, die Problematik der Bodenpreisentwicklung, des Planungswertausgleichs und der Baulücken blieb jedoch ungelöst.

Auf sich warten ließ auch die Schaffung eines rechtlichen und finanziellen Rahmens für die sich schon früh abzeichnende Zukunftsaufgabe der Stadterneuerung. Als sich die Forderung des Städtetages, die rechtlichen und finanziellen Voraussetzungen hierfür im Bundesbaugesetz zu schaffen als politisch nicht realisierbar erwies, forderte er, zumindest ein Sanierungs-Vorschaltgesetz zu erlassen, um Entwicklungen verhindern zu können, die einer künftigen Neugestaltung von Sanierungsgebieten im Wege stehen könnten. Doch für das Thema Stadtsanierung war die Zeit, jedenfalls im Bewußtsein der Bundespolitik, noch nicht reif. Erst das Städtebauförderungsgesetz von 1971 — vom Städtetag bereits bei der Augsburger Hauptversammlung 1960, die umfassend und wegweisend der Stadterneuerung gewidmet war, als Sanierungsgesetz zur Ergänzung des soeben erlassenen Bundesbaugesetzes gefordert —, schuf ein besonderes rechtliches Instrumentarium und eine Grundlage für Bundesfinanzhilfen zugunsten der Stadtsanierung. An der Gestaltung auch dieses Gesetzes hat der Städtetag entscheidend mitgewirkt. Allerdings fand sein Anliegen, auf eine in alle Einzelheiten gehende Regelung des Verfahrens zu verzichten und den Städten Bewegungsspielraum zu lassen, leider wenig Beachtung. Dies ist sicherlich die Hauptursache für die Schwierigkeiten, die heute die Gemeinden bei der Anwendung des Gesetzes haben. Bedauerlicherweise trafen auch die Änderungen des Gesetzes von 1976 und 1979 den Kern dieses Problems nicht.

Die schon beim Erlaß und dann in den ersten Jahren der Anwendung erkannten Lücken und Mängel des Bundesbaugesetzes bewogen den Deutschen Städtetag schon 1965, im Bauausschuß Novellierungsvorschläge ausarbeiten zu lassen. Auf der Grundlage dieser Vorarbeiten konnte der Hauptausschuß Anfang 1973 einer damals für bodenpolitische Reformvorschläge aufgeschlossenen politischen Öffentlichkeit einen Entwurf zu einer umfassenden Novellierung des Bundesbaugesetzes vorlegen. Dieser Entwurf hat die spätere Regierungsvorlage und die Beratungen in Bundesrat und Bundestag entscheidend mitgeprägt. Die Novelle von 1976 blieb allerdings erheblich hinter den Reformansätzen des Städtetagsentwurfs zurück. Bereits die knapp zweieinhalb Jahre später folgende sogenannte Beschleunigungsnovelle, die entbehrlich gewesen wäre, hätte der Gesetzgeber schon früher die kommunalen Einwände gegen allzu enge Verfahrensregelungen beachtet, machte deutlich, daß ohne eine weitere Reformierung der gesetzlichen Grundlagen bei Stärkung der gemeindlichen Eigenverantwortung und Entscheidungsfreiräume die heutigen Probleme des Städtebaus nicht zu lösen sind.

**Gescheitert: Vereinheitlichung des Gemeindeverfassungsrechts**

Der Zusammenbruch des Kommunalrechtssystems im Jahre 1945 und die Auseinanderentwicklungen insbesondere durch Einflüsse der Besatzungsmächte lösten sofort intensive Arbeiten des Deutschen Städtetages aus. Diese Aktivität erklärt sich auch aus den Bemühungen des Deutschen Städtetages um eine Vereinheitlichung des Gemeindeverfassungsrechts in der Weimarer Republik. Bereits die Hauptversammlung 1921 hatte den Auftrag erteilt, einen „Studienausschuß zur Prüfung des Gemeindeverfassungsrechts" einzusetzen. 1924 entstand der erste, 1930 der endgültige Städtetagsentwurf einer Reichsstädteordnung. Der Entwurf scheiterte damals am Widerstand der Länder, aber auch an der faktischen Lähmung der Gesetzgebungsarbeit. Die Reichsstädteordnung von 1930 hatte jedoch weiterreichende Auswirkungen auf die preußische Kommunalrechtsvereinheitlichung und in der weiteren Folge auf die Deutsche Gemeindeordnung von 1935, die das Ziel der Reichseinheitlichkeit als solcher — freilich unter ganz anderen Vorzeichen und Bedingungen — während der nationalsozialistischen Diktatur vorübergehend erreichte.

Nicht zuletzt aus Sorge um das Funktionieren der Kommunalverwaltung angesichts der zu leistenden Aufbauarbeit gab es schon am 1. Juni 1946 einen „Ersten Entwurf einer neuen deutschen Gemeindeordnung". Er verknüpfte Strukturen der Süddeutschen Ratsverfassung mit solchen einer echten Magistratsverfassung (Zweikörpersystem), um eine Stärkung der hauptamtlichen Elemente in der kommunalen Verwaltung herbeizuführen. Der Städtetags-Entwurf einer Deutschen Gemeindeordnung vom 17. Mai 1947 wurde grundlegend für die nun folgenden Beratungen. Die Hauptversammlung des Städtetages im Mai 1948 hatte die Innenminister der Westzone aufgerufen, sich mit dem Deutschen Städtetag zusammenzusetzen und allen Parlamenten einen gleichlautenden Entwurf zu unterbreiten. In dem sogenannten Weinheimer Entwurf, zu dem die Verhandlungen des Deutschen Städtetages und der anderen kommunalen Spitzenverbände mit den Innenministern am 2./3. Juli 1948 in Weinheim führten, sind die noch heute geltenden Grundlagen der kommunalen Selbstverwaltung und des kommunalen Wirtschafts- und Aufsichtsrechts niedergelegt. Die Regelung der inneren Gemeindeverfassung mußte wegen der Widerstände einiger Länder leider ausgespart werden. Obwohl der Deutsche Städtetag mit der Forderung nach freiwilliger Rechtsangleichung und kontinuierlichen Entwurfsarbeiten zur inneren Kommunalverfassung weiterhin Einfluß auf die einzelnen Länder nahm, führte die Neuordnung des Kommunalrechts, wie sie Mitte der fünfziger Jahre in den Ländern zu einem Abschluß gelangte, zu einer Verfestigung der Zersplitterungen.

Stets war es der Deutsche Städtetag, der bei allen seit den sechziger Jahren punktuell wiederkehrenden Impulsen die Initiative ergriff.

Anknüpfungspunkte waren einmal die Tatsache, daß die Gemeinden in immer größerem Umfang Bundesgesetze durchzuführen und dabei auch Bundesaufgaben zu erfüllen hatten und diese Verpflichtung mit der Zersplitterung des Kommunalrechts kollidierte, zum anderen die Verwaltungs- und Gebietsreformen. In Verbindung mit einem Gutachten der Bayerischen Arbeitsgemeinschaft für Staatsvereinfachung (1957) gelang es, Beratungen der Konferenzen der Ministerpräsidenten und Innenminister auszulösen. Auf der Grundlage eines Berichts der bayerischen Sachverständigenkommission für die Vereinfachung der Verwaltung (1960), die unverkennbar die Vereinheitlichungsanregungen des Deutschen Städtetages aufgenommen hatte, kam es zu Absichtserklärungen der Innenministerkonferenz und zu dem Versuch eines Vereinbarungsentwurfs über die Regelung kommunalrechtlicher Fragen zwischen Bund und Ländern. Einzelinteressen der Länder und die Abstinenz des Bundes in Fragen der Kommunalrechtsvereinheitlichung verhinderten jedoch Erfolge.

Im Zusammenhang mit der kommunalrechtlichen Arbeitsgemeinschaft des 49. Deutschen Juristentages 1972 erreichte die Vereinheitlichung des Gemeindeverfassungsrechts ihre bislang letzte größere öffentliche Resonanz. Die Themenstellung ging u.a. auf die Rechtsdezernentenkonferenz des Städtetages zurück, die 1970 das Thema der Zersplitterung des Kommunalverfassungsrechts für vordringlich erklärt hatte. Der Juristentag beriet dann unter Mitwirkung von Städtevertretern über die Frage: „Empfiehlt es sich, durch Einfügen einer Ziffer 6 in Art. 75 GG dem Bund die Befugnis zum Erlaß von Rahmenvorschriften im Gemeindewesen zu verleihen?" Parallel dazu griff der Deutsche Städtetag die Problematik in seinem Rechts- und Verfassungsausschuß auf. Der Juristentag lehnte mit nur knapper Mehrheit eine Bundesrahmenkompetenz ab. Er appellierte aber an die Länder, freiwillig auf eine größere Vereinheitlichung hinzuwirken, und bat die Enquête-Kommission für Fragen der Verfassungsreform, die Länder durch Einfügen einer Verfassungsnorm zur Koordination auf dem Gebiete des Gemeindeverfassungsrechts zu verpflichten. Der Deutsche Städtetag erarbeitete hierzu ein vom Präsidium am 29. November 1973 verabschiedetes Konzept, das in die Ständige Konferenz der Innenminister der Länder eingebracht wurde.

Bis heute war dem Bemühen um eine Vereinheitlichung des inneren Gemeindeverfassungsrechts wenig Erfolg beschieden. Der Deutsche Städtetag hat aber maßgeblich dazu beigetragen, daß es in der

Bundesrepublik wenigstens in den Grundzügen — im Gemeindehaushaltsrecht sogar darüber hinaus — ein einheitliches Kommunalrecht gibt. Er sieht es aus seiner Geschichte und natürlichen bundesweiten Interessenlage heraus unverändert als seine Aufgabe an, wenigstens einer weiteren Zersplitterung des Gemeinderechts in den Ländern vorzubeugen.

**Kampf um die kommunale Stellung in der Schule**

In Schulfragen besitzt die Bundesebene keine unmittelbaren Zuständigkeiten. Deshalb wurde und wird der Deutsche Städtetag von verschiedenen bildungspolitisch interessierten und verantwortlichen Stellen als eine der wenigen Einrichtungen angesehen, die eine Möglichkeit zentraler Information und dementsprechend fundierter Teilnahme an den schulpolitischen Erörterungen haben. In dieser Rolle hat der Deutsche Städtetag gemeinsam mit seinen Landesverbänden einen bis heute andauernden Kampf um die kommunale Stellung in der Schule zu führen. Diese Auseinandersetzung überrascht eigentlich angesichts der engen Verbundenheit der Städte mit ihren Schulen. Es gibt im öffentlichen Bildungswesen kaum eine Neuentwicklung, die nicht auf zukunftsweisende städtische Initiativen zurückgeht. Das gilt z.B. für das Realschulwesen, das Berufsschulwesen, das Sonderschulwesen, den zweiten Bildungsweg und in jüngster Zeit für die Entwicklung der Gesamtschulen und Kollegschulen.

Der Konflikt rührt letztlich von dem Spannungsverhältnis zwischen staatlicher Schulhoheit einerseits und kommunaler Selbstverwaltung andererseits her. Der durch die Verfassung geschützte Kern der kommunalen Selbstverwaltung beinhaltet auch eine Schulträgerschaft und damit die Verwaltung der sogenannten äußeren Schulangelegenheiten. Da sich diese vielfach mit den „inneren" Schulangelegenheiten überlappen, werden die Grenzen manchmal undeutlich und die Schulen erscheinen als sowohl staatliche wie kommunale Institutionen. In der Praxis hat freilich die Entwicklung des Schulrechts und der Schulverwaltung zunehmend zu einer Auszehrung kommunaler Kompetenzen im öffentlichen Schulwesen geführt. Der Deutsche Städtetag hat diese Entwicklung immerhin dadurch hinhaltend zu steuern versucht, daß er kontinuierlich für eine offensive, keineswegs nur auf den Bereich äußerer Schulangelegenheiten beschränkte Mitgestaltung der Schule durch die Städte eintrat.

Wie umfassend und aus heutiger Sicht kaum mehr vorstellbar groß die Leistungen und eigene Mitgestaltung der Städte für ihre Schulen waren, hat HANS HECKEL in seiner 1959 vorgelegten Arbeit „DIE STÄDTE UND IHRE SCHULEN" eindrucksvoll festgehalten. Ausgelöst wurde diese Arbeit durch die 6. Hauptversammlung des Deutschen Städtetages 1953 in Hamburg. Dort stand noch ein Entschließungsentwurf zur Abstimmung, in dem u.a. gefordert wurde, daß die Lehrer ihren Charakter als Kommunalbeamte behalten müßten. Inzwischen haben die Schulgesetze der Länder den kommunalen Lehrer nahezu abgeschafft; es bestehen allenfalls noch rudimentäre Mitwirkungsrechte der Städte bei den Lehrerpersonalentscheidungen. Lernmittelfreiheit und Schülerbeförderung haben kaum mehr kommunale Gestaltungsräume. Selbst das Gebiet des Schulbaus, ureigenstes Arbeitsgebiet der Städte mit Bauleistungen größten Ausmaßes in der Wiederaufbauzeit, hängt jetzt fest „am goldenen Zügel".

Der Deutsche Städtetag hat die Mitverantwortung der Städte für das öffentliche Schulwesen immer durch inhaltliche Beiträge und Auseinandersetzungen mit den maßgebenden bildungspolitischen Vorschlägen und Entwicklungen zur Geltung gebracht. Das galt für die Empfehlungen und Gutachten des Deutschen Ausschusses für das Erziehungs- und Bildungswesen seit 1953 ebenso wie für die Empfehlungen und Planungen des Deutschen Bildungsrates seit Mitte der sechziger Jahre und die Bildungsplanung der Bund-Länder-Kommission seit 1970. Es geschah durch seine stets aktive Mitarbeit bis hin zur Personalunion von maßgeblichen Vertretern. So leitete etwa der damalige Vorsitzende des Schulausschusses den mit auf eine Anregung des Deutschen Städtetages gegründeten Deutschen Ausschuß. Auch in diesen Gremien führte der Städtetag einen vergeblichen Kampf gegen die Zersplitterung im Schulrecht der Länder. Diese Bemühung wurde im September 1980 von der Kommission Schulrecht des Deutschen Juristentages erneut aufgegriffen und vom Schulausschuß des Städtetages konstruktiv begleitet.

Städte und Städtetag werden sich auch in Zukunft nicht aus der Schulverantwortung drängen lassen können, da die gegenwärtigen und zukünftigen Anforderungen an die Schule (z.B. Ausländerkinder, musische Bildung, Rückgang der Schülerzahlen) nur zu erfüllen sind, wenn sich die Schule der sie umgebenden örtlichen Gemeinschaft öffnet und die vielfältigen kulturellen und sozialen Leistungen der Städte in das Bildungsangebot integriert werden können.

**Die kulturpolitische Arbeit des Deutschen Städtetages**

„Die geistige Verantwortung der Städte" lautete ein Leitgedanke der 6. Hauptversammlung des Deutschen Städtetages 1953 in Hamburg. Dieser Leitgedanke könnte über der gesamten Kulturarbeit des Deutschen Städtetages in den vergangenen 25 Jahren stehen. Hiervon legen insbesondere die 1979 unter dem Titel „Kulturpolitik des Deutschen Städtetages" veröffentlichte Zusammenfassung der Empfehlungen und Stellungnahmen aus der Zeit von 1952 bis 1978 *(Reihe C — DST-Beiträge zur Bildungspolitik, Heft 11)* sowie die ebenfalls 1979 veröffentlichte kulturpolitische Bilanz „Kultur in den Städten" *(Neue Schriften des Deutschen Städtetages, Heft 37)* beredtes Zeugnis ab.

Die rund 40 kulturpolitischen Entschließungen, die in dem zurückliegenden Vierteljahrhundert verabschiedet wurden, verfolgten ein dreifaches Ziel:
1. Aus der Praxis der konkreten kommunalen Situation heraus waren die Einzelerfahrungen zusammenzutragen, auf einen gemeinsamen Nenner zu bringen und — auf diese Weise verdichtet — allen Mitgliedstädten zugänglich zu machen.
2. Bund und Länder sollten im Rahmen einer kulturpolitischen Gesamtverantwortung angesprochen werden.
3. Die Öffentlichkeit sollte auf Erfolge und Schwierigkeiten der kommunalen Kulturpolitik hingewiesen und für ihre Ziele gewonnen werden.

Eine der zentralen kulturpolitischen Aussagen, die heute noch für sich Gültigkeit beanspruchen können, stellt die Konzeption dar, die der Deutsche Städtetag anläßlich seiner Hauptversammlung 1973 unter dem Motto „Bildung und Kultur als Element der Stadtentwicklung" verabschiedete. Es ging und geht nach wie vor „um die Gestaltung eines Stadtraumes, der die Polarität des menschlichen Lebens zwischen privater und öffentlicher Sphäre berücksichtigt. Die Stadt muß als ein Ort begriffen und konzipiert werden, der Sozialisation, Kommunikation und Kreativität ermöglicht. Kultur in der Stadt bedeutet daher,
— die Kommunikation zu fördern und damit der Vereinzelung entgegenzuwirken,
— Spielräume zu schaffen und damit ein Gegengewicht gegen die Zwänge des heutigen Lebens zu setzen,
— die Reflexion herauszufordern und damit bloße Anpassung und oberflächliche Ablenkung zu überwinden.

Eine Kulturpolitik, die diese Ziele verfolgt, muß den kulturellen Bereich gegenüber der Gesellschaft öffnen und ein Kulturverständnis überwinden, das vornehmlich zur Rezeption aufforderte. Eine ihr entsprechende Stadtentwicklung muß dafür sorgen, daß die Schaffung besserer sozialer und kultureller Bedingungen für alle Bürger und die Förderung der Chancengleichheit als wesentliche Entscheidungskriterien in die Gesamtplanung eingehen" *(Kulturpolitik des Deutschen Städtetages, a.a.O. S. 38).*

Mit gewissem Stolz kann der Deutsche Städtetag — wie auch das „Kultur in den Städten" zugrundeliegende Ergebnis einer Umfrage aus dem Jahr 1978 zeigt — darauf verweisen, daß die kommunale Praxis von den Zielvorgaben seiner kulturpolitischen Arbeit immer wieder mitgeprägt und beeinflußt worden ist. Die von dieser Arbeit ausgehenden Anstöße waren es auch, die Bund und Länder innerhalb ihres kulturellen Verantwortungsbereichs zu neuen Antworten immer wieder bewogen haben. Viele Fachverbände und Institutionen haben ihre Arbeit auf die kulturpolitischen Aussagen des Deutschen Städtetages gestützt. Daß Kultur heute von den Entwicklungen im städtischen Bereich bestimmt wird, daß sich Kulturpolitik in der Bundesrepublik vornehmlich als Kommunalpolitik darstellt, ist nicht zuletzt das Verdienst der deutschen Städte, deren Engagement in dem Wirken des Deutschen Städtetages seinen besonderen Ausdruck gefunden hat.

Die Bestandsaufnahme von 1978 hat bestätigt, daß die kulturelle Daseinsvorsorge zwei Schwerpunkte besitzt. Zum einen sind die vorhandenen kulturellen Einrichtungen und Vereinigungen in ihrem institutionellen Gefüge mit Leben zu erfüllen und auszubauen. Zum anderen müssen die Städte flexibel und offen genug bleiben, innerhalb und außerhalb des institutionell Vorgegebenen neue Formen der Kulturarbeit sich entwickeln zu lassen. Dies gilt um so mehr, als heute die deutschen und internationalen Erfahrungen deutlicher denn je zeigen, daß die Menschen in den Städten kulturelle Angebote verlangen und annehmen. Vor allem das immer eindringlicher werdende Suchen nach eigenständigen kulturellen Kreativitätsformen zeigt, daß die immateriellen Lebensansprüche gewachsen sind. In der weiteren praktischen Umsetzung dieser Erkenntnisse wird sich die „geistige Verantwortung der Städte" in den nächsten Jahren beweisen — „trotz und gerade wegen der materiellen Nöte unserer Zeit", wie schon — wenngleich in einem anderen Sinne — in den Stuttgarter Richtlinien von 1952 vom Deutschen Städtetag formuliert wurde *(Kulturpolitik des Deutschen Städtetages, a.a.O. S. 62).*

**Finanzierung und Organisation der Krankenhäuser**

Besondere Sorgen bereitete den Städten schon zu Beginn der fünfziger Jahre die wirtschaftliche Lage ihrer Krankenhäuser. Die Krankenhäuser mußten mit preisgebundenen Pflegesätzen arbeiten, die ihre Kosten bei weitem nicht deckten. Der Deutsche Städtetag appellierte an Bund und Länder, die finanzielle Notlage der Krankenhäuser zu beseitigen, und zwar nicht durch sie belastende Gesetze, sondern durch Hilfen an die Sozialversicherungsträger, falls diese ihren Verpflichtungen nicht nachkommen könnten. Gerade in der Nachkriegszeit hatten die Kommunen bewiesen, daß sie in der Lage waren, auch ohne staatliche Reglementierungen den Notwendigkeiten im Krankenhauswesen Rechnung zu tragen.

Ein erster, allerdings noch nicht voll befriedigender Erfolg war zunächst die Bundespflegesatzverordnung von 1954. Schon bald stellte sich heraus, daß die auf der Grundlage der preisrechtlichen Vorschriften berechneten Pflegesätze nicht einmal für die notwendigen Ersatzbeschaffungen ausreichten. Die Gemeinden mußten nicht nur die Defizite ihrer eigenen Krankenhäuser ausgleichen, sondern auch an freie Krankenhausträger in ihrem Einzugsbereich Investitions- und Betriebskostenzuschüsse leisten. Der Deutsche Städtetag erarbeitete daraufhin 1957 „Leitsätze für die Finanzierung der Krankenhäuser". Danach sollten die Selbstkosten der Krankenhäuser durch zwischen den Krankenhausträgern und den Sozialversicherungsträgern frei vereinbarte Pflegesätze gedeckt werden. Bund und Länder sollten den Trägern eines Krankenhauses auf Antrag und bei Bedarf Investitionshilfen leisten.

In den sechziger Jahren geriet die Finanzmisere der Krankenhäuser immer stärker ins öffentliche Bewußtsein. Die Bundesregierung ermittelte in einer Enquête allein für das Jahr 1966 ein Defizit der Krankenanstalten von rund 2 Mrd. DM. Endlich im Jahre 1972 wurde das Krankenhausfinanzierungsgesetz (KHG) des Bundes und 1973 die Bundespflegesatzverordnung verabschiedet mit der Zielsetzung, die wirtschaftliche Sicherung der Krankenhäuser und eine bedarfsgerechte Versorgung der Bevölkerung mit leistungsfähigen Krankenhäusern zu gewährleisten sowie zu sozial tragbaren Pflegesätzen beizutragen.

Da den Krankenhausträgern erstmalig der Anspruch auf Selbstkostendeckung gesetzlich zugesichert wurde, hat der Deutsche Städtetag dem KHG schließlich zugestimmt, nachdem in einem langwierigen Gesetzgebungsverfahren eine Reihe seiner Vorschläge durchgesetzt werden konnte. Es war von vornherein klar, daß die neuen gesetzlichen Grundlagen den Städten und Krankenhausträgern nicht nur Vorteile bringen würden. Für die Gemeinden bedeuteten sie erhebliche finanzielle Lasten, da die öffentlichen Fördermittel für Investitionen der Krankenhäuser je zu einem Drittel von Bund, Ländern und Gemeinden aufzubringen sind. Auf die Verteilung der Mittel haben die Gemeinden jedoch so gut wie keinen Einfluß mehr. Die von den Gemeinden bislang freiwillig übernommene Aufgabe, Krankenhäuser zu errichten und zu betreiben, muß nach den meisten inzwischen erlassenen Landeskrankenhausgesetzen als Pflichtaufgabe durchgeführt werden, wobei weder bei der Errichtung noch beim Betrieb der Krankenhäuser nennenswerte Entscheidungsspielräume bleiben.

Dem steht gegenüber, daß seit 1972 Ausstattung und Leistungsstandard der Krankenhäuser verbessert wurden und eine flächendeckende, bedarfsgerechte Versorgung der Bevölkerung im wesentlichen erreicht worden ist. Allerdings müssen die Städte und Kreise auch heute noch in vielen Fällen Zuschüsse leisten, um die Funktionsfähigkeit der eigenen und der freigemeinnützigen Krankenhäuser zu erhalten — jährlich rund eine halbe Mrd. DM. Die öffentlichen Fördermittel und die Pflegesätze decken die Selbstkosten nicht. Bei den verschiedentlichen Ansätzen zur Novellierung des KHG hat der Städtetag daher eine Einbeziehung der Krankenhäuser in das Krankenversicherungs-Kostendämpfungsgesetz entschieden abgelehnt und sich für die Beibehaltung und endgültige Verwirklichung des Selbstkostendeckungsgrundsatzes sowie für eine bessere Beteiligung der Gemeinden an der Bedarfsplanung eingesetzt.

**Eine erfolgreiche Verbindung: Der Deutsche Städtetag und der Sport**

Ein Vortrag von Prof. Dr. CARL DIEM im Sportausschuß des Deutschen Städtetages über den „Spielplatzbau" leitete im Jahre 1950 eine Entwicklung ein, mit der Anzahl und Flächenbedarf von Sportstätten zur Einwohnerzahl einer Stadt in Beziehung gesetzt wurden. Nach Beratung im Sport-, Bau- und Hauptausschuß des Städtetages folgten 1956 die „Richtlinien für die Schaffung von Erholungs-, Spiel- und Sportanlagen in Städten". Die Städte erhielten Hilfen und Orientierungsdaten für die Planung und die damit verbundene frühzeitige Flächensicherung sowie Kriterien zur Vermeidung von Fehlplanungen. Im Jahre 1967 wurde gemeinsam

Dr. Dr. Oskar Mulert
* 29. Dezember 1881    † 8. November 1951
Geschäftsführender Präsident des Deutschen Städtetages
(1926—1933)
Ministerialdirektor im Preußischen Innenministerium (1920—1926).

von der Deutschen Olympischen Gesellschaft und dem Deutschen Städtetag die zweite Fassung der Richtlinien für die Schaffung von Erholungs-, Spiel und Sportanlagen in Gemeinden von 5000 und mehr Einwohnern vorgelegt; ihr folgte 1976 die dritte Fassung.

Parallel zu den „Richtlinien" ist als Gemeinschaftsarbeit der Ständigen Konferenz der Kultusminister der Länder, des Deutschen Sportbundes, der kommunalen Spitzenverbände und des Bundesministeriums für Bildung und Wissenschaft 1972 das Aktionsprogramm für den Schulsport der Öffentlichkeit übergeben worden, das die Empfehlungen zur Förderung der Leibeserziehung an den Schulen von 1956 ablöste.

Vor allem aber war der Deutsche Städtetag im Zusammenwirken mit den anderen kommunalen Spitzenverbänden und der Deutschen Olympischen Gesellschaft mit seinen Richtlinien Wegbereiter des in den Jahren 1959/60 verkündeten Goldenen Plans. Dieser Goldene Plan lief von 1960 bis 1975. Die Sportstättenstatistik ermittelte zum 1. Januar 1976 ein stolzes Ergebnis. Insgesamt haben die Städte, Gemeinden und Kreise von 1961 bis 1975 fast 11 Mrd. DM Investitionskosten für den kommunalen Sportstättenbau aufgebracht. In den folgenden vier Jahren von 1976 bis 1979 waren es weitere 6 Mrd. DM. Die den Kommunen als Träger der Sportanlagen entstehenden Folgekosten haben im Jahre 1977 die Milliardengrenze pro Jahr überschritten.

Diesem beträchtlichen und angesichts vieler anderer Belastungen erstaunlichen kommunalen Engagement für den Sport liegt die Erkenntnis zugrunde, daß die sportliche Betätigung weiter Teile der Bevölkerung wesentliche gesundheitliche und gesellschaftspolitische Aspekte hat. Der Sportausschuß des Deutschen Städtetages hat dies so formuliert: „Höchste Ausnutzbarkeit der Sportstätten für den Breiten- und Freizeitsport, Eignung für alle Altersgruppen, voraussehbar lang anhaltender Bedarf und gesundheitlicher Bezug sind unverzichtbare Voraussetzungen öffentlicher Sportförderung". Die Ministerpräsidentenkonferenz der Länder hat im Jahre 1979 eine nahezu wörtliche identische Empfehlung ausgesprochen.

Ein weiterer Grundsatz kommunaler Sportförderung besagt, daß die Kommunen die Sportstätten bauen und unterhalten, während die Vereine sie mit Leben erfüllen. Die Zusammenarbeit zwischen den Sportorganisationen und dem Deutschen Städtetag hat sich als außerordentlich fruchtbar erwiesen. Die Grundsätze kommunaler Sportförderung sind in „Leitsätzen" zusammengefaßt. Sie wurden erstmals im Jahre 1952 als „Leitsätze für die kommunale Sportpflege" verabschiedet und 1958 in überarbeiteter Form den Mitgliedstädten zur Verfügung gestellt. Die jetzige Fassung beruht auf einem Beschluß des Präsidiums des Deutschen Städtetages aus dem Jahre 1974. Sie sind Allgemeingut kommunaler Sportförderung geworden.

**Eine Aufgabe für Generationen: Verkehrsausbau in den Städten**

Die rasante Zunahme des motorisierten Verkehrs war eines der Phänomene der Nachkriegsentwicklung. Sie führte in den Städten zu gewaltigen Problemen. Während Bund und Länder in ihre Straßennetze Milliardenbeträge investierten, wurden die Städte bei der Finanzierung ihrer dringlichen Verkehrsinvestitionen vom Staat zunächst allein gelassen. Man versuchte, ein Verkehrsnetz ohne Knoten zu knüpfen. Der Deutsche Städtetag verabschiedete deshalb schon 1954 Leitsätze zur Verbesserung des Straßenverkehrs in den Städten, die vielfältige Vorschläge in planerischer und baulicher Hinsicht sowie auf dem Gebiet der Verkehrsregelung und -erziehung enthielten. Vor allem aber forderte der Städtetag bereits damals eine Beteiligung der Gemeinden am Aufkommen aus der Kraftfahrzeug- und Mineralölsteuer für Maßnahmen des kommunalen Straßenbaus. Aus heutiger Sicht ist auch interessant, daß schon vor 25 Jahren der sogenannte ruhende Verkehr den Städten große Sorgen bereitete und deshalb der Deutsche Städtetag bereits damals gestaffelte Parkgebühren vorschlug und die Einrichtung von Fußgängergeschäftsstraßen empfahl.

Die zahlreichen Initiativen des Deutschen Städtetages, die u.a. in der Denkschrift von 1956 „Verkehrsnot in den Städten" und in einer weiteren Denkschrift von 1957 „Stadtstraßen im Fernverkehrsnetz" dokumentiert sind, fanden ihren ersten, aber aus kommunaler Sicht völlig unzureichenden Niederschlag im Straßenbaufinanzierungsgesetz von 1959. Immerhin wurden mit diesem Gesetz dem kommunalen Straßenbau erstmals 375 Mill. DM für einen Vierjahreszeitraum zugeführt. Eine Änderung dieses Gesetzes im März 1960 und die Novelle zum Bundesfernstraßengesetz vom Juli 1961 brachten dann die erste geringfügige Zweckbindung des Mineralölsteueraufkommens (Gemeindepfennig) für eine Förderung des kommunalen, allerdings vorwiegend nichtstädtischen Straßenbaus.

Der Deutsche Städtetag mußte angesichts der immer untragbarer werdenden Entwicklung in den Städten zu neuen Methoden greifen. Im März 1961 führte er die *Erste Fliegende Pressekonferenz* durch. Sie war ausschließlich städtischen Verkehrsproblemen gewidmet und fand große Resonanz in der Öffentlichkeit. Wenige Wochen später erfolgte der erste Schritt zur Linderung der städtischen Verkehrsnöte mit der Verabschiedung des Gesetzes über eine Untersuchung von Maßnahmen zur Verbesserung der Verkehrsverhältnisse in den Gemeinden vom 1. August 1961. Zweck dieses Gesetzes war es, mit Hilfe einer Sachverständigenkommission festzustellen, in welchem Umfang die innerstädtischen Verkehrswege durch die Erschließung weiterer Verkehrsebenen und anderer verkehrstechnischer Maßnahmen entlastet werden können. Der Deutsche Städtetag legte der Sachverständigenkommission eine ausführliche Schrift über „Die Verkehrsprobleme der Städte" vor und konnte damit die Ergebnisse des im August 1964 erstatteten Gutachtens in wesentlichen Fragen beeinflussen.

Der große Durchbruch für den innerstädtischen Verkehrsausbau gelang schließlich im Herbst 1966. Die jahrelangen intensiven Bemühungen des Deutschen Städtetages um eine bedarfsgerechte Beteiligung am Mineralölsteueraufkommen, nunmehr unterstützt durch die Empfehlungen der Sachverständigenkommission, hatten Erfolg: Durch das Steueränderungsgesetz 1966 und die hierzu im Jahre 1967 erlassenen Mineralölsteuerrichtlinien wurde den Städten und Gemeinden für ihren Verkehrsausbau eine dringend notwendige Finanzquelle erschlossen. Aufgrund dieses Gesetzes wurde die Mineralölsteuer um 3 Pfennig je Liter erhöht und das Steuermehraufkommen für den Verkehrsausbau in den Gemeinden zweckgebunden. Die Aufteilung der Mittel auf Vorhaben im Bereich des kommunalen Straßenbaus einerseits und auf Maßnahmen im Bereich des öffentlichen Personennahverkehrs (ÖPNV) andererseits erfolgte im Verhältnis 60:40. Die Angleichung der innerstädtischen an die überörtlichen Straßennetze und der Ausbau der U-Bahn- und S-Bahnnetze in den deutschen Städten konnten beginnen.

Mit zunehmender Aktivität der Städte zeigte sich, daß der Kreis der förderbaren Vorhaben zu eng gezogen und die bereitgestellten Mittel zu gering waren. Dem wurde 1971 zunächst durch das Gemeindeverkehrsfinanzierungsgesetz Rechnung getragen, das nicht nur den Förderungskatalog erweiterte, sondern auch den Anteil des ÖPNV am Mineralölsteuermehraufkommen auf 45% erhöhte.

Eine besonders wirksame Verbesserung brachte das Verkehrsfinanzgesetz 1971, das von 1972 an mit einer Verdoppelung des für die Verbesserung der Verkehrsverhältnisse in den Gemeinden zweckgebundenen Mineralölsteueranteils auf 6 Pfennig je Liter die Grundlage für das finanzielle Volumen des derzeitigen Förderungsprogramms schuf. Gleichzeitig änderte das Gesetz erneut den Verteilungsschlüssel auf 50:50 und führte auch zu einer stärkeren Beteiligung des Bundes an den einzelnen Maßnahmen.

Mit diesen gesetzlichen Regelungen, die jährlich rund 2,4 Mrd. DM an Bundesfinanzhilfen zur Verfügung stellen und damit ein jährliches Bauvolumen von rund 4 Mrd. DM für Maßnahmen zur Verbesserung der Verkehrsverhältnisse in den Gemeinden ermöglichen, ist die Lösung einer Generationenaufgabe unserer Städte in Gang gesetzt worden. Inzwischen steht der Straßenbau in den Städten nicht mehr allein im Vordergrund, die Bürger richten ihr Augenmerk zunehmend auf die Wohnumfeldverbesserung im ganzen. Das Ziel, die Verkehrsverhältnisse in den Gemeinden zu verbessern, bleibt, jedoch ändern sich die Prioritäten: Nachdem fast alle Städte Fußgängergeschäftsstraßen und ganze Zonen urbanen Lebens unter weitgehendem Ausschluß des Kraftfahrzeuges mit großem Erfolg geschaffen haben, wird heute versucht, auch das Wohnen in der Stadt durch Einrichtung verkehrsberuhigter Bereiche wieder attraktiver zu gestalten. Die erst vor kurzem im April 1980 in Kraft getretenen verkehrsrechtlichen Bestimmungen des Straßenverkehrsgesetzes und der Staßenverkehrsordnung, beide über den Deutschen Städtetag von der Praxis stark geprägt, haben die rechtlichen Grundlagen geschaffen. Die Städte hoffen, daß recht bald eine auch finanziell gesicherte Verkehrslärmschutzregelung gefunden wird, um die Bürger vor unzumutbaren Verkehrsgeräuschen schützen zu können.

**Energie: Probleme vom Hausbrand bis zur Kerntechnik (Strukturveränderungen in der Kommunalwirtschaft)**

Während die Städte sich noch Mitte der fünfziger Jahre um die Sicherstellung der Kohlenlieferung an ihre Werke und an ihre weitgehend auf diesen Brennstoff angewiesenen Bürger sorgen mußten und der Deutsche Städtetag deswegen in ständigem Kontakt mit den zuständigen Ressortministern stand, begann sich in den folgenden Jahren die Versorgungssituation grundlegend zu wandeln. Einmal drangen die damals in scheinbar unbegrenzten Mengen vorhandenen Energien Mineralöl und Erdgas allmählich auch auf dem deutschen Markt vor und ersetzten immer mehr die Kohle als Primärenergieträger. Zum anderen rückte die Verwendung der Atomkraft zur Stromerzeugung stärker ins Blickfeld. Außerdem gewann die Fernwärmeversorgung, die wegen ihres begrenzten Versorgungsradius seit jeher eine besondere Domäne kommunalwirtschaftlicher Betätigung ist, gerade in den Städten weiter an Boden. Wegen der unbestreitbaren Vorteile des Einsatzes von Fernwärme hat der Deutsche Städtetag schon damals — fast möchte man sagen: in weiser Voraussicht — seine Mitgliedstädte gebeten, ernsthaft zu prüfen, ob und inwieweit es volkswirtschaftlich und kommunalpolitisch richtig ist, für die Beheizung von Verwaltungsgebäuden, Schulen, Krankenhäusern usw. zur Ölheizung überzugehen.

Zu Beginn der sechziger Jahre lenkte der Deutsche Städtetag die Aufmerksamkeit der Mitgliedstädte auf die sich aus der Verbreiterung des Energieangebotsspektrums ergebenden Strukturwandlungen für die kommunale Energiewirtschaft. Der vor allem vom Erdgas ausgehende Druck auf die städtischen Gaswerke ist durch einen vom Deutschen Städtetag wesentlich mitbeeinflußten regionalen Verbund der kommunalen Unternehmen aufgefangen und für die kommunale Wirtschaft fruchtbar gemacht worden.

Von Anfang an haben die Mitgliedstädte auch der Einbeziehung der Kernenergie in die künftige Energieerzeugung ihre besondere Aufmerksamkeit gewidmet. Bereits im Jahre 1956 erteilte eine Gruppe kommunaler Unternehmen und Beteiligungsgesellschaften einer Arbeitsgemeinschaft von angesehenen Herstellerfirmen den Konstruktionsauftrag für den ersten deutschen Brutreaktor. Damit entsprachen sie einer Empfehlung des Hauptausschusses des Deutschen Städtetages, den späteren Ausbau von Elektrizitätswerken mit Kernenergie zu fördern. Daß der Deutsche Städtetag dabei nicht den Schutz der Bevölkerung vor den von der Kernenergie ausgehenden Gefahren vergessen hat, zeigen seine wiederholten Eingaben an die Gesetzgebungsgremien bei der Beratung des Entwurfs eines Gesetzes über die Erzeugung und Nutzung der Kernenergie und den Schutz gegen ihre Gefahren (Atomgesetz).

Während der Absatz von Strom, Gas und Fernwärme durch die kommunalen Werke bis zur Ölkrise in den Jahren 1973/74 kontinuierlich anstieg, traten immer wieder Bestrebungen zutage, den Städten ihren Auftrag zur Versorgung ihrer Bürger mit Energie streitig zu machen. Der Deutsche Städtetag sah sich deshalb wiederholt zur Klarstellung genötigt, daß sowohl aufgrund der geschichtlichen Entwicklung als auch aufgrund der herrschenden Sachnotwendigkeiten die Befugnis der Städte, die Versorgung ihres Gebiets mit Energie (durch eigene oder fremde Unternehmen) zu regeln, zu dem geschützten Wesenskern der kommunalen Selbstverwaltung gehört. 1970 betonte der Hauptausschuß noch einmal, daß die Städte nach Gesetz und Verfassung Träger aller öffentlichen Aufgaben im Bereich der örtlichen Daseinsvorsorge sind und auch in Zukunft bleiben müssen, weil nur auf diesem Wege die notwendige umfassende Willensbildung in allen Fragen der Stadtentwicklung und der Verbesserung der örtlichen Infrastruktur bei einem unter bürgerschaftlicher Kontrolle stehenden Entscheidungsträger gewährleistet ist. Im übrigen entspricht das versorgungswirtschaftliche System der Bundesrepublik, das weitgehend von kommunalen und gemischtwirtschaftlichen Unternehmen getragen wird, allen Anforderungen an eine sichere und preisgünstige Versorgung und hat sich gegenüber anderen ausländischen Systemen als überlegen erwiesen. Dem seinerzeit vom Bundeswirtschaftsministerium präsentierten Entwurf eines Energieversorgungsgesetzes hat der Deutsche Städtetag entgegengehalten, daß er die energiewirtschaftlichen Verhältnisse in der Bundesrepublik nicht verbessern, sondern im Gegenteil verschlechtern würde. Der Entwurf wurde nicht Gesetz.

Erfreulicherweise ist es dem Deutschen Städtetag bisher gelungen, alle Angriffe auf die Ausnahmeregelungen für die Versorgungswirtschaft im Kartellgesetz abzuwehren oder doch — wie die Vierte Kartellgesetznovelle zeigt — wenigstens eine den Besonderheiten der kommunalen Versorgungswirtschaft Rechnung tragende Lösung zu erreichen.

In den letzten Jahren wird die Energieversorgung in den Städten zunehmend durch die Verknappung und die Verteuerung vor allem der Primärenergieträger Mineralöl und Gas geprägt. Der Hauptausschuß des Städtetages hat im Jahre 1978 in einer Entschließung zur Sicherstellung der Energieversorgung Stellung genommen und darauf hingewiesen, daß die Verminderung der Verluste bei der Energieumwandlung und bei der Energieanwendung entscheidend ist. Eine rationelle und auf die Zurückdrängung des Mineralöls ausgerichtete Energieversorgung erfordert vor allem ein sinnvolles Zusammenwirken von Strom, Gas und — auf der Basis von Kraft-Wärme-Koppelung gewonnener — Fernwärme im Rahmen örtlicher Versorgungskonzepte. Diese jetzt auch von der Bundesregierung geforderten örtlichen Versorgungskonzepte, an deren Entwicklung der Deutsche Städtetag maßgeblich beteiligt war, erscheinen besonders geeignet, zwischen den volkswirtschaftlichen Zielsetzungen der Energiepolitik, den Erfordernissen der Stadtplanung, den betriebswirtschaftlichen Notwendigkeiten der Versorgungsunternehmen und den Wünschen der Bürger als Energieverbraucher einen Ausgleich herbeizuführen. Wesentliche Teile eines wirksamen Instrumentariums zur Entwicklung und Realisierung örtlicher Versorgungskonzepte sind bereits vorhanden. Mit der Bereitstellung von Informationen und mit den konkreten Arbeitsschritten zur Erstellung örtlicher Versorgungskonzepte befassen sich gegenwärtig Arbeitsgremien des Deutschen Städtetages.

**Bilanz der Gebietsreform**

Wer vor 25 Jahren behauptet hätte, dieser Staat werde es fertigbringen, eine zum Teil mehr als 150jährige Gemeindestruktur so zu ändern, daß binnen weniger Jahre rund zwei Drittel der Gemeinden ihre politische Selbständigkeit verlieren und in größeren Einheiten aufgehen, der hätte kaum Glauben gefunden. 1978 wurde das Reformwerk abgeschlossen. Anstelle von 24 282 Gemeinden, die noch 1968 existierten, gibt es seither nur noch 8500.

Etwa Mitte der sechziger Jahre konkretisierte sich die Forderung nach Durchführung einer umfassenden Verwaltungsreform, durch die einerseits eine gebietliche Neugliederung (Gebietsreform) und andererseits eine adäquate Aufgabenzuweisung (Funktionalreform) erreicht werden sollten. Besonders starke Impulse gingen hierbei von der Raumordnung aus, die angesichts der Vielzahl bestehender Klein- und Kleinstgemeinden vor kaum mehr lösbaren Koordinierungsproblemen stand.

Die Gebietsreform als erster Teil der umfassenden Verwaltungsreform wurde in der Zeit zwischen 1968 und 1978 in einem Bundesstaat mit acht im Kommunalrecht souveränen Flächenländern vollzogen. Das mußte zu unterschiedlichen Ergebnissen führen. Während beispielsweise die Länder Baden-Württemberg, Bayern, Niedersachsen und Rheinland-Pfalz in Gestalt von Verwaltungsgemeinschaften, Samtgemeinden und Verbandsgemeinden neue Typen von Verwaltungseinheiten auf örtlicher Ebene schufen, wurden andererseits in Nordrhein-Westfalen die dort bis zur Gebietsreform bestehenden Ämter aufgelöst. Schleswig-Holstein wiederum behielt die auch dort bereits zuvor bestehenden Ämter bei.

Auch die sogenannte Stadt-Umland-Problematik, ein wesentlicher Problembereich der Gebietsreform, führte in den einzelnen Ländern zu unterschiedlichen Lösungen. Während die Länder Baden-Württemberg, Hessen, Niedersachsen und Saarland den Weg besonderer Stadt-Umland-Verbände beschritten, sprach sich beispielsweise Nordrhein-Westfalen gegen ein derartiges Lösungsmodell aus und versuchte, die Problematik insbesondere durch großflächigere Eingemeindungen zu regeln.

Entsprechend unterschiedlich ist das zahlenmäßige Ergebnis der Reform. Während Schleswig-Holstein und Rheinland-Pfalz die Zahl der Gemeinden nur um 18% bzw. 21% reduzierten, wurden in Baden-Württemberg zwei Drittel, in Niedersachsen und in Bayern je rund drei Viertel und in Nordrhein-Westfalen, Hessen und im Saarland sogar je mehr als vier Fünftel der Gemeinden mit anderen zusammengeschlossen. Die kommunale Verwaltungsebene ist damit zwar übersichtlicher, nicht aber auch einheitlicher geworden. So verteilen sich im einwohnerreichsten Bundesland Nordrhein-Westfalen 17 Mill. Einwohner auf 396 Gemeinden, während in Rheinland-Pfalz bei 3,6 Mill. Einwohnern noch 2303 selbständige Gemeinden bestehen.

Die Reform fand Beifall und Kritik, letztere besonders verständlich angesichts der Pannen, die bei einem Reformwerk dieses Umfangs aber kaum völlig zu vermeiden sind. Im Vordergrund der Beurteilung muß jedoch die eigentliche Zwecksetzung der Reform stehen, nämlich Gemeinden zu schaffen, die durch ihre Verwaltungs- und Leistungskraft in der Lage sind, ihrer durch Art. 28 GG zuerkannten wesentlichen verfassungsrechtlichen Rolle zum Wohle ihrer Bürger gerecht zu werden. Die letztlich entscheidende Frage für die Kritik ist, wie heute die Gemeindestruktur beschaffen sein muß, damit die Institution Gemeinde ein den Bedürfnissen der Zeit angemessener Träger bürgerschaftlicher Gestaltungskraft und wirtschaftlicher Investitionskraft sein kann. Die alte Gemeindestruktur mit Tausenden von Zwerg- und Kleinstgemeinden im ländlichen Raum und mit den durch Gemeindegrenzen zerrissenen Wirtschaftsräumen in den städtischen Gebieten hätte die ihr vom ausgehenden 20. Jahrhundert gestellten Aufgaben gewiß nicht bewältigen können.

Nunmehr besteht die wichtigste Aufgabe darin, der gesteigerten Verwaltungs- und Leistungskraft auch durch eine entsprechende Funktionalreform Rechnung zu tragen, weil nur durch Gebiets- und Funktionalreform zusammen das angestrebte Ziel der umfassenden Verwaltungsreform erreicht werden kann.

**Ein Problem: Automation und Selbstverwaltung**

Die Automation des Verwaltungsvollzugs ist in den vergangenen Jahren in den Kommunen verstärkt vorangetrieben worden, da es notwendig wurde, zur Bewältigung der neu auf die Kommunalverwaltungen zukommenden Aufgaben die bestehende Organisation zu rationalisieren, d.h. zusätzlich entstehende Personalkosten durch den Einsatz technischer Hilfsmittel zu ersetzen. Nicht die Einschränkung von Arbeitsplätzen, sondern zusätzliche Leistung stand somit im Vordergrund. Mit dem Einsatz der Automatisierten Datenverarbeitung (ADV) sind andererseits Veränderungen in der Organisation der Kommunalverwaltungen eingetreten, die die Gefahr einer Einschränkung der kommunalen Selbstverwaltung erkennen lassen.

Hierauf hat das Präsidium des Deutschen Städtetages bereits 1969 in einer grundlegenden Entschließung hingewiesen und deutlich gemacht, daß die Regelung der rechtlichen und organisatorischen Ausgestaltung der Datenverarbeitung sowie ihrer Finanzierung Angelegenheit der kommunalen Träger sein muß. Den Ländern wird die angemessene Mitwirkung nicht verwehrt, sie dürfen aber kein rechtliches oder faktisches Übergewicht erhalten.

In den Ländern sind beim Einsatz der ADV und der interkommunalen Zusammenarbeit auf diesem Gebiet sehr unterschiedliche Wege beschritten worden. Die Leistungen der kommunalen Datenverarbeitungszentralen sind unbestreitbar. Heute werden jedoch diese Lösungen, die sich ursprünglich entsprechend den technischen Gegebenheiten zwangsläufig ergaben, verschiedentlich in Frage gestellt. Dies ist keine Kritik an der Arbeit kommunaler Datenverarbeitung, sondern eine Reaktion auf das breite Angebot technischer Möglichkeiten unter den veränderten Gegebenheiten. Die unter dem Stichwort „Zentralisierung — Dezentralisierung" nur ungenau angesprochene Problemsituation beinhaltet die entscheidende Frage, welche Kommunalverwaltung im Rahmen der erforderlichen Aufgabenerfüllung selbständig wirtschaftlich Datenverarbeitung betreiben kann und welche Kommunalverwaltungen dies zweckmäßigerweise besser in gemeinschaftlich organisierten Datenverarbeitungszentralen tun sollten. Die technische Entwicklung wird dafür sorgen, daß die Grenzen hierbei fließend bleiben werden.

Es ist zu begrüßen, daß 1979 der Verfassungsgerichtshof des Landes Nordrhein-Westfalen in der Frage der Zusammenarbeit — hier des zwangsweisen Zusammenschlusses aufgrund staatlicher Anordnung — die Funktion der ADV als Hilfsmittel der Organisation und als Instrument zur Verbesserung der Information klar zum Ausdruck gebracht und damit der Organisationshoheit als unverzichtbaren Teil der kommunalen Selbstverwaltung den verfassungsrechtlich garantierten Stellenwert bestätigt hat.

Die Erfahrungen bei der Zusammenarbeit in kommunalen Datenverarbeitungszentralen lassen erkennen, daß vor allem die Probleme und Schwierigkeiten nicht unterschätzt werden dürfen, die die Arbeitsplatzferne zwangsläufig mit sich bringt.

Die Distanzierung des Sachbearbeiters im Fachamt von einem Ergebnis, das ihm von einer außerhalb seines Verantwortungsbereichs liegenden Stelle vorgegeben wird, kann letztlich auch zu einem Verlust an Service für den Bürger führen. Den Bemühungen, die Datenverarbeitung soweit wie möglich an den einzelnen Arbeitsplatz zu bringen, ist daher verstärkte Aufmerksamkeit zu widmen. Allen Tendenzen einer Herauslösung der ADV-Organisation aus der allgemeinen Verwaltungsorganisation muß demgegenüber entschieden entgegengewirkt werden. Gleichzeitig kann einer Überlagerung der Kommunalverwaltung durch eine staatliche ADV-Organisation nur durch eine Stärkung der kommunalen Selbstverwaltung vorgebeugt werden, denn „kommunales Selbstverwaltungsrecht wird zur conditio sine qua non für eine lebendige Demokratie im Computerzeitalter" *(Prof. Steinmüller).*

**Die kommunale Auslandsarbeit**

Nachdem zunächst durch den Zusammenbruch alle Verbindungen abgeschnitten waren, vollzog sich in der Auslandsarbeit der Städte und des Städtetages sehr bald eine Belebung, die für die Nachkriegsentwicklung geradezu kennzeichnend wurde. Sie begann mit Städtepartnerschaften. Anstöße hierzu kamen von der 1948 in der Schweiz gegründeten Internationalen Bürgermeisterunion, die vor allem zwischen Frankreich und Deutschland viele Partnerschaften zustande brachte, sowie von den Besatzungsmächten. In den siebziger Jahren sind dann die Kontakte mit Osteuropa intensiviert worden; zu den ersten Partnerschaftsbeziehungen in dieser Richtung gehörten Bremen — Gdansk/Danzig (Polen) und Saarbrücken — Tbilisi/Tiflis (UdSSR). Inzwischen unterhalten die Mitgliedstädte des Deutschen Städtetages 812 Städtepartnerschaften oder Städtefreundschaften in 37 Ländern.

Das internationale Verbandsleben begann für den Deutschen Städtetag bereits wieder 1949, als er erneut in den Internationalen Gemeindeverband (Internation Union of Local Authorities — IULA) aufgenommen wurde, nachdem er schon 1926 diesem Verband erstmals beigetreten war. Die IULA ist eine weltweite Konferenz von Delegierten aus den nationalen kommunalen Spitzenverbänden, die alle zwei Jahre zum Zwecke des Erfahrungsaustausches zusammentritt. Das Führungsorgan ist das Exekutivkomitee, dem führende Kommunalpolitiker aus aller Welt angehören und dem seit der Mitgliedschaft des Regierenden Bürgermeisters ERNST REUTER vom Jahre 1952 an auch ein deutsches Mitglied angehört, z.Z. Bürgermeister HANS KOSCHNICK, Bremen. Mit dem Aufbau europäischer Institutionen wie Europarat, Europäische Kommunalkonferenz und Europäische Gemeinschaft sind europäische Probleme auch ein Schwerpunkt der Arbeit der IULA geworden. Der hierfür notwendige Erfahrungsaustausch wird durch den Europaausschuß der IULA betrieben. Die alle zwei Jahre stattfindenden Weltkongresse der IULA haben bereits mehrfach auf deutschem Boden stattgefunden, davon in der Nachkriegszeit zweimal, und zwar 1959 in Berlin und 1977 in Hamburg.

Die Deutsche Sektion der IULA bestand zunächst nur aus dem Deutschen Städtetag; seit 1952 ist auch der Deutsche Landkreistag und seit 1966 der Deutsche Städte- und Gemeindebund Mitglied. Die Federführung der Sektion liegt beim Städtetag.

Der Rat der Gemeinden Europas (RGE) ist — ebenfalls mit Schweizer Geburtshilfe — 1951 gegründet worden. Der Städtetag und der Landkreistag sind erst seit 1966 Mitglieder des RGE.

Ein sehr aktives europäisches Forum der Kommunen ist die 1957 gegründete europäische Kommunalkonferenz in Straßburg geworden. Diese Konferenz ist ein Organ des Europarates. Zu den jährlichen Konferenzen entsendet die Bundesrepublik 18 Delegierte, wovon der Städtetag z.Z. neun Delegierte stellt. Alle 21 Mitgliedsländer des Europarates arbeiten in dieser Kommunalkonferenz aktiv mit. Seit Mitte der siebziger Jahre zeichnen sich die Regionalisierungstendenzen in Europa auch in der Umbenennung der Konferenz in „Europakonferenz der Gemeinden und Regionen" ab.

1973 erfuhr die auswärtige Kulturpolitik der Städte, Gemeinden und Kreise dadurch eine Belebung, daß das Auswärtige Amt Mittel bereitstellte, um kulturelle Vorhaben der Kommunen im Ausland zu fördern. Das Auswahlverfahren für die zahlreichen Maßnahmen wird vom Auswärtigen Amt und von der Bundesvereinigung der kommunalen Spitzenverbände gemeinsam betrieben. Die Organisation obliegt dem Auslandsausschuß der kommunalen Spitzenverbände, der im Jahre 1965 gegründet worden ist und in dem seither die Auslandsaktivitäten der Städte, Gemeinden und Kreise beraten und abgestimmt werden.

Zu diesen Aktivitäten gehört auch der sogenannte Beratende Ausschuß der lokalen und regionalen Gebietskörperschaften der Mitgliedstaaten der Europäischen Gemeinschaft. Er ist 1976 auf Initiative von IULA und RGE ins Leben gerufen worden mit dem Ziel, eine Ansprechorganisation für den Kommissar für Regionalpolitik in der EG zu schaffen. Es bleibt abzuwarten, inwieweit dieser Ausschuß in der Lage ist, die kommunalen Interessen auf Brüsseler Ebene zu artikulieren und durchzusetzen.

Besonders fruchtbar erweisen sich die seit mehr als zwei Jahrzehnten vom Städtetag organisierten Besucheraustauschprogramme, vor allem mit den Schwesterverbänden in Israel, Finnland, Jugoslawien und der Türkei. Auch der deutsch-amerikanische jährliche Erfahrungsaustausch mit Fachleuten des städtischen Managements ist inzwischen zu einer bewährten Institution geworden.

**Was die Selbstverwaltung erst Wirklichkeit werden läßt:
Die Gemeindefinanzen**

„Die Finanzgesetze bilden die wirkliche Grundlage des Selbstverwaltungslebens, nicht die Verfassungsgesetze", schrieb KARL MARIA HETTLAGE 1954 *(in „Der Gestalt- und Bedeutungswandel der gemeindlichen Selbstverwaltung seit 1919" in „Ordnung als Ziel", Stuttgart 1954, S. 113).* In diesem Sinne wurde vor 25 Jahren, am 24. Dezember 1956, ein für die Gemeindefinanzen entscheidendes Gesetz erlassen, um das der Städtetag zusammen mit den anderen Spitzenverbänden jahrelang gerungen hatte. Zum Verständnis eine Rückblende: 1945 waren den Gemeinden die Realsteuern verblieben, die Bürgersteuer war verschwunden, die Finanzzuweisungen der Länder befanden sich mit Ausnahme von Baden-Württemberg, Niedersachsen und Schleswig-Holstein in ihrer kriegsbedingten Erstarrung. Das Grundgesetz von 1949 hatte in den Augen der Gemeinden einen entscheidenen Konstruktionsfehler: die Gemeinden wurden nicht

Dr. Hermann Pünder
\* 1. April 1888    † 3. Oktober 1976
Federführendes Mitglied des Präsidiums des Deutschen Städtetages
(1945—1948)
Staatssekretär und Chef der Reichskanzlei (1926—1932). Oberbürgermeister von Köln (1945—1948). Oberdirektor des Vereinigten Wirtschaftsgebietes (1948—1949).

zum dritten, gleichberechtigten Finanzpartner gemacht, sondern blieben in voller Abhängigkeit der Länder. Die Hoffnung der Städte und Gemeinden richtete sich auf die endgültige Verteilung der Steuerquellen, die vom Grundgesetz dem Bundestag aufgetragen worden war und durch ein Ausführungsgesetz zu Art. 107 GG zu erfolgen hatte. Der Hauptausschuß des Deutschen Städtetages beantragte bereits 1951 bei Bund und Ländern eine frühzeitige Beteiligung der Gemeinden an der Ausarbeitung dieses Gesetzes. Es entstanden Denkschriften und die Studienkommission Kommunaler Finanzausgleich wurde eingerichtet.

Das Finanzverfassungsgesetz vom 23. Dezember 1955 erfüllte die Wünsche der Gemeinden noch nicht, aber am 8. März 1956 nahm der Bundestag den von allen Fraktionen eingebrachten Initiativantrag zu Art. 106 GG an, der die Aufgeschlossenheit des Bundestages den Gemeinden gegenüber bewies und der dann Grundlage des Gesetzes zu Art. 106 GG vom 24. Dezember 1956 wurde. Mit dieser Verfassungsänderung wurden die Gemeinden erstmals Partner des bundesstaatlichen Finanzausgleichs. Sie erhielten die sogenannte Realsteuergarantie. Außerdem wurde festgelegt, daß ihnen ein von der Landesgesetzgebung zu bestimmender Hundertsatz am Länderanteil an der Einkommen- und Körperschaftsteuer zufließt (Steuerverbund). Ferner verpflichtete sich der Bund in bestimmten Fällen zu einem Sonderausgleich gegenüber Ländern und Gemeinden. Nach dieser Verfassungsänderung lag das Schwergewicht der Zuständigkeit für die Gemeindefinanzen zwar immer noch bei den Ländern, jedoch nicht mehr die alleinige Verantwortung. Diese Verantwortung des Bundes auszubauen und zu praktizieren mußte auf später verschoben und konnte in den sechziger und siebziger Jahren wenigstens in Teilen realisiert werden.

Die Finanzsituation der Gemeinden hat sich durch die damalige Gesetzgebung nicht unmittelbar verbessert. Die kommunale Verschuldung stieg rapide weiter und so konzentrierten sich die Bemühungen des Städtetages auf eine quantitative und qualitative Verbesserung des gemeindlichen Steuersystems. 1958 legte die Bundesvereinigung der kommunalen Spitzenverbände ein Memorandum mit „Vorschlägen zur Verbesserung der kommunalen Finanzen" vor, das zu unmittelbaren Finanzgesprächen zwischen der Bundesregierung und den Spitzenverbänden führte. Im September 1959 veröffentlichte der Wissenschaftliche Beirat beim Bundesfinanzministerium ein Gutachten „Zur gegenwärtigen Problematik der Gemeindefinanzen"; es enthielt zum Teil die gleichen

Vorschläge, die bereits die kommunalen Spitzenverbände vorgelegt hatten. Da sie jedoch vom Bund nicht aufgegriffen wurden, machte sich, zumal negative Eingriffe bei den Gemeindesteuern vorgenommen wurden, bei den Städten Resignation bemerkbar, die im Geschäftsbericht 1959/60 *(S. 48)* fettgedruckt ihren sichtbaren Ausdruck fand.

1960/61 begann eine neue Initiative des Deutschen Städtetages. Den Gewerbesteuersenkungen wurde mit einer erstmals in großer Auflage erschienenen Denkschrift „Der Angriff auf die Gewerbesteuer" entgegengetreten, die Finanzreform-Diskussion wurde mit einem unveröffentlichten „Exposé" beim Bundeskanzler wieder in Gang gesetzt. In der Kundgebung des Hauptausschusses an den 4. Deutschen Bundestag 1961 wurden die wichtigsten Forderungen für die kommunalen Finanzen niedergelegt. Bereits 1962 sollte die Einsetzung der Sachverständigenkommission für die Finanzreform erfolgen. Seit 1963 wirkte in Bayern der sogenannte Eberhard-Plan, der den Gemeinden das gesamte Kraftfahrzeugsteueraufkommen überließ, eine Maßnahme, die leider nur teilweise und nur auf wenige Länder ausgedehnt werden konnte. 1964 kam nach einer gemeinsamen Sitzung des Bundeskanzlers mit den Ministerpräsidenten der Länder die „Kommission für die Finanzreform (Troeger-Kommission)" schließlich zustande. Sie legte 1966 ihr umfangreiches Gutachten vor, in dem u.a. eine Aufstockung der Gemeindefinanzen um 2 Mrd. DM vorgeschlagen wurde.

Viele andere finanzpolitisch recht bedeutsame Vorgänge, die zu dieser Entwicklung parallel liefen, müssen hier unberücksichtigt bleiben. Festzuhalten ist aber das „Gespräch am runden Tisch", das in der Phase der konjunkturellen Überhitzung 1965 vom Bundeswirtschaftsminister eingerichtet wurde, um die Kapitalnachfrage der öffentlichen Hand zu koordinieren. Für die kommunalen Spitzenverbände nahm der Deutsche Städtetag den Platz am runden Tisch ein, der nahtlos in einen Ausschuß des Finanzplanungsrates überging und bis heute fortbesteht. Die Konjunkturpolitik hatte mit dem „Runden Tisch" Einzug in die Kommunalpolitik gehalten. Durch das Gesetz zur Förderung der Stabilität und des Wachstums der Wirtschaft vom 8. Juni 1967 wurde dann auf breiterer Basis der „Konjunkturrat für die öffentliche Hand" geschaffen, dem der Deutsche Städtetag und die anderen Spitzenverbände ebenso angehören wie dem Finanzplanungsrat, der im März 1968 konstituiert wurde.

Zurück zur Finanzreform. Nach Aufarbeitung des Gemeindefinanzreformgutachtens konnte an die gesetzgeberische Verwirklichung gegangen werden. Die Bundesvereinigung der kommunalen Spitzenverbände erarbeitete eine gemeinsame Stellungnahme zum Finanzreformgutachten. 1968 wurden von der Bundesregierung die Reform-Gesetzentwürfe vorgelegt, und zwar das verfassungsändernde Finanzreformgesetz und das Gemeindefinanzreformgesetz als Ausführungsgesetz. Der Deutsche Städtetag hielt seine Vorstellungen in einem Dreistufenplan vom 7. März 1968 fest, den er im April 1968 mit der Denkschrift „Reform der Gemeindefinanzen 1969" in großer Auflage veröffentlichte.

Am 3./4. September 1968 beschlossen Präsidium und Hauptausschuß zur Rettung der Finanzreform für die Städte einen demonstrativen Schritt, nämlich erstmals in der Nachkriegsgeschichte des Deutschen Städtetages eine außerordentliche Hauptversammlung durchzuführen. Am 26. November 1968 wurden in der Bonner Beethovenhalle in großem äußeren Rahmen und mit starker politischer Präsenz sowie mit eindrucksvoller Unterstützung aus den Mitgliedstädten die Forderungen zur Gemeindefinanzreform von Präsident Oberbürgermeister WILLI BRUNDERT und den Oberbürgermeistern ALFRED DREGGER und HANS-JOCHEN VOGEL vorgetragen und begründet, von Bürgern aus den Städten untermauert und von Bundestagsabgeordneten mit Stellungnahmen versehen. „In letzter Stunde" heißt die Schrift *(Heft 23 der Neuen Schriften des Deutschen Städtetages),* die diese außerordentliche Versammlung der deutschen Städte dokumentiert.

Mit dem Finanzreformgesetz vom 12. Mai 1969 und dem Gemeindefinanzreformgesetz vom 8. September 1969 wurde die Reform der Gemeindefinanzen Wirklichkeit. Der Kern dieser Reform ist der Austausch von 40% Gewerbesteuer gegen 14% Anteil an der Einkommensteuer, was 1970 den Gemeinden zusätzliche Finanzmittel in Höhe von 2,5 Mrd. DM brachte *(Einzelheiten der Reform siehe in diesem Band bei Hans-Joachim Schäfer „Gemeindefinanzreform — zehn Jahre danach").*

**Wie neue Probleme entstehen: Asylbewerber**

Die Städte haben in den letzten Jahrzehnten Millionen von Heimatvertriebenen, Flüchtlingen und Spätaussiedlern erfolgreich eingegliedert, ihnen eine neue Heimat gegeben. Seit Mitte der sechziger

Jahre haben sie sich mit ständig wachsendem Problemdruck der Herausforderung einer Integration von inzwischen über 4 Mill. ausländischen Arbeitnehmern mit ihren Angehörigen zu stellen. Diese Aufgabe ist noch längst nicht gelöst.

Eine weitere gleichermaßen schwierige, in ihrer Größenordnung noch nicht übersehbare Problematik kommt aber schon wieder auf die Städte zu. Verstärkt seit dem Jahre 1976 — mit dramatischen Steigerungsraten in den letzten beiden Jahren — strömen Angehörige fremder Nationalitäten in die Bundesrepublik Deutschland und berufen sich auf das Asylrecht. Die Zahl von über 50 000 Asylanträgen im Jahre 1979 wird sich 1980 voraussichtlich verdoppeln bis verdreifachen. Nur eine verschwindende Minderheit der Antragsteller hat einen wirklichen Asylgrund; alle anderen kommen aus wirtschaftlicher Not. Bund und Länder kommen ihren im Ausländergesetz festgelegten Verpflichtungen, die Asylbewerber bis zur Entscheidung über ihren Antrag in Sammellager einzuweisen, nicht nach, sondern schieben diese Menschen in die Gemeinden ab. Dort müssen Angehörige der unterschiedlichsten Nationalitäten während eines in der Regel jahrelang dauernden Asylverfahrens untergebracht und betreut werden.

Die rapide steigenden Zahlen haben die Städte an den Rand ihrer Aufnahmefähigkeit gebracht; die Gefahr schwerer sozialer Spannungen wächst. Frühzeitige massive Warnungen des Deutschen Städtetages mit konkreten Abhilfevorschlägen haben zwar 1980 den Gesetzgeber nach längerem Zögern zu dann teilweise überhasteten Aktivitäten veranlaßt. Gelöst ist die Problematik jedoch noch nicht.

Die Städte sind nach wie vor bereit und betrachten es als ihre Verpflichtung, echten politischen Flüchtlingen umfassend zu helfen und sie in bewährter Weise in die deutsche Gesellschaft zu integrieren. Das wird ihnen allerdings unmöglich gemacht, wenn der ungeregelte Zustrom von Wirtschaftsflüchtlingen nicht wirksam eingedämmt wird. Damit stehen die Städte vor ihrem jüngsten Problem!

KAPITEL IV

## Der Deutsche Städtetag im Staatsgefüge

### Verbandspolitik und Staatspolitik

„Der Deutsche Städtetag hat die Aufgabe, die Arbeit auf den Gebieten des öffentlichen Rechts und der öffentlichen Verwaltung zu fördern". Diese knappe Formulierung im ersten Satz der Satzung deutet sowohl die verbandspolitische wie auch die staatspolitische Aufgabenstellung des Deutschen Städtetages an.

Die Verbandspolitik vollzieht sich, von der eigenorganisatorischen Tätigkeit einmal abgesehen, im Erfahrungsaustausch und in der Vertretung der Mitgliedstädte in anderen Institutionen und Organisationen. Die Mitgliedstädte zu beraten, über alle kommunalbedeutsamen Vorgänge und Entwicklungen zu informieren sowie den Erfahrungsaustausch zwischen den Mitgliedstädten herzustellen ist diejenige Aufgabe, die hauptsächlich zur Entstehung des Deutschen Städtetages geführt hat. Diese Funktion des Städtetages hatte in der Nachkriegszeit, in der Epoche des Wiederaufbaus, in der häufig ohne ausreichende und feste Grundlage gehandelt werden mußte, große Bedeutung. Sie hat sich später aber überraschenderweise nicht vermindert. Die Ausweitung und Komplizierung städtischer Aufgaben, die Probleme in unserer hochtechnisierten, bürgerschaftlich organisierten Welt geben dieser Funktion des Städtetages sogar steigende Tendenz. Z.Z. sind innerhalb des Städtetages 13 Fachausschüsse und mehr als 100 weitere Unterausschüsse, Arbeitskreise, Beiräte, Arbeitsgruppen usw. von der Hauptgeschäftsstelle zu betreuen.

Die Vertretung der Mitgliedstädte in anderen Institutionen, Organisationen und Verbänden dient zum Teil ebenfalls dem Erfahrungsaustausch, geht jedoch darüber hinaus und repräsentiert die Institution der städtischen Selbstverwaltung im heutigen Staats- und Gesellschaftsgefüge. Zunächst handelt es sich um einen noch städteeigenen Bereich, der aber juristisch vom Städtetag getrennt ist. Es ist dies, wie bereits oben erwähnt, der Verein für Kommunalwissenschaften e.V., der treuhänderisch für den Deutschen Städtetag das Ernst-Reuter-Haus in Berlin und die Mehrheit der Aktien der Wirtschaftsberatungs AG hält und der u.a. mit deren Erträgnissen das Deutsche Institut für Urbanistik unterhält. Die ganze Vielfalt des heutigen städtischen Wirkens wird sichtbar, wenn man im Geschäftsbericht der Hauptgeschäftsstelle die lange Liste der Institutionen, Verbände, Organisationen und Gremien betrachtet, in denen der Deutsche Städtetag vertreten ist. Im Geschäftsbericht 1955/56 waren es 127, im jüngsten Geschäftsbericht sind es bereits 234. Manche dieser Organisationen wurden bereits erwähnt; nur um die Spannweite des städtischen Aufgabenfeldes zu zeigen, wird aus jedem Arbeitsbereich der Hauptgeschäftsstelle eine Organisation als Beispiel aufgeführt: Kommunale Gemeinschaftsstelle für Verwaltungsvereinfachung, Deutscher Juristentag, Vereinigung der kommunalen Arbeitgeberverbände, Studienstiftung des deutschen Volkes, Deutscher Bühnenverein, Deutsches Hilfswerk und Hilfswerk Berlin, Deutsche Krankenhausgesellschaft, Deutsche Akademie für Städtebau und Landesplanung, Verband öffentlicher Verkehrsbetriebe, Verband kommunaler Unternehmen, Deutscher Sparkassen- und Giroverband, Verband Deutscher Städtestatistiker, Zweites Deutsches Fernsehen.

In der Festschrift zum 25jährigen Jubiläum des Deutschen Städtetages 1930 heißt es: „Diese Arbeit des Städtetages erfüllt zugleich eine staatspolitische Aufgabe. . . . Wenn gelegentlich die Frage aufgeworfen wird, die gemeindlichen Spitzenverbände in ein formales Verhältnis zur Staatsaufsicht zu bringen, so liegt hierin eine Verkennung der Wesensunterschiede zwischen Staatsaufsicht und Selbstverwaltung. Wohl aber würde es zur Stärkung der Staatsidee nur beitragen, wenn die Gemeinden und ihre verantwortlichen Vertreter Gelegenheit fänden, an bestimmten Fragen der Staatsaufsicht in einer staatsrechtlich festzulegenden Form mit den Vertretern des Staates vertrauensvoll zusammenzuarbeiten."

Die Repräsentation der städtischen Selbstverwaltung im Staatsgefüge war stets ein Problem, und zwar auf beiden Seiten. Beim Staat gab und gibt es sowohl die Gruppe jener, die der kommunalen Selbstverwaltung mit Skepsis bis Ablehnung begegnen, wie auch die Staatsmänner, Politiker und Verwaltungsleute, die von dem historisch gewachsenen Kräftespiel zwischen Bund, Ländern und Gemeinden ausgehen, vielfach die Gemeindeselbstverwaltung aus eigenem Erleben kennen, ihren Wert schätzen und entsprechende Formen des Umganges mit ihr pflegen.

Bei den Städten war stets das Gefühl vorhanden, in ihrem Verhältnis zum Staat ungenügend berücksichtigt zu sein. Das Gefühl erklärt sich aus der Stellung der Gemeindeselbstverwaltung im Staatsaufbau. Sowohl im Kaiserreich wie in der Weimarer Republik stand den wichtigen Funktionen, die die Gemeindeselbstverwaltung im Staats- und Gesellschaftsgefüge zu erfüllen hat, keine entsprechende Stellung in der Verfassung gegenüber. Das Grundgesetz von 1949 enthält zwar eine institutionelle Garantie der Gemeinden und gibt damit der besonderen Bedeutung der Städte und Gemeinden Ausdruck. Aber auch die Verfassungsgeber der Bundesrepublik Deutschland konnten sich nicht dazu entschließen, die Städte und Gemeinden formell an der staatlichen Willensbildung zu beteiligen. Diesen Zustand zu verbessern, war besonders das Ziel der Städtetagsarbeit in den letzten 25 Jahren.

Aufgrund einer Anregung in der Hauptversammlung 1958 zum „Problem der tatsächlichen und rechtlichen Stellung der Gemeinden im Verhältnis zum Bund und zu den Ländern" entstand nach einem entsprechenden Ministerpräsidentenbeschluß eine kleine Kommission des Bundesrates. Diese hat in einer Besprechung mit der Bundesvereinigung der kommunalen Spitzenverbände einige Verfahrensvereinfachungen bei der Gesetzesberatung vereinbart. Die staatspolitische Inanspruchnahme des Deutschen Städtetages und der anderen Spitzenverbände blieb dennoch sehr bescheiden. Eine Wende konnte Mitte der sechziger Jahre herbeigeführt werden. Durch das Raumordnungsgesetz von 1965 wurden die kommunalen Spitzenverbände Mitglied im Beirat für Raumordnung. Der Deutsche Städtetag konnte im gleichen Jahr am „runden Tisch" des Bundeswirtschaftsministers Platz nehmen, als es darum ging, eine bedrohliche Kapitalmarktentwicklung in den Griff zu bekommen. 1966 folgte die Mitwirkung im Gemeinsamen Ausschuß des Bundes, der Länder und der kommunalen Spitzenverbände zur Verbesserung der Verkehrsverhältnisse der Gemeinden. Ein großer Durchbruch gelang 1967 mit dem Gesetz zur Förderung der Stabilität und des Wachstums der Wirtschaft; die Gemeinden wurden nicht nur im Rahmen der Konjunkturpolitik herangezogen und in Pflicht genommen, sondern die Spitzenverbände auch im Konjunkturrat für die öffentliche Hand als Mitglieder aufgenommen. 1969 folgte im Rahmen der Finanzreform in gleicher Weise die Mitgliedschaft im Finanzplanungsrat. 1971 kam schließlich mit dem Städtebauförderungsgesetz die Mitwirkung im Deutschen Rat für Stadtentwicklung hinzu.

Es war viel, was in einem knappen Jahrzehnt dem Deutschen Städtetag und den anderen kommunalen Spitzenverbänden an staatspolitischer Verantwortung übertragen worden war. Es fehlte aber immer noch jede Form institutionalisierter Beteiligung im Vorfeld der Gesetzgebung, die allein Gewähr dafür zu bieten schien, daß entstehende Gesetze und Verordnungen kommunale Notwendigkeiten berücksichtigen und damit eine praxisgerechte und bürgernahe Verwaltung ermöglichen. Die formellen Grundlagen für eine derartige Mitwirkung am Gesetzgebungsverfahren des Bundes wurden im Jahre 1975 geschaffen. Durch Änderung der Gemeinsamen Geschäftsordnung der Bundesministerien (GGO II) wurde mit Wirkung vom 7. März 1975 sichergestellt, daß vorbereitende Entwürfe zu Gesetzen, durch die Belange der Gemeinden und Gemeindeverbände berührt werden, den kommunalen Spitzenverbänden frühzeitig zugeleitet werden, und daß bei den Kabinettsvorlagen abweichende Meinungen der kommunalen Spitzenverbände kurz darzulegen sind. In ähnlicher Weise wurde durch eine Ergänzung der Geschäftsordnung des Deutschen Bundestages vom 19. Juni 1975 die Beteiligung der kommunalen Seite in Form der Mitarbeit an den Beratungen der Ausschüsse des Deutschen Bundestages konkretisiert.

Die Mitwirkung bei der Gesetzgebung war ein Anliegen, das der Deutsche Städtetag seit Jahrzehnten verfolgte und das viele seiner Aktionen und Aktivitäten veranlaßte und prägte. Ist die Mitwirkung in einer Reihe von staatlichen Organen und Gremien sowie die Verankerung in den Geschäftsordnungen wirklich ein Erfolg und eine gute Lösung? Müssen die Städte und Gemeinden in der Verfassung nicht als dritte Säule des Staates verankert werden und muß ihnen nicht ein drittes Parlament, etwa eine Gemeindekammer, gewährt werden? Formell könnten solche oder ähnliche Regelungen durchaus die Gemeindeselbstverwaltung in Ansehen und Funktion heben. Materiell haben sowohl die bisherigen Beispiele derartiger Regelungen, die es ja in gewisser Weise in einigen Ländern gibt, als auch die Erfahrungen des Städtetages gezeigt, daß die Einwirkungsmöglichkeit auf die Gesetzgebungsarbeit und die Kommunikation zwischen den verschiedenen Ebenen in erster Linie eine Sache des gegenseitigen Vertrauens und der Qualität der Argumente ist. Formell ist entscheidend, daß die Möglichkeit vorhanden ist, dieses Vertrauensverhältnis zu erzeugen. So gesehen sind die in den sechziger und siebziger Jahren geschaffenen institutionellen Kontakte eine sehr gute Grundlage, von der aus wirksam Einfluß im Sinne einer praxisgerechten Gesetzgebung genommen werden kann. Je mehr diese Kontaktmöglichkeiten dazu benutzt werden, im Rahmen von Arbeitskreisen, Bundestagsausschüssen und Expertenrunden die Erfordernisse der kommunalen Praxis zur Geltung zu bringen, desto mehr Vertrauen und Nutzen können für die Sache der Städte und ihrer Bürger gewonnen werden.

Der Ausnutzungsgrad dieser Möglichkeiten durch den Städtetag ist allerdings noch gering. Eine effektive Mitwirkung ist bei der Vielfalt der Probleme und dem Umfang der Gesetzgebungsarbeit (manchmal liegt bei der Verabschiedung eines Gesetzes schon der Entwurf der Novellierung vor) nämlich sehr personal- und zeitintensiv und mit dem vorhandenen Personal, das auf eine Verbandsarbeit älteren Zuschnitts abgestellt ist, nicht zu bewältigen. In dieser Beziehung stehen die Organe und die Mitglieder des Städtetages vor Entscheidungen, die Charakter und Umfang der Städtetagsarbeit sehr grundsätzlich berühren.

**Kleine Bilanz der Städtetagsarbeit**

Blickt man auf die Städtetagsarbeit der letzten beiden Jahrzehnte zurück und sucht die große Linie, dann kommt das Jahr 1960 ins Blickfeld. Eine bemerkenswerte Hauptversammlung in Augsburg brachte die Stadterneuerung ins Bewußtsein der Politik und der Öffentlichkeit; ein Personalschub brachte vor allem auch im Präsidium frisches Blut; die Finanzreform wurde wieder angekurbelt. Insbesondere aber wurde die Öffentlichkeitsarbeit intensiviert und nach neuen Methoden konzipiert. Die Bemühungen waren hauptsächlich auf die Gemeindefinanzen im allgemeinen und auf die Finanzierung des über Jahrzehnte vernachlässigten innerstädtischen Verkehrsausbaus im besonderen gerichtet. 1967 war die Verkehrsfinanzierung, 1969 die Gemeindefinanzreform einigermaßen erreicht. 1971 wurde in der Münchener Hauptversammlung mit dem Appell „Rettet unsere Städte jetzt!" die Stadtpolitik erneut untermauert. Damit in der Städtetagsarbeit keine Einseitigkeit entsteht, wurde Mitte der siebziger Jahre die Betreuung der kleineren und mittleren Städte durch organisatorische und materielle Maßnahmen akzentuiert. Ende der siebziger Jahre entbrannte ein heftiger Kampf um die Lohnsummensteuer. Diese Steuer ging für die Gemeinden leider verloren, die Ersatzregelung folgte aber nicht dem unzulänglichen Finanzausgleichskonzept der Bundesregierung, sondern dem steuerrelevanten Vorschlag des Städtetages; erstmals wurde die mit der Gemeindefinanzreform von 1969 geschaffene unmittelbare Finanzbeziehung zwischen Bund und Gemeinden durch Veränderung der Gewerbesteuerumlage und des Einkommensteueranteils praktiziert.

Die Gemeindefinanzen waren seit der Erzbergerschen Finanzreform von 1919/20 immer ein Schwerpunkt der Städtetagsarbeit. Der Städtetag muß auch stets bemüht bleiben, finanziellen Schaden von den Städten abzuwenden und er muß dafür sorgen, daß ihnen ausreichend Finanzmittel für die Aufgabenerfüllung zur Verfügung stehen. Das Hauptaufgabenfeld des Deutschen Städtetages war, ist und bleibt aber die Verteidigung der städtischen Selbstverwaltung als Prinzip. Diese Zielsetzung muß im Verein mit den Städten mit allen zur Verfügung stehenden politischen Mitteln verfolgt werden, notfalls auch mit Hilfe der rechtsprechenden Gewalt. Dieser Weg zum Schutze des gemeindlichen Selbstverwaltungsrechts mußte in neuerer Zeit mehrmals beschritten werden. Beispielhaft gewürdigt seien hier lediglich vier Entscheidungen, denen grundsätzliche und allgemeine kommunalrechtliche Bedeutung beizumessen ist: Die sogenannte Rastede-Entscheidung des OVG Lüneburg *(DÖV 1980, 418),* die Entscheidungen des Verfassungsgerichtshofs Nordrhein-Westfalen vom 9. Februar 1979 zur kommunalen Datenverarbeitung *(NJW 1979, 1201),* die jüngste Entscheidung des Verfassungsgerichtshofs Nordrhein-Westfalen vom 11. Juli 1980 zur Sparkassenneugliederung *(VerfGH 8/79)* und der sogenannte Regensburg-Beschluß des Bayerischen Verwaltungsgerichtshofs vom 5. Juli 1977 *(28 V 76).*

Der Verfassungsgerichtshof Nordrhein-Westfalen betont insbesondere in seiner Entscheidung vom 11. Juli 1980 zu Recht den absoluten Vorrang des gemeindlichen Selbstverwaltungsrechts gegenüber dem Selbstverwaltungsrecht der Kreise und sonstigen Gemeindeverbände. Zu dieser für die kommunale Praxis äußerst bedeutsamen Rechtsfrage erinnert der Verfassungsgerichtshof an den Wortlaut des Art. 28 II GG und stellt klar, daß das Grundgesetz eben nur den Gemeinden das Recht gewährleiste, alle Angelegenheiten der örtlichen Gemeinschaft in eigener Verantwortung zu regeln, während den Kreisen das Recht der Selbstverwaltung nur im Rahmen ihres gesetzlichen Aufgabenbereichs zugestanden sei. Große Bedeutung kommt bei dieser Frage auch dem Verweis des Verfassungsgerichtshofs auf die genannte Entscheidung des OVG Lüneburg zu, in der klargestellt ist, daß sich die Bedeutung des Art. 28 II GG gerade nicht nur im Verhältnis zwischen Staat und Kommunen erschöpft, sondern auch unmittelbare Auswirkungen im Verhältnis zwischen Gemeinden und Kreisen zeitigt.

Bedeutsam sind die genannten Entscheidungen jedoch auch insoweit, als sie den Staat gegenüber den Gemeinden in die Pflicht nehmen. So hat der Verfassungsgerichtshof Nordrhein-Westfalen sowohl in seinen Entscheidungen vom 9. Februar 1979 als auch in der neuen Entscheidung vom 11. Juli 1980 den Verordnungsgeber nachdrücklich gemahnt, sich beim Erlaß einer Rechtsverordnung sehr eng an die Zwecksetzung des ermächtigenden Gesetzes anzulehnen und bei verschiedenen Lösungsmöglichkeiten zwingend derjenigen Lösung den Vorzug zu geben, die das gemeindliche Selbstverwaltungsrecht, insbesondere die gemeindliche Allzuständigkeit am besten verwirklicht. Auf dieser Linie der Rechtsprechung des Verfassungsgerichtshofs Nordrhein-Westfalen liegt aber auch der genannte Regensburg-Beschluß des Bayerischen Verwaltungsgerichtshofs vom 5. Juli 1977. Dort macht das Gericht im Zusammenhang mit der kommunalen Neugliederung und mit Blick gerade auch auf das gemeindliche Selbstverwaltungsrecht deutlich, daß umfassende staatliche Neuordnungsmaßnahmen, sollen diese verfassungsgemäß sein, insbesondere dem Gesichtspunkt der Systemgerechtigkeit genügen müssen.

Die Urteile zeigen klar, welche wichtige Rolle der Rechtsprechung bei der Wahrung und dem Schutz der verfassungsrechtlichen Institution der Gemeindeselbstverwaltung zukommt. Wahrung und Schutz dieser unserer Gemeindeselbstverwaltung soll weiterhin die wichtigste Aufgabe des Deutschen Städtetages sein.

Was ist der Ertrag der Städtetagsarbeit? Wie sieht die Bilanz für die Städte aus? Der Deutsche Städtetag würde zum Interessenverband absinken, wenn seine Tätigkeit lediglich an dem — reichlich vorhandenen — materiellen Nutzen der einzelnen Stadt gemessen würde. Seine Funktion geht weit darüber hinaus, obwohl auch diese kleinere Rechnung mit zahlreichen Beispielen aufgemacht werden könnte. Die Rechnung für die deutschen Städte lautet aber anders. Sie wurde richtig aufgestellt z.B. in der 80. Hauptausschußsitzung im Herbst 1970 in Trier, in der der 25. Wiederkehr der Neugründung des Deutschen Städtetages nach dem Kriege gedacht wurde. Der amtierende Präsident ALFRED DREGGER deutete damals diese 25 Jahre als einen ständigen Kampf der gemeindlichen Selbstverwaltung gegen Zentralismus und für eine ausreichende Finanzausstattung und erklärte: „Ohne den Deutschen Städtetag wäre die kommunale Sache wohl weitgehend verloren, ohne den Deutschen Städtetag wäre die kommunale Sache für die Zukunft nicht zu halten. Die Erinnerung an die 25 Jahre sollten uns bestärken, die Selbstverwaltung weiter zu verteidigen und den Deutschen Städtetag als Instrument stark zu machen und stark zu halten" *(Nieder-*

*schrift über die 80. Sitzung des Hauptausschusses am 22. September 1970 in Trier).*

Oder wie in der 16. Hauptversammlung 1971 in München der frischgewählte Präsident HANS KOSCHNICK erklärte: „Der Deutsche Städtetag ist in den letzten 25 Jahren stets mehr gewesen als ein neutrales Forum für den mehr oder weniger unverbindlichen kommunalpolitischen Gedankenaustausch. Er hat sich immer verstanden als eine dynamische, aktiv in das politische Geschehen eingreifende Kraft: und er hat auch deswegen Erfolg in seinen Bemühungen gehabt, weil er es verstanden hat, sich freizuhalten vom Verdacht, nichts weiter zu sein als ein Organ zur Durchsetzung von Gruppeninteressen. Der Respekt und die Anerkennung, die man ihm zollt, die gewachsene Einsicht in die für das Ganze unentbehrliche Funktion der großen Städte, sind das Resultat gemeinsamer Arbeit" *(Heft 28 der Neuen Schriften des Deutschen Städtetages, S. 97).*

In dem in der gleichen Hauptversammlung verabschiedeten berühmt gewordenen Münchener Appell der deutschen Städte „Rettet unsere Städte jetzt!" heißt es: „Wir appellieren an die Städte: Trotz aller Individualität haben die Städte soviel Gemeinsames, daß dies auch in gemeinsamer Anstrengung und Verantwortung angepackt und zum optimalen Ziel geführt werden kann" *(a.a.O. S. 247).*

Dr. h. c. Louise Schroeder
\* 2. April 1887 † 4. Juni 1957
Präsidentin des Deutschen Städtetages
(1948—1949)
Bürgermeisterin von Berlin (1946—1951).
Amtierende Oberbürgermeisterin (1947—1948).

ERNST PAPPERMANN

# Stellenwert und Finanzierung kommunaler Kulturarbeit

## Zum Stellenwert der kommunalen Kulturarbeit

### Kommunale Leistungen für das Kulturleben der Bundesrepublik

Die letzte große Bestandsaufnahme des Deutschen Städtetages zum Kulturgeschehen in den Städten aus dem Jahre 1979 *(Kreißig — Treßler — von Uslar, Kultur in den Städten, Neue Schriften des DST Heft 37, Köln 1979, S. 7ff.)* hat eindrucksvoll gezeigt, daß Kulturpolitik in der Bundesrepublik in erster Linie Kommunalpolitik ist, daß also die Verantwortung für das kulturelle Geschehen weitgehend bei den kommunalen Parlamenten und Verwaltungen liegt. Folgende Zahlen mögen dies verdeutlichen: Im Jahre 1977 wurden in 77 Theatern 17,1 Mill. Besucher gezählt, davon 10,6 Mill. in den 42 rein kommunal getragenen Unternehmen. In den 302 von den Städten getragenen oder mitgetragenen Museen wurden 17,6 Mill. Besucher registriert. In den öffentlichen Bibliotheken gab es 100,4 Mill. Ausleihen. In den 149 Volkshochschulen waren 2 Mill. Kursteilnehmer sowie 1,94 Mill. Teilnehmer an sonstigen Veranstaltungen gemeldet. Die Städte betrieben Denkmalpflege, förderten Sammlungen und Ausstellungen, unterstützten Künstler und Autoren, widmeten sich der Musikpflege und der Erhaltung des kulturellen Heimaterbes und förderten schließlich die Entwicklung kreativer, neuer Kulturformen in der sozio-kulturellen Arbeit. Diese Aktivitäten der Städte finden natürlich auch auf der Ausgabenseite ihren Niederschlag. 1975 wurden von Bund, Ländern und Gemeinden bei einem Gesamthaushaltsvolumen von 355,13 Mrd. DM insgesamt 3,75 Mrd. DM (also 1,1%) für Kultur ausgegeben. Hiervon entfielen auf die Gemeinden (einschl. der Stadtstaaten) 2,31 Mrd. DM (also 61,6%), auf die Länder 1,34 Mrd. DM (35,7%) und auf den Bund 0,10 Mrd. DM (2,7%). Den Kulturausgaben kommt demnach in den kommunalen Haushalten ein deutlich stärkeres Gewicht zu (2,6%) als in den Länderhaushalten (1,3%). Diese Erfolgsbilanz darf jedoch keineswegs zur Selbstzufriedenheit verführen. Die

Städte beeinflussen zwar das Kulturgeschehen schon heute in starkem Maße. Die Bedeutung der kommunalen Kulturarbeit wird aber in den nächsten Jahren noch sehr wesentlich zunehmen.

## Zur wachsenden Bedeutung der kommunalen Kulturarbeit

In letzter Zeit war eine merkliche Hinwendung der Bürger zu konkreten räumlichen Einheiten zu spüren. Der Bürger fühlt sich vor allem in einem nahen, sinnlich erfahrbaren Raum „zu Hause". Dem entspricht es auch, daß der Begriff „Heimat" eine ganz beachtliche Renaissance erlebt *(vgl. Ina Maria Greverus, Auf der Suche nach Heimat, 1979, S. 193 ff., 203 ff.).* Hier setzt die Aufgabe der Städte ein. Sie müssen dem Bürger mehr als bisher zur „Heimat" im Sinne eines menschlichen Identitäts- und Aktionsraumes werden. Die kommunale Kulturarbeit ist in diesem Zusammenhang in besonderem Maße gefordert. Sie muß den kommunalen Raum so gestalten, daß die Gemeinde zur Kulturgemeinschaft wird. Dadurch wird dem heimatlichen Identitätsbedürfnis der Bürger Rechnung getragen. Nachdem in den Jahren des Wiederaufbaus vorrangig die materiellen Bedürfnisse der Bürger zu befriedigen waren, verlagert sich in den achtziger und neunziger Jahren der Schwerpunkt der kommunalen Daseinsvorsorge-Aktivitäten auf die Schaffung einer geistigen Infrastruktur in der Gemeinde. Dazu gehört vor allem auch die Schaffung eines gesunden kulturellen Klimas. Der in seiner kulturellen Freiheit und Interessenlage durch kulturelle Angebote der Stadt ernstgenommene Bürger erhält die Chance, sich auf neue Weise und intensiver als bisher mit seiner „Heimatstadt" zu identifizieren. Das ist aus zweierlei Gründen wünschenswert: Die Legitimation der Aufgabenerfüllung in kommunaler Selbstverwaltung wird gestärkt; zugleich kann der oft beklagten Staats- und Gemeindeverdrossenheit der Bürger entgegengewirkt werden. Die Kulturarbeit wird daher in Zukunft mehr als bisher zu einem Kernstück kommunaler Tätigkeit werden.

Dies darf natürlich nicht zu einem „kommunalen Kultur-Monopol" führen. Kultur lebt von der Vielfalt, auch von der Vielfalt der Anbieter. Dies gilt sowohl für das Verhältnis zu gesellschaftlichen Gruppierungen wie für das Verhältnis zu anderen öffentlich-rechtlich organisierten Kultur-Anbietern.

Gleichberechtigt neben der offiziellen städtischen Kulturarbeit stehen die Aktivitäten, die von Bürgern, privaten Gruppen und gesellschaftlichen Organisationen ausgehen; erwähnt seien Gesangs- und Heimatvereine, Kunst- und Kulturvereine, kulturelle Stadtteilarbeit einzelner Gruppen und die Kulturarbeit der Kirchen, Gewerkschaften, Sportvereine und Wohlfahrtsverbände. Beide Arten von Kulturarbeit in der Stadt sind begrifflich nicht streng abgrenzbar. Im Gegenteil wird häufig eine Verbindung zwischen beiden hergestellt, und zwar durch die öffentliche Subventionierung bestimmter privater Kulturaktivitäten. Der Reiz privater Kulturarbeit ist, daß sie in besonderem Maße die Chance zur Entwicklung neuer Ideen, zum Experiment, zu alternativen Formen bietet. Wegen dieser Chance zur Innovation bilden erst beide Arten gemeinsam, die offizielle wie die freie Kulturarbeit, das ganze reiche Spektrum des Kulturgeschehens in der Stadt.

Kulturpflege ist ferner nicht ausschließlich kommunale Angelegenheit: Erst das Miteinander und Übereinander von Bund, Ländern, den Landschaftsverbänden in Nordrhein-Westfalen und schließlich den kommunalen Gebietskörperschaften gewährleistet die notwendige kulturelle Vielfalt. Dem Bund etwa obliegt die auswärtige Kulturpolitik, die Länder sind im Rahmen ihrer Kulturhoheit für das landesweite Kulturgeschehen zuständig, die Gemeinden betreiben Kulturarbeit für die örtliche Gemeinschaft.

Ganz so überschaubar wie es hiernach scheint, ist die Kompetenzabgrenzung zwischen Ländern und Gemeinden jedoch nicht. Das zeigt sich etwa bei der Finanzierung des Kulturgeschehens: Während von den im Land geleisteten Gesamtausgaben für kulturelle Angelegenheiten 1975 in Nordrhein-Westfalen 77% auf die Gemeinden und nur 23% auf das Land entfielen, leisteten etwa in Bayern die Gemeinden nur 43%, das Land hingegen 57% *(Kreißig — Tressler — von Uslar a.a.O., S. 15).* Dies ist u.a. daraus zu erklären, daß in Süddeutschland nach dem Ersten Weltkrieg in besonders starkem Maße ehemals fürstliche Kultureinrichtungen von den Ländern übernommen wurden. Auch ist die Prioritätsstufe, die die Landesregierungen der Kulturarbeit einräumen, in den einzelnen Ländern durchaus unterschiedlich. Im Prinzip bleibt jedoch der räumliche Bezug der entscheidende Abgrenzungsfaktor *(Peter Häberle, Kulturpolitik in der Stadt — ein Verfassungsauftrag, Karlsruhe 1979, S. 38, 52).* Kommunale Kulturarbeit soll daher als „Angelegenheit der örtlichen Gemeinschaft" von den jeweiligen örtlichen Bedürfnissen ausgehen und auf den individuellen Raum hin konzipiert sein. Dabei kann das kommunale Kulturgeschehen durchaus einerseits weit über die „örtliche Gemeinschaft" hinausgehen, andererseits nur Teile von ihr erfassen. So ist die kulturelle STADTTEILarbeit ein Bestandteil moderner kommunaler Kulturpolitik, auch wenn die Konzeption der dezentralen Kulturangebote für bestimmte Wohnbereiche (Stadtteilfeste, Unterstützung bürgernaher Initiativgruppen, Zweigstellensystem der Bibliotheken und Volkshochschulen) die verbleibenden Teile der örtlichen Gemeinschaft zwangsläufig nicht erfaßt. Andererseits wenden sich kulturelle Angebote gerade der größeren Städte nicht nur an die Mitglieder der örtlichen Gemeinschaft, sondern dienen auch zur Versorgung des UMLANDES. Das zentralörtliche Gliederungsprinzip, auf dem die Landesplanung basiert, geht ja gerade davon aus, daß die Mittel- und Oberzentren ihr jeweiliges Einzugsgebiet mit Angeboten der qualifizierten Daseinsvorsorge (wie Theater, Oper, Orchester, bestimmte Fachmuseen oder Ausstellungen) zu versorgen haben. Dadurch, daß eine kommunale Einrichtung auch Einwohnern von Nachbargemeinden zur Verfügung gestellt oder von diesen mit benutzt wird, verliert sie nicht ihren „örtlichen" Charakter.

Nach allem bleibt festzustellen, daß die kommunale Kulturarbeit eine besonders geeignete Aufgabe ist, um Sinn und Wesen der kommunalen Selbstverwaltung zu veranschaulichen, welche ja nach der Rechtsprechung des Bundesverfassungsgerichts *(E 11, S. 275 f.)* vor allem darin bestehen, die Einwohner zur eigenverantwortlichen Erfüllung öffentlicher Aufgaben der engeren Heimat zusammenzuschließen mit dem Ziel, das Wohl der Einwohner zu fördern und die geschichtliche und heimatliche Eigenart zu bewahren. Damit folgt die Berechtigung zur kommunalen Kulturarbeit unmittelbar aus Art. 28 II GG. Die kommunalen Gebietskörperschaften stehen als originäre kulturpolitische Trägereinheiten gleichrangig neben Bund und Ländern und leisten faktisch sogar den überwiegenden Teil der Kulturarbeit in der Bundesrepublik Deutschland. Bedeutung und Stellenwert der kommunalen Kulturarbeit innerhalb der anderen kommunalen Aufgaben werden in den nächsten Jahren noch deutlich zunehmen.

**Entbehrlichkeit spezieller Kultur-Gesetze**

Dieser Bedeutungszuwachs wird eintreten, ohne daß es etwa erforderlich wäre, die kulturelle Aufgabenstellung der Gemeinden detailliert in Gesetzen niederzulegen. Ganz im Gegenteil besteht der Reiz der kommunalen Kulturarbeit gerade darin, daß dieser Aufgabenbereich sich bisher im wesentlichen der näheren spezialgesetzlichen Durchnormierung entziehen konnte. In der Kulturarbeit bieten sich deshalb den Städten und ihren Organen (Rat wie Verwaltung) noch echte Handlungs- und Entfaltungsspielräume sowie die Chance zu gesundem Wettbewerb, Innovation und Kreativität.

Bedauerlicherweise geht aber in letzter Zeit die Tendenz auch in diesem Aufgabensektor zu einer verstärkten Verrechtlichung. Schon werden in einzelnen kulturellen Sachbereichen die kommunalen Entscheidungsspielräume eingeschränkt, etwa durch die Weiterbildungs- oder Denkmalschutzgesetze der Länder. In der Diskussion sind außerdem — von Land zu Land mit unterschiedlichem Schwerpunkt — Musikschul-, Bibliotheks-, Museums- oder Archivgesetze. Der Anstoß kommt meist aus den Fachministerien der Länder; derartige Erwägungen werden aber bisweilen auch von den jeweils betroffenen kommunalen Spezialisten unterstützt, die sich von einer gesetzlichen Regelung eine Aufwertung ihres Arbeitsfeldes vor allem in finanzieller Hinsicht versprechen.

Dieser zunehmenden Normierungstendenz muß jedoch mit Nachdruck widersprochen werden. Derartige Fachgesetze sind nicht erforderlich und widersprechen daher dem rechtsstaatlichen Prinzip der Verhältnismäßigkeit.

Zu Recht wird in den letzten Jahren die zunehmende Regelungsdichte sowohl durch neue Gesetze als auch durch Verordnungen und Verwaltungsvorschriften der Ministerien als eine der ernstesten Gefahren für die kommunale Selbstverwaltung beklagt. „Gesetzesflut" und „Bürokratisierung" sollen abgebaut werden, darin sind sich Politiker und Verwaltungswissenschaftler einig *(vgl. Hans Jochen Vogel, JZ 1979, S. 321 ff.; Renate Mayntz, Soziologie der öffentlichen Verwaltung, Heidelberg 1978, S. 109 ff.; Ernst Pappermann, Demokratische Gemeinde 1979, S. 1042 ff., 1131 ff.).* Mit dieser richtigen Einsicht wäre es aber unvereinbar, laufend neue Fachgesetze gerade im Bereich der kommunalen Kulturarbeit zu schaffen: Wenn schon ganz allgemein eine Reduzierung der Regelungsdichte gefordert wird, so muß das in besonderem Maße für die Kulturarbeit gelten, bei der ja Kreativität und Innovation eine wichtige Rolle spielen. Kulturverwaltung soll sich, wie Thomas Oppermann *(Bildung, in: Ingo von Münch, Besonderes Verwaltungsrecht, 5. Aufl. Berlin 1979, S. 622)* zu Recht betont, im Vergleich zu anderen Verwaltungszweigen durch ein stärkeres Maß an Autonomie, Freiheit und Distanz zur Zwangsgewalt des Staates auszeichnen. Dies ist nur zu verwirklichen, wenn weitere detaillierte fachgesetzliche Regelungen unterblieben. Jedes neue Gesetz mit seinen verpflichtenden Regelungen verkürzt den Entscheidungsspielraum der Kommunen im kulturellen Bereich insgesamt, da der Staat an Stelle der Gemeinden die Prioritäten setzt: Die gesetzlich festgelegten Aufgaben müssen vorrangig erfüllt werden und binden die Finanzmittel mit der Folge, daß schließlich die gesetzlich nicht geregelten Sachgebiete „mangels Masse" nicht mehr wahrgenommen werden können, was letztlich wiederum zum Abbau der so reizvollen Vielfalt und zu einer staatlich verordneten Einheitskultur führt. Dies muß auf alle Fälle verhindert werden; die offene, kreative Kulturarbeit, der Wettbewerb der Städte um neue Ideen muß im Interesse der Bürger erhalten bleiben. Wo wirklich einmal gewisse Grundstrukturen im kulturellen Leistungsangebot einheitlich sein müssen, sind keine staatlichen Regeln nötig, es reichen vielmehr entsprechende Vereinbarungen der kommunalen Träger. Hierfür sind die kommunalen Spitzenverbände die geeigneten Vermittler, da Erfahrungsaustausch und Erarbeitung vereinheitlichender Empfehlungen ja gerade zu ihren wesentlichen Aufgaben zählen. So ist die Kulturarbeit der Städte in den letzten 30 Jahren durch viele der Vereinheitlichung dienende Empfehlungen des Deutschen Städtetages angeregt und geprägt worden, deren Wirksamkeit allgemein anerkannt wird *(vgl. u.a. Peter Häberle a.a.O., S. 26, 38).*

**Kulturarbeit als kommunale Pflichtaufgabe**

Spezialgesetzliche Normierungen der Kulturarbeit sind insbesondere auch deshalb nicht notwendig, weil es sich bei der Kulturarbeit um eine Selbstverwaltungs-Pflichtaufgabe handelt und nicht bloß — wie dies landläufiger Auffassung entspricht — um eine freiwillige Aufgabe. Die bisher noch übliche Zuordnung der Kultur zu den freiwilligen Aufgaben führte immer wieder zu der Konsequenz, daß Kultur als nachrangige, am Rande liegende Angelegenheit eingestuft und letztlich nicht ernstgenommen wurde. Kommunale Kulturpolitik steht in der Regel in ihrem Stellenwert deutlich hinter der Finanz-, Verkehrs-, Städtebau-, Sozial-, Schul- oder Sportpolitik zurück, sie wird als „ein entbehrliches Extra, als eine ganz hübsche, aber zum Leben nicht unbedingt notwendige bunte Blume" angesehen *(vgl. Dieter Sauberzweig, in: Wege zur menschlichen Stadt, Neue Schriften des DST Bd. 29, Köln 1973, S. 124).* Die zwangsläufige Folge ist, daß der Kulturetat ständig gefährdet ist und in Zeiten wirtschaftlicher Schwierigkeiten vorrangig dem Rotstift zum Opfer fällt.

Die Einordnung der Kulturarbeit als lediglich freiwillige Selbstverwaltungsaufgabe ist indes nicht länger aufrechtzuerhalten. Der Aufgabencharakter der Kulturarbeit hat sich vielmehr in den letzten Jahren gewandelt. Kulturarbeit ist Pflichtaufgabe geworden. Freiwillige Aufgaben und Pflichtaufgaben der Selbstverwaltung unterscheiden sich weder grundsätzlich, noch nach der Art ihrer Erfüllung. Das Kommunalverfassungsrecht sieht lediglich die Möglichkeit vor, daß der Staat eine Aufgabe per Gesetz zur Pflichtaufgabe erklärt, wenn er dies aus Gründen des Allgemeinwohls für erforderlich hält. Daneben besteht jedoch auch die Möglichkeit, daß Selbstverwaltungsaufgaben ohne Gesetzesakt Pflichtaufgaben werden, nämlich dann, wenn dies der communis opinio der Gemeindebürger entspricht. Diese communis opinio kann im Lauf der Zeit durchaus Wandlungen unterliegen, wodurch sich z.B. freiwillige zu Pflichtaufgaben entwickeln können. Genau dies ist im Bereich der Kulturarbeit der Fall. Die Gründe hierfür sind vielschichtig und lassen sich mit Argumenten aus Verfassung und Gesetzen, aber auch pragmatisch belegen *(vgl. zum folgenden näher: Peter Häberle a.a.O., passim; Ernst Pappermann, DVBl. 1980 S. 701 ff.).*

So gehen die Gemeindeordnungen in allen Bundesländern von einer Pflicht der Gemeinden zur kulturellen Betreuung ihrer Einwohner aus. Die einschlägigen Normen (z. B. § 18 I GemO NW) bestimmen zumeist: „Die Gemeinden schaffen innerhalb der Grenzen ihrer Leistungsfähigkeit die für die wirtschaftliche, soziale und KULTURELLE BETREUUNG ihrer Einwohner erforderlichen öffentlichen Einrichtungen." Innerhalb der hierauf gestützten Daseinsvorsorge-Aktivitäten der Gemeinden lag das Schwergewicht im Zeichen des Wirtschaftsaufbaus natürlich lange Zeit bei der Schaffung einer funktionierenden Infrastruktur. Nachdem die materiellen Bedürfnisse nun aber weitgehend gesättigt sind, wird es in Zukunft mehr und mehr um die Schaffung einer geistigen Infrastruktur gehen. Somit gewinnt die Schaffung kultureller Einrichtungen mehr und mehr Pflichtcharakter.

Nicht nur das Kommunalrecht, auch das Raumordnungs- und Baurecht geht an vielen Stellen davon aus, daß die Gemeindeeinwohner kulturell zu betreuen sind. Wenn etwa §§ 1 I 2, 2 I 1,3 Bundesraumordnungsgesetz (BROG) den Auftrag enthalten, „die kulturellen Erfordernisse zu beachten" oder sogar „die kulturellen Einrichtungen zu verbessern", so ist dies ein deutliches Indiz dafür, daß auch der Bundesgesetzgeber vom Bestehen einer besonderen kulturellen Verpflichtung der Gemeinden ausging.

Weiter ist in diesem Zusammenhang die neuere Interpretation der Grundrechte von Gewicht. Das Bundesverfassungsgericht erkennt mehr und mehr an, daß sich aus den Freiheitsgrundrechten nicht nur Abwehrrechte gegen die öffentliche Gewalt ergeben, sondern daß aus ihnen auch Ansprüche auf Teilhabe an staatlichen Leistungen und auf staatliches Tätigwerden im Interesse des Grundrechtsschutzes abzuleiten sind *(BVerfGE 33, S. 329, E 35, S. 114; E 50, S. 337).* So gesehen folgt aus der Kunstfreiheit (Art. 5 III GG), der Chancengleichheit (Art. 3 GG) und der freien Entfaltung der Persönlichkeit (Art. 2 I GG) ein Grundrecht des Bürgers auf Kulturteilhabe *(Peter Häberle a.a.O., S. 26 ff.).* Adressat dieses Grundrechts sind auch die Gemeinden als vorrangige kulturelle Leistungsträger.

Auch der Verfassungsauftrag der Sozialstaatlichkeit ist zu berücksichtigen, wenn es um den Pflichtcharakter der kommunalen Kulturarbeit geht. Kultur ist ein Medium zur Verständigung und zur Kommunikation und strebt die aktive Beteiligung eines breiten Publikums an. Kulturarbeit muß also der Entfaltung und Förderung der sozialen, kommunikativen und ästhetischen Möglichkeiten und Bedürfnissen *aller* Bürger und nicht nur bestimmter gesellschaftlicher Schichten dienen. Gerade diese kommunikative und gemeinschaftsbegründende Funktion kommunaler Kulturarbeit wird als Ausfluß des Sozialstaatsprinzips in letzter Zeit besonders betont *(vgl. u.a. Ministerpräsident Johannes Rau, Verwaltungsrundschau 1980, S. 78).* So wird gefordert, vor allem eine Kunst zu fördern, die Isoliertheit, Zwänge und Barrieren abbaut und das soziale Lernen ermöglicht, oder das Kulturangebot inhaltlich und städtebaulich so zu gestalten, daß die Bürger informiert werden, daß sie aber auch zum Lernen und zur Intensivierung ihrer Beziehungen herausgefordert werden. Auch unter diesem sozialstaatlich-kommunikativen Aspekt ist also kommunale Kulturarbeit als Pflichtaufgabe anzusehen.

Zu diesem Ergebnis führt schließlich auch ein letzter, mehr pragmatischer Ansatz: Unbestritten sind die Aufgaben der Gemeinden als Schulträger Pflichtaufgaben. Nun besteht aber zwischen den Bildungs- und den Kulturaufgaben der kommunalen Gebietskörperschaften ein außerordentlich enger sachlicher Zusammenhang. Bildung und Kultur werden als Einheit verstanden und innerhalb der Stadt durch ein übergreifendes Konzept miteinander verbunden. Kulturelle Teilnahme läßt sich nur durch bessere Bildung erreichen. Deshalb findet zwischen Bildungs- und Kultureinrichtungen räumlich und inhaltlich eine enge Koordination und Kooperation statt. Wenn das Schulwesen unbestritten kommunale Pflichtaufgabe ist und derart intensive Verflechtungen zwischen Schul- und Kulturbereich bestehen, läßt sich nicht einsehen, warum die Rechtsnatur der Kulturarbeit anders sein sollte.

Als Ergebnis all dieser Erwägungen bleibt festzustellen, daß sich die kommunale Kulturarbeit in den letzten Jahren zur Selbstverwaltungs-Pflichtaufgabe entwickelt hat. Pflicht ist allerdings nur das „Ob" oder „Daß" zur kommunalen Kulturarbeit. Die Gemeinden sind also verpflichtet, ÜBERHAUPT kulturelle Angebote zu schaffen. Das „Wie" im einzelnen unterliegt hingegen der Entscheidungsprärogative jeder einzelnen Gemeinde. Ob die Gemeinde also etwa Schwerpunkte bei der Förderung privater Gruppen und Vereine setzen will, ob sie Künstler- und Autorenförderung betreiben, Fachbibliotheken, Museen oder Musikschulen errichten will, steht im politischen Ermessen der zuständigen Gemeindeorgane.

**Die Pflicht zum kulturellen Pluralismus**

Wenn die Gemeinden nach ihrem politischen Ermessen die Inhalte ihrer Kulturarbeit festlegen, haben sie eine wichtige Vorgabe zu beachten: Sie sind verpflichtet, ein möglichst breites, vielfältiges Angebot zu machen, um so wirklich „Kultur für alle" *(so der Titel des Werkes von Hilmar Hoffmann, Frankfurt 1979)* zu gewährleisten. Diese Pflicht zur Vielfalt, zum kulturellen Pluralismus, läßt sich wie folgt als Verfassungsauftrag aus dem Demokratieprinzip und aus der Kunstfreiheit herleiten *(vgl. Peter Häberle a.a.O., S. 31, 34; Hilmar Hoffmann, a.a.O., S. 30, 33)*: In einer Stadt sind alle sozialen Schichten der Bevölkerung vertreten. Deshalb darf Kultur nicht schichtenspezifisch verstanden werden, etwa nur im Sinne einer Kultur für die Mittel- und Oberschichten. Operette und absurdes Theater, Stadtteilfest und Kulturpreis, fachliches Nachschlagewerk und entspannende Lektüre, Industriemuseum und kommunales Kino, „traditionelle" und „alternative" Kultur stehen gleichrangig nebeneinander. Die Gemeinden sind nicht zur Gesinnungs- oder Geschmackszensur über ihre Bürger berufen, sie dürfen ihnen nicht eine offizielle Kultur oktroyieren wollen *(Rüdiger Robert Beer / Eberhard Laux, Die Gemeinde — Eine Einführug in die Kommunalpolitik, 2. Aufl. München 1977, S. 48 ff.)*. Konsequenz daraus kann nur die Pflicht zum kulturellen Pluralismus, zum möglichst vielfältigen Angebot sein. Diese möglichst vielfältig angelegte kulturelle Daseinsvorsorge hat zwei Schwerpunkte: Zum einen sind die vorhandenen traditionellen kulturellen Einrichtungen und die Vereine in ihrem institutionellen Gefüge auszubauen. Zum anderen müssen die Städte flexibel und phantasievoll genug sein, um neue Formen der Kulturarbeit zu entwickeln und zu unterstützen. Dieses „sowohl als auch" oder „einerseits — andererseits" kennzeichnet zwei Seiten einer einheitlichen Aufgabe. Eine falsch verstandene Trennung in „traditionelle" und „alternative" Kulturpolitik führt nicht weiter. Didaktik und Schulferienprogramm im Museum, moderne Formen des Tanzes, die Beschäftigung des Theaters mit Alltag und Arbeitswelt zeigen, daß auch in traditionellen Einrichtungen neue Ideen zu verwirklichen sind und nicht nur im Straßentheater, in kommunikativen „Fabriken", bei Kneipenlesungen oder durch Aktionskunst.

Nur eine so angelegte Vielfalt gewährleistet „Kultur für alle" und „Kultur von allen". Der Leitsatz des kulturellen Pluralismus prägt daher die Inhalte städtischer Kulturarbeit.

**Strukturierung kommunaler Kulturarbeit durch Empfehlungen des Deutschen Städtetages**

Auch bei Berücksichtigung der Pflicht zum vielfältigen Angebot bleibt für die zuständigen kommunalen Organe ein weiter Entscheidungsspielraum bei der Ausgestaltung der Inhalte der kommunalen Kulturarbeit. Diese Spielräume sachgerecht auszufüllen, ist eine reizvolle Chance, andererseits aber auch eine verantwortungsvolle Herausforderung. Die einzelne Stadt kann ihre Individualität verwirklichen, wodurch das Gesamtspektrum der kommunalen Kulturarbeit erweitert und bereichert wird. Auf der anderen Seite ist es im Interesse der Bürger in den Städten und Gemeinden nützlich, wenn die Grundsätze der städtischen Kulturpolitik doch in gewissem Umfange von allen Städten gleichermaßen befolgt werden. Derartige Leitlinien städtischer Kulturpolitik sind über viele Jahre hinweg kontinuierlich vom Deutschen Städtetag erarbeitet worden. Die Empfehlungen des Städtetages haben die Kulturarbeit der Städte nachhaltig beeinflußt, wie in der Literatur anerkennend hervorgehoben wird *(vgl. Peter Häberle, a.a.O., S. 2, 24, 26, 38, 64).* Die Empfehlungen und Stellungnahmen der letzten 25 Jahre sind in dem Band „Kulturpolitik des Deutschen Städtetages" *(DST-Beiträge zur Bildungspolitik, Heft 11, Köln 1979)* übersichtlich zusammengestellt. Einen besonderen Rang nehmen hierbei die Empfehlungen „Bildung und Kultur als Element der Stadtentwicklung" von

1973 ein. Danach muß die Stadt als ein Ort begriffen und konzipiert werden, der Sozialisation, Kommunikation und Kreativität ermöglicht. Kultur in der Stadt hat daher einen dreifachen Auftrag. Sie muß

— die Kommunikation fördern und damit der Vereinzelung entgegenwirken,
— Spielräume schaffen und damit ein Gegengewicht gegen die Zwänge des heutigen Lebens setzen,
— die Reflexion herausfordern und damit bloße Anpassung und oberflächliche Ablenkung überwinden.

Aus diesen drei Gründen lassen sich zahlreiche konkrete Einzelforderungen für die Gestaltung des kulturellen Stadtbildes und für die Arbeit der Volkshochschulen, Bibliotheken, Theater, Musikeinrichtungen, Museen oder audiovisuellen Zentren entwickeln. Bis ins Detail kann die Grundkonzeption verwirklicht werden, daß Kulturarbeit der Entfaltung und Entwicklung der sozialen, kommunikativen und ästhetischen Möglichkeiten und Bedürfnisse aller Bürger dient, daß eine Kunst zu fördern ist, die Isoliertheit, Zwänge und Barrieren abbaut, daß durch die Kulturarbeit Phantasie, schöpferische Kraft und Initiative des Menschen zu fördern sind, daß passiver Kulturkonsum in eine Beteiligung im Sinne aktiven Lernens umzuwandeln ist, oder daß lebenslanges Lernen Voraussetzung für das Gewinnen und Bewahren von Kompetenz und daß Weiterbildung daher unerläßlich ist.

Derartige Empfehlungen, die auf den Erfahrungen der Praxis beruhen und von den qualifiziertesten Repräsentanten der kommunalen Kulturpolitik im Kulturausschuß des Deutschen Städtetages und seinen Untergliederungen erarbeitet werden, werden auch in Zukunft die Kulturarbeit der Städte begleiten und ihr neue Impulse geben.

## Die Finanzierung der kommunalen Kulturarbeit

### Die Gestaltung der kommunalen Haushalte

Die kommunalen Ausgaben für die kulturelle Daseinsvorsorge sind in den einzelnen Städten sehr unterschiedlich, wie ein Blick in die Kulturetats der Städte zeigt. Die Höhe der Kulturetats ist von vielerlei Zufälligkeiten abhängig, etwa von der Durchsetzungsfähigkeit des Kulturdezernenten oder den persönlichen Interessen des

Fraktionsvorsitzenden der Mehrheitsfraktion im Rat. In Städten von 500 000 bis zu 1 Mill. Einwohnern werden — um ein Beispiel herauszugreifen — im Durchschnitt pro Kopf 3,30 DM für Museen und Sammlungen ausgegeben, 12,86 DM für öffentliche Bibliotheken und 35,31 DM für Theater. In Frankfurt betragen die entsprechenden Werte hingegen 6,77 DM für Museen, 15,97 DM für Bibliotheken und 73,12 DM für Theater. Die Kulturausgaben 1977 schwankten in Städten vergleichbarer Größenordnung (500 000 bis zu 1 Mill. Einw.) ganz erheblich: Frankfurt gab 212 Mill. DM aus, Köln 153, Düsseldorf 112, Bremen 97, Hannover 72, Dortmund 59, Duisburg 53, Stuttgart 52 und Essen 49 Mill. DM. Dieses Faktum muß bedenklich stimmen. Es ist nur dadurch zu erklären, daß Kulturarbeit — wie erwähnt — heute noch überwiegend als freiwillige Selbstverwaltungsaufgabe angesehen wird, deren Haushaltsmittel gerade in wirtschaftlich schwierigen Zeiten eine willkommene Manövriermasse darstellen. Dieser Ansatz ist jedoch unzutreffend: Kommunale Kulturarbeit ist heute Pflichtaufgabe; sie steht damit gleichwertig neben den anderen von der Gemeinde zu erfüllenden Pflichtaufgaben und ist ihnen nicht als minderrangige Aufgabe nachgeordnet. Diese Einsicht muß nun unmittelbare Auswirkungen auf die Gestaltung der kommunalen Haushalte haben.

Die Auswirkung kann nur so aussehen, daß kontinuierlich feste Haushaltsansätze für die Kulturarbeit bereitzustellen sind. Die Tatsache, daß Kulturarbeit Pflichtaufgabe ist, muß zu gleichrangiger Berücksichtigung bei der Etatgestaltung führen. Bei der Höhe der Ansätze ist insbesondere auch zu berücksichtigen, daß die Städte — wie erwähnt — zu einem VIELFÄLTIGEN Angebot verpflichtet sind. So ist es nicht länger hinnehmbar, daß die Haushalte der großen kulturellen Institutionen (Theater, Oper, Bibliothek, Museum, Volkshochschule) häufig Jahr für Jahr voraussehbar zwischen 80 und 98% aller im Kulturhaushalt bereitgestellten Mittel binden. Vielmehr müssen feste Haushaltsansätze auch für die freie, nicht institutionelle Kulturarbeit zur Verfügung stehen. Über die Verwendung dieser Mittel im Einzelfall haben dann die zuständigen städtischen Stellen zu entscheiden. Nachdrücklich abzulehnen sind demnach Forderungen, wonach diese Mittel pauschal einem aus der Mitte der betroffenen Kulturschaffenden gebildeten Gremium zuzuweisen sind, das dann die Detailvergabe an Stelle der städtischen Behörden trifft. Ein solcher Ansatz, der in der politischen Diskussion gelegentlich auftaucht, ist aus vielerlei Gründen höchst gefährlich. Vor allem stellt er das Regierungs- und Verwaltungssystem der

Prof. Dr. h. c. Ernst Reuter
\* 29. Juli 1889   † 29. September 1953
Präsident des Deutschen Städtetages
(1949—1953)
Oberbürgermeister von Magdeburg (1931—1933). Oberbürgermeister,
später Regierender Bürgermeister von Berlin (1948—1953).

repräsentativen parlamentarischen Demokratie in Frage. Es kann nicht angehen, daß über die Verwendung von Steuergeldern nach einseitigen Gruppeninteressen entschieden wird, und zwar von Personen, die ihre Legitimation nicht vom Willen des Volkes ableiten und im Grunde nicht zur Verantwortung gezogen werden können. Wenn hingegen demokratisch legitimierte und in der Verantwortung gegenüber ihrem Dienstherrn stehende Beamte über die Vergabe der Mittel entscheiden, ist eine gesonderte Ausweisung von Haushaltsmitteln speziell für freie Kulturarbeit durchaus zu begrüßen.

Die Haushaltsansätze für Kulturarbeit dürfen nicht einfach nur alljährlich fortgeschrieben werden. Vielmehr sind vorausschauend Schwerpunkte für die weitere Entwicklung festzulegen. Damit kann verhindert werden, daß in Zeiten knappen Geldes Zufallsentscheidungen über kulturelle Einrichtungen und ihre Arbeit fallen. Denn nichts ist gerade für die Kulturarbeit schädlicher als ein zufälliges „stop and go" in der Haushaltsgestaltung. Kulturarbeit ist auf Kontinuität und Tradition angelegt und verlangt stetige Finanzierung. Unterbrechungen bringen meist Rückschritt. Interesse, das mühsam geweckt wurde, läßt nach oder verliert sich ganz und kann später nur langsam und unter hohen Kosten wieder hervorgerufen werden. Die Qualifizierung der Kulturarbeit als Pflichtaufgabe führt also zur Vereinheitlichung, Konsolidierung und rechtlichen Absicherung der kommunalen Kulturetats.

## Die staatliche Förderung kommunaler Kulturarbeit

### Generelle Förderungspflicht

Die Tatsache, daß sich die kommunale Kulturarbeit zur Pflichtaufgabe entwickelt hat, muß auch Auswirkungen auf das „Ob" und das „Wie" der Förderung dieser Aufgabe durch die Länder haben. Für Pflichtaufgaben gilt die FINANZPOLITISCHE RICHTLINIE — in Nordrhein-Westfalen sogar in der Landesverfassung und der Gemeindeordnung ausdrücklich geregelt —, daß der Gesetzgeber die entstehenden Mehrkosten zu berücksichtigen hat. Art und Maß des Ausgleichs bleiben dem Gesetzgeber überlassen. Regelmäßig muß die Berücksichtigung im Rahmen des jährlichen Finanzausgleichs geschehen. Bei ins Gewicht fallenden aufwendigen Mehrbelastungen ist ein besonderer Ausgleich durch das Land zu leisten. Letzteres dürfte etwa der Fall sein, wenn es sich bei bestimmten kulturellen Aktivitäten einer größeren Stadt zugleich um ein Schwerpunktvorhaben oder Versuchsprojekt der Landespolitik handelt, oder wenn eine Stadt ein kulturelles Großprojekt in Angriff nimmt, um dadurch ihre sich aus dem Landesplanungsrecht ergebenden Pflichten zu erfüllen, als Ober- oder Mittelzentrum auch den zugehörigen Einzugsbereich zu versorgen, wenn es sich also um sog. „städteübergreifende Aufgaben" handelt. Insgesamt führt die Anerkennung der Kulturarbeit als Pflichtaufgabe jedenfalls zu einer verstärkten Förderungspflicht der Länder gegenüber ihren Gemeinden.

*Die Förderungsart im einzelnen*

Die staatliche Förderung muß so angelegt sein, daß sie die Eigenständigkeit und Individualität der kommunalen Kulturarbeit nicht gefährdet. Der Staat hat nur sehr begrenzte Möglichkeiten, das künstlerische, literarische oder sozio-kulturelle Ereignis vor Ort beurteilen zu können. Wenn man weiter bedenkt, daß die Leistungen der Städte im Kulturbereich vielfach bewiesen sind, sollte es dem Staat leichtfallen, sich bei der Förderung mit Bedingungen und detailliert regelnden Eingriffen weitgehend zurückzuhalten. Aufgabe des Staates ist gerade NICHT DIE VEREINHEITLICHUNG der kommunalen Kultur, sondern allenfalls die Sorge um ein gleichwertiges kulturelles Angebot. Dieses Ziel kann aber problemlos auch durch weitestgehend pauschalierte Zuweisungen erreicht werden.

Wie man sieht, besteht im Kulturbereich die gleiche Gefahr wie bei vielen anderen kommunalen Aufgabenfeldern: Durch zu detaillierte ZWECKZUWEISUNGEN werden die kommunalen Handlungs- und Entfaltungsspielräume immer mehr eingeschränkt. Deshalb wird seit langem eine möglichst weitgehende REDUZIERUNG DER ZWECKZUWEISUNGEN gefordert *(vgl. u.a. Ernst Pappermann, SKV 1968, S. 311 ff.; Peter Lindemann, DVBl. 1978, S. 777 ff.).* In der Tat ist es erforderlich, daß Zweckzuweisungen bei der Förderung der Kulturarbeit die große Ausnahme werden. Die Verwendungszwecke (Theaterförderung, Kooperationsbonus, Musikschulförderung usw.) müssen drastisch verringert werden. Anzustreben ist, daß der PAUSCHALE VERWENDUNGSZWECK „KOMMUNALE KULTURARBEIT" ausreicht. Ferner müssen die Förderungszwecke und Förderungsrichtlinien besser koordiniert werden. Detaillierte Verwendungsauflagen müssen weitgehend entfallen. Das Antrags-, Bewilligungs- und Kontrollverfahren muß entscheidend vereinfacht werden. Administrative Schwierigkeiten durch widersprüchliche und schwer verständliche Förderungsregeln, unterschiedliche Verfahrensregeln, Zustimmungsvorbehalte und Fristen müssen abgebaut werden *(vgl. Heinz Köstering, VR 1979, S. 149 ff.).* Die Verwendungskontrolle muß sich ausschließlich auf die Prüfung beschränken, ob die Förderungsmittel überhaupt für Kulturarbeit eingesetzt wurden und ob die Gemeinden dabei die ihnen gesetzten Ermessensschranken beachtet haben.

Diese Einsicht sollte sich auch bei denjenigen kommunalen Kulturpolitikern durchsetzen, die bisher noch einen abweichenden Standpunkt vertreten. Kommunale Fachleute begrüßen Zweckzuweisungen durchweg aus zweierlei Gründen: Zum einen, weil sie dadurch für die von ihnen durchzuführenden Aufgaben ÜBERHAUPT — unter welchen Bedingungen auch immer — Mittel vom Staat bekommen, zum anderen, weil sie die Zweckzuweisungen als Instrument benutzen können (zumal Zweckzuweisungen häufig an die Erbringung von Eigenmitteln gekoppelt sind), beim Kämmerer im eigenen Hause mehr kommunale Mittel für Kulturaufgaben lockerzumachen („Brechstangentheorie"). Mit der Anerkennung des Pflichtaufgabencharakters der Kulturarbeit entfällt aber die Notwendigkeit zu letzterem: Wie dargelegt sind die Gemeinden selbst zu einer angemessenen Kulturarbeit verpflichtet und dürfen diese Aufgabe nicht mehr nachrangig gegenüber anderen Pflichtaufgaben behandeln. Nach allem sollten daher in Zukunft auch die kommunalen Kulturpolitiker für einen rapiden Abbau der Zweckzuweisungen und für eine PAUSCHALFÖRDERUNG der kommunalen Kulturarbeit in dem geschilderten Umfang eintreten.

## Zusammenfassung

1. Die Kompetenz der kommunalen Gebietskörperschaften zur Kulturarbeit ist durch Art. 28 II GG unmittelbar verfassungsrechtlich gewährleistet. Als originäre Träger der Kulturarbeit stehen die Gemeinden gleichrangig neben Bund, Ländern und gesellschaftlichen Gruppen. Sie leisten heute über 60% der Gesamtausgaben für Kultur, so daß Kulturpolitik in der Bundesrepublik sogar in erster Linie Kommunalpolitik ist.

2. Die kommunale Kulturarbeit ist Selbstverwaltungs-Pflichtaufgabe. Hierzu sind spezielle fachgesetzliche Regelungen nicht erforderlich. Die Pflicht der Gemeinden zum „Ob" oder „Daß" kommu-

naler Kulturarbeit ergibt sich vielmehr aus den Grundrechten, dem Sozialstaatsprinzip, den gemeinderechtlichen Vorschriften über Einrichtungen der Daseinsvorsorge, aus bau- und raumordnungsrechtlichen Normen sowie aus dem Grundsatz der Einheit von Bildung und Kultur.

3. Das „Wie" kommunaler Kulturarbeit, also deren Inhalt und Ausmaß, bestimmt jede Gemeinde nach ihrem politischen Ermessen. Diese gemeindliche Entscheidungsprärogative wird allerdings durch die Pflicht zur kulturellen Vielfalt, durch einzelne spezialgesetzliche Normen und durch die Grundsätze über die Selbstbindung des Ermessens eingeschränkt.

4. Da die kommunale Kulturarbeit Pflichtaufgabe ist, müssen die Gemeinden hierfür in ihren Haushalten angemessene Ansätze bereitstellen, die denen anderer Pflichtaufgaben gleichrangig sind. Staatliche Förderung sollte nicht durch detaillierte Zweckzuweisungen, sondern in administrativ einfachen Verfahren durch pauschale Zuweisungen mit sehr weit gefaßter Zweckbindung (allgemein „für Kulturarbeit") erfolgen.

WERNER BÖCKER

# Privatisierung öffentlicher Aufgaben

Als der wissenschaftliche Beirat beim Bundesministerium der Finanzen in seinem Jahresgutachten „Zur Lage und Entwicklung der Staatsfinanzen in der Bundesrepublik Deutschland" im August 1975 auch die Verlagerung von öffentlichen Aufgaben auf den privaten Sektor vorschlug, geschah dies unter Kostengesichtspunkten. Die Misere der öffentlichen Haushalte zwang zu Überlegungen, vermutete Rationalisierungsreserven in der öffentlichen Verwaltung unter anderem auch durch die Privatisierung einiger öffentlicher Leistungen nutzbar zu machen. Damit war der Diskussion eine Richtung gewiesen, die den auch heute noch höchst aktuellen finanzwirtschaftlichen Erfordernissen Rechnung trug und Entstaatlichung oder Privatisierung in erster Linie als eine Frage des Rechenstiftes ansah.

**Weltanschauliche Befrachtung der Diskussion**

Angesichts des deutschen Volkscharakters, stets auf der Suche nach der grundsätzlichen Sicht aller Dinge, war nicht zu erwarten, daß es bei einer solch vereinfachten Fragestellung sein Bewenden haben konnte. In der Folgezeit entwickelte sich um die Fragen Privatisierung und Entstaatlichung „ein Glaubenskrieg mit staats- und gesellschaftspolitischen Dimensionen" *("Siedentopf, Zeitschrift Verwaltungsführung, Organisation Personalwesen", Heft 2/1980, S. 64)*.

Schon der in dem Wort Privatisierung enthaltene Begriff des „Privaten" erweckte auf der einen Seite Mißtrauen. Konnte man doch unter „privat" verstehen, was nicht existenziell dem Interesse des Gemeinwesens, dem Gemeinwohl dient, sondern Verfolgung partikular-egoistischer Zwecke darstellt *(Krautzberger, Erfüllung öffentlicher Aufgaben durch Private, Schriften zum öffentlichen Recht, Bd. 150, S. 61)*. Ähnliche Assoziationen wurden hervorgerufen, wenn von der „Entstaatlichung" öffentlicher Aufgaben die Rede war. Die Rechtswissenschaft hat zwar noch keine völlige Klarheit über die Definition der „öffentlichen Aufgaben" und deren Verhältnis zu den „staatlichen Aufgaben" gefunden. Mit Hans Peters wird man die staatlichen Aufgaben jedoch als ein Unterfall der öffentlichen Aufgaben ansehen können. Ungeachtet der insoweit noch nicht abgeklärten Begriffssituation zeigte jedoch die seit jeher der Staatstheorie innewohnende Vorstellung Wirkung, der Staat hätte das „gemeine Beste" und das „Gemeinwohl" zu realisieren, was immer darunter zu verstehen ist. Danach werden dem Staat die Eigenschaften der Uneigennützigkeit und Objektivität bei der Verfolgung von Zielen zugeschrieben, die manche in der nicht organisierten Gesellschaft, eben im privaten Raum, keineswegs garantiert sehen. Letzten Endes mußte bei dieser Denkweise auch die Beschneidung der staatlichen Wahrnehmung öffentlicher Aufgaben und deren Übertragung auf private Unternehmen in bestimmten Bereichen als der Beginn einer Art Neo-Feudalisierung der Gesellschaft erscheinen. Öffentliche Einrichtungen im Bereich der „Daseinsvorsorge" privater Gewinnerzielung zu überlassen, kommt dabei einem Angriff auf den Sozialstaat gleich.

Die Gegenseite argumentiert, wie nicht anders zu erwarten, genau umgekehrt. Hier wird der Aspekt der Freiheit des Einzelmenschen und der Gesellschaft vom Staat in den Vordergrund gerückt. Die vorausgesetzte Leistungsbereitschaft und Leistungsfähigkeit des privaten Sektors führt zu der Forderung nach mehr Markt auch im staatlichen Bereich, wobei der Bürger eine qualitativ gleiche oder gar bessere Leistung zu gleichen oder geringeren Kosten erhalten soll. Der Zurückdrängung der Staatstätigkeit in geeigneten Bereichen wird neben der finanziellen Entlastungswirkung auch ein heilsamer und notwendiger Effekt gegen einen Verwaltungstotalitarismus zugeschrieben, der letztlich als freiheitsbedrohend empfunden wird. Als Beleg, wie weit dieser Zustand bereits fortgeschritten ist, wird dabei gerne auf die sogenannte Staatsquote verwiesen, die heute bei ca. 48% liegt. Dies bedeutet, daß fast die Hälfte der Ergebnisse der Arbeit aller Bürger von der öffentlichen Hand in Bund, Ländern und Gemeinden in Beschlag genommen, verbraucht oder umverteilt wird.

Aus dem Bezug auf einen befürchteten Verwaltungstotalitarismus ergibt sich gleichzeitig auch der Zusammenhang der Privatisierungsproblematik mit dem Thema Entbürokratisierung. Angesichts der Tatsache, daß der Bürger ein wachsendes Unbehagen gegenüber einem zunehmend reglementierenden, vorschreibenden und ihn gängelnden Staat empfindet, liegt dieser Zusammenhang nahe. Beide Problemkreise resultieren zudem aus dem gleichen

Grundgefühl, nämlich einer irrationalen Sehnsucht nach mehr Einfachheit und Natürlichkeit. Dieses Streben hat durchaus ein historisches Vorbild. Im 18. Jahrhundert glaubte Jean-Jaques Rousseau, den Einzelmenschen wie die Gesellschaft im Sinne einer Rückkehr zum Natürlichen umgestalten zu können. Während Rousseau dafür jedoch gerade den Staat als ein vom Willen aller getragenes geeignetes Instrument auf der Grundlage des Contrat Social ansah, empfindet der heutige Bürger zunehmend Verdruß an seinem Staat. Er ist ihm zu kompliziert und zu aufwendig geworden. Der Bürger überblickt die Fülle der Gesetze und Vorschriften nicht mehr, versteht die Sprache der Bürokraten nicht mehr. Öffentliche Verwaltung wird somit als der Gegensatz zu den Begriffen Einfachheit und Natürlichkeit empfunden. Dennoch sind die beiden Begriffe Privatisierung und Entbürokratisierung nicht identisch, wenn sie sich auch überlagern. Man kann sehr wohl für die Entbürokratisierung sein, gleichzeitig der Privatisierung aber mit Vorbehalten begegnen.

Die gegensätzlichen Auffassungen zum Thema „Privatisierung öffentlicher Aufgaben", die vorstehend ohne Anspruch auf Vollständigkeit und auf Ausschöpfung aller Details skizziert wurden, sind Ausdruck gesellschaftspolitischer Meinungsverschiedenheiten über die Rolle des Staates in unserer Gesellschaft, die im übrigen auch bei der derzeitigen medienpolitischen Diskussion eine Rolle spielen. Da es sich um weltanschaulich-ideologisch begründete Auffassungen handelt, die auch jeweils parteipolitisch okkupiert worden sind, ist ihre Widersprüchlichkeit nicht auflösbar, weil keine Seite von der anderen überzeugt werden kann. Auf die Entscheidungen über Privatisierungsmaßnahmen in der Praxis, die in der Regel durch wirtschaftliche Gesichtspunkte bestimmt werden, kann diese Situation letztlich nicht ohne Einfluß bleiben. Die Entscheidungsträger, etwa in den Kommunalverwaltungen, und die unterschiedlich zusammengesetzten kommunalen Vertretungskörperschaften leben nicht im luftleeren Raum, sondern sind in der Regel bestimmten politischen Richtungen zuzuordnen. Dies hält sie — wie die Erfahrung zeigt — nicht davon ab, ihr Tun und Lassen an kommunalpolitisch im Einzelfall relevanten Sachkriterien auszurichten. Aber schon die Argumentations- und Überzeugungsarbeit, die bei Fragen der Privatisierung oder Nichtprivatisierung oft in den eigenen Reihen geleistet werden muß, erhöht die Attraktivität dieses Instruments für die unmittelbar an der Entscheidungsbildung Beteiligten sicherlich nicht. Dies gilt im übrigen gleichermaßen für den Bereich der Kommunen, der Länder und des Bundes.

**Ziel und Nutzen einer Privatisierung**

Bei diesen erschwerten Bedingungen, die eine sachliche Privatisierungsdiskussion heute vorfindet, tut es not, sich das schlichte Ziel einer Privatisierung öffentlicher Aufgaben nochmals vor Augen zu führen, wie es von den Urhebern der Diskussion über eine „Revision der Staatstätigkeit" vorgezeichnet wurde.

Das mit der Privatisierung angestrebte Ziel ist die Entlastung öffentlicher Haushalte, die Steigerung der Wirtschaftlichkeit in der Erbringung öffentlicher Dienstleistungen und damit letztlich die Verbilligung solcher Dienstleistungen für den Bürger als Steuer- und Beitragszahler. Damit ist der einzelne Staatsbürger als Bezugsperson allen staatlichen Verwaltungshandelns, also auch von Privatisierungsmaßnahmen, angesprochen. Auf den Nutzen, den der Bürger aus diesen Maßnahmen ziehen kann, kommt es letztlich an. Hier zeigt sich aber bereits die erste Schwierigkeit, diesen Nutzen richtig zu definieren. Der Bürger ist in seiner Eigenschaft als Steuer- und Beitragszahler sicherlich stark daran interessiert, daß die Belastung öffentlicher Haushalte vermindert wird. Der Bürger ist aber andererseits, vor allem in seiner Stadt oder Gemeinde, auch Konsument öffentlicher Dienstleistungen. Als solcher legt er eher Wert darauf, daß ihm bislang öffentliche Dienstleistungen auch weiterhin regelmäßig, in guter Qualität und zu einem tragbaren Entgelt angeboten werden. Diese Doppeleigenschaft des Bürgers zeigt schon, wie schwierig die Frage nach der Definition des „Nutzen" einer Privatisierung für eben diesen Bürger ist. Darüber hinaus ist Bürger auch nicht Bürger. Der ständige Benutzer eines öffentlichen Hallenbades oder der regelmäßige Besucher eines städtischen Theaters wird die notwendige Subventionierung der Eintrittspreise zu Lasten des Gemeindehaushalts begrüßen. Wer für die eine oder andere Einrichtung nichts übrig hat, ist eher geneigt, den Einsatz von Haushaltsmitteln dafür als überflüssig oder gar als Verschwendung zu betrachten.

**Begriff und Anwendungsbereich der Privatisierung öffentlicher Aufgaben**

Nicht immer besteht Klarheit darüber, was unter Privatisierung überhaupt zu verstehen ist. Unter Privatisierung wird bisweilen die Überführung von Dienstleistungen auf privatrechtlich organisierte Unternehmen verstanden, die ganz oder entscheidend in ihrer

Geschäftsführung von staatlichen Stellen oder den Kommunen bestimmt sind. Hier spricht man auch von formaler oder unechter Privatisierung. Der Übergang in eine privatrechtliche Organisationsform bringt jedoch nicht viel mehr als ein wenig mehr Flexibilität am Markt. Dies sollte man nicht unterschätzen, aber was die Kosten angeht, lassen sich hier kaum Einsparungen erzielen. Darüber hinaus wird durch die formale Privatisierung die Aufgabenwahrnehmung auch den strengeren Kontrollen des öffentlichen Dienst-, Organisations- und Haushaltsrechts entzogen, im Endergebnis nicht immer zugunsten der öffentlichen Interessen.

Privatisierung öffentlicher Dienstleistungen kann also nur bedeuten, daß einem privaten Unternehmer ganz oder zum Teil bisher durch die öffentliche Verwaltung erbrachte Dienstleistungen übertragen oder überlassen werden, so daß er diese in eigener Trägerschaft mit eigenen Mitteln und nach eigener Entscheidung am Markt anbietet. Dabei muß wiederum unterschieden werden zwischen einer bloßen Aufgabendurchführung durch Private, während die Aufgabe öffentlich bleibt, einer Vollübertragung bisher öffentlicher Aufgaben auf Private und der Sonderform der Übertragung sogenannter Hilfstätigkeiten der Verwaltung.

Unterschiedliche Auffassungen gibt es auch darüber, welche Sektoren öffentlicher Verwaltung für eine Privatisierung in Betracht kommen.

Ganz überwiegend werden die klassischen Bereiche der Hoheits- oder Eingriffsverwaltung als nicht privatisierungsfähig angesehen. Gemeint sind hier etwa die Bereiche Polizei, Steuerverwaltung, Justiz, Gesundheitsaufsicht, Bauaufsicht. In der Tat würde es sich nicht mit dem Selbstverständnis des demokratischen Rechtsstaates vereinbaren lassen, Eingriffe in die Rechtssphäre des Bürgers, wie etwa die Abbruchanordnung für ein Haus oder die Einweisung in eine Heil- oder Pflegeanstalt Privaten zu überlassen. Niemand wird sich wohl auch eine Polizeitruppe Privater bei der Ausübung von „Amtshandlungen" vorstellen mögen.

Die Befürworter einer sehr weitgehenden Privatisierung öffentlicher Aufgabenbereiche verweisen demgegenüber auf die im Bereich der Hoheitsverwaltung denkbare Rechtsfigur des „beliehenen Unternehmens" sowie etwa auf die Tatsache, daß die Heranziehung privater Unternehmer zur Berechnung und Abführung der Lohnsteuer an die Finanzverwaltung bereits eine gesetzlich angeordnete Teilprivatisierung im Bereich der Steuerverwaltung darstelle.

Abgesehen davon, daß das „beliehene Unternehmen" mit Ausnahme der Technischen Überwachungsvereine in der Praxis keine sonderlich bedeutende Ausprägungen erfahren hat, ist die Privatisierung von Aufgaben der Hoheits- und Eingriffsverwaltung nicht nur unter rechtlichen Gesichtspunkten zu werten. Es handelt sich hier um Aufgaben, deren Erledigung der Staat im Verlauf der historischen Entwicklung aufgrund bestimmter politischer Zielsetzungen für die Gesellschaft übernommen hat und die ihm nach der gleichfalls historisch gewachsenen überwiegenden Vorstellung der Bürger auch anvertraut bleiben sollen.

Anderes gilt für die Aufgaben im Bereich der Leistungsverwaltung, die im Grundsatz privatisierungsfähig sind. Zu nennen sind hier etwa der Kultur-, Bildungs-, Sport- und Sozialbereich sowie die Versorgung und Entsorgung. Bei diesen Sektoren kann man im übrigen auch davon ausgehen, daß der Bürger als Leistungsempfänger vorwiegend an der Qualität und an den Kosten der Leistungserbringung interessiert ist und sehr viel weniger daran, ob der Dienstleistungsträger einen öffentlichen oder privaten Status hat. Ein Teil der Aufgaben der Leistungsverwaltung, der im Prinzip privatisierungsfähig wäre, also auch von privaten Unternehmern erbracht werden könnte, kommt jedoch aus anderen Gründen für die Privatisierung kaum in Frage.

Bei manchen öffentlichen Leistungen, etwa bei Theatern, Museen, Einrichtungen des Schulwesens, Frei- und Hallenbädern, wird der private Unternehmer ein flächendeckendes, gleichmäßiges, auf Dauer erbrachtes qualitativ gleichwertiges Angebot nicht zu den Preisen der öffentlichen Verwaltung erbringen können oder wollen. Es handelt sich hier durchweg um defizitäre Sektoren. Gäbe die öffentliche Verwaltung diese Aufgaben einfach auf, entließe sie in den privaten Bereich, würde sich sicherlich eine erhebliche Entlastung der öffentlichen Haushalte ergeben. Die Folge wäre allerdings, daß in den meisten Fällen das Angebot entfallen würde. Im defizitären Bereich öffentlicher Leistungserbringung wird es schwer sein, Unternehmer zu finden, auf welche man diese Aufgaben übertragen könnte, damit sie aufrecht erhalten werden. Auf defizitäre Bereiche wird ein Privatunternehmer nur zugreifen, wenn er die Leistung kostendeckend und dazu gewinnbringend anbieten kann, sei es, daß er das Leistungsangebot einschränkt, das Leistungsentgelt erhöht oder Subventionen der öffentlichen Hand erhält. Entweder tritt dann kein Entlastungseffekt zugunsten der öffentlichen Haushalte ein oder der Zugang zu der oft auch qualitativ verminderten Leistung steht nicht mehr allen Bevölkerungskreisen offen.

Hierzu muß man feststellen, daß dem Bürger heute ein Großteil öffentlicher Leistungen gewährt wird, die zum selbstverständlichen Bestandteil eines menschenwürdigen Lebens gezählt werden. Würde eine Privatisierung dazu führen, daß diese Leistungen entfallen, verschlechtert oder für einen bestimmten Personenkreis unerschwinglich würden, kann dies aus sozialstaatlichen Gründen nicht hingenommen werden. Die in Art. 20 I GG enhaltene Sozialstaatsklausel ist unmittelbar geltendes Recht. Adressat dieser Sozialstaatsklausel ist zwar in erster Linie der Gesetzgeber, sie richtet sich aber auch an die beiden anderen Staatsgewalten. Für die zur Entfaltung des Sozialstaates aufgerufenen Staatsorgane ist damit nicht eine Berechtigung, sondern eine Verpflichtung zur Sozialität geschaffen *(Stern, Evangelisches Staatslexikon, 2. Aufl., Spalte 2408)*. Typische Erscheinungsformen des Sozialstaates sind nun aber die Leistungsverwaltung und die Daseinsvorsorge, bei deren Praktizierung die Verwaltung den Schutz des sozial und wirtschaftlich Schwächeren zu beachten hat.

Allerdings bestimmt Art. 20 I GG das „Was", das Ziel, die gerechte Sozialordnung. Die Vorschrift läßt aber für das „Wie", d.h. für die Erreichung des Ziels, alle Wege offen *(BVerfGE 22, 204)*. Art. 20 I GG ist somit im Bereich der Leistungsverwaltung keineswegs ein Verbot der Privatisierung zu entnehmen, wohl aber ein Sicherstellungsgebot, daß die bislang staatlich erbrachten Leistungen auch nach einer Privatisierung dem Bürger weiterhin in gleichem Umfang, in gleicher Qualität und zu gleichen Preisen nachhaltig zur Verfügung stehen müssen, wie sie auch der öffentliche Leistungsträger unter den jeweils vorherrschenden wirtschafts- und finanzpolitischen Rahmenbedingungen erbracht hätte und hätte erbringen können. Bei Beachtung dieser Voraussetzungen bestehen keine grundsätzlichen rechtlichen Hindernisse, auch defizitäre Bereiche aus der Leistungsverwaltung zu privatisieren, wobei dem privaten Unternehmer die Aufrechterhaltung des Leistungsangebots auf Dauer gegebenenfalls etwa durch Subventionen ermöglicht wird. Wenn hier eine Entlastung der öffentlichen Haushalte jedoch nicht eintritt, handelt es sich allerdings nicht mehr um eine Privatisierung im engeren Sinne, nämlich zur Kostenersparnis, sondern aus anderen Motiven. Das gleiche ist übrigens der Fall, wenn ein gewinnbringender Sektor der Leistungsverwaltung in private Hand überführt werden soll. In diesen beiden Fällen kann jedenfalls das fiskalische Interesse als ein unbestreitbar legitimes öffentliches Interesse für die Privatisierung nicht mehr zur Verfügung stehen. Um so heißer wird in Fällen dieser Art der „Glaubenskrieg" entbrennen, dessen Fronten eingangs geschildert worden sind. Die Frage drängt sich auf, welcher Entscheidungsträger sich dem aussetzen mag, wenn als Lohn auf der Habenseite des öffentlichen Haushalts, für den er verantwortlich ist, nichts gutzubringen ist.

Als letzter Sektor, welcher der Privatisierung zugänglich ist, bleibt neben der Leistungsverwaltung der Bereich der Hilfstätigkeiten zu nennen, die auch als Annex-Aufgaben der öffentlichen Hand bezeichnet werden. Es handelt sich hier etwa um die Gebäudereinigung, die Fensterreinigung, Druckerei-Buchbindearbeiten, die Unterhaltung kommunaler Grünflächen, die Betreuung von kommunalem Waldbesitz, die Wartung und Erhaltung von Parkuhren, die Ausführung von Wäschereiarbeiten in Krankenhäusern, Altenheimen, Kinderheimen, der Betrieb von Küchen in kommunalen Einrichtungen.

Hilfstätigkeiten sind solche, die nicht unmittelbar dem Bürger zugute kommen, sondern in erster Linie von einem Träger öffentlicher Verwaltung zur Befriedigung seiner eigenen Verwaltungsbedürfnisse erledigt werden müssen. Den Bürger wird es allenfalls mittelbar interessieren, von wem, in welcher Weise und zu welchen Kosten etwa die Fußböden in staatlichen Dienststellen gereinigt werden oder wie städtische Bedienstete in ihren Kantinen verpflegt werden. Die Überführung von Dienstleistungen der genannten Art auf private Unternehmen ruft dennoch oft starke Kontroversen hervor, weil die Interessen der öffentlichen Bediensteten selbst und ihrer Berufsorganisationen besonders betroffen sind.

**Kann die Privatisierung Kosten einsparen?**

Praktische Privatisierungsmaßnahmen, besonders im kommunalen Dienstleistungsbereich und im Bereich der kommunalen Verwaltungshilfstätigkeiten, gibt es schon seit den 60er und insbesondere den 70er Jahren. Immer wieder erstaunlich sind dabei indes die unterschiedlichen Ergebnisse von Kosten-Nutzen-Berechnungen, die einer erstaunten Öffentlichkeit zum Beleg dafür angeboten werden, ob es sich bei der Privatisierungsmaßnahme um einen Erfolg oder einen Fehlschlag gehandelt hat. Als besonders hervorstechende Beispiele können hier die sogenannte Naßbaggerei und die immer wieder angeführte Privatisierung des Schlachthofes in Köln genannt werden. Aber auch in anderen Bereichen trifft man auf höchst widersprüchliche Aussagen, Wertungen und Berechnungen.

Dr. Dr. h. c. Ernst Schwering
\* 15. November 1886   † 2. März 1962
Präsident des Deutschen Städtetages
(1953—1955 und 1957—1958)
Oberbürgermeister und Bürgermeister von Köln (1948—1962).

Generell wird die Meinung vertreten, daß etwa im kommunalen Bereich der Grad und auch der Nutzen einer Privatisierung auf dem Gebiet der Daseinsvorsorge um so höher ist, je kleiner die Gemeinde ist. Dies soll vor allem für die Abfallbeseitigung gelten. Nach Untersuchungen verschiedener Landesgruppen im Verband kommunaler Städtereinigungsbetriebe sollen aber auch in den Größenklassen der Städte und Gemeinden von 10 000 bis 50 000 bzw. 100 000 Einwohnern die eingesetzten Privatunternehmen in der Regel teurer arbeiten als die städtischen Regiebetriebe. Eine interne betriebswissenschaftliche Untersuchung der Stadt Köln vom März 1980 kommt dagegen zu dem Ergebnis, daß die Kosten für die Müllentsorgung im Stadtbezirk Köln-Porz aufgrund des Angebots eines privaten Unternehmers gegenüber der Eigenkalkulation der Stadt Köln für einen Zweijahreszeitraum ca. 600 000 DM niedriger liegen. Auch aus einer Beschlußvorlage der Stadtverwaltung Dortmund, ebenfalls vom März 1980, ergibt sich, daß in drei an einen privaten Unternehmer vergebenen Vorortbezirken für die wöchentlich einmalige Entleerung eines 110 l-Behälters von dem privaten Unternehmer 69,34 DM in Rechnung gestellt werden, während die vergleichbaren Kosten der Städtischen Müllabfuhr 127,60 DM betragen. Wesentlich geringer ist der Kostenunterschied allerdings bei 1,1 cbm-Behältern (376,65 DM gegenüber 384,83 DM).

Etwas einheitlichere Aussagen findet man im Bereich der Privatisierung einer Hilfstätigkeit der Verwaltung, nämlich der Gebäudereinigung, und zwar gleichermaßen im staatlichen wie im kommunalen Bereich. Aufgrund einer Untersuchung des posttechnischen Zentralamtes der Deutschen Bundespost ist 1975 nach umfangreichen Wirtschaftlichkeitsberechnungen festgestellt worden, daß die Eigenreinigung um 46,05 bis 266,66 v.H. teurer ist als die Fremdreinigung *(Pausch, Privatisierungsmöglichkeiten bei der Bundespost, Schriften zur Mittelstandsforschung, Göttingen 1978, S. 198).* Aufgrund einer in der Stadt Dortmund von der Firma Friedrich Krupp Gemeinschaftsbetriebe, Geschäftsbereich Datenverarbeitung, im Zeitraum November 1977 bis April 1978 durchgeführten Untersuchung, hat sich ergeben, daß die städtischen Reinigungskosten 238% der gewerblichen Kosten (100%) betragen. Im Durchschnitt ergab sich bei den zu reinigenden Flächen bei der Eigenreinigung ein Betrag von 27,70 DM pro qm und Jahr, bei der Fremdreinigung von 12 DM pro qm und Jahr.

Es ist sicherlich zutreffend, daß immer nur im Einzelfall unter Berücksichtigung der jeweils gegebenen besonderen Umstände bewertet werden kann, ob eine Privatisierungsmaßnahme zu Einsparungen von Haushaltsmitteln führen kann oder nicht. Schon in dem eingangs erwähnten Jahresgutachten 1975 des Wissenschaftlichen Beirats beim Bundesministerium der Finanzen wird daher das „Experiment" als ein Mittel empfohlen, nachzuweisen, ob gewisse öffentliche Aufgaben zweckmäßigerweise besser vom Staat oder von privaten Trägern durchgeführt werden sollen.

Dennoch lassen sich generell einige Faktoren betrachten, die immer wieder wesentlicher Bestandteil von Kostenvergleichen zwischen staatlich/kommunal erbrachten Dienstleistungen und Hilfstätigkeiten gegenüber gleichartigen Angeboten privater Unternehmer sind.

a) In erster Linie wird auf das geringere Lohnniveau der gewerblichen Unternehmen gegenüber dem öffentlichen Dienst verwiesen. Dieser Hinweis ist zutreffend. Zum Beispiel lagen noch vor den Tariferhöhungen der Lohnrunde 1980 die Löhne der Müllwerker im Bereich des Verbandes kommunaler Arbeitgeber zwischen 13 DM und 15,70 DM, während sie im Bereich der privaten Straßenreinigungsbetriebe einschließlich aller Zulagen 11,18 DM betrugen. Der Stundenlohn einer Putzfrau in der untersten Lohngruppe beläuft sich im Bereich des Verbandes kommunaler Arbeitgeber auf Beträge zwischen 8,77 DM und 10,14 DM, während etwa im Bereich des Gebäudereinigerhandwerks in Nordrhein-Westfalen ab 1. April 1980 Stundenlöhne zwischen 7,87 DM und 7,92 DM gezahlt werden. Die Stundenlöhne für Omnibusfahrer liegen im Bereich des Verbandes kommunaler Arbeitgeber zwischen 15 DM und 18,65 DM. Schon die Monatstabellenlöhne, also die Löhne ohne Zulage und Zuschläge der Fahrer betragen in dem genannten Bereich mindestens 11,50 DM bis 12 DM, wohingegen das private Omnibusgewerbe 8,40 DM bis 8,95 DM zahlt.

Weiterhin setzen private Unternehmen in einigen Bereichen, insbesondere bei der Gebäudereinigung, in gwissem Umfang sogenannte geringfügig Beschäftigte ein, die von der Sozialversicherung befreit sind (derzeit Personen, die unter 15 Stunden wöchentlich tätig sind und deren Bezüge regelmäßig 390 DM im Monat nicht übersteigen). Dies führt hier zu weiteren, oft allerdings überschätzten Kostenentlastungen solcher Unternehmen. Auch geringere Sozialkosten gegenüber dem öffentlichen Dienst (Urlaubsdauer, Urlaubsentgelt, Krankengeldzuschuß, kein 13. Monatsgehalt) spielen eine Rolle.

b) In der Regel gelten im Bereich der gewerblichen Unternehmen auch höhere Leistungswerte als bei den öffentlichen Leistungsträgern, was ebenfalls zu Kalkulationsvorteilen führt.

c) Zuweilen ermöglicht das Anbieten der gleichen Leistung an einen größeren, auch privaten Abnehmerkreis dem privaten Unternehmer eine optimale Kapazitätsauslastung und damit eine Kostendegression, zumal, wenn noch der Einsatz modernen Materials hinzukommt. Dies mag mit eine Ursache dafür sein, daß gerade kleine Städte und Gemeinden in Bereichen der Daseinsvorsorge und der Erledigung von Hilfstätigkeiten oft Vorteile in der Privatisierung gesehen haben.

d) Schließlich nehmen private Unternehmen häufig für sich in Anspruch, über das leistungsfähigere und flexiblere Management zu verfügen und auch dadurch kostengünstiger zu arbeiten. Dieses Vorbringen läßt sich kaum nachprüfen, kann also weder bestätigt noch widerlegt werden. Häufig arbeiten private Unternehmen allerdings mit geringeren Sicherheitsmargen als die öffentliche Hand. So werden z.B. bei der Abfallbeseitigung weniger Personalreserven für Krankheitsfälle vorgesehen, weniger Fahrzeuge für technische Ausfälle vorgehalten, ein eigener Instandsetzungsdienst nicht unterhalten. Man wartet halt das Auftreten von Defekten ab und nimmt dann private Reparaturunternehmen in Anspruch. Wird bei alledem die vereinbarte Leistung dennoch nachhaltig und pünktlich zur Verfügung gestellt, hat sich das Management das Prädikat „flexibel" sicherlich verdient. In der Tat kann man sich mit einer großen oder auch mit einer kleinen Decke warm zudecken, das letztere ist allerdings schwieriger und verlangt häufigere Korrekturen.

Betrachtet man die vorstehend angeführten Kostenvorteile privater Unternehmen im Zusammenhang, so muß man feststellen, daß öffentliche Leistungsträger durch entsprechende Maßnahmen, etwa durch Verbesserung der Organisation, der Betriebsabläufe, der Geräteausstattung, im kommunalen Bereich auch durch Einrichtung kommunaler Zweckverbände in der Lage sein müßten, sich diese Kostenvorteile ebenfalls zu sichern, mit Ausnahme allerdings des erstgenannten: Niedrigeres Lohnniveau und geringere Sozialkosten im Bereich der gewerblichen Unternehmen.

Der entscheidende Zusammenhang von Tarifpolitik im öffentlichen Dienst und dem Privatisierungsthema liegt somit auf der Hand. So erfreulich die Einkommensentwicklung im öffentlichen Dienst für die Beteiligten und ihre Gewerkschaften und Berufsverbände ist, so läßt sich, wenn es um die Privatisierung geht, die andere Seite dieser Medaille mit dem englischen Sprichwort charakterisieren: „You can't eat the cake and have it."

### Sogenannte Folgekosten der Privatisierung

Bei dieser Sachlage liegt es nahe, daß privatisierungswilligen öffentlichen Leistungsträgern insbesondere von Gewerkschaftsseite häufig das Argument entgegengehalten wird, sie sähen die Dinge zu „betriebswirtschaftlich". Verwiesen wird dabei auf die sogenannten langfristigen Folgekosten von Privatisierungsmaßnahmen, welche die Gesellschaft in verschiedener Weise belasten sollen. Angeführt werden hier insbesondere Fälle, in denen öffentliche Bedienstete infolge der Privatisierungsmaßnahmen ihren Arbeitsplatz verlieren, keine neue Beschäftigung mehr finden und Arbeitslosenunterstützung, Arbeitslosenhilfe oder letztlich sogar Sozialhilfe in Anspruch nehmen müssen.

Diese Überlegungen mögen aus volkswirtschaftlicher Sicht theoretisch zu begründen sein, der Wirklichkeit werden sie kaum gerecht. Öffentliche Verwaltungen sind in aller Regel bestrebt — sozusagen als „nobile officium" — auch bei der Privatisierung öffentlicher Aufgaben die Interessen ihrer Bediensteten zu wahren. In der überwiegenden Mehrzahl der Fälle werden die Bediensteten in anderen Bereichen der betreffenden Verwaltung weiterbeschäftigt oder es wird sichergestellt, daß sie in den Dienst des neuen gewerblichen Trägers treten können, manchmal sogar unter vertraglicher Garantie der Erhaltung ihres bisherigen Besitzstandes (z.B. bei der Privatisierung des kommunalen Schlachthofes in Lübeck). Bei der Gebäudereinigung, wo sich das Problem am ehesten stellen könnte, verbleibt auch bei der Vergabe der Reinigung an private Unternehmen jedenfalls in größeren Städten immer noch ein erheblicher Sektor in Eigenreinigung, der durch Privatisierung in Teilbereichen freigesetzte Bedienstete aufnehmen kann. Allenfalls werden dann in diesem öffentlichen Sektor in Zukunft keine oder weniger neue Arbeitsplätze angeboten. Fälle, in denen öffentliche Bedienstete durch Privatisierungsmaßnahmen mit der Folge anhaltender Arbeitslosigkeit ihren Arbeitsplatz verlieren, sind selten. Sogenannte Folgekosten von Privatisierungsmaßnahmen lassen sich daher konkret nicht darstellen. Darüber hinaus muß man, wenn man schon eine makroökonomische Betrachtungsweise in die Diskussion einführt, den volkswirtschaftlichen Folgekosten von Privatisierungsmaßnahmen auch deren volkswirtschaftlichen Folgenutzen gegenüberstellen. Dieser besteht darin, daß aus Kostengründen gerechtfertigte Privatisierungen, die ja Rationalisierungsmaßnahmen sind, öffentliche Finanzmittel freisetzen, die für Investitionen zur Verfügung stehen. Investitionen schaffen aber auch neue Arbeitsplätze sowohl im Bereich der öffentlichen Verwaltung als auch in der Industrie.

Schließlich wird zuweilen der Eindruck zu erwecken versucht, als handele die öffentliche Hand „unanständig", wenn sie Angebote gewerblicher Unternehmen annimmt, die zugestandermaßen auch deshalb kostengünstiger sind, weil in deren Bereich das Lohnniveau und die Lohnnebenkosten geringer sind als im öffentlichen Dienst. Sicherlich sollte die öffentliche Verwaltung nicht mit privaten Unternehmern zusammenarbeiten, deren Betriebe nicht ordnungsgemäß geführt sind und in denen gesetzliche Bestimmungen arbeitsrechtlicher und sozialversicherungsrechtlicher Art verletzt werden. Allein die Tatsache, daß in den verschiedenen Sektoren des gewerblichen Bereichs Tariflöhne gelten, die von anderen Gewerkschaften als der ÖTV gültig ausgehandelt worden sind und unter den Tariflöhnen des öffentlichen Dienstes liegen, kann allerdings nicht gegen den Abschluß von Verträgen mit diesen Unternehmern eingewandt werden. Auch der in bestimmten Fällen gesetzlich zulässigen Befreiung von der Sozialversicherungspflicht, die zudem häufig von Teilzeitkräften ausdrücklich gewünscht wird, haftet nichts Unethisches an.

**Privatisierung, eine Form der Rationalisierung**

Abschließend läßt sich feststellen, daß die zunehmende Ideologisierung der Privatisierungsdebatte verbunden mit der Beschwörung nicht absehbarer volkswirtschaftlicher Folgekosten von Privatisierungsmaßnahmen weitgehend den Blick dafür verstellt haben, daß die Privatisierung öffentlicher Aufgaben ein Mittel unter vielen zur Rationalisierung der öffentlichen Verwaltung ist. Dies war jedenfalls der Ausgangspunkt in dem schon mehrfach zitierten Jahresgutachten des Wissenschaftlichen Beirats beim Bundesminister der Finanzen aus dem Jahre 1975. Mit Recht bezeichnet daher auch Siedentopf jede Anstrengung zur Rationalisierung der öffentlichen Verwaltung als Privatisierung im weiteren Sinne. Anderseits läßt sich eine Rechtspflicht zur Privatisierung richtiger Auffassung nach nicht begründen. Weder ergibt sich eine solche Rechtspflicht — wie das Karl-Bräuer-Institut des Bundes der Steuerzahler meint — aus Art. 114 II, S. 1 GG noch aus dem Subsidiaritätsprinzip. Wohl sind alle öffentlichen Verwaltungen aufgrund einschlägiger Rechtsvorschriften zu einer sparsamen und wirtschaftlichen Haushaltsführung verpflichtet. Insofern kann unter dem Gesichtspunkt der Einsparung von Kosten nicht davon abgesehen werden, in Bereichen, die einer Privatisierung zugänglich sind, im Einzelfall auch zu prüfen, ob eine Privatisierung öffentlicher Aufgaben sich als ein sinnvolles Rationalisierungsinstrument anbietet. Rationalisierungen haben immer die Kostensituation im Auge. Die oft gescholtene betriebswirtschaftliche Sicht ist somit nach wie vor der natürliche Ansatzpunkt für Privatisierungsüberlegungen. Der effektive Nachweis zu erzielender Ausgabenminderungen für den entsprechenden öffentlichen Haushalt bietet demjenigen öffentlichen Leistungsträger, der ein Privatisierungsschiff in See stechen lassen will, das sicherste Fahrwasser, wenn darüber hinaus die berechtigten Belange der Bürger und auch der öffentlichen Bediensteten gewahrt bleiben.

Allerdings muß man sehen, daß sich das Privatisierungsthema breiter anlegen läßt. Wie bereits angeführt, sind Privatisierungen denkbar, mit denen für die öffentlichen Haushalte keine Entlastungen oder sogar der Verzicht auf Gewinne verbunden sind. Andererseits lassen sich Fälle denken, in denen eine Privatisierung das im Einzelfall einzig mögliche Rationalisierungsinstrument darstellt und dennoch dieser Weg aus bestimmten Gründen nicht beschritten wird. Damit sind Situationen vorgezeichnet, in denen das Privatisierungsschiff rechts oder links des Fahrwassers in ordnungspolitische, weltanschauliche, gesellschafts- und parteipolitische Untiefen zu geraten droht.

Wen wundert es daher, wenn MANFRED GROSER in seinem umfangreichen Beitrag zur Privatisierung öffentlicher Dienste als Fazit feststellt, daß sich die Praxis der Privatisierung in der Bundesrepublik Deutschland bislang „unterhalb der ordnungspolitischen Ebene unter starker Betonung des finanziellen Aspekts" abgespielt hat *(Frankfurter Rundschau vom 23. April 1980 unter Bezugnahme auf die Wochenzeitung „Das Parlament").* Man könnte hinzufügen: „Gut so!"

BERNHARD HAPPE

# Ausländer in unseren Städten

### Der Deutsche Städtetag und die Ausländerfrage

Ein kurzer Beitrag zu einem der komplexesten und schwierigsten Aufgabenbereiche der Städte im nächsten Jahrzehnt kann keine breit angelegte umfassende Bestandsaufnahme mit detaillierten Lösungsansätzen in allen Teilbereichen bringen. Es geht auch nicht um eine Darstellung und Bewertung sämtlicher Vorschläge und Bemühungen zur Problemlösung, die von den Städten und ihrem Spitzenverband, dem Deutschen Städtetag, seit den 60er Jahren fortlaufend ausgingen. Einem solchen Zweck können die vielfältigen Veröffentlichungen der einzelnen Städte, die Denkschriften, Resolutionen, Arbeitshilfen und Fachkonferenzen des Deutschen Städtetages zu diesem Thema besser dienen. Festgehalten zu werden verdient allerdings, daß der Deutsche Städtetag namens und im Auftrag der Städte seit Jahren eine zukunftsgerichtete, integrationsbetonte Ausländerpolitik betreibt mit Vorstellungen und Anregungen, die häufig zunächst auf Skepsis oder Ablehnung stießen, ehe sie sich nach Jahren als zutreffend, vernünftig, praxisorientiert erwiesen und dann auch umgesetzt wurden. Erinnert sei z.B. daran, daß der Deutsche Städtetag im Interesse der Gesamtbevölkerung — auch der bereits in seinen Städten lebenden ausländischen Mitbürger — schon sehr früh gefordert hat, den ungesteuerten Zuzug von Arbeitnehmern aus Ländern außerhalb der EG zu unterbinden, weil die soziale Infrastruktur der Städte zusammenzubrechen drohte. Viel später kam dann der heute noch bestehende und auch nicht mehr umstrittene Anwerbestopp. Die Städte haben sich auch schon sehr früh gegen Bestimmungen ausgesprochen, die den in der Bundesrepublik lebenden ausländischen Jugendlichen den Zugang zum Ausbildungs- und Arbeitsmarkt erschweren. Erst nach langem Zögern wurde dann die sog. Stichtagsregelung durch — immer noch unzulängliche — Fristenlösungen ersetzt und eine Aufhebung des § 19 Arbeitsförderungsgesetz (Vorrang der deutschen Arbeitnehmer) für jugendliche Ausländer in Erwägung gezogen. Der Deutsche Städtetag hat schon lange vor ähnlichen Überlegungen in einzelnen Bundesländern und vor dem Memorandum des Bundesbeauftragten für Ausländerfragen gefordert, die Einbürgerung insbesondere für in der Bundesrepublik geborene junge Ausländer zu erleichtern. Auch die Erkenntnis, daß es für den ausländischen Jugendlichen wichtig und unabdingbar ist, das deutsche Bildungssystem erfolgreich zu durchlaufen, und daß eine sog. bikulturelle Erziehung den normalen Jugendlichen überfordert, ist vom Deutschen Städtetag seit Jahren nachdrücklich vertreten worden; allmählich setzt sie sich allgemein durch. Mit diesen wenigen Beispielen, die sich weiterführen ließen, soll nicht selbstgerecht behauptet werden, der Städtetag und die ihn tragenden Städte wüßten stets alles besser. Sie sind nur Beweis dafür, daß die Städte, weil sie die Probleme hautnah erleben, über den größten Erfahrungsschatz verfügen und aus ihrer praxisorientierten Arbeit heraus auch am ehesten die Gewähr dafür bieten, pragmatische und umsetzbare Lösungsvorschläge zu entwickeln. Gleiches gilt für das Asylbewerberproblem, das sich in den letzten Jahren dramatisch zugespitzt hat. Die beschwörenden Appelle der Städte, durch Gesetzes- und Verfahrensänderungen einen geregelten Zuzug und schnelle endgültige Entscheidungen zu ermöglichen, sind viel zu lange ungehört verhallt.

Die nachfolgenden Ausführungen wollen nicht bekannte Fakten in abgewandelter Form nochmals darstellen und vielfach erörterte Lösungsvorschläge erneut umfassend behandeln. Es soll vielmehr versucht werden, einige Kernprobleme aus kommunaler Sicht zu beleuchten und begonnene Überlegungen weiter zu entwickeln.

**Ein neues Aufgabenfeld für die Städte**

Die 80er Jahre werden Herausforderungen von ungewöhnlichen Dimensionen an Staat und Gesellschaft bringen. Diese Binsenweisheit wird schon durch so geläufige Schlagworte wie Energiekrise, Umweltschutz oder Vollbeschäftigung belegt.

Die Städte verkennen die Bedeutung dieser Bereiche und ihre eigene, wenn auch eingeschränkte Mitverantwortung für deren Bewältigung nicht. Trotzdem sind sich die verantwortlichen Kommunalpolitiker unabhängig von Partei und Weltanschauung darin einig, daß zwei Problemkreise, die in einer entscheidenden Nahtstelle miteinander verbunden sind, im nächsten Jahrzehnt die höchsten Anforderungen an die Leistungskraft der Städte stellen werden: die NEUE WOHNUNGSNOT in den Städten und die AUSLÄNDERFRAGE. In beiden Bereichen geht es nicht nur darum, das Schicksal von Millionen Menschen nachhaltig zu beeinflussen, die Leistungsfähigkeit der kommunalen Selbstverwaltung zu beweisen; es geht letztendlich um die Zukunft der Städte und damit der Gesellschaft insgesamt. Seit über zwei Jahrzehnten baut sich mit ständig wachsendem Problemdruck insbesondere in den Verdichtungsgebieten der Bundesrepublik ein Ausländeranteil an der Bevölkerung auf, der auf mittlere Sicht die Struktur und das Erscheinungsbild vieler Städte nachhaltig verändern wird. Zuerst kamen überwiegend alleinstehende Arbeitskräfte, angezogen von einem sehr aufnahmefähigen Arbeitsmarkt und einer im Vergleich zum Herkunftsland äußerst attraktiven Entlohnung. Sie hatten die feste Absicht, nach einigen Jahren wieder in die Heimat zurückzukehren. Dann wandelte sich der Trend. Frauen und Kinder wurden nachgezogen; die Aufenthaltsdauer verlängerte sich immer mehr. Bewußt oder unbewußt richtete sich — unterschiedlich nach Nationalitäten — die Mehrheit der Ausländer darauf ein, auf Dauer in Deutschland zu bleiben. Immer mehr Kinder ausländischer Eltern werden im Bundesgebiet geboren. Einige Zahlen belegen diese Entwicklung eindrucksvoll: Die Zahl der ausländischen Arbeitnehmer einschließlich ihrer Angehörigen stieg trotz eines zwischenzeitlich erlassenen und immer noch gültigen Anwerbestopps in 1979 auf 4,14 Mill. Menschen. Arbeitnehmer und Angehörige halten sich mit je etwa 2 Mill. Personen praktisch die Waage. Ende 1979 hielten sich bereits 50% aller Ausländer länger als acht Jahre und 32% länger als zehn Jahre in der Bundesrepublik auf. Schon über 1 Mill. Kinder und Jugendliche unter 16 Jahren leben in unseren Städten und Gemeinden; davon wurden allein 336 000 in den Jahren 1975—1978 in Deutschland geboren.

Die ausländischen Mitbürger verteilen sich begreiflicherweise nicht gleichmäßig auf das ganze Bundesgebiet, sondern haben sich schwerpunktmäßig in den industriellen Zentren mit ihrem reichhaltigen Arbeitsplatzangebot angesiedelt. So liegt der Ausländeranteil an der Gesamtbevölkerung z.Z. im Bundesgebiet bei 6,8%, in vielen Großstädten aber schon über 10% und in einigen Städten weit darüber bis über 20%. Noch wesentlich höhere Konzentrationen finden sich in einzelnen von Ausländern bevorzugten Vierteln der großen Städte. In einer Reihe von Städten hat jedes dritte Kind im Alter bis zu fünf Jahren ausländische Eltern; in bestimmten Stadtteilen stellen die ausländischen Kinder bis zu 80% eines Grundschuljahrganges.

Mit Sorge muß man in diesem Zusammenhang die Entwicklung in der Europäischen Gemeinschaft betrachten, speziell was die Erweiterung der Gemeinschaft und die damit verbundene Freizügigkeit der Arbeitnehmer angeht. Verhandlungen in unterschiedlichen Verfahrensstadien laufen mit Spanien, Portugal, Griechenland und der Türkei. Während es bei den drei erstgenannten Ländern nicht abzusehen, wohl aber zu vermuten ist, in welchem Umfang eine Freizügigkeit größere Wanderungsbewegungen auslösen würde, muß für die Türkei angenommen werden, daß bei völliger Freizügigkeit ein Millionenheer von Arbeitnehmern und Angehörigen sich auf den Weg machen wird. Unabhängig von arbeitsmarktpolitischen Erwägungen, für die vorrangig andere Ebenen zuständig sind, müssen die Städte vor einer solchen Entwicklung warnen. Sie würde zu einer Überschwemmung der Gemeinden mit Menschen führen, denen weder Wohnungen noch die sonst notwendige Infrastruktur angeboten werden könnte. Gedanken, die Erweiterung der EG nicht zu forcieren, abgeschlossene Freizügigkeitsabkommen neu zu überdenken, mögen für den Europagedanken schädlich sein. Das ist zu bedauern. Realistische Alternativen sind jedoch nicht in Sicht. Auch die Tatsache, daß andere EG-Staaten ebenfalls Schwierigkeiten mit ihrer Ausländerbevölkerung haben, ändert die Problematik in der Bundesrepublik nicht.

Nicht nur in den Zahlen, sondern auch im Sprachgebrauch läßt sich die Entwicklung ablesen. Aus den „Gastarbeitern" wurden die „ausländischen Mitbürger". Beide Begriffe sind weder schön noch sehr ehrlich (weder als Gäste noch als Mitbürger wurden die ausländischen Arbeitnehmer in der Praxis behandelt); sie geben aber recht zutreffend die generelle Einschätzung der Situation wieder — aus einem befristeten wurde ein Daueraufenthalt.

**Begriffe und Zielsetzungen in der Diskussion**

Die Entwicklung der letzten Jahre legt es nahe, sich wieder einmal mit den verschiedenen denkbaren Zielsetzungen in der Ausländerpolitik zu befassen.

Unbestrittene Basis aller Überlegungen ist, daß es trotz einer auch mittelfristig nicht unerheblichen Arbeitslosenproblematik keine Alternative zu einer Ausländerbeschäftigung in erheblichem Umfang gibt; Arbeitsplatzstruktur und Bevölkerungsentwicklung in der Bundesrepublik lassen keine andere Deutung zu.

Bei allen Problemstellungen und Lösungsvorschlägen werden seit längerem immer wieder die Begriffe Rotation, Assimilation, Integration oder Eingliederung — z.T. mit unterschiedlichen Inhalten — verwendet.

ROTATION, die ständige Umschichtung, die freiwillige oder unfreiwillige (Zwangsrotation) Rückkehr der ausländischen Arbeitnehmer in ihre Heimatländer nach einer begrenzten Aufenthaltszeit in Deutschland und ASSIMILATION, die Anpassung der Ausländer an die deutschen Lebensgewohnheiten, ihr langfristiges Aufgehen in der deutschen Bevölkerung, sind beide mit einem Negativetikett versehen. INTEGRATION oder EINGLIEDERUNG in den Spielarten soziale Integration, volle oder ständige Eingliederung gelten als synonyme Begriffe für die offiziell und mehrheitlich angestrebte Entwicklung im Zusammenleben zwischen Deutschen und Ausländern.

Es muß erlaubt sein, auch scheinbar Unstrittiges auf seine Gültigkeit zu befragen. Zwangsrotation im Sinne von willkürlichem Abschieben gegen den Willen des Betroffenen ist sicher kein Thema. Freiwillige Rotation, begrenzter Aufenthalt im Aufnahmeland, um Geld anzusparen und berufliche Qualifikationen zu erwerben, beides in das Heimatland zu transferieren, ist so sinnlos nicht. Zumindest bei zwei der Nationen, die mit namhaften Anteilen in der Ausländerbevölkerung vertreten sind, nämlich bei Jugoslawien und Griechenland, ist diese Rotation erklärte und nachdrücklich vertretene Politik, wird diese Zielsetzung wohl auch immer noch von einem hohen Prozentsatz der Betroffenen verfolgt. Hier soll nicht bewertet, sondern lediglich davor gewarnt werden, den Begriff Rotation als völlig außerhalb jeder Diskussion liegend zu bezeichnen.

Assimilation wird in der Regel in der Nähe von Germanisierung angesiedelt. Auch hier kann von Zwangseindeutschung nicht die Rede sein. Wie sich aber die Angehörigen der zweiten und dritten Ausländergeneration entscheiden, ob sie weiterhin die nationale oder kulturelle Identität behalten oder bewußt mit allen Konsequenzen Deutsche werden wollen, das muß ihre freie Entscheidung sein, die in keinem Falle verteufelt werden darf.

Wenn man dieser Argumentation zustimmt, wird damit die offizielle Integrationspolitik nicht falsch; die Probleme werden allerdings auch nicht leichter.

Natürlich liegt es im z.T. auch eindeutig artikulierten Interesse der Mehrzahl der in Deutschland lebenden Ausländer, zu einer sozialen Integration, zur Eingliederung zu kommen. D.h. deutsche und nichtdeutsche Bevölkerung nähern ihr Verhalten und ihre Einstellungen wechselseitig einander an. Für die deutsche Gesellschaft bedeutet das ein ernsthaftes Bestreben, Vorurteile abzubauen und größeres Verständnis für andersartige Lebensgewohnheiten zu entwickeln. Dem ausländischen Mitbürger wird dadurch — unabhängig von seiner Entscheidung über die Staatsangehörigkeit — ermöglicht, gleichberechtigt in der Bundesrepublik zu leben, gesellschaftlich gleichgestellt zu sein, gleichzeitig kulturelle Besonderheiten zu pflegen, soweit sie sich mit den Gegebenheiten der deutschen Gesellschaft vereinbaren lassen.

Die Ausführungen im vorigen Kapitel, aber auch die Tatsache, daß die Türken die weitaus stärkste Nationalitätengruppe in der Ausländerbevölkerung (32%) mit den größten Steigerungsraten stellen, von Religion und Kulturkreis die größten Unterschiede zur deutschen Bevölkerung aufweisen, führt in der kommunalen Praxis dazu, die Integrationsproblematik der ausländischen Mitbürger gleichzusetzen mit der Integrationsproblematik der Türken. Mag das überspitzt klingen, so ist doch zumindest richtig, daß problemadäquate Lösungen für die Türken Lösungen für den Gesamtbereich bringen würden.

**Integration oder Eingliederung auf dem Prüfstand**

Die Probleme, die sich in den letzten Jahren aufgestaut und verschärft haben, sind so bekannt, daß eine stichwortartige und beispielhafte Aufzählung genügt: Mangelhafte Wohnungsversorgung der ausländischen Familien; Überkonzentration von ausländischer Wohnbevölkerung in einzelnen Stadtvierteln mit schwerwiegenden Infrastrukturmängeln; Isolierung der Ausländer durch fehlende Sprachkenntnisse; Schulversagen der Kinder in unvertretbar hohem Maße; Chancenungleichheit auf dem Ausbildungsstellen- und Arbeitsmarkt; Heranwachsen einer unterprivilegierten zweiten und dritten Ausländergeneration; überdurchschnittliche Arbeitslosigkeit der ausländischen Arbeitnehmer.

Die Zauberformel, mit der man alle diese und weitere ungenannte Probleme lösen will, heißt Chancengleichheit für die ausländischen Mitbürger durch Eingliederung, durch soziale Integration. Trotz der oben gegebenen Definition für den Begriff Eingliederung besteht in Theorie und Praxis berechtigterweise große Unsicherheit darüber, wie so etwas in der Umsetzung auszusehen hat.

Prof. Dr. Otto Suhr
\* 17. August 1894   † 30. August 1957
Präsident des Deutschen Städtetages
(1955—1957)
Stadtverordnetenvorsteher, später Präsident des Abgeordnetenhauses von Berlin (1946—1955). Regierender Bürgermeister von Berlin (1955—1957).

Eine realistische Einschätzung setzt sich in der Fachwelt allmählich darüber durch, daß eine echte Chancengleichheit, eine Integration, die diesen Namen verdient, für die erste Ausländergeneration, für diejenigen, die als Erwachsene zu uns gekommen sind, wohl nur im Ausnahmefall zu erreichen sein wird. Dieser Personenkreis wird im ganzen gesehen auf sich selbst gestellt bleiben. Lebenshilfen, Information und Beratung, Schutz vor Ausbeutung und Diskriminierung sind hier die wesentlichsten Aspekte der Ausländerarbeit.

Alle Vorschläge aber auch konkreten Bemühungen konzentrieren sich im übrigen auf die zweite und dritte Generation, auf die als Kinder und Jugendliche nach Deutschland gekommenen, auf die in der Bundesrepublik geborenen Ausländer. Es gibt keinen Streit, daß das aus humanitärer, aus arbeitsmarkt- und sozialpolitischer Sicht richtig und notwendig ist, um das Entstehen eines neuen Subproletariats, um schwere soziale Spannungen in der Gesellschaft zu vermeiden. Es besteht aber keineswegs Einigkeit darüber, was Inhalt einer solchen Eingliederungspolitik im einzelnen sein soll, wie das Ziel Chancengleichheit zu erreichen ist. Mit jeweils einleuchtenden Gründen werden sehr unterschiedliche Vorstellungen entwickelt.

Die einen wollen Integration in die deutsche Gesellschaft erreichen durch ein breites Streuen der Ausländerfamilien über das gesamte Stadtgebiet, das Vermeiden von Überkonzentrationen in einzelnen Wohnquartieren, Städten und Regionen, die Erziehung der Kinder und Jugendlichen grundsätzlich im deutschen Kindergarten und der deutschen Regelklasse mit jeweils überwiegendem Anteil deutscher Kinder, ein enges Nebeneinander von deutscher und ausländischer Bevölkerung. Argumente dafür sind, daß nur der enge Kontakt, das Miteinander, das Kennenlernen auf der einen und der gleiche Bildungsstand auf der anderen Seite zur Eingliederung unter Achtung der jeweiligen Eigenständigkeiten führen kann.

Die anderen bestreiten, daß dieser Weg erfolgversprechend oder gar der einzig gangbare wäre. Sie setzen auf ein engeres räumliches Zusammenleben der einzelnen Nationalitäten im Gastland, das gegenseitige Stützen in der fremden Umwelt, um die eigene Identität zu bewahren. Sie verweisen auf Erfolge in anderen Ländern, insbesondere den USA, wo sich eingewanderte Volksgruppen über Jahrhunderte durch räumliche Nähe ein starkes Zusammengehörigkeitsgefühl und kulturelle Identität erhalten haben.

Möglicherweise läßt sich zwischen diesen auf den ersten Blick sehr divergierenden Auffassungen eine mittlere Linie finden.

Unerträglich für die deutsche wie die ausländische Bevölkerung wäre sicher das Entstehen echter Gettos, baulich heruntergekommener Wohnquartiere mit schwindender Infrastruktur, die wegen des Abwanderns der Deutschen auf mittlere Sicht nur noch von ausländischen Familien bevölkert wären. Dazu kann man auch in den USA abschreckendes Anschauungsmaterial gewinnen. So wäre eine auch allmähliche Integration in die deutsche Gesellschaft nicht möglich, eine Chancengleichheit selbst für die zweite und weitere Generationen nicht zu erreichen. Ebenso unerträglich aber auch praktisch kaum durchsetzbar wäre es, die jeweiligen Bevölkerungsgruppen zu atomisieren, jedes Zusammengehörigkeitsgefühl, jede Nachbarschaftshilfe durch extreme Streuung und Einzelansiedlung der Kleinfamilien zu verhindern.

Man wird wohl nicht umhin können, von den Realitäten (bereits bestehende Überkonzentrationen in verschiedenen Bereichen mit ihren negativen Auswirkungen) auszugehen. Bei allen Aktivitäten ist mehr Geduld aufzubringen und mittelfristig zu denken. Statt des Versuchs, reine Theorien umzusetzen, sind pragmatisch die bestehenden Möglichkeiten auszuschöpfen. Dabei wird man in Kauf nehmen müssen, daß eine endgültige Lösung eine Frage von Jahrzehnten, von mehreren Generationen ist. So jedenfalls sind die Erfahrungen der Städte aus der Vergangenheit, z.B. bei der Eingliederung osteuropäischer Arbeitnehmer und ihrer Angehörigen seit dem Ende des 19. Jahrhunderts insbesondere im Ruhrgebiet.

Auch ein solches mittel- und langfristiges Konzept erfordert für seine erfolgreiche Verwirklichung unmittelbares Handeln, den Einsatz aller verfügbaren Kräfte und Möglichkeiten ohne jede weitere Verzögerung. Insbesondere im Bereich Schul- und Berufsausbildung der ausländischen Kinder und Jugendlichen ist bereits kostbare Zeit weitgehend ungenutzt verstrichen. Die vielfältigen Lösungsansätze müssen endlich auf breiter Front in die Praxis umgesetzt werden, um weiteren Schaden zu vermeiden. Dabei wird der Erfolg davon abhängen, in welchem Maße man das z.Z. nicht unberechtigte Mißtrauen insbesondere der Eltern gegen die deutsche Schule abbauen kann. Es ist zwar unerläßlich, genügt aber allein nicht, den Eltern und Schülern die Vorteile und Chancen eines deutschen Bildungsabschlusses glaubhaft zu machen. Ängste baut man ab, indem man konkret die kulturellen Besonderheiten der einzelnen Nationen in den Unterricht einbaut und z.B. den islamischen Religionsunterricht als festen Bestandteil in die Stundenpläne aufnimmt.

Ohne Beschönigung ist zu konstatieren, daß schon heute auch für unzählige Angehörige der zweiten Ausländergeneration die angestrebte Chancengleichheit nicht mehr realisiert werden kann. Gravierende Bildungslücken, fehlender Hauptschulabschluß werden von vielen jungen Ausländern nicht mehr ausgeglichen werden können; sie werden wie die überwiegende Mehrzahl ihrer Eltern auf minderqualifizierte Beschäftigungen verwiesen bleiben.

In einer fast verzweifelt schwierigen Situation mit den unterschiedlichsten ungelösten Problemen fehlt es verständlicherweise nicht an Patentrezepten, die allerdings bei genauerem Hinsehen oft recht fragwürdig erscheinen.

Integration, Eingliederung in die Gesellschaft erfordert Gleichberechtigung der Ausländer in allen Belangen, Mitwirkung und Mitbestimmung in der Gesellschaft. Gefordert wird — wer würde dem widersprechen — ein stärkeres Einbeziehen und größeres Engagement der ausländischen Eltern z.B. in die Mitbestimmungsinstitutionen von Kindergarten und Schule, in Parteien, Ausländerbeiräten und anderen kommunalen Gremien. Man führe sich aber einmal nüchtern vor Augen, wie schwer es schon ist, deutsche Eltern für den Kindergartenrat oder die Schulpflegschaft zu gewinnen — und wie effektiv dann schließlich die Arbeit in diesen Gremien ist. Oder wie viele Bundesbürger sind Mitglied einer politischen Partei — und gar in ihr aktiv? Unter diesem Blickwinkel relativieren sich diese Forderungen drastisch. Was die wesentlich besser informierten Deutschen, für die der Zugang zu solchen Tätigkeiten viel leichter ist, mit so relativ wenig Erfolg betreiben, kann nicht kurz- oder mittelfristig für einen nennenswerten Anteil der ausländischen Mitbürger Motor zur Eingliederung werden. Diese zurückhaltende Einschätzung soll natürlich nicht die Anstrengungen mindern, trotz allem ausländische (und deutsche) Mitbürger stärker für eine Mitwirkung in allen Angelegenheiten des Gemeinwohls zu interessieren.

Ähnliches gilt speziell für das u.a. in Gruppierungen aller Parteien propagierte Wahlrecht der Ausländer (gemeint ist immer das kommunale Wahlrecht). Sieht man einmal von den auf absehbare Zeit unüberwindlichen verfassungsrechtlichen Hürden gegen ein bezeichnenderweise kaum gefordertes generelles Wahlrecht für Ausländer, aber auch gegen ein kommunales Wahlrecht ab; ein solches isoliertes kommunales Wahlrecht würde mit Sicherheit keinen integrativen Effekt haben. Der ausländische Mitbürger würde fragen, warum er „nur" zu Stadtrat oder Kreistag wählen darf, nicht aber den Landtags- und Bundestagsabgeordneten, wo doch z.B. seine Steuern auch und in erster Linie in die Landes- und Bundeskassen fließen. In einem fatalen Nebeneffekt würde das kommunale Wahlrecht zum Wahlrecht minderer Qualität oder zweiter Klasse abgewertet. Frustrationen anderer Art für den ausländischen Mitbürger könnten nicht ausbleiben. Komplizierte und relativ willkürliche Kriterien müßten gefunden werden, um dem einzelnen Ausländer das Wahlrecht zugestehen zu können (An alle Nationalitäten? Bei welchem Integrationsstand? Abhängig von Sprachkenntnissen?) Es würden Ausländer 1. und 2. Klasse entstehen. Wegen des relativ niedrigen Anteils der einzelnen Nationalitäten an der wahlberechtigten Bevölkerung würden die Ausländer auch kaum eigene Kandidaten mit Aussicht auf Erfolg ins Rennen schicken können; es sei denn, die Parteien schmückten sich auf ihren Reservelisten mit einem „Renommier"türken oder -italiener. Auch ein Wahlrecht auf Gegenseitigkeit im europäischen oder im EG-Raum ist bei rechter Einschätzung der Lage nicht mehr als ein schöner Zukunftstraum.

Hier gilt mit besonderer Berechtigung die alte Volksweisheit, daß man nicht auf halbem Wege stehenbleiben darf, wenn man Erfolg haben will. Nicht das allmähliche und widerwillige Zugestehen einzelner Rechte, das die faktische Sonderstellung der ausländischen Mitbürger zusätzlich verdeutlichen würde, führt weiter. Vielmehr ist konsequent demjenigen Ausländer, der sich entschlossen hat, auf Dauer in der Bundesrepublik zu bleiben, die Einbürgerung, der Erwerb der deutschen Staatsangehörigkeit zu ermöglichen. Einzelheiten eines solchen Schrittes, unterschiedliche Behandlung von in Deutschland geborenen oder eingereisten Ausländern, Wartezeiten und persönliche Voraussetzungen brauchen hier nicht erörtert zu werden. Es muß der Grundsatz klar werden, daß der Wunsch, mit allen Rechten (und Pflichten) auf Dauer in Deutschland zu leben, diese Konsequenz hat. Das hat nichts mit Zwangsgermanisierung oder Eindeutschen zu tun. Zum einen wird niemand gezwungen, Deutscher zu werden. Zum anderen hat sich z.B. die Mehrzahl der deutschstämmigen Amerikaner ihre kulturelle Eigenständigkeit oft über Jahrhunderte bis heute bewahrt.

Damit ist in aller Nüchternheit und sicher gegen den vehementen Widerspruch mancher Experten die Endstation auch der sog. sozialen Integration genannt. Ein großer Teil der zweiten und noch stärker der dritten Ausländergeneration wird die deutsche Staatsangehörigkeit anstreben — und hoffentlich bekommen. Im günstigsten Falle werden sich diese Mitbürger eine gewisse kulturelle

Eigenständigkeit erhalten. Hier ist Optimismus durchaus berechtigt; schließlich haben Bayern, Westfalen und Ostfriesen auch ihre landsmannschaftlichen Besonderheiten und bewahren sie.

Eine Einbürgerung im größerem Stile ist für die Bundesrepublik im übrigen so uninteressant nicht, wenn man die derzeitige und die langfristig prognostizierte bundesdeutsche Bevölkerungsentwicklung sieht. Unkontrolliert, ohne jede zahlenmäßige Beschränkung wird aber auch das nicht gehen. Dafür ist die Bundesrepublik zu klein, ihre Attraktivität für Millionen von Auswanderungswilligen in europäischen und außereuropäischen Ländern zu groß. Ein klassisches Einwanderungsland kann sie sicher nicht werden. Für die bereits unter uns lebenden Ausländern ist sie es aber faktisch geworden — und wir haben daraus die Konsequenzen zu ziehen.

**Asylbewerber und Kontingentflüchtlinge als Sonderproblem**

Betrachtungen über Ausländer in unseren Städten sind in der heutigen Situation unvollständig, wenn sie nicht kurz auch auf einen Personenkreis eingehen, der seit einigen Jahren mit steigender Tendenz gerade auf die Städte zukommt: die Asylbewerber, Emigranten aus echten oder vorgeschobenen politischen Motiven. Zwar ist trotz dramatischer Steigerungsraten die Zahl der Asylbewerber einschließlich der sog. Kontingentflüchtlinge aus Südostasien absolut und in Relation zu den übrigen Ausländern noch überschaubar. Aber zum einen ist die Entwicklung nicht abzuschätzen und offenbar nur sehr schwer zu steuern. Zum anderen würde eine weitere pseudo-liberale Handhabung des Asylrechts die schon vorhandene Sogwirkung der Bundesrepublik auf viele Millionen Menschen verstärken, die in ihren Heimatländern in wirtschaftlich äußerst schlechten Verhältnissen leben müssen. So verständlich der Wunsch dieser Menschen ist, in der Bundesrepublik Arbeit zu finden oder an den sozialen Leistungen unseres Landes teilzunehmen, so klar ist es aber auch, daß ein ungesteuerter Zuzug nicht nur die soziale Infrastruktur der Städte, sondern auch den Arbeitsmarkt und das Sozialleistungssystem vor unlösbare Probleme stellen würde. Die Städte verwahren sich nachdrücklich gegen Unterstellungen, sie wollten das grundgesetzlich verankerte Asylrecht im Grundsatz beschneiden oder gar abschaffen. Es geht vielmehr darum, dieses Recht auf seine ursprünglichen Intentionen, „Schutz von in ihren Heimatländern politisch Verfolgten", zurückzuführen. Selbst dieser Personenkreis kann sich bei der labilen weltpolitischen Lage kurzfristig erheblich ausweiten und von den Verantwortlichen aller Ebenen, ja der ganzen Gesellschaft immense Anstrengungen verlangen. Diesen Anforderungen werden sich die Städte stellen. Das Asylrecht wird aber mittelfristig nicht mehr zu garantieren sein, wenn es von Hunderttausenden und später Millionen Menschen mißbraucht wird. Dann werden weder Bund, Länder noch Gemeinden in der Lage sein, dem echten politischen Flüchtling die individuelle Hilfe zu gewähren, auf die er nach unserer Rechtsordnung Anspruch hat.

Die Problematik der Asylgewährung hat eine weitere Komponente, die den Kommunalpolitikern zunehmend Sorge macht. Die Städte arbeiten mit insgesamt großem Einfallsreichtum und erheblichem finanziellen Einsatz für die Integration der in ihren Mauern lebenden ausländischen Arbeitnehmer und Angehörigen. Insbesondere bei den Türken sind diese Bemühungen sehr schwierig und werden die Leistungskraft der Städte auf Jahre hinaus beanspruchen. Wesentliche Gründe für diese Schwierigkeiten sind neben der Sprachbarriere die sehr verschiedenartigen Kulturkreise, die unterschiedlichen Lebensgewohnheiten. Fast jeder zweite Asylbewerber der letzten Zeit kommt aus der Türkei. Bei den übrigen Ländern, aus denen die Bewerber in der Hauptsache stammen (z.B. Pakistan, Indien, Sri Lanka), sind die Unterschiede noch größer, die Bereitschaft und Fähigkeit, sich den veränderten Lebensbedingungen anzupassen, noch problematischer. Die Integrationskraft der Städte für diesen Personenkreis reicht schon heute nicht mehr aus. Bei steigenden Zahlen muß es zu ernsthaften sozialen Spannungen kommen. Die nächste Stufe in der Entwicklung wird eine Fremdenfeindlichkeit der deutschen Bevölkerung sein, die dann nicht mehr differenziert zwischen dem unechten Asylbewerber und dem legal und auf Dauer angelegt bei uns lebenden ausländischen Arbeitnehmer mit seinen Angehörigen.

**Ausblick**

Die ausländischen Mitbürger stellen unsere Städte heute und in Zukunft vor schwere und nur unter Aufbietung aller Kräfte zu lösende Probleme. Die Städte werden die Hauptlast dieser Aufgaben zu tragen haben, unbeschadet dessen, daß sie die Problematik nicht verursacht haben. Sie werden sie lösen, denn sie haben seit Jahrhunderten bei der Aufnahme von Angehörigen unterschiedlichster Nationen immer wieder bewiesen, daß Urbanität eine ungeheure Integrationskraft hat. Allerdings wird es keine schnellen und keine

Patentlösungen geben, sondern einen längeren Entwicklungsprozeß. Die Städte werden mit ihren Anstrengungen um so erfolgreicher sein, je intensiver die Unterstützung aller politischen Ebenen ist, wenn es gelingt, die gesellschaftlichen Kräfte noch stärker als bisher für ein Mittun zu motivieren und wenn letztlich vermieden wird, daß — aus welchen Gründen auch immer — in der deutschen Bevölkerung eine Fremdenfeindlichkeit entsteht, die alle noch so gutgemeinten und aufwendigen Bemühungen zunichte machen würde.

Hans-Georg Lange

# Wertgleiche Lebensverhältnisse und örtliche Selbstverwaltung — ein Widerspruch?

Dieses Land ist fundamental ungleich: Nur in Köln gibt es den Kölner Dom, Ostsee und Alpen sind auch nicht überall, manch einer verdient in Frankfurt mehr als ein anderer in Zwiesel, die einen lernen in Gesamtschulen, die anderen haben freien Zugang zu den Seeufern. Selbst die politische Richtung unterscheidet sich zwischen Bremen und Bayern.

Aber es gibt auch fundamentale Gleichheiten: Die Starken sind überall stärker als die Schwachen, den kinderreichen Familien geht es überall weniger gut — materiell betrachtet — als kinderlosen Doppelverdienern, die Behinderten haben es überall schwer, und die Beamten sind alle pensionsberechtigt.

Eine auf Gerechtigkeit angelegte Gesellschaft muß sich mit den Ungleichheiten auseinandersetzen. Sie muß die Frage nach der notwendigen, nach den möglichen, nach der anzustrebenden Veränderung der Verhältnisse stellen. Dazu braucht sie Ziele und Maßstäbe.

Die Einsicht ist weit verbreitet, daß vollständige Gleichheit gesellschaftliches Ziel nicht sein kann, einmal weil sie vielfach aus naturgesetzlichen Gründen nicht herstellbar ist, zum anderen aber auch, weil Vielfalt gewollt ist oder doch als hinnehmbar angesehen wird.

Vor diesem Hintergrund ist in der Bundesrepublik seit Anfang der 70er Jahre eine Diskussion über die „Gleichwertigkeit der Lebensverhältnisse" aufgekommen. Sie versucht mit einem neuen Begriff den offenbar nicht lösbaren Widerspruch zwischen unabänderlicher Ungleichheit und mehr Gleichheit zu überbrücken. Es fragt sich, ob dieser Versuch geglückt ist, ja, ob er überhaupt im Sinne der Zielsetzung erfolgreich sein kann.

Die Forderung nach Gleichwertigkeit der Lebensverhältnisse wird gemeinhin mit einer räumlichen Komponente versehen. Sie geht also nicht dahin, am gleichen Ort allen dort wohnenden oder arbeitenden Menschen Gleichwertigkeit zu vermitteln, sondern sie versteht dies stets im Vergleich zu anderen Orten und Räumen. Es muß gefragt werden, ob diese Verengung auf räumliche Gleichwertigkeit nicht schon vom Ansatz her verfehlt ist, geht es doch um Menschen und nicht um den Platz, auf dem sie zufällig gerade stehen.

Wird die Frage nach der Gleichwertigkeit aber zuvörderst als Raumproblem diskutiert, so muß sie sich mit der Verfassungslage in der Bundesrepublik auseinandersetzen, die auf einem föderalistischen Staatsaufbau und einer garantierten Selbstverwaltung der Angelegenheiten örtlicher Gemeinschaft durch eine örtliche Volksvertretung fußt. Die Zulassung prinzipieller autonomer Entscheidungsträger über öffentliche Angelegenheiten in Bund, Ländern und Gemeinden impliziert unterschiedliche Entscheidungen über gleiche oder ähnliche Angelegenheiten. Die Garantie der freien Entfaltung der Persönlichkeit nimmt überdies in Kauf, daß Individuen Präferenzen nach unterschiedlichen Wertmaßstäben bilden und danach ihre Handlungen ausrichten, z.B. auch die Wahl ihres Wohnortes und ihres Berufes. Geht man von der Annahme aus, daß die Gesellschaft im Grundsatz auf die Herstellung von Gleichwertigkeit angelegt ist, so ließe sich vor dem Hintergrund der Verfassungsordnung durchaus ableiten, daß eben dieser Zustand des gegliederten Staatsaufbaus und der Entscheidungsfreiheit des Einzelnen der Zustand von Gleichwertigkeit der Lebensverhältnisse sei. Damit würde sich die Forderung auflösen und nichts mehr hergeben zur Ableitung konkreter Schlußfolgerungen. Die Kritiker, so zuerst Werner Köhl *(Gleichwertigkeit der Lebensverhältnisse oder von der Gleichstellung der Ungleichheiten, Diskussionspapier Nr. 8, Institut für Regionalwirtschaft der Universität Karlsruhe, 1977)* weisen auf diese begrifflichen Schwierigkeiten hin.

Demgegenüber hält sich vor allem in der politischen Diskussion, aber auch in der Fachsprache der Raumordnung der Begriff von der Gleichwertigkeit der Lebensverhältnisse als Oberziel für konkrete Handlungsstrategien, namentlich in der Verengung auf Unterschiede in der wirtschaftlichen Entwicklung nach statistischen Bewertungen. Dabei wird argumentiert, es handle sich um einen Verfassungsgrundsatz, der mindestens neben, wenn nicht über dem föderalistischen Prinzip und der Entfaltungsfreiheit des Einzelnen stehe.

**Kein Verfassungsgrundsatz**

Wäre dem Staat von der Verfassungsordnung her vorgegeben, in allen Teilräumen der Bundesrepublik „gleichwertige Lebensverhältnisse" herzustellen, so könnte es in der Tat nur um die Interpretation und die Abwägung dieses Auftrages mit anderen Staatszielen gehen, nicht aber darum, ihn vom Begriff her grundsätzlich in Frage zu stellen.

Eine ausdrückliche Formulierung dieses Inhaltes enthält das Grundgesetz nicht. Es wird jedoch von manchen auf Art. 72 GG verwiesen, in dessen Abs. 2, Nr. 3, die Formel „Wahrung der Einheitlichkeit der Lebensverhältnisse über das Gebiet eines Landes hinaus" vorkommt. Es handelt sich hier um eine Bestimmung in dem Abschnitt des Grundgesetzes über die Gesetzgebung des Bundes. Unser Grundgesetz geht davon aus, daß die gesetzgebende Gewalt zunächst bei den Ländern liegt und daß der Bund nur bei Vorliegen besonderer Voraussetzungen als Gesetzgeber tätig werden dürfe. Die zitierte Grundgesetzbestimmung regelt die konkurrierende Gesetzgebung zwischen Bund und Ländern. Der Bund darf danach in bestimmten Bereichen Gesetze erlassen, wenn dies „die Wahrung der Rechts- und Wirtschaftseinheit über das Gebiet eines Landes hinaus" erfordert. Als Unterfall der Rechts- und Wirtschaftseinheit ist die Wahrung der Einheitlichkeit der Lebensverhältnisse genannt.

Ein Blick in den Katalog der konkurrierenden Gesetzgebung in Art. 74 GG macht deutlich, an was dabei gedacht war. Da ist etwa unter Nr. 1 vom bürgerlichen Recht und Strafrecht und am Schluß unter Nr. 24 von Luftreinhaltung und Lärmbekämpfung die Rede. Dazwischen werden Materien wie das Arbeitsrecht, das Kartellrecht, das Bodenrecht aufgeführt. Wenn hier also von der Einheitlichkeit der Lebensverhältnisse die Rede ist, dann ist gemeint, der Diebstahl solle im ganzen Bundesgebiet nach denselben Grundsätzen strafbar sein, dieselben Verjährungsfristen sollten bei Kaufverträgen gelten, die gleichen Grundsätze für Abfallbeseitigung und Lärmbekämpfung. Immer ist nur das Verhältnis der Bundesländer untereinander angesprochen. Beziehungen zwischen Raumkategorien innerhalb der Länder sind nicht erfaßt. Überhaupt waren Überlegungen der Raumordnung nicht gemeint. Dem Verfassungsgeber ging es allein um eine Ordnung in dem sehr empfindlichen verfassungsrechtlichen Verhältnis zwischen den Gliedstaaten und dem Gesamtstaat in einem föderalistischen Staatsaufbau. Der Bund sollte gehindert werden, auf zu vielen Gebieten und aus zu vielen Anlässen gesetzgeberisch tätig zu werden. Die spätere Rechtsprechung des Bundesverfassungsgerichtes hat die Wirksamkeit dieser Schranke der Gesetzgebungstätigkeit des Bundes zwar weitgehend aufgehoben, indem es die Beurteilung der Voraussetzungen dem Bundesgesetzgeber mehr oder weniger selbst überlassen hat, ein Auftrag zur Herstellung gleichwertiger Lebensverhältnisse im raumordnerischen Sinn kann aus dieser Zuständigkeitsbestimmung des Grundgesetzes auch bei weit ausholender Interpretation nicht hergeleitet werden.

Zuweilen werden die grundgesetzlichen Regelungen der Finanzverfassung zur Begründung des verfassungsmäßigen Auftrages herangezogen. Art. 106 III GG, sieht vor, daß bei der Festsetzung der Anteile von Bund und Ländern an der Umsatzsteuer die Deckungsbedürfnisse des Bundes und der Länder „so aufeinander abzustimmen sind, daß ein billiger Ausgleich erzielt, eine Überlastung des Steuerpflichtigen vermieden und die Einheitlichkeit der Lebensverhältnisse im Bundesgebiet gewahrt wird". Art. 107 GG erlaubt aus einem Teil des Umsatzsteueraufkommens einen Länderfinanzausgleich zugunsten von Ländern, deren Einnahmen aus Landessteuern, aus der Einkommensteuer und der Körperschaftsteuer unter dem Durchschnitt der Länder liegen. Diese Regelungen sind aber ebenfalls als rein „föderalistische" Ausgleichsregelungen unter Gliedstaaten eines Bundesstaates zu verstehen. Ihnen liegt irgendeine raumordnerische Absicht nicht zugrunde. Im Gegenteil geht das Grundgesetz gerade von der Unterschiedlichkeit der Verhältnisse in den Bundesländern und angesichts der Garantie der kommunalen Selbstverwaltung auch in den Gemeinden aus. Das Bundesverfassungsgericht hat daher bereits festgestellt, daß die Ergänzungszuweisungen nicht zu einer Egalisierung der Finanzen in den Bundesländern führen dürfen.

Etwas gründlicher gehen jene vor, die das Sozialstaatsprinzip und den Gleichheitsgrundsatz als die verfassungsrechtliche Grundlage für die Gleichwertigkeit der Lebensverhältnisse heranziehen. Beim Gleichheitsgrundsatz ist dabei allerdings zu beachten, daß dieses Grundrecht ein Abwehrrecht des Einzelnen gegen den Staat darstellt. Selbst wenn man indessen aus dem Gleichheitsgrundsatz eine verfassungsrechtliche Pflicht des Gesamtstaates zur Herstellung von Gleichheit folgern wollte, würde dies noch nicht weiterführen. Der Gleichheitsgrundsatz stellt nur eines der Grundrechte dar. Er muß gemessen werden an den übrigen. Es wäre nicht verfassungskonform, wenn der Gesetzgeber, gestützt auf den Gleichheitsgrundsatz, jedermann das gleiche Einkommen, den gleichen Wohnraum, die gleiche Speisekarte vorschreiben wollte, weil damit andere

DR. H. C. WILLY BRANDT
Präsident des Deutschen Städtetages
(1958—1963)
Regierender Bürgermeister von Berlin (1957—1966). Mitglied des Deutschen Bundestages von 1949—1957 und seit 1969. Bundeskanzler
(1969—1974).

Grundrechtsgarantien verletzt wären. Im übrigen stellen sich beseitigungswürdige Ungleichheiten nur gelegentlich und zufällig als räumliche Phänomene dar. Zumeist handelt es sich um Disparitäten in der Sache oder zwischen Individuen am gleichen Ort. Als Beispiel sei etwa der vom Verfassungsgericht beanstandete Unterschied in der steuerrechtlichen Bewertung von Grundvermögen gegenüber sonstigem Vermögen genannt.

Der Gleichheitsgrundsatz schützt nur vor ungerechtfertigter Ungleichbehandlung. Bei raumordnerischen Sachverhalten könnte der Gleichheitsgrundsatz gerade in umgekehrter Zielrichtung ins Feld geführt werden. Raumordnerisch begründete Investitionszulagen oder Steuervorteile werden gerade mit dem Hinweis auf die Verletzung des Gleichheitsgrundsatzes angegriffen. Ihre sachliche Rechtfertigung muß im Einzelfall nachgewiesen werden. Nur dann haben sie gegenüber dem Gleichheitsgrundsatz Bestand. Eine auch nur in Annäherung vorgegebene Raumordnungspolitik läßt sich aus dem Gleichheitsgrundsatz jedenfalls nicht ableiten. Er bildet eher die Schranke für mögliche Maßnahmen. Als Handlungsrichtlinie kann er nicht herangezogen werden.

Ähnlich unscharf ist das Sozialstaatsgebot als Grundlage raumbezogenen Handelns. Es steht im Abschnitt „Der Bund und die Länder" des Grundgesetzes und lautet: „Die Bundesrepublik Deutschland ist ein demokratischer und sozialer Bundesstaat". Diese Formulierung zeigt die große Allgemeingültigkeit des Gebotes, die kaum als Hilfe zur Begründung ganz bestimmter Maßnahmebündel, schon gar nicht der Raumordnungspolitik, herangezogen werden kann. Mit dem Sozialstaatsgebot sollte lediglich gesagt werden, daß diese Bundesrepublik nicht nur ein formaler Rechtsstaat und ein demokratischer Staat ist, sondern daß sie sich auch um die soziale Gerechtigkeit zu bemühen hat. Wie dies zu geschehen hat, z.B. durch Anbieten von individuellen Hilfen, von Mobilität, über die Gestaltung des Steuersystems, der Sozialversicherung und des Arbeitsrechtes oder auch durch Maßnahmen im Bereich der Infrastruktur, bleibt offen. Dem Sozialstaatsgebot wohnt irgendeine raumbezogene Komponente nicht inne. Es könnte eher wie der Gleichheitsgrundsatz als Schranke wirken. Es würde das Postulat der sozialen Gerechtigkeit vor den Gesichtspunkt des räumlichen Disparitätenausgleichs rücken.

Grundrechte und Sozialstaatsgebot mögen bei der Beurteilung einzelner erwogener Maßnahmen heranzuziehen sein. Sie lassen aber ebensowenig wie die Zuständigkeitsregelungen für die Gesetzgebung die Ableitung eines Raumordnungsgebotes nach Herstellung gleichwertiger Lebensverhältnisse in räumlicher Hinsicht durch den Gesamtstaat zu.

Es bleibt nur noch die Regelung der Finanzzuweisungen nach Art. 104 a IV GG und über die Gemeinschaftsaufgaben auf ihre Bedeutung für das Thema abzuklopfen. Auch diese Regelungen stellen indessen eher Einschränkungen als rechtliche Grundlagen für weitergehende Maßnahmen des Gesamtstaates dar. Der Art. 104 a ist seinerzeit durch die Finanzreform des Jahres 1970 eingeführt worden. Er stellt zunächst klar, daß der Bund nicht ohne weiteres gebiets- oder zweckgebundene Finanzzuweisungen an Länder oder Gebietskörperschaften innerhalb der Länder, also an die Gemeinden, geben darf. Das Grundgesetz verbietet vielmehr zweckgebundene Zuweisungen zwischen Bund und Ländern und erst recht in die Ebene von regionalen Untergliederungen oder Gemeinden. Auch an dieser Stelle wird die Begrenztheit der Verantwortung des Bundes für die räumliche Ordnung sehr deutlich.

Von dieser Grundregel enthält Abs. 4 der Verfassungsbestimmung eine Ausnahme. Danach darf der Bund den Ländern Finanzhilfen für besonders bedeutsame Investitionen der Länder und Gemeinden gewähren u.a., wenn sie erforderlich sind „zum Ausgleich unterschiedlicher Wirtschaftskraft im Bundesgebiet". Als weitere Alternativen sind daneben die Störung des wirtschaftlichen Gleichgewichts und die Förderung des wirtschaftlichen Wachstums genannt. Schon hieraus wird die Relativität dieser Ermächtigung deutlich. In seiner Entscheidung zur Städtebauförderung hat das Bundesverfassungsgericht überdies klargemacht, daß diese Bundesfinanzhilfen gerade nicht zur Durchsetzung von raumordnerischen Vorstellungen des Bundes genutzt werden dürfen. Auch ein Blick auf die Förderungsgegenstände (Krankenhausfinanzierung, sozialer Wohnungsbau einschließlich Modernisierung, Verkehrsverbesserung in den Gemeinden, einschließlich U-Bahnbau, Städtebauförderung) erhellt, daß eine Einschränkung auf bestimmte Länder oder gar Teilräume in den Ländern kaum in Betracht kommt.

Ähnlich liegen die Dinge bei den Gemeinschaftsaufgaben. Schon die Beschränkung auf ganz wenige Tatbestände macht deutlich, daß ein allgemeiner Schluß auf ein Staatsziel „Herstellung gleichwertiger Lebensverhältnisse in räumlicher Hinsicht" nicht zulässig ist.

Um diesen Schwierigkeiten zu entgehen, ist zuweilen die These aufgestellt worden, das Gebot an den Staat, gleichwertige Lebensbedingungen herzustellen, sei ein „hintergründiges Konstitutionsprinzip" *(so Ossenbühl),* oder dies ergebe sich aus „der Gesamtkonzeption des Grundgesetzes" *(Niemeier).* Ossenbühl gibt aber selbst zu, daß damit nur „eine Unbekannte durch eine andere substituiert" werde. In der Tat, je hintergründiger man dieses Verfassungsprinzip versteht, um so undeutlicher wird es. Sicherlich wird niemand bestreiten, daß unser Staat sich um Gleichwertigkeiten im Sinne von Chancengleichheit bemühen solle, daß er auf einen weitmöglichen Abbau sozialer Ungleichheiten hinwirken solle. Im Ergebnis ist dies aber nur eine Beschreibung des Staatsziels im ganzen. Ob und inwieweit diese Ziele mit räumlich angelegten Mitteln erfüllt werden sollen, ist hieraus nicht zu entnehmen. Gegenwärtig würde eine räumlich orientierte Ausgleichspolitik die tatsächlich bestehenden, z.t. schweren Disparitäten nur zufällig und sehr ungezielt treffen. Es kann nicht gesagt werden, daß jedermann in einem wirtschaftlich weniger entwickelten — aber möglicherweise landschaftlich sehr reizvollen — Gebiet gegenüber jedermann in einem hochentwickelten Verdichtungsraum benachteiligt ist.

Schließlich wird bei der Diskussion über den Auftrag zu räumlicher Gleichwertigkeit auch auf die Grundsätze des Raumordnungsgesetzes Bezug genommen. Dort ist von der „Verbesserung der Lebensbedingungen in zurückgebliebenen Gebieten", von der „Erhöhung der Leistungskraft des Zonenrandgebietes" und von einer „ausreichenden Bevölkerungsdichte und einer angemessenen wirtschaftlichen Leistungsfähigkeit ländlicher Gebiete" die Rede. Auf der anderen Seite enthält das Grundsätzebündel positive Aussagen zu einer „Verdichtung von Wohn- und Arbeitsstätten" und zu einer „Ordnung der Verdichtungsräume" und damit der Verbesserung ihrer Attraktivität. Das Raumordnungsgesetz stellt die unterschiedlichen Zielsetzungen unter ein Abwägungsgebot. Es handelt sich also lediglich um eine Sammlung von Gesichtspunkten, die bei der Dimensionierung konkreter Maßnahmen in einen Abwägungsprozeß einzubringen sind.

Die Rechtsordnung enthält somit keine Verpflichtung zu einer Raumordnungspolitik des Bundes oder der Länder, deren Ergebnis eine weitgehende Gleichmäßigkeit in der Verteilung von Bevölkerung, Wirtschaftskraft, Infrastruktur und naturräumlichen Gegebenheiten wäre.

In einer ausgezeichneten Zusammenfassung ist dieses Ergebnis in einer Anhörung vor dem Bundestagsausschuß für Bildung und Wissenschaft zum Bericht der Bundesregierung über die strukturellen Probleme des föderativen Bildungssystems im April 1980 erhärtet worden. Vier führende Verfassungsrechtler kamen aus unterschiedlichem Ansatz zu dem gleichen Ergebnis: Der Bund hat keine Kompetenz zur Herstellung einheitlicher Lebensverhältnisse; die Einführung einer solchen Kompetenz durch Verfassungsänderung würde an das föderative System und damit an die Unveränderbarkeitsklausel des Grundgesetzes aus Art. 79 III rühren.

**Wertgleich heißt ungleich**

Gibt es nun kein bundesrechtliches oder gar ein Verfassungsgebot zur Herstellung „wertgleicher Lebensverhältnisse", so ist damit noch nicht über die politische oder sachliche Richtigkeit dieses Ziels ein abschließendes Urteil gefällt. Allerdings sollte stets daran erinnert werden, daß die aus der Verfassungsordnung erwachsenen Grenzen gegenüber dieser Zielsetzung durchaus beachtlich sind, vor allem was die Handlungsmöglichkeiten des Bundes angeht.

Unterhalb des Bundesrechtes hat der Grundsatz von der Gleichwertigkeit der Lebensverhältnisse Eingang in Handlungskonzepte gefunden. Er ist insbesondere im Bundesraumordnungsprogramm ausdrücklich enthalten und wird dort entfaltet. Er ist auch in wenigstens zwei Landesentwicklungsprogrammen ausdrücklich genannt. Dabei handelt es sich um Übernahmen aus dem Bundesraumordnungsprogramm.

Das Bundesraumordnungsprogramm bildet ein Instrument der Abstimmung raumbedeutsamer Planungen und Maßnahmen zwischen Bund und Ländern und deren zusammenfassende Darstellung. Das Programm wirkt für Bund und Länder unmittelbar nur insoweit, als sie sich den Inhalt zu eigen machen.

Die Entstehungsgeschichte des Bundesraumordnungsprogramms zu Beginn der 70er Jahre fällt zusammen mit der Periode einer sehr starken Betonung des Verdichtungsgedankens in Städtebau und Raumordnung. Die Konzentration der Kräfte auf Entwicklungsschwerpunkte als Gegenthese zu einer ganz gleichmäßigen Streuung von Investitionen und einer ebensolchen Verteilung der Bevölkerung im Raum gehört zu seinen wesentlichen Inhalten. Es sollte nicht mehr eine möglichst gleichmäßige Verteilung der Wirtschaftsfunktionen und der Bevölkerung über die Fläche erfolgen. Geboten war eine Konzentration auf zentrale Orte, die die Aufgabe von

Entwicklungsschwerpunkten übernehmen sollten. Ähnlich wurde die Funktion großer Verdichtungsräume und großstädtischer Regionen gegenüber weniger entwickelten Teilen des Landes großräumig gesehen.

Die Änderung des raumordnerischen Bewußtseins war eingeleitet worden durch eine Bemerkung im Jahresgutachten des Sachverständigenrates zur Begutachtung der gesellschaftlichen Entwicklung des Jahres 1968. Dort war zu lesen:

„Der Zug in die Großstadt, zumindest in die Stadtlandschaft, scheint anzuhalten. Sich ihm wirksam entgegenzustemmen, ist in einer liberalen Gesellschaft kaum möglich. Auch verstellt die Höhe des gegenwärtig in den Großstädten punktuell erforderlichen Investitionsaufwands oftmals den Blick für die durchschnittlichen sozialen Kosten auf lange Sicht und im Vergleich zu denen der ländlichen Gebiete. Für viele Investitionsprojekte der Großstädte dürfen nämlich hohe volkswirtschaftliche Erträge erwartet werden, da es darum geht, bestehende Verkehrs- und Versorgungsnetze nur zu erweitern und zu verdichten. Erträge, die in ländlichen Räumen nicht in gleichem Maße anfallen, zumal dort oft für lange Zeit eine erhebliche Unterauslastung neuer Anlagen hingenommen werden muß. Hinzu kommt, daß die heutigen Infrastrukturprobleme zumindest der Großstädte außerhalb der großen Ballungsgebiete häufig Übergangsprobleme sind. Die Änderungen der Lebensverhältnisse, die nicht vorhergesehene Entwicklung des Verkehrs, aber auch Versäumnisse in der Vergangenheit, insbesondere ein zuwenig zukunftsorientiertes Investitionsverhalten, bewirken heute vielfach ‚Sprungkosten'. Sie werden aber für die Zukunft wieder Kapazitätsreserven mit sich bringen, welche dann unter vergleichsweise geringen laufenden Kosten ausgeschöpft werden können. Vieles spricht dafür, daß eine Phase großer Investitionsanstrengungen ausreichen wird, die wesentlichen Engpässe im Verkehrs- und Versorgungswesen der Großstädte nachhaltig zu beseitigen. Auch bei den Ballungsgebieten ist eine differenzierende Betrachtungsweise nötig.

Die Lösung der Großstadtprobleme zu vertagen, würde bedeuten, den aufgestauten Investitionsbedarf nur zu vergrößern und die Vorsorge für die Zukunft zu vernachlässigen."

Die Gedanken gingen also in Richtung auf eine positive Einstellung zu unterschiedlichen Entwicklungen im Bundesgebiet sowohl großräumig wie innerhalb kleiner Teilräume, jeweils unter Ausnutzung der ganz unterschiedlichen „Begabung" der einzelnen Räume.

Die Vorbereitung des Bundesraumordnungsprogramms sah sich aus diesem Hintergrund vor einem Dilemma: alle Länder sollten zustimmen. Die strukturellen Voraussetzungen der Länder waren aber verschieden. Dennoch sollte das Programm zeigen, wie auf seiner Grundlage für jedes Land und dessen Teilräume „das Beste" geschähe.

Hier lag die Geburtsstunde der Formel von den gleichwertigen Lebensverhältnissen, die im Bundesraumordnungsprogramm schließlich folgende Definition fand:

„Gleichwertige Lebensbedingungen im Sinne dieses Programms sind gegeben, wenn für die Bürger in allen Teilräumen des Bundesgebietes ein quantitativ und qualitativ angemessenes Angebot an Wohnungen, Erwerbsmöglichkeiten und öffentlichen Infrastruktureinrichtungen in zumutbarer Entfernung zur Verfügung steht und eine menschenwürdige Umwelt vorhanden ist: in keinem dieser Bereiche soll ein bestimmtes Niveau unterschritten werden."

Die Formel sollte also erklären, daß trotz unterschiedlicher natürlicher Voraussetzungen und unterschiedlicher Wirtschaftskraft insgesamt „Gleichwertigkeit" bestehen könne, und — wo diese (noch) nicht bestehe, herbeigeführt werden müsse. Es handelt sich also um einen typischen Scheinkompromiß. Solange dieser Kompromiß nicht mit quantitativen Anforderungen belegt war, war er einerseits unschädlich, andererseits bedeutungslos für Maßnahmen konkreter Politik. Indessen ermöglichte er das Zustandekommen des Bundesraumordnungsprogramms.

Wahrscheinlich in vollständiger Verkennung des Umstandes, daß hier nur ein Ausweg zur Wahrung des politischen Gesichts gesucht worden war, machten sich der Raumordnungsbeirat und die hinter ihm stehenden Kräfte aus Teilbereichen der Wissenschaft an den Versuch, die Gleichwertigkeit zu konkretisieren. Dabei konnte sich der Beirat auf die unglückliche Formulierung des Bundesraumordnungsprogramms stützen, die begrifflich ganz unlogisch Gleichwertigkeit dann als gegeben ansah, wenn Mindeststandards erreicht sind, als ob die jeweilige Überschreitung des Mindeststandards keinen Wert besäße. Schon bald verschob sich die Diskussion daher auf die Formel vom „Disparitätenausgleich", in der das Konzept Mindestausstattung eher angelegt ist.

Nicht vorausgesehen wurde damals übrigens, daß die Mindeststandardforderung und das mit ihr verbundene Konzept des Rechts auf Immobilität unter veränderten Rahmenbedingungen heute gerade zur massiven Unterstützung der Städte und bestimmter Verdichtungsräume nötigt. Umweltstandards und Infrastrukturausstattung sind nämlich dort und keineswegs in den als „weniger entwickelt" gemeinten ländlichen Räumen nicht erfüllt. Die Erscheinung Stadtflucht müßte daher durch massive Verbesserung der Lebensbedingungen in Städten und Verdichtungsräumen bekämpft werden.

**Indikatorengerechtigkeit**

Mit seiner Empfehlung vom 16. Juni 1976 machte der Beirat für Raumordnung den Versuch, die Gleichwertigkeit durch eine Serie von Indikatoren rechenbar zu machen. Es sollten — soweit die Statistik reicht — Merkmale ermittelt und quantitativ dargestellt werden, aus denen sich die Gleichwertigkeit beurteilen läßt. Es liegt auf der Hand, daß dafür zunächst weitgehende technische und infrastrukturelle Ausstattungen gewählt wurden, aber auch solche Merkwürdigkeiten wie die Zahl der öffentlich Bediensteten als Gradmesser für sozio-kulturelle Belegung. Im Idealfall sollte aus der gedanklichen Aggregation der Indikatoren jeder Raumordnungseinheit eine „Platzziffer" der Rangfolge der Regionen und damit ein Maßstab für die Förderungswürdigkeit entstehen.

Abgesehen von den vielen aus der statistischen Methode, aus der Zufälligkeit der Abgrenzung von Einheiten und aus der Ungenauigkeit der Datenbasis entstandenen Ungereimtheiten, muß der Indikatorenansatz als Mittel der Raumordnung grundsätzlich in Frage gestellt werden. Hinter den einzelnen Indikatoren und der ihnen aufgesattelten Mindeststandards steht nämlich immer eine Fachpolitik und eben gerade nicht die Raumordnungspolitik. Es ist Sache der Fachpolitik, auszusprechen, welche Mindestanforderungen z.B. an Schule, Krankenhäuser, Nahverkehr oder auch an die Umwelt gestellt werden müssen. Der moderne Staat benutzt zur Durchsetzung seiner Fachpolitik das Ressortprinzip, damit die jeweilige Fachpolitik politisch darstellbar wird, ihre Hausmacht sammeln kann und ihr Vollzug belegbar wird. Vielen Fachpolitiken wohnen räumliche Komponenten inne, dennoch werden sie damit nicht Raumordnungspolitik. Die Entscheidung zwischen Zwergschule und integrierter Gesamtschule ist nicht eine der Raumordnung, auch wenn sie massive Raumordnungsfolgen haben kann. Die Raumordnung muß hier auf die Funktion der Koordinierung und vielleicht auch der Verdeutlichung nicht beabsichtigter Raumstrukturkonsequenzen verwiesen werden. Sie hat kein Mandat, die Gesellschaft in Indikatoren fassen zu dürfen.

In jüngerer Zeit ist daher das Konzept des RÄUMLICHEN Disparitätenausgleichs wieder in Frage gestellt worden. Nach dem Sachverständigenrat hat vor allem die Kommission für wirtschaftlichen und sozialen Wandel in ihrem Gutachten aus dem Jahre 1975 die Idealvorstellung der weitgehenden Angleichung räumlicher Strukturen in Frage gestellt. Sie kommt zu dem Ergebnis, daß Veränderungen vorhandener Strukturen, soweit sie auf Verdünnung ländlicher und weiterer Verdichtung urbaner Strukturen hinauslaufen, nicht mehr ohne weitergehende Abwägung negativ eingestuft werden sollten. Aus finanziellen, ökologischen, technologischen und sozioökonomischen Gründen müsse in Zukunft die Raumordnungspolitik davon ausgehen, daß räumliche Disparitäten zum Teil naturgegeben und auch notwendig seien. Die einzelnen Regionen eigneten sich in unterschiedlicher Weise zur Wahrnehmung bestimmter Aufgaben. Es erscheine deshalb nur sinnvoll, wenn die komparativen Vorteile einzelner Teilräume dadurch genutzt würden, daß innerhalb des arbeitsteilig organisierten Gesamtraums einzelne Regionen vorrangig bestimmte Raumfunktionen wahrnähmen.

Weyl hat diesen Gedanken in seiner Monographie *„Funktion und Wirkungspotential der Raumordnung", 1979, Band 79 der Veröffentlichungen der Akademie für Raumordnung und Landesplanung*, weiter entfaltet. Eine umfassende kritische Würdigung haben Hübler u.a. *(zur Problematik der Herstellung gleichwertiger Lebensverhältnisse, 1980, Band 80 der Veröffentlichungen der Akademie für Raumforschung und Landesplanung)* vorgelegt, auf die verwiesen werden muß.

Dennoch wird das Banner der räumlichen Gleichwertigkeit weiterhin geschwungen. Der Beirat für Raumordnung ist 1980 mit einer Empfehlung „Instrumente zur Steuerung der Entwicklung der Raum- und Siedlungsstruktur" hervorgetreten, in der die indikationsgerechte Gleichwertigkeit als Ziel vorausgesetzt wird. Der Beirat diskutiert verschiedene Instrumente, mit denen Wirtschaftskraft aus den stärker entwickelten Regionen in die weniger entwickelten verlagert werden soll. Neben dem herkömmlichen Handwerkszeug der regionalen Strukturpolitik, wie der Förderung von Unternehmen und Infrastruktur auch mittels steuerlicher Präferenzen werden eine Agglomerationssteuer zu Lasten einer wirtschaftlichen Betätigung in entwickelten Gebieten sowie Zu- (Fördergebiete) und Abschläge (entwickelte Gebiete) zur Einkommensteuer der Beschäftigten diskutiert. Hierdurch soll Kaufkraft von den Zentren weg in die Fläche geschaufelt werden.

**Geknebelte Selbstverwaltung**

Köhl hat in seiner zitierten Monographie die Formel von der Gleichwertigkeit als den „Knüppel oder Zauberstab" der staatlichen Politik bezeichnet, je nachdem, auf welcher Seite man stehe. Die kommunale Selbstverwaltung muß das Postulat der auf Indikatoren basierenden Gleichwertigkeit insgesamt als Knüppel empfinden. Ein umfassendes auf Gleichwertigkeit in diesem Sinne gerichtetes Staatsziel könnte nur unter Aufgabe des Selbstbestimmungsrechts der örtlichen Gemeinschaft in eigenen Angelegenheiten verwirklicht werden, wenn überhaupt. Eine staatliche Gemeinschaft, die an Mindeststandards orientierte Gleichwertigkeit umfassend verwirklichen will, muß unter den Bedingungen knapper Mittel all denen, die Mindeststandards überschreiten, den Entfaltungsspielraum nehmen, damit die übrigen jene Standards erreichen können. Sie muß also, ob sie dies eingesteht oder nicht, auf Nivellierung zielen. Nivellierung, positiv ausgedrückt als „mehr Gleichheit", wäre an sich ein vertretbares Staatsziel, wenn es sich nicht an der ungeeigneten räumlichen Kategorie orientieren würde. Die Verfechter der räumlichen Einebnung machen sich aber blind gegenüber den Disparitäten in unserer Gesellschaft im übrigen. Sie wollen offenbar übersehen, daß die großen gesellschaftlichen Herausforderungen nicht in der Schaffung eines neuen Oberzentrums in der Lüneburgr Heide, sondern viel eher in der Einebnung der Unterprivilegierung von kinderreichen Familien, der Schaffung von Arbeitsplätzen für geburtenstarke Jahrgänge oder in der Bewältigung der zweiten und dritten Ausländergeneration in unserem Lande besteht.

Es mag Länder in der Welt geben, in denen die gesellschaftlichen Grundprobleme sich auch überwiegend als Raumprobleme darstellen. Die Bundesrepublik Deutschland gehört, dank ihrer historisch bedingten Struktur und ihrer Lage in Europa, nicht zu diesen Ländern.

In unserem Lande ist das Ziel räumlicher Angleichung, so unreflektiert wie es zuweilen postuliert wird, aus verschiedenen Gründen gefährlich:

1. Es müßte auf die Dauer zur Aushöhlung des föderativen Staatsaufbaus und zur Zerstörung der kommunalen Selbstverwaltung führen, weil seine Durchsetzung, wenn überhaupt, nur mit Mitteln des Zentralverwaltungsstaates erreicht werden könnte.

2. Es würde in einer Ära zurückgehender Steigerungsraten des Bruttosozialprodukts dahin tendieren, Produktivitätsreserven zu verschenken, weil wirtschaftliche Tätigkeit an Standorte geführt würde, die sie mit höheren als den notwendigen Kosten belasten.

3. Die Spielräume zur Beseitigung oder wenigstens Milderung der großen sozialen Disparitäten würden ohne Not in Anspruch genommen, ja diese Disparitäten würden von der Betonung der räumlichen Komponente verdunkelt.

4. Die ökologische Zielsetzung, Besiedlung und umweltbelastende wirtschaftliche Tätigkeit möglichst räumlich zu beschränken, damit große Ausgleichsräume das Fortbestehen der Industrienationen auch langfristig ermöglichen, würde behindert.

5. Schließlich würden auf diese Weise auch die letzten Nischen verschlossen, in die jene Menschen ausweichen könnten, die alternative Lebensformen und damit den Ausstieg aus dem Wertesystem erproben möchten, das dem Konzept der wertgleichen, der gleichwertigen Lebensverhältnisse unterlegt wird.

Die wissenschaftlichen Grundlagen, auf denen die räumliche Gleichwertigkeit zum Prinzip erhoben worden waren, sind verflogen. Es geht nur noch um die Korrektur eines politischen Fehlurteils.

Hans-Joachim Schäfer

# Gemeindefinanzreform — zehn Jahre danach

Erstmals im Jahre 1970 wurden die Neuregelungen der „Gemeindefinanzreform" angewandt, die mit dem 21. Gesetz zur Änderung des Grundgesetzes vom 12. Mai 1969 (BGBl. I S. 359) und dem Gesetz zur Neuordnung der Gemeindefinanzen vom 8. September 1969 (BGBl. I S. 158)

*(Seit dem 1. Januar 1980 i.d.F. des Art. 13 des Steueränderungsgesetzes 1979 vom 30. November 1978 (BGBl. I S. 1849); vgl. zudem Zweites Gesetz zur Änderung des Gemeindefinanzreformgesetzes vom 19. Januar 1979 [BGBl. I S. 97].)*

beschlossen worden waren. Der Gemeindefinanzreform ging eine Fülle von wissenschaftlichen Untersuchungen und finanzpolitischen Stellungnahmen zu den Problemen des Gemeindesteuersystems und des bundesstaatlichen Finanzausgleichs voraus. Vorgeschichte und Inhalt dieser Reform sind oft genug dargestellt worden.

*(Z.B. Hermann Elsner — Manfred Schüler, Das Gemeindefinanzreformgesetz, Hannover 1970, S. 53 ff.; Hermann Elsner, Das Gemeindefinanzsystem, Neue Schriften des Deutschen Städtetages Heft 36, Köln 1979, S. 46, 95 ff.; neuestens mit einer positiven Wertung Hans Matthöfer, Die Gemeindefinanzreform — ein dynamisches Reformwerk, in: Politik als gelebte Verfassung, Festschrift für Friedrich Schäfer, Opladen 1980, S. 219.)*

Es soll an dieser Stelle nicht die Frage sein, wie im nachhinein jene Überlegungen zu werten sind. Uns geht es um einige Erfordernisse für die gemeindliche Finanzausstattung, die aktuell zehn Jahre nach der Gemeindefinanzreform vorzufinden sind und die eine (gesetzgeberische) Reaktion verlangen.

Als Vorbemerkung sei vorausgeschickt:

Die Betrachtungen zum weiten Feld der Kommunalfinanzen sind fast schon Legion. Da gibt es solche wissenschaftlicher Natur, solche mehr politischer Orientierung und nicht zuletzt solche, die spezielle Interessen, etwa die der Wirtschaft, verfolgen. Insgesamt muß es zu dem Eindruck kommen, daß das Thema Gemeindefinanzen in einem der Sache nicht angemessenen Umfange als interessenbefangenes Streitobjekt behandelt wird. Das gilt für den Argumentationsaustausch zwischen Bund und Ländern einerseits und den Kommunen andererseits ebenso wie für die Diskussion mit denjenigen, die Gemeindesteuern zu zahlen haben. Berücksichtigt man noch die fachspezifischen Politikeinflüsse, die kräftig geltend gemacht werden, etwa die der Raumordnungspolitik,

*(Empfehlung des Beirats für Raumordnung „Instrumente zur Steuerung der Entwicklung der Raum- und Siedlungsstruktur" vom 28. Februar 1980, Abschn. 3.2; Beiträge in: Informationen zur Raumentwicklung [Bundesforschungsanstalt für Landeskunde und Raumordnung], Bonn 1979, Heft 11/12)*

so droht der Blick für das Wesentliche vollends verstellt zu werden.

Die Städte erwarten, sie bestehen darauf, daß der gewichtige gesamtpolitische Stellenwert der kommunalen Selbstverwaltung gewürdigt und anerkannt und daß akzeptiert wird, wie sehr es für die bürgernahe Handlungsfähigkeit der Städte, für die folglich notwendigen kommunalen Freiheitsräume und selbstverständlich für die Erfüllung der kommunalen Aufgaben überhaupt auf eine adäquate Finanzausstattung ankommt. Die Strukturierung und die Quantität der kommunalen Einnahmen werden sich zwar nach allen Erfahrungen stets in einem dynamischen Prozeß befinden. Wichtig ist aber immer, daß die Fundamente stimmen, daß sie sachbezogen und richtig dimensioniert sind. Die Städte sind, wenn es um ihre Finanzausstattung und zumal um ihre eigenen Steuereinnahmen geht, keine Bittsteller; sie berufen sich auf ihren in das Staatsganze eingebetteten Handlungsauftrag und die Notwendigkeit, daß zu seiner Erfüllung bestimmte finanzielle Ressourcen verfügbar sein müssen.

### Ziele und Maßnahmen 1969

Markante Zielpunkte der Reform waren folgende: Vor allem sollte das wegen der negativen Auswirkungen des nachhinkenden Wachstums der Gewerbesteuer und der oft einseitigen, branchenbedingten Abhängigkeiten ungesunde Übergewicht der Gewerbesteuereinnahmen auf der Seite der kommunalen Steuereinnahmen abgebaut werden. Zugleich wurde angestrebt, die bei der Gewerbesteuer

Dr. Dr. h. c. Walther Hensel
Amtierender Präsident des Deutschen Städtetages
(Februar 1963—Mai 1963)
Oberstadtdirektor von Düsseldorf (1946—1964).

seinerzeit festzustellenden großen Steuerkraftunterschiede zwischen den Gemeinden und vornehmlich zwischen Gemeinden mit vergleichbarer Aufgabenstruktur zu mildern. Insgesamt erhoffte man sich, die Konjunkturabhängigkeit der Gemeindeeinnahmen verringern zu können. Und es spielten raumordnungspolitisch motivierte Erwägungen für die Verteilung der Finanzmittel eine Rolle.

Deshalb erhielten die Gemeinden ab 1970 einen Anteil von 14 v.H. des Aufkommens an Lohnsteuer und an veranlagter Einkommensteuer. Im Austausch wurden sie verpflichtet, eine Gewerbesteuerumlage an Bund und Länder abzuführen, die auf etwa 40 v.H. des Aufkommens an Gewerbesteuer nach Ertrag und Kapital bemessen war. Damit war zugleich zur Korrektur der Fehlentwicklung der sechziger Jahre (u.a. Absinken des gemeindlichen Anteils am Gesamtsteueraufkommen) eine Verstärkung der kommunalen Finanzmasse beabsichtigt. Das machte 1970 annähernd 2½ Mrd. DM aus.

**Auswirkungen der Gemeindefinanzreform aus heutiger Sicht**

*Quantitative Ergebnisse*

Nimmt man die primären Anliegen der gesetzlichen Maßnahmen von 1969, so kann attestiert werden, daß sie zu einem beträchtlichen Teil verwirklicht werden konnten. Der Anteil der Gewerbesteuer nach Ertrag und Kapital an den gemeindlichen Steuereinnahmen ist durch die Reform von über 70 v.H. auf gut ein Drittel zurückgeführt worden. Durch den Gemeindeanteil an der Einkommensteuer haben sich die Steuerkraftunterschiede zwischen Gemeinden unterschiedlicher Größe wie innerhalb der einzelnen Gemeindegrößenklassen vermindert. Die Beteiligung an dieser Steuer hat aber vor allem dazu geführt, daß die für den Gemeindeanteil am gesamten Steueraufkommen und die kommunale Steuerfinanzierungsquote so negative Entwicklung der sechziger Jahre zumindest in der ersten Hälfte der siebziger Jahre teilweise rückgängig gemacht werden konnte. Dies beruht darauf, daß die Einkommensteuer aufgrund ihrer progressionsbedingt hohen Elastizität im Prinzip eine dynamisch wachsende Einnahmequelle ist; faktisch kommt diese Dynamik aber seit Mitte der siebziger Jahre aufgrund der wiederholten Steuerentlastungspakete nicht mehr zum Tragen. Dies verdeutlicht der folgende Wachstums- und Elastizitätsvergleich:

| Steuerart | Zeitraum | | |
|---|---|---|---|
| | 1960 bis 1970 | 1970 bis 1974 | 1974 bis 1979 |
| | v.H. | | |
| **Jahresdurchschnittliche Zuwachsraten** | | | |
| Gewerbesteuer nach Ertrag und Kapital (netto) | + 4,3 | +12,4 | + 5,2 |
| Gemeindeanteil an der Einkommensteuer | — | +14,1 | + 5,3 |
| Steuereinnahmen der Gemeinden insgesamt | + 6,1 | +12,1 | + 5,4 |
| Bruttosozialprodukt (nominal) | + 7,6 | + 7,8 | + 5,9 |
| **Durchschnittliche Elastizitäten (bezügl. BSP)** | | | |
| Gewerbesteuer nach Ertrag und Kapital (netto) | 0,56 | 1,60 | 0,87 |
| Gemeindeanteil an der Einkommensteuer | — | 1,81 | 0,89 |
| Steuereinnahmen der Gemeinden insgesamt | 0,80 | 1,56 | 0,92 |

Infolgedessen hat sich der Einkommensteueranteil unter den kommunalen Steuereinnahmen seit einigen Jahren nicht mehr erhöht, sondern bei durchschnittlich etwa 42 v.H. stabilisiert. Daß trotz des schwachen Einkommensteuerzuwachses in dieser Phase der Gewerbesteueranteil an den kommunalen Steuereinnahmen sich nicht erhöht hat, beruht auf den zahlreichen gesetzgeberischen Eingriffen in die Gewerbesteuer seit 1975 und bis in die jüngste Zeit (vor allem wiederholte Erhöhungen der Freibeträge). Diese Eingriffe gipfeln in der Beseitigung der Lohnsummensteuer ab 1980. Dadurch bedingt wird der Anteil der Gewerbesteuereinnahmen insgesamt, der nach 1970 bei 42 v.H. und darüber lag, in den nächsten Jahren bereits 39 v.H. unterschreiten und weiter fallende Tendenz haben.

Fehlerhaft wäre es jedoch, bei den so gerne ins Feld geführten quantitativen Wirkungen der Gemeindefinanzreform stehenzubleiben. Die Maßnahmen der Gemeindefinanzreform haben im Laufe der zehn Jahre ihrer Geltung — zum Teil im Zusammenspiel mit anderen Faktoren — neue Problemkreise hervorgebracht.

*Problemwandel*

Was die Gewerbesteuer angeht, so konstatieren die Städte mit größter Besorgnis, daß wegen der schon genannten Freibetragserhöhungen durchschnittlich nur noch etwa ein Drittel der Gewerbetreibenden auch Gewerbesteuer zahlt.
*(Richard R. Klein — Engelbert Münstermann, Gemeindefinanzbericht 1979, der städtetag 1979, S. 11, 14; Hanns Karrenberg — Engelbert Münstermann, Gemeindefinanzbericht 1980, der städtetag 1980, S. 77, 81.)*
Der Charakter der Abhängigkeit der Städte von den Gewerbesteuereinnahmen hat sich gewandelt. Die generelle Abhängigkeit ist gegenüber der Zeit zwischen 1960 und 1970 zwar stark gemindert, nunmehr spielen aber insoweit Betriebsgrößen und branchenspezifische Entwicklungen eine unerfreuliche Rolle. Selbst eine gutgemischte Wirtschaftsstruktur in einer Stadt besagt nicht mehr, daß auch die Entwicklung des Gewerbesteueraufkommens entsprechend befriedigend ist. Großbetriebe in Branchen, die im konjunkturellen Auf und Ab Sorgen haben, können sehr schnell die Gewerbesteuereinnahmen einer Stadt negativ beeinflussen. Der Wegfall der verstetigend wirkenden Lohnsummensteuer ab 1980 verschärft dieses noch. Das alles sind Folgen der Denaturierung der Gewerbesteuer, auf die noch zurückzukommen ist.
Die Konzeption der Gemeindefinanzreform bezweckte im Gemeindesteuersystem eine Gewichtsverlagerung von dem Anknüpfungspunkt des Standortes eines Betriebes (Gewerbesteuer) hin zu dem Anknüpfungsmerkmal des Wohnsitzes des steuerzahlenden Bürgers (Gemeindeanteil an der Einkommensteuer). Die Gewerbesteuer steht der Gemeinde zu, die Ort des Betriebes des Gewerbesteuerpflichtigen ist. Für die einzelnen Gemeinden werden ihre Anteile an der Einkommensteuer davon beeinflußt, wo die Steuerpflichtigen ihren Wohnsitz haben. Die Wohnsitzanknüpfung wird durch die Konstruktion der Verteilung des seit 1980 *(Gesetz vom 30. November 1978 [BGBl. I S. 1849]* 15%igen Einkommensteueranteils auf die einzelnen Gemeinden verstärkt. Die auf eine Glättung von Steuerkraftunterschieden abzielende Begrenzung der für die Er-

mittlung der Anteilszahlen maßgeblichen örtlichen, zu versteuernden Einkommensbeträge auf zur Zeit 25 000/50 000 DM und das Hereinwachsen von immer mehr Steuerpflichtigen in diese Einkommensgrößen haben in Verbindung mit der Wohnsitzverlegung von besser Verdienenden aus den Kernstädten und Entwicklungsschwerpunkten in die Umlandgemeinden zur Folge, daß diesen Gemeinden das Wohnsitzprinzip bei der Verteilung des Gemeindeanteils an der Einkommensteuer besonders zugute kommt. Es entstehen interkommunale Einnahmeverlagerungen, deren Berechtigung mehr als fraglich ist. Den gewinnenden Gemeinden erwachsen nämlich keineswegs durchgängig auch in entsprechendem Umfange Belastungen durch den Ausbau der Infrastruktur. Den Kernstädten andererseits, die zudem oftmals auch weiterhin Arbeitsort der Weggezogenen sind, verbleiben aber vielfältige Versorgungsaufgaben auch für diesen Personenkreis. Einnahmeverlusten steht kein entsprechender Aufgaben- und Ausgabenrückgang gegenüber. Im städtischen aufgabenbezogenen Interesse ist also zu bedenken, daß sich eine Überbetonung des Wohnsitzprinzips anbahnt, die im Gemeindesteuersystem eine Korrektur notwendig macht.

Im Blick auf den Gemeindeanteil an der Einkommensteuer kommt ein für die Gemeinden insgesamt negativer Trend hinzu: Bei (z.T. inflationsbedingt) anhaltend steigenden Einkommen bewirkt unser Einkommensteuerrecht, daß immer größere Bevölkerungskreise die zupackenden Wirkungen des progressiven Teils des Steuertarifs zu spüren bekommen. So werden immer wieder Entlastungen der Steuerpflichtigen notwendig. Das hat zu der bekannten „Politik der Steuerpakete" geführt.

*(Z.B. Einkommensteuerreformgesetz vom 5. August 1974 [BGBl. I S. 1769], Steueränderungsgesetz 1977 vom 16. August 1977 [BGBl. I S. 1586], Gesetz zur Steuerentlastung und Investitionsförderung vom 4. November 1977 [BGBl. I S. 1965], Steueränderungsgesetz 1979 vom 30. November 1978 [BGBl. I S. 1849], Steuerentlastungsgesetz 1981 vom 16. August 1980 [BGBl. I S 1381.])*

Mit ihnen werden die Zuwächse beim Aufkommen aus der Einkommen- und Lohnsteuer eingegrenzt. Bund und Länder stehen naturgemäß auf dem Standpunkt, daß die durch derartige Maßnahmen verursachten „Einnahmeminderungen" von allen an dieser Gemeinschaftsteuer Beteiligten, also von Bund, Ländern und Gemeinden, entsprechend ihrer Beteiligungsrate getragen werden müssen. Diese Politik der Steuerpakete droht jedoch im Verhältnis zu Bund und Ländern zu einer Benachteiligung der Gemeinden zu führen, und zwar deshalb, weil die staatlichen Ebenen Kompensationsmöglichkeiten haben, etwa eine Mehrwertsteuererhöhung, die den Gemeinden nicht zur Verfügung stehen und an deren Wirkungen die Gemeinden auch — jedenfalls unmittelbar — nicht teilhaben. Relativ betrachtet kommt es dadurch zu einer Positionsverschlechterung der Gemeinden hinsichtlich ihres Anteils am Gesamtsteueraufkommen.

*(So auch „Die Entwicklung der Gemeindefinanzen seit Mitte der 70er Jahre" in: Monatsberichte der Deutschen Bundesbank, Januar 1980, S. 22.)*

Es muß also nur zu verständlich sein, daß die Städte nach Wegen suchen, diese sozusagen im System angelegte Benachteiligung zu vermeiden. Bleibt es bei der bisherigen Politik der Steuerpakete, die sich bei dem heutigen Gemeindesteuersystem zuungunsten der Gemeinden auswirkt, so muß von Zeit zu Zeit der Gemeindeanteil an der Einkommensteuer erhöht werden — was übrigens aus diesen Gründen noch nie geschehen ist, sondern nur zur Kompensation der Beseitigung der Lohnsummensteuer. Dabei muß allerdings auf die Ausgewogenheit im Hinblick auf wohnsitz- und produktionsabhängige Gemeindesteuereinnahmen geachtet werden.

*Unbefriedigende Einnahmestruktur*

Die Ergebnisse der Gemeindefinanzreform sind schließlich daran zu messen, wie sich die Struktur der kommunalen Einnahmen entwickelt hat.

Wie bereits erwähnt, konnten zwar die Fehlentwicklungen der sechziger Jahre in den ersten Jahren nach der Reform von 1969 teilweise rückgängig gemacht werden; im Zeichen der Politik der Steuerpakete setzte sich diese positive Tendenz für die Gemeinden in den letzten Jahren aber nicht in gleicher Weise fort. So verbesserte sich zwar die Steuerfinanzierungsquote unter den kommunalen Gesamteinnahmen seit 1970 insgesamt (1970: 27,4 v.H.; 1979: 30,5 v.H.), aber das Niveau vom Beginn der sechziger Jahre konnte nicht wieder erreicht werden (1961: 34,6 v.H.). In den Jahren 1978 und 1979 war diese Quote — wie auch die Beteiligungsquote der Gemeinden am Gesamtsteueraufkommen — sogar wieder rückläufig.

Die Gemeindefinanzreform hat es nicht vermocht, die Zuweisungsabhängigkeit der Kommunen zu bremsen; vielmehr hat sich der Anteil der staatlichen Zuweisungen an den kommunalen Gesamteinnahmen von 20,8 v.H. (1961) über 24,9 v.H. (1970) auf 27,7 v.H. (1979) weiter erhöht. Dabei hat die Vielfalt der Zweckzuweisungen mit all ihren negativen Einwirkungen auf das kommunalpolitische Handeln geradezu beängstigend zugenommen. Die den Finanzzuweisungen zukommende ergänzende Funktion ist überstrapaziert. Diese höchst bedenkliche Entwicklung ist einer Vielzahl von Einflußgrößen anzulasten. Genannt seien die gerade in den letzten Jahren unzureichende Zunahme der eigenen, insbesondere der Steuereinnahmen, die allgemeinen Zentralisierungstendenzen, unterstützt von den Bestrebungen staatlicher Fachressorts nach Politikeinflüssen auf den kommunalen Bereich, nicht zuletzt oft auch eine kommunale Haltung, die aus fachsektoralen Egoismen staatliche Zweckzuweisungen nicht ungern sieht. Generelle städtische finanzpolitische Maximen einerseits und Förderungserwartungen in speziellen Fällen andererseits waren (und sind?) oft leider zwei Paar Schuhe.

Der Autonomieverlust auf der Einnahmenseite der Kommunalfinanzen ist deutlich. Bei Gebühren und Entgelten sind die Grenze der Kostendeckung und/oder die Grenze des nach den politischen Zielen Vertretbaren gezogen und oft erreicht.

*(Ausführlich Engelbert Münstermann — Bernd Wrobel — Gerhard Zabel, „Kommunale Gebührenhaushalte", DST und Difu, Berlin 1976.)*

Eine Beeinflussung der steuerlichen Einnahmen — und dies auch nur in einem sehr beschränkten Rahmen — ist den Gemeinden praktisch nur noch über die Gewerbesteuerhebesätze möglich. Der Bewegungsspielraum bei der Grundsteuer hat keine zu Buche schlagende Wirkung.

Als hier notwendigerweise zusammenfassende Feststellungen sind zudem folgende Defizitpunkte der Gemeindefinanzreform hervorzuheben: Dem Postulat der Verstetigung der Gemeindeeinnahmen ist nicht hinreichend entsprochen. Um so mehr erschweren die Einnahmeschwankungen im Verein mit dem kommunalen Haushaltsrecht den Städten immer wieder das ihnen zur Unterstützung der staatlichen Konjunkturpolitik abverlangte konjunkturgerechte, zumindest nicht prozyklische Ausgabeverhalten. Eine antizyklische Finanzpolitik der Gemeinden etwa über ihre Investitionen ist ohnehin nicht möglich und wohl auch nicht ihre Aufgabe.

Das alles ist mit vielen Belegen in den Gemeindefinanzberichten des Deutschen Städtetages seit 1972 nachzulesen.

*(Jährlich jeweils in Heft 1 der Zeitschrift „der städtetag", seit 1979 in Heft 2. Vgl. ausführlich auch „Einnahmeautonomie oder Zuweisungsabhängigkeit" in: Starke Städte — Lebendige Demokratie, Neue Schriften des DST, Heft 38, Köln 1979, S. 201 ff.)*

Dort ist auch dargestellt, wie bis heute die Schere von Einnahmen und Ausgaben sich immer wieder weiter zu öffnen droht. Zwar kann hier der kommunale Finanzbedarf, der stark von den Zusatzbelastungen durch immer neue gesetzgeberische „Einfälle" beeinflußt wird, nicht näher ausgebreitet werden.

*(Zu der künftigen Belastung durch Investitionen werfe man einen Blick in die vom DST und Difu veröffentlichte Untersuchung „Kommunaler Investitionsbedarf bis 1990", Berlin 1980.)*

Es ist aber doch anzumerken, daß der in letzter Zeit so beliebt gewordene Deckungsquotenvergleich (Ausgaben gedeckt durch laufende Einnahmen), bei dem in den zwei oder drei zurückliegenden Jahren die Gemeinden relativ betrachtet gegenüber dem Bund und vielleicht auch den Ländern optisch nicht schlecht abschneiden, mit großer Vorsicht zu bewerten ist. Dieser Vergleich sagt nichts über die Deckungsmöglichkeit an sich bestehender Finanzbedarfe aus. Er berücksichtigt nur haushaltsmäßig ausgewiesene Ausgaben, die kein Bedarfsmaßstab sein können. Außerdem sagen derartige Quoten für die aktuellen Jahre nichts aus über die langfristig sich auswirkende Schuldendienstvorbelastung aus der starken Verschuldung der Gemeinden in früheren Jahren.

**Problemschwerpunkte für eine Fortführung der Gemeindefinanzreform**

Die Erfahrungen aus den vergangenen zehn Jahren, nicht zuletzt die Geschehnisse im Zusammenhang mit der Abschaffung der Lohnsummensteuer

*(Näher Richard R. Klein — Engelbert Münstermann, Gemeindefinanzbericht 1979, der städtetag 1979, S. 63/70; Hanns Karrenberg — Engelbert Münstermann, Gemeindefinanzbericht 1980, der städtetag 1980, S. 73 ff.)*

begründen für die Kommunalfinanzen die Forderung nach einer generell längerfristig konzipierten Finanz- und Steuerpolitik; insbesondere nach einer Steuerpolitik, die bei allen Maßnahmen auf direkte und indirekte Konsequenzen für die Städte achtet. Zum

Gemeindesteuersystem ist schon an dieser Stelle zu betonen, daß in ihm eine an der örtlichen Wirtschaft ansetzende Steuer mit Hebesatzrecht ihren Platz haben muß. Das ist nach wie vor die Gewerbesteuer.

*Höhere eigene Steuereinnahmen*

Notwendig ist die Anhebung der unmittelbaren Steuereinnahmen der Städte, der Einnahmen, die nicht durch das Medium des kommunalen Finanzausgleichs in den Ländern gehen. Schon mehrfach ist eine Marke von wenigstens 35 v.H. gefordert worden,

*(z.B. anläßlich der Hauptversammlung des Deutschen Städtetages 1973, vgl. Wege zur menschlichen Stadt, Neue Schriften des Deutschen Städtetages, Heft 29, Köln 1973, S. 249/250.)*

die zum Beispiel um 1960 schon einmal erreicht war. Auch ein noch höherer Anteil wäre sachlich begründet und wünschenswert. Bei der gegebenen Zusammensetzung der gemeindlichen Steuereinnahmen bleiben, um dieses zu erreichen, leider nur die gleichzeitige Aufstockung des Gemeindeanteils an der Einkommensteuer und die Senkung der Gewerbesteuerumlage.

Dies soll die wesentlichen und bleibenden Funktionen des Finanzausgleichs (Aufstockung der kommunalen Finanzmasse, tendenzieller Ausgleich von Finanzkraftunterschieden zwischen den Gemeinden) nicht in Frage stellen. Der Zuweisungsanteil an den gemeindlichen Einnahmen muß vor allem durch eine gründliche Reform des „Unsystems" der üppig gewucherten Zweckzuweisungen der Länder zurückgedrängt werden. Damit würde zugleich der bislang fortschreitenden Einengung des Freiheitsraums der städtischen Selbstverwaltung entgegengewirkt.

*Einige Kriterien für das Gemeindesteuersystem*

Die Konstruktion des Gemeindesteuersystems wird immer wieder auf mögliche Verbesserungen hin zu untersuchen sein. Aus Raumgründen können hier nicht die mannigfaltigen steuersystematischen und finanzwissenschaftlichen Beiträge und Vorschläge diskutiert werden.

*(Etwa Gutachten zum Gemeindesteuersystem und zur Gemeindesteuerreform, Wissenschaftlicher Beirat beim BMF, Schriftenreihe des BMF, Heft 10, Bonn 1968, S. 14 ff.; Gutachten der Steuerreformkom-*

*mission 1971, Schriftenreihe des BMF, Heft 17, Bonn 1971, Abschn. VIII, Textz. 21, 29—38; Elsner — Schüler a.a.O., S. 44/46; Fritz Neumark, Möglichkeiten und Probleme einer angemessenen Steuer- und Finanzreform, Tagungsbericht, Deutsches Institut für Urbanistik, Berlin 1979, S. 29 ff.; besonders unter Finanzausgleichsaspekten Gerhard Seiler, Ziele und Mittel des Finanzausgleichs, in: Probleme des Finanzausgleichs II, Schriften des Vereins für Socialpolitik, Band 96/II, Berlin 1980, S. 15/18. Wen die Genesis aus früheren Jahrzehnten, die Parallelitäten und Wiederholungen interessieren, der lese nach bei Karl-Heinrich Hansmeyer (Hrsg.), Kommunale Finanzpolitik in der Weimarer Republik, Schriftenreihe des Vereins für Kommunalwissenschaften e.V., Band 36, Stuttgart 1973, S. 71 ff., 152/153.)*

Aus der Sicht der Städte sind aber einige kategoriale Kriterien zu nennen:

— Wegen der überragenden Bedeutung einer quantitativ angemessenen Finanzausstattung sollte das kommunale Steuersystem so strukturiert sein, daß es langfristig zumindest eine durchschnittliche Entwicklung der kommunalen Steuereinnahmen gewährleistet.

— Darüber hinaus kommt einer bedarfsgerechten interkommunalen Verteilung entscheidende Bedeutung zu; dabei muß der Erfüllung zentralörtlicher Funktionen und den spezifisch großstädtischen Ausgabenbelastungen wieder stärker Rechnung getragen werden.

— Das Gemeindesteuersystem sollte vor allem zwei in etwa gleichgewichtige Elemente enthalten, die an die örtliche Wirtschaftskraft und an den Wohnsitz anknüpfen.

— Das kommunale Steuersystem sollte eine stetigere Einnahmenentwicklung als in der Vergangenheit gewährleisten.

— Im Interesse der Kalkulierbarkeit der künftigen Einnahmenentwicklung sollte mehr Unabhängigkeit von den verschiedenen Politikeinflüssen gesichert werden.

— Hebesatzrechte bei kommunalen Steuern sind selbstverwaltungsadäquat. Zumindest auch bei einer gewichtigen kommunalen Steuer müssen die Gemeinden ein Hebesatzrecht besitzen.

Man muß sehen, daß hierbei Konkurrenzen zwischen den Zielvorstellungen bestehen; so kollidieren unter Umständen zum Beispiel quantitative Aspekte mit den Wünschen nach der Verstetigung. Diese Konkurrenzen lassen sich nicht „wissenschaftlich" auflösen;

es müssen politische Entscheidungen für die höhere Gewichtigkeit des einen oder anderen Kriteriums getroffen werden. Der Ausgabendruck führt zwangsläufig dazu, daß der Quantitätsaspekt besondere Bedeutung hat.

Mit großer Vorsicht sind vom städtischen Standpunkt her Anforderungen an das Gemeindesteuersystem aufzunehmen, die mehr zentralstaatliche Politikvorstellungen und den Einsatz gemeindlicher Einnahmen als Instrument für Allokationen im Sinne der Raumordnungspostulate (siehe S. 132) anvisieren. Die an die vielberufene Maxime von der Gleichwertigkeit der Lebensverhältnisse im Bundesgebiet (mit der sich der Beitrag von H. G. LANGE in diesem Band auseinandersetzt) anknüpfende Überlegung, die Steuer- und via Finanzausgleich Finanzkraft aller Gemeinden solle annähernd gleich sein, schlägt in städtefeindliche Finanzpolitik um.

### Zu Elementen des Gemeindesteuersystems

*Gemeindeanteil an der Einkommensteuer*

Probleme wirft der Zuschnitt der für die Anteilsverteilung wichtigen sogenannten Sockelbeträge auf (vgl. oben S. 136). In Verbindung mit der periodenmäßig anstehenden Neufestsetzung der Schlüsselzahlen für die einzelnen Gemeinden ist eine Anhebung der Sockelbeträge für die Aufteilung des kommunalen Einkommensteueranteils erforderlich, um einer noch größeren Öffnung der Schere zwischen Finanzbedarf und Finanzausstattung in den großen Kernstädten, vor allem aber einer sich fortsetzenden, nicht bedarfsgerechten Einnahmennivellierungstendenz entgegenzuwirken. Die Anhebung der Sockelbeträge erscheint auch deshalb geboten und vertretbar, weil der Wegfall der Lohnsummensteuer selbst unter Berücksichtigung der Ausgleichsmaßnahmen (Erhöhung des Gemeindeanteils an der Einkommensteuer und Senkung der Gewerbesteuerumlage) wahrscheinlich zu einer gewissen Angleichung der Steuereinnahmen je Einwohner geführt haben dürfte. Dabei ist in Erinnerung zu rufen, daß der Gemeindeanteil an der Einkommensteuer nach Art. 106 V, S. 1 GG auf der Grundlage der Einkommensteuerleistungen der Gemeindeeinwohner zu verteilen ist. Eine der Pro-Kopf-Aufteilung nahekommende Distribution wäre verfassungswidrig.

Stellung zu nehmen ist zu der offenen Frage, ob bundesgesetzlich die in Art. 106 V, S. 3 GG eröffnete Einräumung eines Hebesatzrechts der Gemeinden auf ihren Einkommensteueranteil realisiert werden sollte. Obgleich ein solches Hebesatzrecht unter dem Blickwinkel der Einnahmeautonomie der Gemeinden und möglicherweise auch unter prinzipiellen kommunalpolitischen Kriterien zu begrüßen wäre, scheinen die Bedenken

*(vgl. auch Schlußbericht der Enquetekommission Verfassungsreform, BT-Drs. 7/5924, Kap. 12 Ziff. 3.5.2.)*

das größere Gewicht zu haben. Nicht gering zu veranschlagen ist der Hinweis, daß die Einkommen- und Lohnsteuer ein zentrales steuerpolitisches Instrument sein sollte und somit auch im gesamtwirtschaftlichen Interesse kaum örtliche Variationen verträgt. Dieses gemeindliche Hebesatzrecht würde zudem erheblichen zusätzlichen Verwaltungsaufwand und neue Belastungen der Arbeitgeber beim Quellenabzug verursachen; in Zeiten, in denen zu Recht das Motto der Steuer- wie der Verwaltungsvereinfachung unterstrichen wird, eine politisch wohl kaum akzeptierte Auswirkung. Offen gesagt, erscheint auch eine differenzierte Handhabung dieses Hebesatzrechts fraglich; denn wenn diejenigen Gemeinden den Hebesatzspielraum stärker ausschöpfen, die einem besonders starken Belastungsdruck von der Ausgabenseite ausgesetzt sind — und dies würde vor allem in den großen Städten der Fall sein —, käme es zu einer Verschärfung der ohnehin schon bestehenden Stadt-Umland-Probleme. Aus Sorge vor negativen Konsequenzen einer unterschiedlichen einkommen- und lohnsteuerlichen Belastung der Bürger und wahrscheinlich mit einem Gefälle von der Kernstadt zu den Umlandgemeinden, also aus Sorge vor Ausweichreaktionen der Bürger, könnte es zum Verzicht auf die an sich gebotenen Hebesatzdifferenzierungen kommen.

*Gewerbesteuer*

Die Gewerbesteuer ist nach wie vor eine gewichtige Interessenklammer zwischen Gemeinden und ortsansässiger Wirtschaft. Die Städte halten an der Gewerbesteuer als einem der letzten steuerlichen Instrumente ihrer Einnahmeautonomie fest. Ohne diese produktionsorientierte Komponente gibt es im Wortsinne kein Gemeindesteuersystem mehr. Sie darf und kann nicht durch Finanzzuweisungen, welche Absicherung sie auch haben mögen, ersetzt werden.

Allerdings muß eine „gerechte" Gewerbesteuer — gerecht gegenüber Stadt wie Wirtschaft — anders ausgestaltet sein als das Gebilde, das die gewerbesteuerrechtlichen Veränderungen seit 1975 übrig gelassen haben. Der Trend zur Großbetriebssteuer muß beendet werden; also darf es keine erneuten Freibetragsmanipulationen geben. Der Realsteuercharakter muß wieder unterstrichen werden. Deshalb kann die Verstümmelung der objektbezogenen Merkmale der Gewerbesteuer nicht in Frage kommen. Zudem sprechen grundsätzliche steuerpolitische und verfassungsrechtliche Bedenken gegen ein Herumbasteln an den „Hinzurechnungsvorschriften". Eine Gewerbesteuer, die die Eigenkapitalfinanzierung benachteiligt, kann niemand wollen.

Die nicht nur in der Politik, sondern auch in der Wissenschaft kontroverse Diskussion

*(vgl. Kommission für die Finanzreform, Gutachten über die Finanzreform in der Bundesrepublik Deutschland, Stuttgart 1966, Textz. 392—397; Fritz Neumark, a.a.O., S. 32/33; Karl-Heinrich Hansmeyer, Umbau des Steuersystems?, Berlin 1979, S. 40, 48.)*

um die ertragsunabhängigen Elemente in der Gewerbesteuer, besonders um die Gewerbekapitalsteuer, weist aus, daß es keineswegs — wie oftmals dargestellt wird — nur Gründe für Angriffe gegen diese Elemente gibt. Die Städte halten die Gewerbekapitalsteuer in dieser ihrer Realsteuer auch zukünftig für unverzichtbar; auf ihre Bedeutung als verstetigender Bestandteil ist nachdrücklich hinzuweisen. Allzu augenfällig sind übrigens die Ziele derjenigen, die sich gegen die Gewerbekapitalsteuer wenden. Eine Gewerbesteuer lediglich auf den Ertrag käme gefährlich in die Nähe der Einkommen- und der Körperschaftsteuer. Die Geltendmachung der Verfassungswidrigkeit wäre der vorprogrammierte Schritt.

Sollte es nach sorgfältiger Prüfung überlegenswert sein, etwas an dem Verhältnis zwischen Gewerbeertrag- und Gewerbekapitalsteuer (heute ca. 85:15) zu ändern, wird darüber zu sprechen sein. Eine Modifizierung der Steuermeßzahlen könnte das Instrument sein. Die Einnahmen der Gemeinden aus der Gewerbesteuer dürfen jedoch nicht geschmälert werden.

Es muß aber auch erlaubt sein, darüber nachzudenken, ob eine grundsätzlichere Umgestaltung unserer Gewerbesteuer sowohl aus kommunalfinanzpolitischer Sicht als auch unter anderweit orientierten fachpolitischen Aspekten möglich und sachgerecht sein würde. Warum sollten wir nicht von der Konstruktion der 1976 in Frankreich eingeführten taxe professionelle lernen? Dieser den Gemeinden zustehenden und mit einem Hebesatzrecht ausgestatteten „Gewerbesteuer" unterliegen juristische und natürliche Perso-

Dr. Arnulf Klett
\* 8. April 1905 † 14. August 1974
Präsident des Deutschen Städtetages
(1963—1965)
Oberbürgermeister von Stuttgart (1945—1974).

nen, die eine selbständige Tätigkeit nachhaltig zur Erzielung von Gewinn ausüben. Die Steuer erfaßt nicht nur Gewerbebetriebe, sondern alle Arten selbständiger Berufsausübung, also auch die freien Berufe, wobei es eine Reihe von Befreiungen gibt. Ebenso wie dieser Kreis der Steuerpflichtigen sind für die Städte im Vergleich die Steuerbemessungsgrundlagen interessant. Die taxe professionelle wird — vereinfacht ausgedrückt — nach den materiellen Betriebsmitteln (Anlagegüter) — und nach den Löhnen, Gehältern und sonstigen Entlohnungen bemessen (Lohnsumme!).

*(Einzelheiten bei Hermann Elsner, Gewerbesteuerabbau und taxe professionelle — ein weiterer Schritt zur europäischen Disharmonie, der städtetag 1980, S. 15 [16/17].)*

Diese Fakten widerstreiten auch der immer wieder behaupteten EG-Unverträglichkeit unserer Gewerbesteuer.

Solche Überlegungen werden nicht nur von den Städten angestellt. Unter der Prämisse, daß bei einer Reorganisation der Gewerbesteuer die ertragsunabhängige Besteuerung wieder stärker zum Zuge kommen sollte, ist zum Beispiel auch im Hinblick auf das Äquivalenzprinzip der Gedanke aufgetaucht, die Flächenbeanspruchung durch den Betrieb als steuerliche Bemessungsgrundlage zu wählen. Das mag alles noch in einem sehr frühen Stadium der Erwägung sein, es zeigt aber — und dies besagen ebenfalls Stimmen aus der Wirtschaft —, daß der Standpunkt der Städte „die Gewerbesteuer muß erhalten bleiben" auch Verständnis findet.

Zu betonen ist noch einmal: Die Denaturierung der Gewerbesteuer muß bereinigt, die Trends zur Großbetriebssteuer müssen rückgängig gemacht werden.

*Mehrwertsteuer*

Immer wieder wird der Vorschlag in die Diskussion gebracht, die Gemeinden unmittelbar an der Mehrwertsteuer zu beteiligen. Viele der Befürworter außerhalb des kommunalen Bereichs tun dies offensichtlich mit dem Ziel, dann die Gewerbesteuer beseitigen zu können. Hier ist nachdrücklich zu warnen. Eine unmittelbare gemeindliche Mehrwertsteuerbeteiligung um den Preis der Gewerbesteuer ist für die Städte indiskutabel. Eine Verteilung nach dem örtlichen Aufkommen wäre wohl anerkanntermaßen nicht administrierbar, ein Hebesatzrecht wegen des EG-Rechts und auch faktisch kaum vorstellbar. Der Anteil müßte also schlüsselmäßig verteilt werden. Die Beteiligung hätte damit Zuweisungscharakter, der Gesichtspunkt der Einnahmeautonomie der Städte käme nicht zum Tragen. Und die Tücken würden sehr schnell bei dem Verteilungsschlüssel offenbar. Eine Verteilung nach der Einwohnerzahl, die zum Beispiel von einigen Raumordnungspolitikern nahegelegt wird,

*(Friedemann Tetsch, Die Beteiligung der Gemeinden an der Umsatzsteuer, in: Raumforschung und Raumordnung 1979, S. 82; Engelbert Recker, Umsatzsteuerbeteiligung der Gemeinden aus der Sicht der Raumordnung, in: Informationen zur Raumentwicklung [a.a.O., S. 132], S. 689 [695 ff.]; vgl. aber auch Hans Pagenkopf, Das Gemeindefinanzsystem und seine Problematik, Siegburg 1978, S. 149.)*

ist für die Städte unannehmbar, selbst wenn der Einwohnerschlüssel eine Gewichtung nach Gemeindegrößen vorsehen würde. Ein Verteilungsschlüssel müßte mit erheblichem Gewicht die Zentralität der Wertschöpfung, der Produktion, der Erwerbstätigkeit berücksichtigen, also zum Beispiel die Zahl der Arbeits- und Ausbildungsplätze einbeziehen. Damit wären viele empirische, methodische und interessenbestimmte Probleme verbunden. Die Gefahr, daß wegen dieser Schwierigkeiten und wegen fachpolitischer Einflüsse auf den „einfachen" Einwohnerschlüssel ausgewichen würde, ist groß und schwerwiegend.

Ohne hier positive Aspekte und weitere Probleme behandeln zu können, die sich mit einer Mehrwertsteuerbeteiligung insbesondere im Verhältnis zur Aufteilung des Mehrwertsteueraufkommens auf Bund und Länder stellen würden,

*(Näher Otto-Erich Geske, Verstetigung durch Umsatzsteuerbeteiligung?, in: Wirtschaftsdienst des HWWA-Instituts Hamburg, 1980 S. 242 ff.)*

ist gleichwohl zu betonen, daß schon unter der skizzierten Einschätzung der Bedingungen einer unmittelbaren Mehrwertsteuerbeteiligung diese eine gefährliche Entwicklung für die Städte einleiten könnte. Keinesfalls wäre diese Beteiligung ein Gewerbesteuerersatz!

*Neue Wege?*

Die politische Realisierbarkeit einer einschneidenden Umstrukturierung des Gemeindesteuersystems wird derzeit skeptisch zu beurteilen sein. Mit großem Interesse muß aber doch der Fortgang der wiederbelebten Erwägungen beobachtet werden *(laufende Beratungen des Wissenschaftlichen Beirats beim BMF),* welche Steuern den Gemeinden zustehen sollten und welche „neue" bei der örtlichen Wirtschaft ansetzende Gemeindesteuer mit Hebesatzrecht als eine vielleicht geeignetere an die Stelle der Gewerbesteuer treten könnte.

**Fazit**

Die Gemeindefinanzreform, die 1970 wirksam wurde, hat positive Wirkungen erreicht. Diese werden jedoch von den faktischen Entwicklungen in den letzten Jahren überlagert. Die Fortführung der Gemeindefinanzreform ist notwendig. Sie muß sich vor allem drei Problemkreisen zuwenden: der bedarfsgerechteren Verteilung des Gemeindeanteils an der Einkommensteuer, der substantiellen Neuordnung der Gewerbesteuer und der Ausstattung der Städte und Gemeinden mit eigenen Steuereinnahmen in einem Umfange, der es erlaubt, unter Wahrung der Grundfunktionen des kommunalen Finanzausgleichs in den Ländern die Zweckzuweisungsvielfalt auf ein bei Abwägung kommunaler Belange und berechtigter landespolitischer Interessen vernünftiges Maß abzubauen.

DIE GEMEINDEFINANZREFORM BLEIBT EINE AUFGABE!

Noch ein Anhang: Das Finanzreformgesetz vom 12. Mai 1969 (a.a.O., S. 131) fügte auch den Art. 104 a in das Grundgesetz ein. Sein Absatz 4 gestattet Finanzhilfen des Bundes an die Länder für besonders bedeutsame Investitionen der Länder und der Kommunen. Auf ihm beruhen u.a. das Städtebauförderungsgesetz, das Krankenhausfinanzierungsgesetz und das Gemeindeverkehrsfinanzierungsgesetz.

Mit großer Aufmerksamkeit werden die Städte die neuerdings eingeleiteten Prüfungen auf der Ebene der Länder, aber auch des Bundes verfolgen, ob diese sogenannten Mischfinanzierungen im Rahmen des Art. 104 a IV GG aufgegeben werden sollten. Der Länderstandpunkt, daß derartige Mischfinanzierungstatbestände finanz- wie landespolitischen Bedenken begegnen, muß hinsichtlich der Auswirkungen für die Kommunen bedacht werden. Die Städte werden gegebenenfalls zu den Vorschlägen von Bund und Ländern nicht zuletzt unter dem Gesichtspunkt Stellung nehmen müssen, ob ihnen die bisherigen Mittel tatsächlich erhalten bleiben, die für die Erfüllung der kommunalen Aufgaben auf diesen Gebieten weiterhin dringend benötigt werden.

SIGMUND WIMMER

# Datenschutz gegen den Bürger?

„IHRE NAMEN WERDEN AUSGELÖSCHT
UND AN IHRE WERKE
WERDEN SICH DIE NACHKOMMEN
NICHT MEHR ERINNERN"
(BUCH DER WEISHEIT)

„ALLES LÖST SICH IN NEBEL AUF.
DIE VERGANGENHEIT WAR AUSRADIERT
UND DANN WAR SOGAR DIE TATSACHE
DES RADIERENS VERGESSEN..."
(GEORGE ORWELL, 1984)

Das am 1. Januar 1978 in Kraft getretene Bundesdatenschutzgesetz hat unter zum Teil wenig erfreulicher Begleitmusik Eingang in das Bundesgesetzblatt gefunden. War die Verabschiedung des Gesetzes durch den Bundesrat bis zuletzt ungewiß, so hatte es bereits bei der parlamentarischen Beratung sehr kontroverse Diskussionen gegeben. Es verwunderte daher auch nicht, daß nach Abschluß des Gesetzgebungsverfahrens verschiedentlich sehr kritische Stimmen laut wurden, die glaubten, feststellen zu müssen, daß sich die Situation des Bürgers mit diesem Gesetz eher verschlechtert habe und zumindest eine partielle Verfassungswidrigkeit gegeben sei. Die vorherrschende Skepsis kam sogar in der Zurückhaltung des SPD-Berichterstatters — die CDU/CSU lehnte das Gesetz ab — zum Ausdruck, wenn er das Gesetz lediglich als „einen akzeptablen Ausweg" bezeichnete und auch der parlamentarische Staatssekretär im Bundesministerium des Innern in der gesetzlichen Regelung nicht mehr als einen ersten Schritt sehen wollte. Dabei war dieses Gesetz, wie wohl nur wenig andere einer sehr eingehenden Beratung unterzogen worden. Im Rahmen von zwei öffentlichen Anhörungen war eine große Zahl von Experten um ihr Votum gebeten worden und der ursprüngliche Referentenentwurf des Bundesministers des Innern hat durch den federführenden Innenausschuß des Deutschen Bundestages erhebliche Änderungen erfahren.

Nachdem nunmehr gewisse Erfahrungen bei der Anwendung dieses Gesetzes bzw. der Landesdatenschutzgesetze vorliegen, konnte bei der internen Anhörung des Innenausschusses des Deutschen Bundestages im April 1980 zu den Gesetzentwürfen der CDU/CSU sowie der SPD/FDP immerhin festgestellt werden, daß die z.Z. gültigen gesetzlichen Regelungen zwar in einigen Punkten verbesserungs- und ergänzungsbedürftig, jedoch insgesamt nicht so unzureichend sind, wie es am Anfang manchem geschienen hatte. Im übrigen ist Datenschutz schon immer ein unverzichtbarer Bestandteil rechtsstaatlicher Verwaltung gewesen, womit nicht verkannt werden soll, daß mit der Kodifizierung im einzelnen ein neues Feld äußerst schwieriger Regelungssachverhalte in Angriff genommen worden ist.

Bei der bereits erwähnten internen Anhörung des Innenausschusses war auch zum Ausdruck gebracht worden, daß in der 9. Legislaturperiode eine Novellierung des Bundesdatenschutzgesetzes vorgenommen werden sollte. Ansatzpunkte hierzu sind im Rahmen der Anhörung aufgezeigt worden. Da in den Kommunalverwaltungen ein großer Teil der im öffentlichen Bereich verwalteten personenbezogenen Daten gesammelt und in Dateien gespeichert sowie an andere Stellen zur Aufgabenerfüllung übermittelt wird, ist den geplanten Gesetzesänderungen besondere Aufmerksamkeit zu widmen.

Wenn diese Ausführungen mit der Frage überschrieben sind „Datenschutz gegen den Bürger?", so soll damit bereits zum Ausdruck gebracht werden, daß jede Datenschutzregelung daran gemessen werden muß, was sie tatsächlich an Persönlichkeitsschutz für den Bürger bringt. Unverkennbar ist, daß die Diskussion um den Datenschutz in der Öffentlichkeit zum Teil stark emotionalisiert, d.h. ohne Wertung der tatsächlichen realen Gegebenheiten, geführt wird und einzelne gesetzliche Regelungen nicht selten rein formalistisch angewandt werden, ohne zu prüfen, ob ein Schutzbedürfnis personenbezogener Daten überhaupt besteht. Die Frage „Datenschutz gegen den Bürger?" soll im übrigen umfassend verstanden werden. Für die bisweilen geäußerte Ansicht, daß bei Datenschutz Kosten keine Rolle spielen dürfen, hat der Bürger, der letztlich als Steuerzahler für diese Kosten aufzukommen hat, mit Sicherheit kein Verständnis. Der Gesetzgeber sollte daher bei Datenschutzregelungen darauf achten, daß er nicht um eines formalen Prinzips willen Vorschriften erläßt, die der Bürger als gegen seine Interessen gerichtet empfindet und wodurch der Gedanke des

Datenschutzes eher entwertet als gefördert wird. Datenschutz kann niemals Selbstzweck sein, sondern hat sich an dem vom Bürger gewünschten Schutzinteresse seiner Persönlichkeitssphäre zu orientieren.

**Der große Bruder?**

Die Privatsphäre des Bürgers zu schützen, ist keine Forderung an unsere Rechtsordnung, die sich erst mit dem Einsatz von Computern stellt. Es gibt daher seit langem eine Fülle von Rechtsvorschriften, die diesem Anliegen Rechnung tragen. Im öffentlichen Bereich garantieren den Schutz des Individuums an erster Stelle die Grundrechte sowie der im Grundgesetz verankerte Grundsatz der Gesetzmäßigkeit der Verwaltung. Regelungen in Einzelgesetzen, im Bürgerlichen Gesetzbuch, im Strafgesetzbuch und in speziellen Verwaltungsgesetzen mit Schadenersatz- und Strafvorschriften setzen der öffentlichen Hand in bezug auf die Privatsphäre des Bürgers weitere Schranken. Die Verwaltungsautomation muß jedoch nach Ansicht der Bundesregierung „zu Hoffnungen und Befürchtungen Anlaß geben; denn sie eröffnet neue Dimensionen im Bereich der Informationsverarbeitung, die bei einem so komplizierten Instrument von vielen mehr geahnt als genau übersehen werden" *(Stenographischer Bericht über die 67. Sitzung des Deutschen Bundestages am 29. November 1973, S. 4017).*

Den Ahnungen und der Phantasie scheint in bezug auf Datenverarbeitung bisweilen keine Grenze gesetzt zu sein. Sicherlich ist nicht zu übersehen, daß mit Hilfe der modernen Technik Massen von Daten schnell verarbeitet, d.h. transparent gemacht werden können. Auch die Möglichkeit, Daten aus verschiedenen Quellen zusammenzuführen, sollte — wenn auch vielfach mehr eine theoretische Möglichkeit als praktisch zu verwirklichen — nicht gering veranschlagt werden. Der Computer eröffnet damit neue Dimensionen, insbesondere im Hinblick auf die Verarbeitungsgeschwindigkeiten und die Darbietung von Daten. Es sollte andererseits jedoch auch akzeptiert werden, daß der Einsatz der modernen Technik zunächst ein Mehr an Datenschutz bedeutet, da der Computer nur wenigen zugänglich ist und daher nur von einem eng begrenzten Personenkreis, der gezielt ausgewählt und kontrolliert werden kann, zu nutzen ist. Die Karteikarte im Einwohnermeldeamt kann von jedermann, sofern er den Zugang erhält, gelesen werden. Ein Magnetband ist für den normalen Bürger wie ein Panzerschrank, zu dem er nur Zugang findet, wenn er sich dessen bedient, der den Schlüssel dazu verwaltet. Die nicht selten pauschal in den Raum gestellte sozusagen dem Instrument immanente Gefährlichkeit des Computers, bisweilen verknüpft mit nebulosen Vorstellungen vom großen Bruder, der alles weiß und alles kann, sollte daher für eine ernsthafte Betrachtung des anstehenden Problems in der notwendigen Weise relativiert werden. Dies ist um so mehr notwendig, als gerade Datenschutzvorschriften dazu zwingen, in der Zukunft verstärkt die Verwaltungsautomation voranzutreiben. Das scheint ein Widerspruch zu sein, denn gesetzliche Datenschutzregelungen sind gerade mit der zunehmenden Automation des Verwaltungsvollzugs begründet worden; trotzdem ist es so, wie das Beispiel des Meldewesens zeigt. Die Notwendigkeit, entgegen der bisherigen Handhabung durch Weiterleitung eines Duplikats der Anmeldebelege den Informationspflichten zu genügen, nunmehr den verschiedenen Stellen nur noch den Auszug aus den Belegen zu übermitteln, den diese für die unmittelbare Aufgabenerfüllung benötigen, führt zwangsläufig zur Einführung eines automatisierten Verfahrens, da mit konventionellen Methoden eine Selektion der Datenmengen nach unterschiedlichen Datenempfängern nicht praktizierbar ist. Wurde die Forderung nach zusätzlichen Datenschutzregelungen beim Einsatz der Datenverarbeitung durchaus zu Recht erhoben, so führen die sehr ins einzelne gehenden Bstimmungen wegen der Verkomplizierung des Verwaltungsvollzugs dazu, verstärkt die automatisierte Datenverarbeitung einzusetzen.

Zwingt die Beachtung des Datenschutzes einerseits zu verstärkter Nutzung der Datenverarbeitung, so ist andererseits nicht zu übersehen, daß die Konzeption für die Automation des Verwaltungsvollzugs unter den Anforderungen des Datenschutzes in den letzten Jahren eine Umorientierung erfahren hat. In den 60er und Anfang der 70er Jahre stand noch die Vorstellung im Vordergrund, daß ein Datenverarbeitungsverbund zwischen den verschiedenen Ebenen der öffentlichen Verwaltung geschaffen und durch Integration der Datenverarbeitung auf einer Ebene die verschiedenen Fachbereiche in einem Informationspool zusammengefaßt werden sollten. In der Begründung zum ersten und auch zweiten Entwurf der Bundesregierung zu einem Melderechtsrahmengesetz war ein automatisiertes Meldewesen noch als der Grundbaustein für ein allgemeines Informationssystem bezeichnet worden. Zu einem ADV-Organisationsgesetz in Nordrhein-Westfalen *(Landtag Nordrhein-Westfalen, Druckache 7/1983)* wurde 1972 ausgeführt: „. . . . ist es notwendig, Datenverarbeitungszentren nicht „isoliert" zu errichten und zu

Dr. Alfred Dregger
Präsident des Deutschen Städtetages
(1965—1967)
Amtierender Präsident des Deutschen Städtetages (1970).
Oberbürgermeister von Fulda (1956—1970).
Mitglied des Deutschen Bundestages seit 1972.

betreiben, sondern sie — auf dem Hintergrund der sie tragenden Verwaltungen — in Beziehung zueinander zu sehen und einer Verbindung (einen „Verbund") zwischen ihnen herzustellen." Aus Datenschutzgründen werden heute Begriffe, wie Integration und Verbund, jedoch als dringend zu vermeidende Automationsziele gekennzeichnet. Informationssysteme werden zumindest als suspekt eingestuft, da umfassende Information als nicht zulässig angesehen wird. „Materiale Rechtsstaatlichkeit zügelt insofern den ‚Datenhunger' und verpflichtet zur Enthaltsamkeit. Eine gesetzmäßige, rechtsstaatlich handelnde Verwaltung darf deshalb nicht bestrebt sein, ständig restlos informiert zu sein, sondern muß, um des Bürgers willen, die Unvollständigkeit ihrer Information in Kauf nehmen und ihren Aufgaben in Kenntnis ihrer Informationsgrenzen nachgehen" *(Simitis in: Datenschutz als Bürgerschutz, ÖVD 3/79).*

Wie schnell im übrigen unter Datenschutzgesichtspunkten scheinbar gesicherte Erkenntnisse eine neue Beurteilung erfahren, zeigt besonders deutlich das Beispiel der im Entwurf für ein Bundesmeldegesetz der 7. Legislaturperiode geplanten Einführung eines bundeseinheitlichen Personenkennzeichens. Der parlamentarische Staatssekretär im Bundesministerium des Innern, Baum, hatte seinerzeit (1973) ausgeführt: „Ich habe den Eindruck, in der Bevölkerung bildet sich zunehmend ein Bewußtsein dafür, daß der ja jetzt schon vielfach numerierte Mensch nichts an Persönlichkeit dadurch einbüßt, daß ihm ein einheitliches Geschäftszeichen zugewiesen wird... Es sind nämlich überzeugende Vorteile, die das Personenkennzeichen der öffentlichen Verwaltung als ein unentbehrliches Hilfsmittel für die Anwendung der EDV bringen wird... Es wäre töricht zu leugnen, daß die Verknüpfung von Personendaten im Informationsverbund die Persönlichkeitssphäre Gefährdungen aussetzen kann. Die Konsequenz aus dieser Feststellung darf aber nicht lauten: Verzicht auf dieses hervorragende Arbeitsmittel EDV oder Verzicht auf das Personenkennzeichen, das ja nur ein Baustein im System der Verwaltungsautomatisierung ist. Die einzig zulässige, aber auch notwendige Konsequenz muß vielmehr darin bestehen, rechtlich und technisch ausreichende und im Aufwand vertretbare Vorkehrungen zu treffen, um Mißbräuche zu verhindern" *(Stenographischer Bericht über die 67. Sitzung am 29. November 1973, S. 4018).*

Zur Einleitung einer Anhörung im Bundesministerium des Innern im November 1978 erklärte der Bundesminister des Innern, Baum, demgegenüber: „Das wachsende Datenschutzbewußtsein setzte die Erkenntnis durch, daß auf diesem Felde Gefahren für die Freiheit des Einzelnen drohten; und bereits in der vergangenen Legislaturperiode verzichtete man aus diesem Grunde auf die zunächst noch vorgesehene Einführung eines bundeseinheitlichen Personenkennzeichens. Dies war, meine ich, der erste Sieg des Datenschutzes über die Gesichtspunkte einer einseitigen Verwaltungsrationalisierung. Heute ist das Personenkennzeichen kein Thema mehr."

1973 hatte der parlamentarische Staatssekretär, Baum, noch festgestellt: „Eine zeitlang ist gegen die Ankündigung eines Personenkennzeichens überwiegend emotional argumentiert worden. Inzwischen hat der Rationalisierungsgedanke, der hinter dieser Vereinheitlichung der Vielzahl von Nummern steht, mit der der Bürger heute leben muß, Verständnis gefunden und überwiegend zu einer nüchternen Betrachtungsweise geführt. Demoskopische Untersuchungen zeigen dies." Hinsichtlich der Einschätzung des Datenschutzes in der Bevölkerung kann diesen Ausführungen aus dem Jahre 1973 sicherlich zugestimmt werden; für die auf der Fachebene geführte Datenschutzdiskussion des Jahres 1980 dürfte diese Bewertung jedoch nur mit Einschränkungen zutreffend sein.

### Datenschutz auch ohne Mißtrauen?

In kaum einem grundsätzlichen Artikel zu den Problemen des Datenschutzes und bei keiner Veranstaltung, die heute sehr zahlreich und zum Teil als neue Verdienstquelle abgehalten werden, fehlt die Klage über das mangelnde Datenschutzbewußtsein der Bürger. Die Datenschutzgesetze sehen spezielle Rechte der Betroffenen vor; sie werden von diesen kaum zur Kenntnis genommen. Simitis *(in Datenschutz als Bürgerschutz, ÖVD 3/79)* ist zuzustimmen, wenn er davor warnt, aus der geringen Zahl von Beschwerden im öffentlichen Bereich und der Tatsache, daß sich der Bürger für die Verarbeitung seiner Daten nur wenig interessiert, den Schluß abzuleiten, der Gesetzgeber habe letztlich eine weitgehend überflüssige, aus der Perspektive der Betroffenen irrelevante Regelung geschaffen. Andererseits ist die Frage zu stellen, ob nicht zu hohe Erwartungen an das Datenschutzbewußtsein des Einzelnen geknüpft werden, wenn gleichzeitig beklagt wird: „Noch so überzeugende gesetzliche Formulierungen nutzen allerdings nichts, wenn der Bürger sich nicht bereit findet, die ihm eingeräumten Rechte wirklich wahrzunehmen. Solange die einzelnen Rechte von der Auskunft bis hin zu den jeweils notwendigen Korrekturen nicht zum selbstverständlichen Bestandteil der Informationsverarbeitung werden, droht der Datenschutz zur nutzlosen Leerformel zu erstarren."

Datenschutz ist ohne Zweifel Bürgerschutz, praktiziertes Persönlichkeitsrecht. Datenschutzrecht ist andererseits Teil des Verwaltungsrechts, das zu vollziehen und in jeder Hinsicht zu beachten eine Selbstverständlichkeit zu sein hat und es kann nicht angehen, sozusagen die höchste Stufe des Datenschutzrechts dann als erreicht anzusehen, wenn der einzelne Bürger laufend darüber wacht, daß tatsächlich auch kein Verstoß gegen gültige Datenschutzregelungen erfolgt. Die Kontrollrechte, die dem Bürger durch die Gesetze eingeräumt worden sind, stärken seine Position. Es kann jedoch nicht richtig sein, davon auszugehen, daß Datenschutz erst dann ausreichend verwirklicht wird, wenn der Bürger diese Kontrollrechte laufend wahrnimmt. Datenschutz besteht zuerst darin, daß alle Regeln in der öffentlichen Verwaltung eingehalten werden, um personenbezogene Daten der Bürger vor mißbräuchlicher Nutzung zu bewahren und nicht primär in der Absicht, der Verwaltung Fehler im Umgang mit personenbezogenen Daten nachzuweisen. Datenschutz gehört in der Tat „zu den fundamentalen Funktionsvoraussetzungen einer demokratischen, auf die Freiheit und die persönliche Integrität des Bürgers bedachten Gesellschaft" *(Simitis a.a.O.)*. Der Bürger muß sich daher darauf verlassen können, daß die demokratischen Regeln eingehalten werden; er muß Vertrauen in den Funktionsmechanismus haben können. Wenn demgegenüber der Bundesbeauftragte für den Datenschutz glaubt feststellen zu müssen, „Mißtrauen ist eine demokratische Tugend, jede Institution im demokratischen Staat neigt automatisch zur Machtausdehnung und bedarf deshalb der durchsichtigen demokratischen Kontrolle" *(Die Welt vom 15. November 1979),* so ist zumindest fraglich, ob damit dem Anliegen des Datenschutzes tatsächlich Rechnung getragen wird. Andererseits, wenn alle demokratischen Institutionen automatisch zur Machtausdehnung neigen, ob dann die Dienststelle des Bundesbeauftragten für den Datenschutz davon auszunehmen ist? Würde sich dann nicht auch zwangsläufig die Frage nach der Kontrolle der Kontrolleure stellen? Der Stand des Datenschutzes gibt tatsächlich keine Veranlassung, Mißtrauen als Bürgertugend zu empfehlen. Der Bundesbeauftragte für den Datenschutz selbst hat in seinem 2. Tätigkeitsbericht festgestellt: „Wirklicher Mißbrauch personenbezogener Daten, insbesondere ihre Verwendung zum persönlichen Nutzen von Amtswaltern, ist nicht bekannt geworden."

Wenn trotzdem in der Beurteilung des Stellenwertes des Datenschutzes zwischen den professionellen Datenschützern einerseits und den betroffenen Bürgern andererseits die Meinungen offenbar zum Teil sehr weit auseinander gehen, so mag dies als Indiz dafür genommen werden, daß die große Zahl der Bürger in diesem Land möglicherweise ein ungestörteres Verhältnis zu den Institutionen der öffentlichen Verwaltung und der Wirtschaft hat, als dies bei manchen Kämpfern für mehr Datenschutz der Fall zu sein scheint. Es sei mit Nachdruck und allem Ernst festgestellt, daß es weder dem Gedanken des Datenschutzes noch den Interessen des Bürgers dient, wenn Mißtrauen geweckt wird, obwohl hierzu keinerlei Veranlassung besteht. Eine Verunsicherung der Bevölkerung ist sicherlich auch auf diesem Felde erreichbar, aber man sollte sich dann nicht wundern, wenn die gerade bei der Jugend so viel beklagte Staatsverdrossenheit weiter um sich greift; sie wird auf diese Weise zwangsläufig gezüchtet.

Dies heißt selbstverständlich nicht, daß in Sachen Datenschutz bereits alles Notwendige getan worden wäre, um dieses Thema für die Zukunft sozusagen abhaken zu können. Es ist unbestritten, daß bereichsspezifische Datenschutzregelungen notwendig sind, in deren Rahmen der Gesetzgeber die Chance nutzen sollte, Lücken und Unklarheiten im gültigen Datenschutzrecht auszuräumen. Mit dem Inkrafttreten des Melderechtsrahmengesetzes und mit der Neufassung und Ergänzung des Sozialgeheimnisses sind für zwei wichtige Teilbereiche derartige Regelungen bereits in Kraft getreten. In diesem Zusammenhang ist die bisweilen geäußerte Auffassung richtig zu stellen, daß es sich bei bereichsspezifischen Datenschutzregelungen in jedem Falle um Verschärfungen des Datenschutzes handeln müsse. Bereichsspezifische Regelungen können keine Einbahnstraße sein; sie haben eine aufgabenorientierte Aufspaltung, verbunden mit einer ebenso aufgabenbedingten Verarbeitungsregelung zu treffen und dabei den bereichsspezifischen Notwendigkeiten Rechnung zu tragen. Das Melderechtsrahmengesetz wird diesen Anforderungen gerecht, wenn es einerseits den Inhalt des Datenkatalogs fixiert und Regeln für die Datenübermittlungen an die verschiedenen Bereiche aufstellt, andererseits vom allgemeinen Datenschutzrecht abweichend die Übermittlung von Jubiläumsdaten, von Daten an die Parteien für Wahlzwecke und an die Sicherheitsdienststellen nach den spezifischen Anforderungen regelt.

In den Diskussionen um die Weiterentwicklung des Datenschutzrechts wird nicht selten auf das schwedische Datenschutzgesetz hingewiesen, das festlegt, daß jede Art der automatischen Datenverarbeitung von der „Dateninspektion" zu genehmigen ist. Der deutsche Gesetzgeber hat, sicherlich mit guten Gründen, diese Praxis nicht übernommen, die immerhin vor dem Hintergrund zu sehen ist, daß in den skandinavischen Ländern ein Personenkennzeichen bereits vor Jahren eingeführt worden ist und dieses u.a. auch für die Meldung der Banken über Zinserträge ihrer Kunden an die Finanzämter Verwendung findet. Die Vorstellung, daß das Einkommen jedes einzelnen Einkommensteuerzahlers von jedermann, wie in Schweden, eingesehen werden kann, ist in der Bundesrepublik Deutschland, von den sicherlich sehr stark ausgeprägten emotionalen Hemmschwellen abgesehen, durch das sehr streng gehandhabte Steuergeheimnis völlig ausgeschlossen.

**Mehr Datenschutz durch mehr Vorschriften?**

In der Diskussion um den weiteren Ausbau des Systems des Datenschutzes in der öffentlichen Verwaltung wird immer wieder von der Notwendigkeit der Verrechtlichung der Aufgabenerfüllung gesprochen. Zwar wird einerseits davor gewarnt, „daß man mit dieser Forderung nach völliger Verrechtlichung, also auch nach der gesetzlichen Fixierung aller Aufgaben, eine Gesetzesflut heraufbeschwört, mit der man auch nicht, selbst wenn man sehr fleißig ist, alle Einzelfälle und Eventualitäten einfangen könnte, ohne die Verwaltung inflexibel zu machen" *(Ltd. Ministerialrat Dr. Ruckriegel bei der internen Anhörung des Innenausschusses des Deutschen Bundestages am 21./22. April 1980).* Diesen Bedenken gegen eine generalisierende Forderung nach Verrechtlichung der Aufgabenerfüllung steht andererseits die Vorstellung von „nullum datum sine lege" entgegen. Es kann jedoch nicht davon ausgegangen werden, daß Verwaltungshandeln aufgrund einer speziellen gesetzlichen Vorschrift als gut und ohne eine solche als schlecht einzustufen ist. Auch ist daran zu erinnern, daß das Musterland für eine langjährige Tradition demokratischer Verfassung tatsächlich keine geschriebene Verfassung besitzt. Der Bundesbeauftragte für den Datenschutz hat bei der zitierten Anhörung auch mit Recht festgestellt, daß es sich „im wesentlichen um einige defizitäre Gebiete (handelt), die man isolieren, die man herausarbeiten, die man auch regeln kann." Außerdem ist der Vorsitzende des Innenausschusses des Deutschen Bundestages Dr. Wernitz in seinem Bemühen um die Erarbeitung einer Bestandsaufnahme in bezug auf die zu regelnden Bereiche zu unterstützen, „denn das Thema Verwaltungsvereinfachung kann man bei dieser Diskussion doch nicht ganz ausklammern. Wenn man eine Verrechtlichung angeht, muß man in etwa wissen, in welche Richtung man die Weichen stellt, was den Umfang und die Qualität der einzelnen zu regelnden Materien anlangt" *(interne Anhörung am 21./22. April 1980).* Unabhängig von der notwendigen Klärung, welche Bereiche tatsächlich regelungsbedürftig sind — Maximallösungen, wie nullum datum sine lege, sind nicht geeignet, den tatsächlich erforderlichen Datenschutz sicherzustellen —, ist es vielmehr notwendig, das Datenschutzbewußtsein beim einzelnen Sachbearbeiter in der öffentlichen Verwaltung zu verstärken. Wenn in letzter Zeit Meldungen durch die Presse gegangen sind, wonach Akten mit persönlichen Daten von Bürgern ausgesondert und auf eine allgemein zugängliche Abfallsammelstelle gebracht wurden oder wenn ein Schreibtisch, bei einer Versteigerung erworben, noch Strafakten enthielt, dann liegen hier zwar keine Verstöße gegen das Datenschutzgesetz vor — eine im übrigen für den Bürger unverständliche juristische Spitzfindigkeit — sicherlich aber ein eklatanter Mangel an Datenschutzbewußtsein, von der Frage der Verletzung des Amtsgeheimnisses ganz zu schweigen. Verbesserung des Datenschutzes wird in der Zukunft daher mehr dahingehend anzustreben sein, den einzelnen Bediensteten im Umgang mit personenbezogenen Daten, gleichgültig, ob diese unter das Datenschutzgesetz fallen oder nicht, zu sensibilisieren, statt weitere formalistische Regelungen einzuführen, die das Verwaltungshandeln erschweren, aber keinen echten zusätzlichen Datenschutz bringen. Auch nicht die Verpflichtung auf ein besonderes Geheimnis, das neben bereits bestehende Geheimhaltungsverpflichtungen tritt, ist geeignet, mehr Datenschutz sicherzustellen; es besteht vielmehr die Gefahr, daß die Verpflichtung auf ein Berufs- und Amtsgeheimnis, ein Steuergeheimnis, ein Statistikgeheimnis, ein Datengeheimnis und gegebenenfalls ein Meldegeheimnis eher zu einer Entwertung des tatsächlich berechtigten Anliegens führt. Demgegenüber ist es notwendig, jeden Bediensteten, der Zugang zu personenbezogenen Daten hat, über Aufgabe und Ziele des Datenschutzes in eingehenden Fortbildungsveranstaltungen zu unterrichten. Hierbei ist es auch nicht damit getan, einem Datenschutzbeauftragten die notwendigen Kenntnisse zu vermitteln, es ist vielmehr notwendig, die einzelnen Bediensteten mit den Grundregeln des Datenschutzes vertraut zu machen.

Die Bestellung von Datenschutzbeauftragten in der Wirtschaft erfüllt sicherlich eine wichtige Funktion. In der Kommunalverwaltung bedarf es keiner Fremdkontrolle des Datenschutzes, da nach der Verfassungsvorschrift der Gesetzmäßigkeit der Verwaltung jede Dienststelle die einschlägigen gesetzlichen Regeln zu beachten hat. Als Orientierungsstelle für den Bürger, der in Datenschutzangelegenheiten sich informieren bzw. Auskunft über die zu seiner Person gespeicherten Daten erhalten möchte, sind allerdings entsprechende Kontaktstellen erforderlich. Das Präsidium des Deutschen Städtetages hat daher bereits im Januar 1979 folgenden Beschluß gefaßt: „Das Bundesdatenschutzgesetz und die Landesdatenschutzgesetze sehen die Bestellung eines kommunalen Beauftragten für den Datenschutz nicht vor. Um dem Bürger jedoch erkennbar zu machen, an welche Stelle er sich zu wenden hat, wenn er Auskunft über zu seiner Person gespeicherte Daten erhalten und sich in Fragen des Datenschutzes mit seiner Stadtverwaltung in Verbindung setzen will, sollte in jeder Stadt eine Stelle bestimmt werden, die für die Bearbeitung von Datenschutzfragen zuständig ist. Es wird zu gegebener Zeit, wenn Erfahrungen mit dem Vollzug der Datenschutzbestimmungen gesammelt werden konnten, zu prüfen sein, welche weiteren organisatorischen Maßnahmen gegebenenfalls erforderlich sind und von einer zentralen Stelle übernommen werden sollten."

**Einheit der Kommunalverwaltung auch beim Datenschutz?**

Die Zulässigkeit von Datenübermittlungen innerhalb des öffentlichen Bereichs ist auch zum Gegenstand einer Erörterung dahingehend geworden, ob die Gemeinde insgesamt als Behörde anzusehen ist, so daß zwischen den Dienststellen einer Gemeindeverwaltung keine Datenübermittlungen im Sinne der Datenschutzgesetze stattfinden oder aber der Behördenbegriff des § 10 Bundesdatenschutzgesetz (BDSG) als funktioneller Behördenbegriff zu verstehen und damit die Übermittlungsvorschriften im einzelnen anzuwenden sind. Aus kommunaler Sicht ist hierzu anzumerken, daß die verfassungsrechtliche Stellung der Gemeinde als kommunaler Gebietskörperschaft und damit der Grundsatz der Einheit der Kommunalverwaltung durch die Datenschutzgesetze nicht aufgehoben wird. Andererseits ist daraus nicht abzuleiten, daß Datenübermittlungen zwischen einzelnen Dienststellen einer Kommunalverwaltung ohne Berücksichtigung datenschutzrechtlicher Regelungen stattfinden könnten. Normadressat des Datenschutzgesetzes ist in jedem Falle die Gemeinde als Ganzes und der Oberbürgermeister/Bürgermeister oder Oberstadtdirektor/Stadtdirektor ist die für die Einhaltung der datenschutzrechtlichen Regelungen verantwortliche Instanz. Diese Frage ist auch bei der Beratung des Melderechtsrahmengesetzes mehrfach angesprochen worden und der Innenausschuß des Deutschen Bundestages hat sich eindeutig zu dieser Rechtsauffassung bekannt. Eindeutige Regelungen, mit denen die allgemein gültigen Grundsätze für die Datenübermittlung innerhalb des öffentlichen Bereichs auch für den Datenfluß zwischen Dienststellen einer Kommunalverwaltung festgeschrieben werden, sind in den Datenschutzgesetzen der Länder Bayern und Saarland einerseits sowie Nordrhein-Westfalen andererseits enthalten. Während in Bayern und im Saarland definiert wird, welche Einrichtung als andere Stelle im Sinne der Datenübermittlungsvorschriften zu gelten hat, wird im Datenschutzgesetz NW bestimmt, daß die allgemeinen Datenübermittlungsgrundsätze auch dann zu beachten sind, wenn personenbezogene Daten innerhalb einer Behörde weitergegeben oder zur Einsichtnahme bereitgehalten werden. Auch soweit derartige Regelungen nicht in den Landesdatenschutzgesetzen enthalten sind, ist allerdings an dem Grundsatz der Einheit der Kommunalverwaltung und daran festzuhalten, daß Normadressat die Gemeinde als Ganzes ist.

Im Bayerischen Datenschutzgesetz ist als zusätzliche Bedingung neben der rechtmäßigen Erfüllung „die durch Rechtsnorm zugewiesene Aufgabe" festgelegt. Im CDU/CSU-Gesetzentwurf zur Novellierung des Bundesdatenschutzgesetzes wird diese zusätzliche Bedingung als allgemeine Regel gefordert. Für die Kommunalverwaltung stellt sich die Frage, welche Anforderung an die Rechtsnorm gestellt wird, durch die eine Aufgabe zugewiesen ist. Die Bayerische Staatsregierung hat in bezug auf die gutachtliche Stellungnahme des Senats zum Entwurf des Bayerischen Datenschutzgesetzes ausgeführt, daß hiermit nicht die Forderung nach einer Zuweisung durch Einzelrechtsnorm verbunden ist, vielmehr für den eigenen Wirkungskreis der Kommunen die Vorschriften der Gemeindeordnung genügen. Sofern diese Interpretation bei einer Novellierung des Bundesdatenschutzgesetzes anerkannt wird, kann einer entsprechenden Ergänzung aus kommunaler Sicht zugestimmt werden.

**Formale oder informationelle Datenübermittlung?**

Für die Weitergabe von personenbezogenen Daten — wie eine Weitergabe, ist die Bereitstellung zur Einsichtnahme zu bewerten

— gilt, neben den bereits erwähnten Bedingungen, daß die Daten „zur Aufgabenerfüllung erforderlich sind". Die Frage, welche Daten im Einzelfall erforderlich sind, sollte eigentlich keine Schwierigkeit bereiten. Daß hierüber Meinungsverschiedenheiten entstehen können, u.a. auch über die Frage, wer zu prüfen hat, welche Daten erforderlich sind, hat jedoch die seit Inkrafttreten der Datenschutzgesetze begonnene Diskussion und die z.t. unterschiedliche Interpretation einzelner Kommentatoren erkennen lassen. Hierauf soll an dieser Stelle nicht eingegangen werden. Angesprochen werden soll jedoch ein Problem, das als technische Datenübermittlung bezeichnet werden könnte. Es soll an einem konkreten Einzelfall dargestellt werden.

Die Bundesanstalt für Arbeit hat als zuständige Stelle die Aufgabe, die Anspruchsberechtigung eines Antragstellers auf Kindergeld nach dem Bundeskindergeldgesetz zu prüfen. Hierzu benötigt sie die erforderlichen Daten vom jeweils zuständigen Einwohnermeldeamt.

Um der Bundesanstalt für Arbeit die Möglichkeit zu geben, im Wege eines automatisierten Datenabgleichs die Anspruchsberechtigung der Antragsteller überprüfen zu können, ist es somit erforderlich, daß die Einwohnermeldeämter die Daten der bei ihnen registrierten Kinder bis zum 27. Lebensjahr und von deren Eltern mitteilen. Damit werden aber mit Sicherheit auch Daten von Personen weitergegeben, für die kein Anspruch auf Kindergeld besteht oder die möglicherweise keinen Antrag gestellt haben. Die Bundesanstalt für Arbeit erhält somit mehr Daten, als sie zur Aufgabenerfüllung benötigt. Um Datenschutzeinwänden zu begegnen, wurde daher das Verfahren des Datenabgleichs insofern umgekehrt, als nicht die Meldeämter der Bundesanstalt für Arbeit die einschlägigen Daten, vielmehr diese ihre Datensätze den jeweils zuständigen Einwohnermeldeämtern übermittelt. Die Durchführung des Datenabgleichs, eine Aufgabe, die der Bundesanstalt für Arbeit obliegt, wird auf diese Weise auf die Gemeinden verlagert. Die damit verbundenen Probleme, insbesondere die Regelung der Kostenfrage soll hier außer Betracht bleiben. Die Gemeinden haben sich vorläufig bereit erklärt, den Datenabgleich durchzuführen, um den Bürgern einen Gang zum Meldeamt zu ersparen. Es ist jedoch unbefriedigend, daß aus Datenschutzerwägungen eine Aufgabenverlagerung vorgenommen werden muß und es ist die Frage zu stellen, ob dies datenschutzrechtlich tatsächlich erforderlich ist.

Hierzu ist es notwendig, nicht nur die Anwendung des Grundsatzes, daß nur Daten, die unmittelbar zur Aufgabenerfüllung erforderlich sind, übermittelt werden dürfen, rein formal zu prüfen, vielmehr zu untersuchen, welche Informationen tatsächlich bei einem Datenfluß von den Einwohnermeldeämtern an die Bundesanstalt für Arbeit dieser zugänglich gemacht werden. Im vorliegenden Falle erfolgt eine Datenübermittlung mittels eines automationsgerechten Datenträgers, der nur über einschlägige ADV-Programme gelesen, d.h. zur Kenntnis genommen werden kann. Wenn nun bei der Bundesanstalt für Arbeit ein Programm entwickelt wird, das die Vorbeiführung der vorliegenden Datensätze an den Datensätzen der Einwohnermeldeämter vorsieht, so kann dieser Prozeß so gesteuert werden, daß die Fälle, für die bei der Bundesanstalt für Arbeit keine Datensätze vorliegen, ein Abruf der Information vom Datenträger (Magnetband, Platte) nicht erfolgt.

Die Daten von Haushalten mit Kindern bis zum 27. Lebensjahr, für die kein Anspruch auf Kindergeld besteht bzw. die keinen Antrag gestellt haben, gelangen somit, obwohl mit den übrigen Datensätzen übermittelt, der Bundesanstalt für Arbeit überhaupt nicht zur Kenntnis. Diese Daten sind physisch zwar weitergegeben, jedoch informationell dem Empfänger nicht übermittelt worden. Die technische Datenübermittlung wird somit keine datenschutzrechtlich relevante. Die Voraussetzungen dazu sind dann gegeben, wenn die empfangene Stelle, in diesem Falle die Bundesanstalt für Arbeit, die bereitgestellten Datensätze nur zu dem Zweck nutzt, zu dem sie ihr übermittelt worden sind, nämlich zum Abgleich mit den dort vorliegenden Datensätzen unter Benutzung der hierfür vorgesehenen ADV-Programme.

Das Bundesdatenschutzgesetz sieht eine bestimmte Zweckbindung — von den einem besonderen Amtsgeheimnis unterliegenden Daten abgesehen — expressis verbis nicht vor. Da die erforderlichen Daten jeweils nur einer bestimmten Stelle zur rechtmäßigen Aufgabenerfüllung übermittelt werden, ist die Zweckbindung implicite jedoch gegeben.

Für den öffentlichen Bereich zeigt das Beispiel des Kindergelddatenabgleichs, daß es aus technischen Gründen unter Umständen notwendig ist, auch Daten zu übermitteln, die vom Empfänger zur Aufgabenerfüllung nicht benötigt werden. Eine rein formale Anwendung der gültigen Datenschutzbestimmungen kommt zu dem Schluß, daß diese Daten nicht übermittelt werden dürfen. Verbindet man damit jedoch den Gesichtspunkt der strengen Zweckbindung, d.h. daß die Daten ausschließlich zu dem einen Zweck genutzt werden, zu dem sie übermittelt worden sind, so bedeutet dies, daß die nicht benötigten Daten nicht genutzt, d.h. nicht zur Kenntnis genommen werden dürfen und praktisch nicht vorhanden sind.

Damit wird der Grundsatz, daß nur die erforderlichen Daten zur Kenntnis gebracht werden dürfen, beachtet; zur Kenntnis und damit zur Nutzung für die rechtmäßige Aufgabenerfüllung gelangen tatsächlich nämlich nur die Daten, die erforderlich sind. Als Datenübermittlung sollte somit im Sinne des Datenschutzes nicht der physische Transport von Daten, vielmehr die Bereitstellung einer Information zur Nutzung gewertet werden. Dem stehen die Bestimmungen des Bundesdatenschutzgesetzes nicht entgegen. Schweinoch weist in seiner Kommentierung zu § 10 darauf hin: „Das Übermitteln personenbezogener Daten selbst kann — ähnlich wie das Speichern — ein Rechtsbegriff sein", doch „wie zur ähnlich gelagerten Frage, ob das Speichern ein Rechtsbegriff ist, schweigt das BDSG auch hier" *(Datenschutzrecht — Kohlhammer Kommentare).*

Die moderne Technik bietet Sicherungsmechanismen, die bei konventioneller Datenverarbeitung nicht gegeben sind. Diese Möglichkeiten dürfen im Interesse einer effizienten Gestaltung der öffentlichen Verwaltung nicht übersehen werden. Mit Recht wird darauf hingewiesen: „Ohne Programme sind Daten normalerweise nutzlos oder erst gar nicht zu gewinnen und wiederzufinden" *(Datenschutzrecht, Kohlhammer Kommentare, Einleitung).* Die Gestaltungsmöglichkeit der Programme für Datenübermittlungen ist daher zu nutzen. Es ist andererseits nämlich nicht vertretbar, um formaler Datenschutzgesichtspunkte willen eine Verlagerung von Aufgaben, womit Fragen der Finanzausstattung und des Finanzausgleichs tangiert werden, vorzunehmen, wenn der Schutz vor Mißbrauch von Daten auch auf anderem Wege gewährleistet werden kann.

**Datenschutz gegen bürgerfreundliche Verwaltung?**

Das in der Bundesrepublik Deutschland neu geschaffene Datenschutzrecht hat auch in der öffentlichen Verwaltung zu einer Sensibilisierung im Umgang mit personenbezogenen Daten und nicht zuletzt beim Einsatz der automatisierten Datenverarbeitung geführt. Es ist bereits darauf hingewiesen worden, daß Begriffe, wie integrierte Datenverarbeitung und Datenverbund — Zielvorstellungen für den Einsatz der ADV Anfang der 70er Jahre — heute neu interpretiert werden. Gleichzeitig wird betont, daß Datenschutzrecht als Bürgerschutz zu verstehen ist, sich somit in erster Linie an den Interessen des Bürgers zu orientieren hat. Es ist daher die Frage zu stellen, ob ein Grundsatz, der 1971 unter dem Aspekt „bürgerfreundliche Datenverarbeitung" geprägt worden ist, nämlich „die Daten sollen laufen, nicht die Bürger", heute ebenfalls anders beurteilt werden muß. Verschiedene Stimmen bejahen dies; aus der Sicht einer bürgernahen Verwaltung ist dem jedoch, insbesondere unter Berücksichtigung der Erfahrungen in den Kommunalverwaltungen, zu widersprechen. Datenschutz und bürgerfreundliche Verwaltung sind keine Gegensätze. Es ist nicht zu vertreten, auch nicht aus datenschutzrechtlichen Gründen, von einem Bürger mehrfach die gleichen Daten für unterschiedliche Zwecke abzuverlangen, wenn es möglich ist, die einmal gegebene Information unter Beachtung der einschlägigen gesetzlichen Vorschriften heranzuziehen. Der Bürger hat, um dies an einem konkreten Beispiel zu verdeutlichen, ganz einfach kein Verständnis dafür, wenn er bei der Beantragung von Wohngeld von der einen Stelle in der Stadtverwaltung zur anderen geschickt wird, um von dort die Meldedaten eintragen und bestätigen zu lassen. Er weiß, daß diese Bestätigung auch verwaltungsintern erfolgen kann und erwartet, daß ihm unnötige Behördengänge abgenommen werden. Dies gilt für alle sogenannten Lebens- bzw. Aufenthaltsbescheinigungen.

Die Beispiele, daß die formale Anwendung datenschutzrechtlicher Generalklauseln letztlich gegen die Interessen des Bürgers verstößt, sind zahlreich. Hinsichtlich der Weitergabe von Jubiläumsdaten, wofür bisher — verwaltungsmäßig nicht praktikabel — die vorherige Einholung der Zustimmungserklärung des Betroffenen gefordert wurde, ist durch die Neuregelungen im Rahmen des Melderechtsrahmengesetzes geklärt worden. Die Bekanntgabe von Name und Anschrift eines Kraftfahrzeughalters, von dem lediglich das Autokennzeichen bekannt ist, stößt demgegenüber nach wie vor auf Schwierigkeiten. Da es den Zulassungsstellen verwehrt ist, Privaten, neben dem Namen eines Kraftfahrzeughalters auch die Adresse mitzuteilen, ist dieser gezwungen, zusätzlich das Einwohnermeldeamt aufzusuchen, bei kreisangehörigen Gemeinden im schlimmsten Falle sogar alle Meldeämter der zum Kreis gehörenden Gemeinden. Nicht nur mehrfache Bemühungen des Bürgers, auch die mehrfache Heranziehung zu entsprechenden Gebühren, ist unzumutbar.

Bei der Weiterentwicklung des Datenschutzrechts ist daher in erster Linie jeweils zu prüfen, ob den Interessen des Bürgers damit auch

Prof. Dr. Willi Brundert
\* 12. Juni 1912    † 7. Mai 1970
Präsident des Deutschen Städtetages
(1967—1970)
Oberbürgermeister der Stadt Frankfurt am Main (1964—1970).

tatsächlich Rechnung getragen wird. Regelungen, die diesem Erfordernis nicht genügen, sind Datenschutz gegen den Bürger und verfehlen den eigentlichen Zweck.

Die Notwendigkeit weiterer differenzierter Datenschutzbestimmungen wird u.a. mit der Ausweitung der automatisierten Informationsverarbeitung begründet. Dem ist grundsätzlich durchaus zuzustimmen; der Hinweis allerdings auf Orwells scheinbar Gegenwart wertende Zukunftsvision 1984, der vermehrt zu vernehmen ist, geht an dem zu lösenden Problem völlig vorbei. Die Gefahr, die Orwell für eine Gesellschaft des ausgehenden 20. Jahrhunderts beschrieben hat, ist nicht die der Beeinträchtigung der Privatsphäre durch die Verfügbarmachung umfassender Informationen, sondern die der totalen Reglementierung jeglichen Handelns und — wie Orwell glaubt — sogar des Denkens durch eine die Wahrheit verachtende Doktrin. Die Gefahr der Orwellschen Diktatur besteht in der Demokratie nicht.

EWALD MÜLLER

# Städtische Presse- und Öffentlichkeitsarbeit in ständiger Bewährung

Das städtische Presseamt im 75. Jahr — ein kurzer Rückblick

Es mag Zufall sein, doch kann man im Jahr des 75jährigen Jubiläums des Deutschen Städtetages feststellen, daß sich städtische Informationsarbeit in institutionalisierter Form — ein paar Monate jünger zwar — ebenfalls im 75. Jahr ihrer Existenz befindet. Aber nicht nur deshalb, sondern weil die junge Geschichte dieses kommunalen Ressorts einige lehrreiche Hinweise für die städtische Presse- und Öffentlichkeitsarbeit von heute enthält, darf an dieser Stelle ein knapper Rückblick gegeben werden.

Die erste städtische Pressestelle entstand u.a. auf Anregung des „Magdeburger Generalanzeigers" 1906 in Magdeburg. Die städtische Rechtsauskunftsstelle erhielt den Auftrag, die Presseangelegenheiten zu bearbeiten. Ein Jahr später wurde dann ein eigenes Pressebüro geschaffen, das allerdings unter erheblichen Startschwierigkeiten zu leiden hatte: so fand die erste Pressekonferenz mit Magdeburger Journalisten erst im Jahre 1913 statt. Immerhin hatten sich aber in der Zwischenzeit zahlreiche andere deutsche Städte in Magdeburg nach den dortigen Erfahrungen erkundigt. Diese Städte schickten sich ebenfalls an, ihre Informationspolitik neu zu gestalten.

Die kriegsbedingten Zwänge in den Jahren zwischen 1914 und 1918 intensivierten dann die kommunale Informationsarbeit insgesamt. Die einfache Veröffentlichung amtlicher Bekanntmachungen genügte keineswegs mehr, denn die überall notwendigen wirtschaftlichen Umstellungen zeitigten Anordnungen auch der kommunalen Behörden, denen die Bürger ohne aufklärende Erläuterungen und Einzelheiten, insbesondere auf dem Gebiet der Lebensmittelversorgung, kaum hätten nachkommen können. Dementsprechend nahmen auch die Lokalteile der Tageszeitungen einen beachtlichen Aufschwung.

Die politischen Veränderungen von 1918 und die demokratische Grundlage des neugeformten Staates forderten dann gerade auf dem Gebiet des Presse- und Informationswesens eine weitgehende Intensivierung der Bemühungen der Stadtverwaltungen. Die Tageszeitungen bauten ihre lokalen Teile noch weiter aus. Das hatte seine Ursachen vor allem im neuen allgemeinen, direkten Wahlrecht, nach dem jeder Bürger auf die Zusammensetzung der Gemeindevertretung ausschlaggebenden Einfluß ausüben konnte. Ein weiterer Grund lag im Aufgabenzuwachs für die kommunale Selbstverwaltung — nicht zuletzt in der Gründung zahlreicher Versorgungsunternehmen. Aus dem amtlichen „Bekanntmachungswesen" sollte nun eine umfassende Informations- und Aufklärungstätigkeit erwachsen.

Der Erfolg städtischer Informationsarbeit hing natürlich nicht zuletzt von den zur Verfügung stehenden Geldmitteln ab. Am kargen Budget krankten noch sehr viele Nachrichten- und Presseämter. Die Stadtverwaltungen, die nach dem ersten Weltkrieg mehr denn je sparen mußten, scheuten die hohen Kosten, die eine nur halbwegs großzügige Informationsarbeit verursachte. So wollten beispielsweise Stuttgart im Haushaltsjahr 1919 für das städtische Nachrichtenamt insgesamt 20 000 Mark und Breslau 1920 40 000 Mark ausgeben.

Einen ersten organisatorischen Ausdruck auf überörtlicher Ebene fand die nichtsdestoweniger zu verzeichnende Erweiterung der städtischen Informationstätigkeit bereits 1921, als auf Anregung des Leiters des Erfurter Nachrichtenamtes, Direktor Dr. RICHARD HERBST, die „Arbeitsgemeinschaft städtischer Nachrichten- und Presseämter" ins Leben gerufen wurde, die insbesondere dem Erfahrungsaustausch dienen sollte und deren Anregung es zu verdanken war, daß der Deutsche Städtetag 1927 einen Presseausschuß einrichtete.

1931 artikulierte ERNST REUTER, damals Oberbürgermeister von Magdeburg, aus Anlaß des 25jährigen Bestehens der Magdeburger Pressestelle die grundsätzliche Entwicklung, die weg vom „städtischen Nachrichtenverhinderungsamt", wie Journalisten früher einmal spöttisch formuliert hatten, deutlicher hin zum Presseamt demokratischer Prägung führte mit folgenden in Fachkreisen berühmt gewordenen Sätzen: „Eine städtische Pressestelle ist . . . heute nicht mehr nur als eine Einrichtung für die Bedürfnisse der Verwaltung geschaffen worden, sondern ist eine Einrichtung, die für die Bedürfnisse der Öffentlichkeit zu arbeiten hat ... Eine städtische Pressestelle soll nichts anderes sein als ein Hilfsorgan für die Öffentlichkeit, damit diese jederzeit all die Informationen erhalten kann, die sie unbedingt benötigt und auf die sie einen berechtigten und legitimen Anspruch besitzt" *(Gerhard Bader: Städtetag und aktive Pressepolitik, in Kommunalwirtschaft 1954, S. 162).*

Die erste zaghafte Blüte städtischer Informationsarbeit konnte jedoch keine Frucht bringen. Die NS-Gewaltherrschaft ließ seit 1933 für eine echte Selbstverwaltung keinen Raum mehr. Entlarvend ist die Beschreibung der Hauptaufgabe des kommunalen Presseamtes im nationalsozialistischen Staat, wie sie in einer zeitgenössischen Dissertation zu finden ist: „Das Presseamt hat sozusagen als geistiges Clearinghouse zu wirken, indem es ... aus der Fülle kommunaler Einzelprobleme heraus immer wieder die allgemeinen, die gesamte Bürgerschaft angehenden Aufgaben herausstellt und durch fortgesetzte Wiederholung jene Wirkung zu erzielen versucht, die sich nur aus dem immer neuen ‚Einhämmern' gewisser Grundsätze zu ergeben vermag" *(Hermann Hagen: Städtische Selbstverwaltung und öffentliche Meinung, Dissertation in Heidelberg, Karlsruhe 1933, S. 38).* Formal wurde die kommunale Informationsarbeit demokratischer Prägung dann folgendermaßen liquidiert: Das Reichspropagandaministerium unterband mit vertraulichem Erlaß vom 26. November 1935 eine eigene Pressepolitik der Gemeinden, indem es den staatlichen und kommunalen Behörden wie den Parteistellen die Veranstaltung eigener Pressekonferenzen untersagte und sie für die Bekanntmachungen und die Ausgabe von Pressematerialien an die Landesstellen des Propagandaministeriums verwies.

Nach 12 Jahren der strengsten Uniformierung jeder öffentlichen Äußerung über politische Fragen konnte es nach 1945 nicht wundernehmen, daß trotz der Zensur durch ein mehr oder minder strenges Besatzungsregime ein ungemein starkes Bedürfnis nach objektiver Information wach wurde. Die Gemeinden der westlichen Besatzungszonen, organisiert nach den Grundsätzen einer freiheitlichen kommunalen Selbstverwaltung, wie sie später in Art. 28 II GG garantiert wurde, waren nach dem zweiten Weltkrieg Ausgangspunkte für den Aufbau des demokratischen Staatswesens. Dementsprechend kam der kommunalen Informationsarbeit schon sehr früh überragende Bedeutung zu. Gemeinsame Fragen der städtischen Presseämter konnten auf überörtlicher Ebene erstmals 1951, regelmäßig dann seit 1958 in einer neugegründeten „Konferenz städtischer Pressereferenten" erörtert werden. Ein Presseausschuß nahm beim Deutschen Städtetag im Frühjahr 1952 wieder die Arbeit auf, das „Seminar städtischer Pressereferenten" wurde 1962 ins Leben gerufen.

## Die Aufgaben heute

Die städtische Informationsarbeit versteht sich heute als „Presse- und Öffentlichkeitsarbeit", hat also über die ursprüngliche bloße „Nachrichtengebung aus dem Rathaus" hinaus eine wesentliche Ausweitung erfahren. Bereits 1969 konnte festgestellt werden: „Das klassische Presseamt, wie es vor 50 Jahren entwickelt wurde, gibt es nicht mehr. Nicht nur der Arbeitsstil hat sich gewandelt. Es sind vor allem ... zahlreiche wichtige Aufgaben hinzugekommen ... " *(Jost Torbohm: Öffentlichkeitsarbeit für die Städte, in der städtetag, 1969, S. 269).* Der neueste Aufgabengliederungsplan der Kommunalen Gemeinschaftsstelle für Verwaltungsvereinfachung — KGSt *(Kommunale Gemeinschaftsstelle für Verwaltungsvereinfachung: Verwaltungsorganisation der Gemeinden, 2. Teil: Aufgabengliederungsplan, Köln 1979, S. 52 f.),* an dessen Aufgabengruppe 13 „Presse- und Öffentlichkeitsarbeit" eine Arbeitsgruppe der „Konferenz städtischer Pressereferenten" wesentlich mitwirkte, enthält dementsprechend folgenden, für die heutige Praxis in den Städten maßgebenden und vorerst abschließenden Katalog von Einzelaufgaben:

1. Information von Presse, Rundfunk, Fernsehen, Nachrichtenagenturen und anderen Medien. (Unter der hier geregelten „Pressearbeit" wird die Arbeit über die Medien verstanden.)

2. Vorbereitung und Durchführung von Pressekonferenzen, Pressebesichtigungen, Vermittlung von Interviews, Betreuung von Journalisten. (Während Aufgabe Nr. 1 den unmittelbaren Kontakt zwischen Presseamt und Medien im Auge hat, wird hier die Rolle des Presseamtes bei Kontakten zwischen Vertretern der Gemeindeverwaltung und Journalisten angesprochen.)

3. Zusammenarbeit mit anderen Pressestellen und Informationsdiensten.

4. Vertretung und Förderung gemeindlicher Interessen in Literatur, Publizistik, Film, Bild und anderen Medien. (Ziel der Auf-

gabe ist die Förderung gemeindlicher Interessen, nicht die Unterstützung von Personen, z.B. Schriftstellern oder Künstlern; letztere ist der Aufgabengruppe Kultur zugewiesen.)

5. Publizistische Beratung von Rat und Verwaltung, Inneninformation, Herausgabe eines Pressespiegels. (Die Inneninformation erfolgt durch Auswertung der örtlichen und überörtlichen Presse, des Rundfunks, des Fernsehens sowie anderer Medien.)

6. Planung und Koordinierung der gemeindlichen Öffentlichkeitsarbeit einschließlich der Imagepflege und des visuellen Erscheinungsbildes. (Im Unterschied zur „Pressearbeit" sind unter „Öffentlichkeitsarbeit" die unmittelbaren Aktionen der Gemeinde zu verstehen. Das kommunale visuelle Erscheinungsbild ist die einheitliche Kennzeichnung aller Objekte, Dienste und Einrichtungen einer Gemeinde. Seine Elemente sind: Stadtfarben, Bild- oder Wortzeichen, Schriftart, Formate, Formularsystem, Ausstellungssystem, Beschriftungssystem für Straßen, Gebäude usw.)

7. Bürgerinformation über gemeindliche Planungen und Aktivitäten durch Publikationen, audiovisuelle Mittel, Ausstellungen, Veranstaltungen oder besondere Einrichtungen. (Publikationen: Zum Beispiel Bürgerillustrierte. Besondere Einrichtungen: Zum Beispiel Stadtinformation.)

8. Koordinierung der Herausgabe, der Redaktion und der Gestaltung aller gemeindlichen Publikationen und audiovisuellen Mittel, Herausgabe und Redaktion der Verwaltungsberichte.

9. Stadtwerbung, soweit nicht der Wirtschafts- und Verkehrsförderung zugewiesen.

10. Herausgabe amtlicher Bekanntmachungen.

11. Auftragserteilung für Anzeigen.

Allerdings muß der vorstehende Katalog in dieser Striktheit in den meisten Städten erst noch in die organisatorische Praxis umgesetzt werden.

**Die demokratische Funktion**

Das Demokratiegebot nach Art. 20 GG verpflichtet die kommunale Selbstverwaltung zu objektiver und umfassender Informationsarbeit *(so z.B. Andreas Urschlechter: Öffentlichkeitsarbeit — eine kommunale Plfichtaufgabe?, in der städtetag 1974, S. 597 und Ewald*

*Müller: Bürgerinformation — Kommunalverwaltung und Öffentlichkeit, 2. Aufl., Köln 1977, S. 94 ff.*), damit auf diese Weise von einer überparteilichen Instanz sowohl die Bürgerentscheidung bei der Kommunalwahl als auch die Bildung einer öffentlichen Meinung als wirksames Korrektiv der mittelbaren Gewaltausübung durch die Gemeindebürger fundiert wird, was im einzelnen heißt:

Die Informationsarbeit der kommunalen Selbstverwaltung soll die Entscheidung des Wählers nicht in eine bestimmte Richtung lenken, sondern nur fundieren, d.h. sie soll dem Wähler Anschauungsmaterial darüber liefern, wie in der Stadt verwaltet wurde und wie man in Zukunft zu verwalten gedenkt. Gerade die beharrliche, authentische Informationsarbeit der im Verhältnis zu Bund und Ländern dem Bürger näheren kommunalen Selbstverwaltung hat die besten Chancen, gleichsam in einem pädagogischen Prozeß dem demokratischen Idealbild des informierten und nicht zuletzt deshalb mündigen Bürgers deutlichere Konturen zu geben. Mit anderen Worten: Die Bürger einer Stadt müssen insbesondere auch über die vielfältigen Vorgänge und Hintergründe des kommunalen Alltags informiert werden, um sich ein ausgewogenes Urteil über die zu entscheidenden Fragen bilden und dann entsprechend wählen zu können.

Aber nicht nur zur Fundierung der Bürgerentscheidung bei der Kommunalwahl ist eine objektive und umfassende städtische Informationsarbeit verfassungsrechtlich geboten. Die Bürger üben nach Art. 20 II S. 2 2. Halbsatz GG die Staatsgewalt mittelbar u.a. auch durch „besondere Organe der vollziehenden Gewalt" aus, zu der die kommunale Selbstverwaltung in ihrer Gesamtheit gehört. Dieser Mediatisierung der bürgerlichen Gewaltausübung steht ein wichtiges Korrektiv in Form der öffentlichen Meinung gegenüber, die von dem Grundrecht der Meinungsfreiheit nach Art. 5 GG ermöglicht wird und in der Demokratie von entscheidender Bedeutung ist. Diese öffentliche Meinung kann in ihrer jeweiligen lokalen Ausprägung auch außerhalb der Kommunalwahlen — als der wichtigsten Äußerungsform der repräsentativen Gemeindedemokratie — Einfluß gegenüber der amtlichen Meinung der Stadtverwaltung gewinnen, und zwar um so mehr, als sie auf den wesentlichen Tatsachen beruht. Je schwächer die öffentliche Meinung fundiert ist, desto hilfloser ist sie der amtlichen Gegenargumentation ausgeliefert und hat dann entsprechend weniger Chancen, bei der Entscheidungsfindung der städtischen Organe beachtet zu werden, d.h. die ihr von Verfassungswegen zugedachte demokratische Funktion zu übernehmen. Auch im Bereich der mittelbaren Gewaltausübung durch die Bürger muß also die Stadtverwaltung selbst — eben durch ihre Informationsarbeit — dafür sorgen, daß das Korrektiv dieser Mittelbarkeit, die öffentliche Meinung, die für seine Wirksamkeit notwendige Qualität erhält. Auch insofern verlangt das demokratische Prinzip, daß der dem Informationsvorsprung entsprechende Machtvorsprung der städtischen Selbstverwaltung durch Informationsabgabe — letztlich wieder an die Bürger als wichtigste Beteiligte an der Bildung der öffentlichen Meinung im lokalen Bereich — ausgeglichen wird.

**Probleme städtischer Presse- und Öffentlichkeitsarbeit**

*Die personelle und organisatorische Situation*

Nach der letzten statistischen Untersuchung *(Wolf-Dietrich Kauffmann: Presse- und Öffentlichkeitsarbeit 1977, in Statistisches Jahrbuch Deutscher Gemeinden, hrsg. vom Deutschen Städtetag, 65. Jahrgang 1978, Köln, S. 377 bis 385),* die im Jahre 1977 bei 149 Städten mit 50000 und mehr Einwohnern (ohne Stadtstaaten) durchgeführt wurde, bearbeiten 509 Personen einschließlich der Presseamts- bzw. Pressestellenleiter das weite Aufgabenfeld städtischer Presse- und Öffentlichkeitsarbeit. Dabei fällt leider auf, daß mit abnehmender Größe der Städte die Presse- und Öffentlichkeitsarbeit an Bedeutung verliert. So finden sich in den 84 Städten zwischen 50000 und 100000 Einwohnern nur noch 13 selbständige Presseämter, in 17 Städten dieser Größenordnung gibt es sogar keine „gesondert benannte Dienststelle" für Presse- und Öffentlichkeitsarbeit mehr. (Finanziell haben sich die genannten 149 Städte im Jahre 1977 für ihre Presseämter und Pressestellen mit insgesamt rund 18 Mill. DM — ohne Personalausgaben — engagiert.)

Leider gibt es immer noch kein einheitliches Berufsbild des städtischen Pressereferenten. Bezeichnend für die etwas unklare Situation in diesem Bereich ist das „Berufsbild des städtischen Pressereferenten" des Deutschen Städtetages, das zwar den Presseausschuß des Städtetages passiert hat, nicht aber den Personalausschuß, vor allem aber nicht die schließlich die entsprechende Empfehlung aussprechenden Beschlußorgane Präsidium oder Hauptausschuß.

Sehr gut sind hier die Vorschläge von GIERE *(Gustav Giere: Die allgemeine Verwaltung, in: Handbuch der kommunalen Wissenschaft und Praxis, 2. Band, Berlin, 1957, S. 21),* die Presseamtsleiterstelle mit einem Pressemann von Format — möglichst mit abgeschlossenem Hochschulstudium — als Außenseiter zu besetzen und diesem für die notwendigen Verwaltungsarbeiten einen geeigneten Mitarbeiter beizugeben, der ebenso wie alle übrigen Mitarbeiter im Presseamt eine Ader für die Presse- und Öffentlichkeitsarbeit haben sollte.

Bereits 1921 hatte SCHMIDT *(Conrad Schmidt: Der Verkehr der Verwaltung mit der Presse unter besonderer Berücksichtigung der Stadtverwaltung, Dissertation in Leipzig, 1921, S. 188 bis 190)* eine sehr beachtliche Vorstellung von den besonderen Qualitäten eines städtischen Pressereferenten entwickelt, die bis heute aktuell geblieben ist. Der städtische Pressereferent muß danach „über eine eindringende volkswirtschaftliche und kommunaljuristische Vorbildung verfügen. Auf der anderen Seite ist es aber erforderlich, daß er journalistische Fachkenntnisse besitzt, mit dem Wesen der Zeitung eingehend Bescheid weiß und die Tätigkeit eines Journalisten — am besten aus eigener Erfahrung — genau kennt. Ein verknöcherter Beamter, der jahrelang die gleiche Materie bearbeitend mit der Zeit dem Bürokratismus anheimgefallen ist, ein Journalist, der es mit bewunderungswürdiger Geschicklichkeit versteht, nur an der Oberfläche der Materie zu jonglieren, und sich ‚überall' ‚sofort' zurechtfindet, sind für den verantwortungsvollen Posten vollständig ungeeignet. Der journalistisch gebildete Vokswirtschaftler oder der nationalökonomisch geschulte Journalist kommen in erster Linie für die Besetzung dieses Postens in Frage."

Der städtische Pressereferent sollte also nach Möglichkeit über eine akademische Vorbildung sowie über journalistische und administrative Erfahrungen verfügen. Er muß Zugang zu allen Vorgängen in der Verwaltung haben und an vertraulichen Sitzungen teilnehmen können. Der Erfolg seiner Arbeit hängt wesentlich vom ständigen vertrauensvollen Gespräch mit der Presse und vom engen Kontakt mit der Verwaltung ab. Der Pressereferent darf weder eine subalterne Persönlichkeit sein, noch als solche eingeschätzt werden. Auch bei klarer politischer Haltung muß er sich in der parteipolitischen Aktivität äußerste Zurückhaltung auferlegen. *(Rüdiger Robert Beer: Selbstverwaltung und Öffentlichkeit, in Handbuch der kommunalen Wissenschaft und Praxis, 1. Band, Berlin 1956, S. 57).*

Das sind idealtypische Forderungen. In Wirklichkeit arbeitet der städtische Pressereferent auch heute noch in einem Bereich, dessen

Einschätzung noch immer nicht ganz sicher ist. Bezeichnend ist die Tatsache, daß von den Leitern der selbständigen Presseämter in den Städten ab 500000 Einwohnern zwar alle an den Dezernentenkonferenzen teilnehmen; in den Städten von 200000 bis 500000 Einwohnern aber nur 64% der Presseamtsleiter; in den Städten unter 200000 Einwohnern noch weniger, nämlich 54%; und aus den kombinierten Ämtern dürfen nur noch 52% der Dienststellenleiter an den Dezernentenkonferenzen teilnehmen *(Rudolf Köster: Presse- und Öffentlichkeitsarbeit in der Statistik, in der städtetag 1976, S. 392).* Diese Zahlen sind insbesondere deshalb bedenklich, weil vor allem die beharrliche Überzeugungsarbeit innerhalb der eigenen Verwaltung, d.h. die Aktivierung aller Fachämter für eine objektive, umfassende, ständige und rechtzeitige Unterrichtung der Bürger, eine starke Persönlichkeit erfordert, die in der Verwaltungshierarchie nicht zu weit unten angesiedelt werden darf. Aber da bewegt man sich bereits im Kreise: Jene Stadtverwaltung, die Presse- und Öffentlichkeitsarbeit eher für nützlich als für notwendig hält, wird ihren Pressereferenten nicht allzu hoch einstufen. Das aber hat wiederum zur Folge, daß dort die Entwicklung der städtischen Presse- und Öffentlichkeitsarbeit zur optimalen Bürgerinformation, wenn überhaupt, nur schleppend vorangehen wird und so weiter.

Immerhin kann festgestellt werden, daß unabhängig von der Organisation der Presse- und Öffentlichkeitsarbeit als selbständiges Amt, Zusammenschluß mit einem anderen Amt, Pressereferat, Abteilung oder Sachgebiet beim Hauptamt oder einer anderen Dienststelle der städtische Pressereferent in aller Regel dem Verwaltungschef unmittelbar unterstellt ist. Gelegentlich wird die Auffassung vertreten, daß der städtische Pressereferent infolge seines besonderen persönlichen oder politischen Vertrauensverhältnisses an den Verwaltungschef gebunden sein und gegebenenfalls gemeinsam mit ihm gewechselt werden müsse. Das ist abzulehnen, denn der Pressereferent soll ja die Bürger über das Geschehen in seiner Stadt informieren und nicht etwa PR-Mann des Verwaltungschefs sein, wie das etwa in der Beziehung Bürgermeister/Pressereferent in den USA üblich ist.

Der Pressereferent muß natürlich auch — und da herrscht in der Praxis nicht selten Unklarheit — dem gesamten Rat als dem wichtigsten Organ der Stadtverwaltung zur Verfügung stehen.

Schließlich ist darauf hinzuweisen, daß die städtische Presse- und Öffentlichkeitsarbeit im Zusammenhang mit städtischen Planungen aller Art eine neue Dimension erhalten hat. Dabei ist zunächst klar, daß das städtische Presseamt nicht in allen vorhandenen, diskutierten und noch zu entwickelnden Formen der Bürgerbeteiligung an städtischen Planungen dominieren kann. Es sei denn, man nähme eine radikale Umorganisation und Ausweitung dieses Amtes in Richtung eines zentralisierten „Super-Presseamtes" mit allen Informationskompetenzen vor. Das kann jedoch allein schon aus fachlichen und wirtschaftlichen Effizienzgründen nicht angestrebt werden.

Gerade auf dem Gebiet der städtebaulichen Planungen (z.B. zweistufige Bürgerbeteiligung an der Bauleitplanung nach § 2 a Bundesbaugesetz oder Bürgerbeteiligung nach verschiedenen Bestimmungen des Städtebauförderungsgesetzes), aber auch bei anderen Fachplanungen müssen die zuständigen Ämter in den Stadtverwaltungen einen beträchtlichen Teil Öffentlichkeitsarbeit selbst leisten, sei es, daß sie sich nach Abstimmung mit dem Presseamt unmittelbar an die Bürger wenden, sei es, daß sie in Zusammenarbeit mit dem Presseamt für den jeweilig eigenen Bereich Informationsaktivitäten entwickeln.

Auf jeden Fall wird das Presseamt bei allen Beteiligungsformen, bei denen der Schwerpunkt der Öffentlichkeitsarbeit bei den Fachämtern liegt, wenigstens eine Beratungs-, wenn nicht Koordinierungsfunktion übernehmen müssen. Deshalb muß innerhalb des Presseamtes auch ein vernünftiges Maß von Planungsfachwissen vorhanden sein. Und das ist nicht nur eine Frage zusätzlichen Personals, sondern auch der Fortbildung des städtischen Pressereferenten und seiner Mitarbeiter.

*Das Verhältnis zu den Medien*

Das Verhältnis zwischen städtischer Presse- und Öffentlichkeitsarbeit auf der einen Seite sowie Presse, Funk und Fernsehen auf der anderen, wird man generell — ungeachtet einer Reihe von Problemen — als ziemlich entkrampft bezeichnen können. In den Groß- und Mittelstädten dürfte es im allgemeinen noch besser sein als in kleineren Plätzen, wo oftmals sehr örtliche und sehr private Motivationen, die es in diesem Ausmaß in größeren Kommunen nicht gibt, das Verhalten auf beiden Seiten negativ beeinflussen können. Bezeichnend für dieses verhältnismäßig gute Einvernehmen ist die geringe Bedeutung, die der Anspruch auf Gegendarstellung nach den Landespressegesetzen im Bereich „städtische Selbstverwaltung

Dr. Hans-Jochen Vogel
Amtierender Präsident des Deutschen Städtetages
(1970—1971)
Oberbürgermeister von München (1960—1972). Mitglied des Deutschen Bundestages und Bundesminister seit 1972.

— Medien" spielt: Nur von rd. 20% der Städte mit 50 000 und mehr Einwohnern wurden nach den letzten statistischen Erhebungen Gegendarstellungsansprüche geltend gemacht, und hier lediglich ein bis drei Fälle im Jahr.

Der Schwerpunkt der Kontakte liegt naturgemäß bei den Beziehungen zwischen städtischer Selbstverwaltung und den Lokalredakteuren der Tageszeitungen, obwohl auch Hörfunk und Fernsehen, vor allem in den Regionalprogrammen, zunehmend kommunale Themen insbesondere mit überörtlichen Bezügen aufgreifen. Die Tendenzen zur Regionalisierung und Lokalisierung von Funk und Fernsehen sind jedenfalls unverkennbar. Der Umgang mit dem Fernsehen gehört allerdings zu den schwierigsten Aufgaben eines städtischen Presseamtes. Die Mentalität der Fernsehreporter, technischer Aufwand, Sonderwünsche und zeitliche Inanspruchnahme lassen Fernsehaufnahmen nicht selten zur körperlichen und geistigen Strapaze werden.

Mehr noch als Hörfunk und Tageszeitungen unterwerfen sich nämlich die Fernsehanstalten dem Prinzip des Außergewöhnlichen. Deshalb ist die Gefahr der, so will man hoffen, unbeabsichtigten Nachrichtenmanipulation durch unausgewogene Teilinformation groß, indem nur der sogenannte Gag oder ausschließlich die Kontroverse oftmals ohne die notwendigsten Zusammenhänge gesendet werden. Die Beziehungen zwischen städtischer Selbstverwaltung einerseits, deren eine besondere Eigenart eben in der Befassung mit nicht selten profanen Einzelheiten des menschlichen Daseins besteht, und dem Fensehen mit dem Selbstverständnis der Exklusivität andererseits, werden von der bruchstückhaften Berichterstattung am stärksten belastet.

Die Schwierigkeiten in den Beziehungen zwischen städtischer Selbstverwaltung und den Tageszeitungen mit ihren buntschillernden lokalen Teilen liegen im fachlichen Bereich. Nicht selten werden die Lokalteile zur Unterhaltung auch hier im wesentlichen aus kontroversen Themen gestaltet. Die Information bleibt dabei oftmals auf der Strecke, von rühmlichen Ausnahmen einmal abgesehen *(siehe dazu Projektteam Lokaljournalisten: Der neue Lokaljournalismus — eine Ausstellungsdokumentation, München 1980).* Daß die Bewältigung städtischer Aufgaben immer höhere und differenziertere Anforderungen an die Fähigkeiten des städtischen Personals, insbesondere der Verwaltungsspitze und des „mittleren kommunalen Managements", stellt, ist eine Binsenwahrheit.

Dem im Prinzip geballten kommunalen Fachwissen auf der einen Seite steht auf der anderen vor allem die Mehrzahl der Lokalredakteure gegenüber, die der von ihnen zu bearbeitenden Materie unter den heute vorherrschenden Bedingungen eigentlich nicht standhalten können. Diesen Sachverhalt hat eine Untersuchung der Arbeitsgemeinschaft für Kommunikationsforschung e.V. insgesamt bestätigt: Danach betreffen die Zersplitterung der journalistischen Ausbildung in der Bundesrepublik Deutschland, der ungenügende Ausbildungsstand und die damit verbundenen Folgewirkungen, wie etwa geringes Berufsprestige, vor allem die Position der Lokalredakteure, die ungeachtet der wachsenden Bedeutung der kommunalen Berichterstattung weithin unverändert geblieben ist *(Arbeitsgemeinschaft für Kommunikationsforschung: Journalismus und kommunale Öffentlichkeit I, 1973, S. 18 unter 4.).*

Dieser Situation des Lokalredakteurs diametral entgegen stehen die ständig steigenden Anforderungen, die an sein berufliches Können gestellt werden. Das wird am Beispiel der Behandlung des kommunalpolitischen Kommentars deutlich, der nach wie vor eine besondere Bewährungsprobe selbst für den qualifizierten Journalisten darstellt. Die im kommunalpolitischen Kommentar geäußerten Meinungen und die ihm zugrundeliegenden Informationen lassen nämlich im Gegensatz etwa zu den „Mutmaßungen" des außenpolitischen Kommentars unmittelbare und sofortige Rückschlüsse auf den Bildungs- und Wissensstand des Verfassers zu. Der kommentierende Lokalredakteur sieht sich in der Stadtverwaltung am Ort einem Block Wissender gegenüber, darüber hinaus trifft er mit seinen Äußerungen auf ein vielschichtiges, sehr unterschiedlich motiviertes Gespinst örtlicher, politischer und wirtschaftlicher Interessen. Weniger im Mangel an geeignetem Stoff, sondern mehr in diesem Sachverhalt muß man den Grund dafür sehen, daß der kommunalpolitische Kommentar keineswegs so sehr zum täglichen Erscheinungsbild vieler Zeitungen gehört wie der Leitartikel des politischen Ressorts. Dabei ist klar, daß die Bewertung kommunalpolitischer Ereignisse und das Verständlichmachen entsprechender Hintergründe für die Qualität des Lokalteils einer Zeitung ausschlaggebend sind.

Aber bereits die angemessene Berichterstattung über komplexe kommunale Ereignisse, wie z.B. eine Stadtratsitzung mit umfangreicher Tagesordnung, ist im Hinblick auf die Mindestanforderungen der richtigen Gewichtung in ansprechender Form mit möglichst geringem Zeitaufwand eine schwierig zu bewältigende journalistische Aufgabe. Die bei ihrer Lösung insbesondere von Jungredakteuren und Volontären gezeigten Leistungen belasten dann in der Tat das Verhältnis zwischen der städtischen Selbstverwaltung am Ort und den entsprechenden Tageszeitungen. Stadtvertretung, mehr noch aber die Verwaltung, sehen in den Lokalredakteuren „ihrer" Tageszeitungen nicht selten ihnen fachlich inadäquate Informationsvermittler, die eine konstruktive Kommunikation mit den Bürgern behindern.

Es wäre nun fatal, setzte sich die städtische Selbstverwaltung wegen der Ausbildungsmisere der Lokalredakteure „aufs hohe Roß", in der Annahme, die Kommunikationsschwierigkeiten seien einzig und allein auf die unzureichende fachliche Qualifikation der Lokaljournalisten zurückzuführen. Bei den städtischen Verwaltungsspitzen und den Fachämtern gibt es nämlich — der mangelhaften Ausbildung der Lokalredakteure in gewissem Sinne entsprechend — noch weitverbreitete Unkenntnis, was die fachliche Seite und damit die Zwänge des journalistischen Metiers angeht. Die städtischen Presseämter sind nicht schlechthin mit erstklassig ausgebildeten Journalisten oder entsprechenden Verwaltungsfachleuten besetzt, wiewohl es so sein sollte.

Eine Untersuchung, die im Auftrag des Siedlungsverbandes Ruhrkohlenbezirk 1973 durchgeführt wurde und bei der sich 100 Journalisten allerdings überregionaler Medien u.a. auch über die städtischen Presseämter des Ruhrgebiets äußerten, hat z.B. die nicht gerade schmeichelhafte Forderung der Journalisten nach Reformierung der angesprochenen städtischen Presseämter ergeben. Die Reformvorstellungen konzentrierten sich dabei auf die drei Aspekte: 1. Unabhängigkeit, 2. medienspezifische Arbeit, 3. Verbesserung der Qualität *(Institut für Stadt- und Regionalentwicklungsplanung: Zielgruppe: Multiplikatoren, Essen 1973, S. 12).*

In den Gesprächen mit den Journalisten hieß es im einzelnen u.a.: „Die Pressereferenten sind häufig an eine Person gebunden." — „Die selbstgestellte Aufgabe, zu vernebeln, müßten sie ablegen zugunsten einer offenen Information." — „Die Presseämter sollten den direkten Kontakt ermöglichen und nicht ‚Filter' sein." Nach Meinung der befragten Journalisten sollten vom Presseamt nicht nur „Glanzlichter" verbreitet, sondern auch „heiße Eisen" angefaßt werden, selbst auf die Gefahr hin, daß dies zu Kritik führt. Weiter könnten die Presseämter an Bedeutung gewinnen, wenn sie „nicht nur beschlossene Sachen als Vollzugsmeldung verbreiten", sondern auch „mehr über Vorentscheidungen berichten würden". In Angriff genommene Projekte sollten in der Entwicklung verfolgt werden: „Es genügt nicht, nur über die Grundsteinlegung zu berichten." Bemängelt wurde auch das Fehlen jeglicher „Information über spezielle Probleme in einzelnen Ämtern (z.b. über Personalsorgen oder Unzulänglichkeiten bei der Ausführung von Gesetzen)". Die Kritik eines Journalisten gipfelte in der Aussage: „Allgemein werden Schwierigkeiten überhaupt nicht angesprochen."

*Fortbildung für städtische Pressereferenten und Lokalredakteure*

Immerhin hat sich der Deutsche Städtetag auf der Basis der „Konferenz städtischer Pressereferenten" und insbesondere des „Seminars städtischer Pressereferenten" über Jahrzehnte hinweg mit Erfolg der kontinuierlichen Fortbildung nicht zuletzt der jüngeren Mitarbeiter in den Presseämtern angenommen. Diese Arbeit kann — vielleicht mit Hilfe des Deutschen Instituts für Urbanistik (Difu) — sicher noch intensiviert werden.

In die Bestrebungen der Städte, ihre Bürger immer besser zu informieren, sind aber auch Aufklärungsstrategien für Lokalredakteure miteinzubeziehen, damit insbesondere die Mitarbeiter von Tageszeitungen fachlich versiertere Gesprächspartner werden *(siehe dazu PR-Volontariat in Ludwigshafen, in der städtetag 1976, S. 342 f.).*

RONNEBERG und MAYER, um ein Beispiel zu nennen, haben längst konkrete Lernziele für die Ausbildung von Lokaljournalisten formuliert. Diese Lernziele sind gruppiert in „Allgemeine Wissensgebiete", „Kommunale Wissensgebiete" und in den Abschnitt „Funktionsgerechte Anwendung dieses Wissens" *(Arbeitsgemeinschaft für Kommunikationsforschung: Journalismus und kommunale Öffentlichkeit VI, Bonn 1973, S. 22 bis 29).* Verdienste erwirbt sich hier auch das „Projektteam Lokaljournalisten" in München, das mit Unterstützung der Bundeszentrale für politische Bildung neben vielen anderen Aktivitäten u.a. das „Handbuch für Lokaljournalisten" in Loseblattform herausgibt.

Der Deutsche Städtetag hat mit seinen Fliegenden und Rollenden Pressekonferenzen, die weitgehend Kurzseminarcharakter hatten, für die Journalistenfortbildung auf dem Gebiet der Kommunalpolitik ebenfalls Wege eingeschlagen, die weiter auszubauen sind. Schließlich muß sich auch das Difu im Zusammenwirken mit dem Deutschen Städtetag als regelmäßiger Veranstalter überörtlicher Fortbildungsseminare in Sachen Kommunalpolitik insbesondere auch für Lokalredakteure anbieten.

*Die verfassungsrechtliche Problematik von Werbung im Bereich städtischer Presse- und Öffentlichkeitsarbeit*
Wie eine Stadtverwaltung in ihren mannigfachen Aufgabenbereichen zu agieren hat, entscheiden die Bürger bei der Kommunalwahl. Diese Entscheidung muß auf freier Meinungsbildung basieren. Die Parteien, nach Art. 21 GG Verfassungsorgane, sind selbstverständlich auch zur kommunalpolitischen Willensbildung berufen. Sie dürfen bei ihrer Werbung jedoch nicht in den Deckmantel städtischer Autorität schlüpfen. Das liefe nämlich darauf hinaus, daß sich die Parteimeinung als „Meinung der Stadt" einen „propagandistischen Mehrwert" *(Helmut Lenz: Rundfunkorganisation und öffentliche Meinungsbildungsfreiheit, in JZ 1963, S. 342)* zulegen und damit die kommunalpolitische Meinungsbildung der Bürger verfassungswidrig beeinträchtigen würde. Um den Gedanken von RIDDER aufzugreifen *(Helmut K. J. Ridder: Grundgesetz und „Öffentlichkeitsarbeit", in Festschrift für Erwin Stein, Bad Homburg 1969, S. 65):* Eine Kompetenz des städtischen Presseamtes, Werbung ausdrücklich für die Mehrheitspartei des Rates zu betreiben, würde einen verfassungswidrigen Prämienzuschlag eben für diese die kommunalen Geschicke der Stadt bestimmende „partikuläre Kraft" bedeuten. Dem entspricht auch eine Entschließung des Hauptausschusses des Deutschen Städtetages vom 18. Januar 1980, die sich mit den Folgerungen aus dem Urteil des Bundesverfassungsgerichts vom 2. März 1977 (BVerfGE 44, S. 125 ff.) für die städtische Presse- und Öffentlichkeitsarbeit befaßt: „(Es ist) selbstverständlich, daß die Kommunen nicht in einseitig parteiergreifender Weise zu Gunsten oder zu Lasten politischer Gruppierungen oder einzelner Bewerber um ein Mandat tätig werden dürfen. Insbesondere darf für die Öffentlichkeitsarbeit hergestelltes Informationsmaterial weder von politischen Parteien noch von Wahlbewerbern oder Wahlhelfern während eines Wahlkampfes zum Zwecke der Werbung verwendet werden."

Das Gebot parteipolitischer Enthaltsamkeit des städtischen Presseamtes kann aber nicht nur für Wahlkampfzeiten gelten. Denn auch zwischen den Wahlen wirkt der Bürger als Beeinflusser der öffentlichen Meinung im kommunalen Bereich, wie oben dargestellt, auf die Organe der städtischen Selbstverwaltung ein. Die bürgerliche Meinungsbildung darf also zu keiner Zeit durch parteipolitisch gefärbte Presse- und Öffentlichkeitsarbeit der Stadt beeinträchtigt werden. — In der Praxis bedeutet das insbesondere, daß sich die Fraktionen der städtischen Repräsentativorgane für ihre Öffentlichkeitsarbeit stets eigener Pressesprecher bedienen müssen.

Was Werbeaktivitäten im Bereich der sogenannten „Gemeindepflege" angeht, so sind werbende Elemente, soweit sie sich als „zwangsläufiger Annex" zur Tatsacheninformation erweisen, verfassungsrechtlich nicht zu beanstanden. Propagandistische Formen — etwa die ständige Wiederholung von Auffassungen städtischer Organe, Tatsacheninformationsflut nur zu bestimmten Themen, die willkürliche Auswahl von Tatsacheninformationen bei einem bestimmten Projekt oder die willkürliche Auswahl von Themen für die Bürgerunterrichtung überhaupt — sind jedoch auch hinsichtlich gemeindepflegerischer Inhalte städtischer Presse- und Öffentlichkeitsarbeit verfassungsrechtlich bedenklich.

*Informationsüberflutung?*

Die städtische Presse- und Öffentlichkeitsarbeit muß bei aller Gründlichkeit darauf bedacht sein, Prioritäten zu setzen, wenn sie effektiv im Sinne einer Aktivierung der Bürger sein soll. Solch klaren Prioritäten auszuweichen, bedeutet nämlich nicht Information, sondern Chaos. Es kann nicht Sinn der informierenden Verwaltung sein, die Bürger mit einer eher zufälligen zusätzlichen Informationsflut, insbesondere mit wenig motivierten und teilweise nur in der Form aufwendigen Eigenpublikationen, einzudecken. Der Schweizerische Bundesrat hat die Informationsflut vor einiger Zeit sogar als staatspolitisches Problem in den Vordergrund gerückt. Er kam dabei zu der Feststellung, daß noch bis vor wenigen Jahren stets von einem Informationsmangel die Rede gewesen sei, heute aber über eine gegenteilige Erscheinung Klage geführt werde. Der Bürger sehe sich vor einer Informationslawine, der er sich hilflos ausgeliefert fühle. Die berufliche Überbeanspruchung des einzelnen, sowie Freizeit, Sport und Kultur träten in Konkurrenz mit der politischen Information, mit dem Ergebnis, daß die Aufnahmefähigkeit für all das, was der Bürger unter staatspolitischen Gesichtspunkten wissen sollte, beschränkt ist. Der Schweizerische Bundesrat hat deshalb „eine Verwesentlichung der Information" vorgeschlagen.

Diese „Verwesentlichung der Information", ohne durch Straffung zu manipulieren, ist eine der wichtigsten Aufgaben des städtischen Presseamtes.

*Neue Medien*

Ernstzunehmende Voraussagen gehen seit längerem davon aus, daß etwa Ende der achtziger Jahre größere Teile der Bundesrepublik Deuschland insbesondere in den Verdichtungsgebieten inselartig verkabelt sein werden. Die Zukunft des lokalen Hörfunks und insbesondere des lokalen Fernsehens hat demnach längst begonnen. In Berlin, Dortmund, Ludwigshafen und München sind Kabelpilotprojekte vorgesehen. Faszinierend sind vor allem die „unerschöpflichen Möglichkeiten" der Breitbandkabel (Koaxialkabel), z.B. eine Vielzahl von Programmen anbieten oder zwischen Sender und Empfänger im sogenannten „Zweiwegsystem" Kommunikation herstellen zu können.

Es ist müßig, über den Wert solcher neuen Kommunikationsmöglichkeiten auch unter dem Gesichtspunkt einer zusätzlich drohenden Informationsflut zu diskutieren. Die Eigengesetzlichkeit neuer Technik hat allemal unternehmerische Initiativen und dann politische Zwänge hervorgerufen *(Lothar Schneider: Neue Medien für die Öffentlichkeitsarbeit, in der städtetag 1975, S. 81 ff.; ders.: Kabelrundfunk als kommunale Aufgabe, in der städtetag 1976, S. 65 ff.).* So gesehen werden sich die Städte generell — hinsichtlich ausreichender Mitspracherechte —, aber auch die städtische Presse- und Öffentlichkeitsarbeit im besonderen — z.B. hinsichtlich ihrer Mitwirkung an einem sogenannten „integrierten kommunalen Informationssystem" *(nach Kommunale Technologien, hrsg. vom Bundesminister für Forschung und Technik, Bonn 1974)* — mit diesen Entwicklungen befassen müssen — wenn auch nicht als deren Vorreiter. Die Bürger sollten aber — durchaus auch seitens der Städte — über die Chancen und Risiken der neuen Medien fortlaufend unterrichtet werden. Vor Euphorie, die mitunter auch im städtischen Bereich aufkommt, muß ebenso wie vor allzu großer Skepsis dem „Neuen" gegenüber gewarnt werden. Die genannten Pilotprojekte sollten je eher durchgeführt werden und von Anfang an kommunale Fragestellungen berücksichtigen. Insbesondere müßte in den Versuchen geklärt werden, wie stark das Interesse der Bürger an Sendungen über Stadtpolitik ist und ob dieses Interesse mit Hilfe des Lokalfernsehens angeregt oder intensiviert werden kann *(Silvia Heimeran: Zum Einatz neuer Telekommunikationssysteme durch die Gemeinden, in der städtetag 1980, S. 584 ff.).*

Eine kürzlich durchgeführte Bürgerbefragung zu einem Programmraster (Nullnummer) für das kommunale Kabelfernsehen Ludwigshafen hat immerhin auch zu folgendem Ergebnis geführt:

Das kommunale Fernsehprogramm sollte in einer Hauptsendezeit von 18 Uhr bis 20 Uhr ausgestrahlt werden. Programmdauer: 60 Minuten (mit dem Ziel einer Ausdehnung um maximal 20 Minuten). Die Chance eines kommunalen Fernsehprogramms liegt in der Möglichkeit, besonders schnell und aktuell über die Ereignisse des Tages in Stadt und Region zu berichten, Themen zu diskutieren, Fragen zu stellen und konkrete Serviceleistungen zu erbringen.

Das klingt nicht unvernünftig und würde dazu beitragen, daß sich die städtische Selbstverwaltung auch im Jahr 2000 in einer auf der Höhe der Zeit stehenden Art und Weise dem Bürger, und zwar zu dessen Nutzen, verständlich machen könnte.

ERIKA SPIEGEL

# Kommunalpolitik und Wissenschaft

Wenn heute, allerdings meist in umgekehrter Reihenfolge, von dem Verhältnis zwischen Wissenschaft und Politik die Rede ist, so ist damit in der Regel die wissenschaftliche Beratung der Politik gemeint. Das ist verständlich, da es sich bei den Tendenzen zu einer „Verwissenschaftlichung der Politik" um ein zumindest dem Umfang nach relativ junges Phänomen handelt, dessen Voraussetzungen und Konsequenzen politische Theorie und Praxis gleichermaßen interessieren müssen. Aber es ist nicht selbstverständlich. Lange bevor die Vorbereitung politischer Entscheidungen zum Gegenstand wissenschaftlicher Beiräte, Gutachten, Kolloquien wurde, war die „Pflege der Wissenschaften", ebenso wie die Pflege der Künste, Gegenstand jeder weitschauenden Politik und galt, auch und gerade wenn kein unmittelbarer Nutzen damit verbunden war, als Indiz für Wohlstand, Weltläufigkeit, Toleranz. So haben es sich auch die Städte immer angelegen sein lassen, durch die Förderung wissenschaftlicher Ausbildungs- und Forschungsstätten und die Heranziehung hervorragender Gelehrter die institutionellen und personellen Voraussetzungen zu schaffen, unter denen sich Wissenschaft entfalten und weiterentwickeln konnte. „Die Städte" — das waren ebenso das jeweilige Stadtregiment wie einflußreiche Familien, einzelne Bürger, bürgerschaftliche Vereinigungen, immer häufiger auch Firmen und Betriebe.

Gerade die Jahre, in die die Gründung des Deutschen Städtetages fällt, sind auch gekennzeichnet durch eine Vielzahl städtischer Initiativen und Unternehmungen, die weitreichende Bedeutung für die Förderung der Wissenschaften allgemein wie für die Entwicklung einzelner Wissenschaftszweige haben sollten. Nachdem zuletzt im hohen Mittelalter einflußreiche Städte — Köln, Erfurt, Basel, später auch noch Nürnberg — eigene Universitäten gegründet hatten, war seit Reformation und Gegenreformation, erst recht im Zeitalter des Absolutismus die Gründung wissenschaftlicher Hochschulen ausschließlich Sache des Landesfürsten gewesen. Die Städte waren zu arm, auch zu sehr in ihrer rechtlichen und finanziellen Selbständigkeit beschnitten, um aus eigener Kraft derart anspruchsvolle Unternehmen wagen zu können. Erst seit Ende des 18. Jahrhunderts zeichnete sich insofern eine Wende ab, als ein wiedererstarkendes, durch „Besitz und Bildung" ausgezeichnetes Bürgertum den Anstoß gab, daß eine wachsende Zahl wissenschaftlicher, insbesondere naturwissenschaftlicher und „polytechnischer" Gesellschaften gegründet, Institute und Kliniken gestiftet, Vorlesungsreihen eingerichtet wurden, deren Niveau durchaus mit dem der Universitäten konkurrieren konnte, ja sie in den „modernen" Wissenschaften in der Regel übertraf.

Gegen Ende des 19. Jahrhunderts war eine weitere Lücke deutlich geworden, die zu schließen von den bestehenden Universitäten entweder übersehen oder für unter ihrer Würde erachtet wurde. Während für Ärzte, Juristen, Theologen, seit Gründung Technischer Hochschulen sogar für Ingenieure und Techniker eine wissenschaftliche Ausbildung zur Verfügung stand, blieb diese dem „Kaufmannsstande" versagt. Gerade dieser, das konnten die Städte an der Entwicklung ihrer Bevölkerungszahlen, ihrer Gewerbebetriebe und ihrer Steuereinnahmen täglich beobachten, stellte aber die Hauptquelle ihres Wohlstandes und ihres politischen und wirtschaftlichen Einflusses dar. Da an eine Ergänzung der Lehrpläne der vorhandenen, überdies häufig in den wirtschaftlich weniger expansiven kleinen und mittleren Städten angesiedelten Universitäten zunächst nicht zu denken war, die Ausbildung auch stärker an den Bedürfnissen der Praxis orientiert sein sollte, strebte man die Form der Fachhochschule oder, wie es einmal in Anlehnung an die ebenfalls stärker praxisorientierten Realschulen ausgedrückt wurde, der „Real-Hochschule" an. Als solche wurden 1898 die beiden Handelshochschulen in Leipzig und Aachen gegründet, 1901 die in Köln, 1906 die in Berlin; es folgten Mannheim 1908, München 1910, Königsberg 1915, Nürnberg 1920 — alle in kommunaler Trägerschaft. Während in allen diesen Fällen der Ausbildungszweck zunächst im Vordergrund stand, war die ebenfalls bereits 1901 gegründete Akademie für Handels- und Sozialwissenschaften in Frankfurt von vornherein gleichrangig darauf ausgerichtet, die wirtschaftlichen und sozialen Probleme der modernen Großstadt zu erforschen, eine Zielsetzung, die vor allem dem lebenslangen sozialpolitischen Engagement RICHARD MERTONS, des Gründers der Metallgesellschaft, zuzuschreiben war, der sich mit seinem „Institut für Gemeinwohl" mit der Stadt Frankfurt die Kosten teilte. Wenn auch diesen Gründungen im einzelnen recht unterschiedliche

Schicksale beschieden waren, auch die Qualität der Ausbildung recht unterschiedlichen Maßstäben folgte, so haben sie doch in ihrer Gesamtheit dazu beigetragen, daß sich an und aus ihnen eine neue Wissenschaft entwickeln konnte: die Betriebswirtschaftslehre. Eugen Schmalenbach, einer der Begründer der modernen Betriebswissenschaft, lehrte seit 1906 in Köln; RICHARD LAMBERT, ebenfalls einer der Wegbereiter auf diesem Gebiet, war schon 1903 an die Frankfurter Akademie berufen worden. Auch im Bereich der verwaltungswissenschaftlichen Ausbildung haben beide Städte Pionierarbeit geleistet: in Frankfurt wurden bereits 1905 Fortbildungskurse für höhere Verwaltungsbeamte eingerichtet, in Köln wurde 1912, ein Jahr nach einem ersten Versuch in Düsseldorf, als weitere kommunale Einrichtung die Hochschule für Kommunale und Soziale Verwaltung ins Leben gerufen.

Frankfurt und Köln waren es auch, die, wenn auch auf sehr unterschiedlicher geistiger und materieller Grundlage, schon sehr bald weitergehende Vorstellungen entwickelten bzw. wiederaufnahmen. Zahl und Niveau der vorhandenen, aber bislang unverbunden nebeneinanderwirkenden Forschungs- und Ausbildungsstätten — in Frankfurt hatten die Senckenbergschen Institute auf naturwissenschaftlichem und medizinischem Gebiet schon früh Weltruf erlangt, in Köln wirkten seit 1904 die städtischen Kliniken in einer „Akademie für praktische Medizin" zusammen — legten es nahe, sie zu Volluniversitäten auszubauen. Dabei war von vornherein klar, daß es sich nur um staatliche Anstalten handeln konnte — das Preußische Allgemeine Landrecht, dem beide Städte unterworfen waren, ließ keine andere Lösung zu —, daß aber, da man ausdrücklich auf staatliche Zuschüsse verzichtete, der städtische Einfluß in den Kuratorien und anderen Verwaltungsgremien dominieren sollte. Es gereicht der preußischen Kultusverwaltung zur Ehre, daß sie den Städten bei ihren Plänen relativ freie Hand ließ, ebenso wie es den Städten zur Ehre gereicht, daß sie ihren Einfluß nicht auf die inhaltliche Ausrichtung der wissenschaftlichen Arbeit, insbesondere nicht auf die Art der Berufungen ausdehnen wollten.

In beiden Städten waren es hervorragende Oberbürgermeister, die vorhandene Initiativen aufgriffen, eigene entwickelten: in Frankfurt FRANZ ADICKES, in Köln KONRAD ADENAUER; in beiden Städten hatten sie Mitstreiter, die wesentlich die Konzeption der neuen Universitäten bestimmten: ADICKES RICHARD MERTON, ADENAUER den Leiter der Handelshochschule, CHRISTIAN ECKERT. Daneben allerdings gab es gewichtige Unterschiede. Jedenfalls in der Form der Stiftungsuniversität, die sie im Gründungsvertrag von 1912 erhalten hatte, stellte die Universität Frankfurt eine späte Schöpfung des liberalen Bürgertums, nicht zuletzt großer jüdischer Familien dar, die mit ihren Stiftungen und Schenkungen der Universität auch die finanzielle und geistige Unabhängigkeit sicherten. Demgegenüber entstand Köln, obgleich auch dort private Stiftungen einflossen, eher als eine Art Verwaltungsmaßnahme, die der erst 1917 gewählte Oberbürgermeister ADENAUER kurz nach Kriegsende, im März 1919, einer spät informierten und entsprechend unwilligen Stadtverordnetenversammlung abrang — wie überhaupt sowohl in Köln als auch in Frankfurt (als auch in Hamburg, wo die Bürgerschaft 1913 und 1919, kurz bevor ein neugewähltes Parlament sie dann doch beschloß, die Gründung einer Universität abgelehnt hatte) die Zustimmung der Öffentlichkeit keineswegs einhellig war, teilweise sogar erbitterte Fehden entbrannten. Und dies durchaus nicht nur aus finanziellen Gründen. Gerade die Kräfte, die den besonderen, auf die Bedürfnisse von Handel und Gewerbe zugeschnittenen Charakter der Handelshochschulen betont hatten, hielten eine Universität für schlichtweg überflüssig. Rasch ansteigende Studentenzahlen straften derartige Einwände allerdings sehr bald Lügen. Schwierigkeiten ergaben sich jedoch auf anderem Gebiet. Für Frankfurt erwies sich als verhängnisvoll, daß das Vermögen der meisten Stiftungen in der Inflation auf so dürftige Beträge zusammenschmolz, daß die Universität 1924 nur durch gemeinsame Übernahme der Kosten durch die Stadt und den preußischen Staat vor der Schließung bewahrt werden konnte. Auch wenn beide großzügig genug waren, den Stiftungscharakter zunächst nicht anzutasten, so war es doch nur eine Frage der Zeit, daß in Frankfurt wie in Köln selbst eine anteilige Übernahme der Kosten die finanziellen Möglichkeiten der Städte überstieg. Die Universität Köln wurde 1953 durch das Land Nordrhein-Westfalen, die Universität Frankfurt 1961 durch das Land Hessen übernommen.

Trotz ihrer Verschiedenartigkeit und trotz ihrer relativ kurzen Lebensdauer als städtische Gründungen sind beiden Universitäten gewisse Züge gemeinsam, die sie von den traditionellen Landesuniversitäten abhoben und ihnen eine eigenständige Rolle in der deutschen Wissenschaftsgeschichte sicherten: zum einen die Ausrichtung von Lehre und Forschung auf die wirtschaftlichen und sozialen Bedürfnisse und Probleme moderner Industriegesellschaften, die dazu führte, daß in Frankfurt erstmals an einer deutschen Universität eine wirtschafts- und sozialwissenschaftliche Fakultät

HANS KOSCHNICK
Präsident des Deutschen Städtetages
(1971—1977)
Präsident des Senats und Bürgermeister
der Freien Hansestadt Bremen seit 1967.

eingerichtet wurde und daß auch in Köln die Wirtschaftswissenschaftliche Fakultät lange Zeit quantitativ und qualitativ führend war. Zum anderen, daß beide Universitäten bewußt als Großstadtuniversitäten konzipiert — und von den jeweiligen Nachbarn, Bonn im einen, Marburg und Gießen im anderen Falle, auch als solche kritisiert — wurden. Dabei bedeutete Großstadtuniversität weniger, daß sie in großen Städten angesiedelt waren — das war bei Berlin und München, Leipzig und Breslau auch der Fall —, als daß damit ein bildungs-, forschungs- und kulturpolitisches Programm verbunden war: ein Bildungsangebot für die die großstädtische Wirtschaft tragende Bevölkerung, Forschung als Grundlage für die Lösung spezifisch großstädtischer sozialer und wirtschaftlicher Probleme, ein studium generale als idealistisches Gegengewicht gegen die „Einseitigkeit bloß materieller Entwicklung eines großen Gemeinwesens" *(Christian Eckert).* Struktur- und entwicklungspolitische Ziele, die Gewinnung neuer Arbeitsplätze, die Belebung der städtischen Wirtschaft, die Zuwanderung neuer Bevölkerungsschichten, werden dagegen kaum irgendwo genannt; auch die Auswirkungen auf die städtebauliche Entwicklung stehen nicht zur Diskussion. Es war das preußische Kultusministerium, das der Stadt Frankfurt die Auflage machen mußte, vor der Eröffnung der Universität wenigstens die Errichtung der wichtigsten Bauten vertraglich zu sichern.

Während, als nach langer Pause in den letzten beiden Jahrzehnten wieder in rascher Folge neue Universitäten gegründet wurden, die bildungs-, forschungs- und kulturpolitischen Ziele weitgehend von Bund und Ländern vorgegeben wurden, sind es nun gerade struktur- und entwicklungspolitische Gesichtspunkte, die das Interesse der Städte an den Neugründungen bestimmen. Die Aufwertung sogenannter strukturschwacher Regionen war zwar auch ein Anliegen staatlicher Wissenschaftspolitik, die Bereitwilligkeit der Kommunen, bei der Suche nach geeigneten Flächen (für eine Volluniversität immerhin 150 ha) behilflich zu sein, teilweise enorme Erschließungskosten auf sich zu nehmen, zusätzliche Infrastrukturleistungen zu erbringen, notfalls auch die gesamte räumliche Entwicklung der Stadt umzuorientieren — Leistungen, an deren „Rentabilität" selbst der Wissenschaftsrat schon 1960 Zweifel geäußert hatte —, beruhte jedoch ebenfalls auf der Hoffnung, neue Arbeitsplätze, vor allem im tertiären Sektor, zu gewinnen, die Stadt auch als Standort für andere Betriebe aufzuwerten, ihre Attraktivität für ein weiteres Umland zu erhöhen. Welchen Stellenwert die Kultus- und Wissenschaftsverwaltungen der Länder solchen Hoffnungen und Wünschen, die in einer Vielzahl (konkurrierender) Denkschriften niedergelegt wurden, beimaßen, belegt unter anderem die Rede des damaligen Kultusministers Mikat bei der Grundsteinlegung des Aufbau- und Verfügungszentrums der Universität Dortmund im Jahr 1966, der die Festversammlung davon in Kenntnis setzte, „daß Universitäten nicht gegründet werden im Hinblick auf kommunalpolitische Wunschvorstellungen" oder „um den Städten eine Freude zu machen".

Gerade am Beispiel der neuen Hochschulgründungen wird aber auch deutlich, in welchem Ausmaß sich die Städte nun scheinbar oder tatsächlich wissenschaftlich begründeten Gesamtplanungen gegenübersahen, denen sie zunächst in der Tat nicht viel mehr entgegenzusetzen hatten als „Wunschvorstellungen". Waren, wie dies am Beispiel des Landes Nordrhein-Westfalen nachgewiesen worden ist, die ersten Standortentscheidungen, insbesondere die für die Universität Bochum, noch nach einem dezisionistischen Modell verlaufen, dessen Rationalität nachträglich schwer nachzuweisen war, so führten gerade die sich daran entzündenden Proteste dazu, daß die folgenden Standortentscheidungen sorgfältiger vorbereitet und begründet werden mußten. Die umfänglichen wissenschaftlichen Untersuchungen, die fortan entweder selbst durchgeführt oder in Auftrag gegeben wurden, um die Entscheidung für diesen oder jenen Standort zu legitimieren, zwangen die Städte dazu, auch ihrerseits die von ihnen ins Feld geführten Standortqualitäten mit wissenschaftlichen Methoden nachzuweisen. Wollten sich die Kommunen, die sich auch auf anderen Gebieten zunehmend wissenschaftlich untermauerten Fach- und Querschnittsplanungen übergeordneter Instanzen gegenübersahen, überhaupt noch einen eigenen Handlungsspielraum erhalten, so mußten sie versuchen, auch ihre eigenen Planungen wissenschaftlich abzusichern.

Im Prinzip war die Einsicht, daß auch Kommunalpolitik wissenschaftlicher Absicherung bedürfte, keineswegs neu. Wenn ADICKES und MERTON bei den Frankfurter Gründungen der Erforschung der wirtschaftlichen und sozialen Probleme der industriellen Großstadt solches Gewicht eingeräumt hatten, so ja nicht um der reinen Erkenntnis willen, sondern weil die Ergebnisse sozial- und wirtschaftspolitischen Maßnahmen als Grundlage dienen sollten. Auch vorher schon waren, in Frankfurt wie in anderen Großstädten, die bevölkerungs-, sozial- und wohnungsstatistischen Erhebungen der neu gegründeten Statistischen Ämter zur Vorbereitung kommunalpolitischer Entscheidungen herangezogen worden. Überall, wo sich aus der früheren, vor allem auf landesherrliche Interessen bezogenen Kameralwissenschaft eine eigenständige Kommunalwissenschaft zu entwickeln begann, war sie von vornherein vor allem darauf ausgerichtet, „dem praktischen Zwecke wissenschaftlicher Beratung der kommunalen Verwaltungsmänner", wie es im Handwörterbuch der Kommunalwissenschaften 1922 heißt, zu dienen.

Charakteristisch für diese Entwicklung ist — das hatte sich schon bei der Gründung der Handelshochschulen, der Verwaltungshochschulen und der ja ebenfalls mit einer gewissen Stoßrichtung gegen die traditionellen Landesuniversitäten versehenen städtischen Universitäten angedeutet —, daß sie inhaltlich, personell und institutionell entlang der Nahtstellen zwischen Wissenschaft und Praxis, Theorie und Praxis verläuft. Sowohl das seit 1908 zunächst von HUGO LINDEMANN und ALBERT SÜDEKUM herausgegebene „Kommunale Jahrbuch" als auch die allerdings nach einem ersten Versuch 1914/15 wieder eingestellte „Zeitschrift für Kommunalwissenschaft" als auch das 1918—1927 in insgesamt sechs Bänden erschienene erste „Handwörterbuch der Kommunalwissenschaften" enthalten etwa gleichrangig Beiträge aus Wissenschaft und Praxis und sind damit vor allem darauf abgestellt, die Erträge kommunalwissenschaftlicher Forschung ebenso wie die Erfahrungen einer fortgeschrittenen kommunalen Praxis auch den Städten nahezubringen, die sich weder eigene oder Auftragsforschung noch einen differenzierteren Verwaltungsapparat leisten konnten. Die gleiche personelle und inhaltliche Verknüpfung von Wissenschaft und Praxis zeichnet auch das seit 1934 erschienene „Jahrbuch für Kommunalwissenschaft" aus, dessen insgesamt 13 Bände ein weiteres Beispiel dafür bieten, wie nahtlos die Beiträge namhafter Fachwissenschaftler und qualifizierter Verwaltungsbeamter ineinandergreifen und zusammengenommen nahezu das gesamte Spektrum kommunaler Aufgaben und Probleme abdecken können, wenn ein gemeinsamer Erfahrungshintergrund und die Bereitschaft besteht, sowohl die fach- wie die ressortspezifischen Grenzen nicht zu eng zu ziehen.

Die Einsicht, daß die Städte auch auf Dauer nicht ohne institutionalisierte Zusammenarbeit zwischen Wissenschaft und Praxis und ohne laufende Berücksichtigung kommunalwissenschaftlicher Forschungsergebnisse würden auskommen können, hat dazu geführt, daß relativ bald nach dem Kriege — 1951 — unter Mitwirkung des Deutschen Städtetages und des Berliner Senats ein „Verein zur Pflege kommunalwissenschaftlicher Aufgaben" (später „Verein für

Kommunalwissenschaften") gegründet wurde, der im Verlauf der folgenden Jahre insgesamt acht Forschungsstellen unterschiedlicher disziplinärer Ausrichtung errichtete, die auf Anregung und mit Unterstützung zahlreicher Kommunen kommunalwissenschaftliche Forschungsvorhaben durchführten. Aus dem zunächst nur losen Verbund dieser Forschungsstellen ging 1966 das Kommunalwissenschaftliche Forschungszentrum, aus diesem 1973 das Deutsche Institut für Urbanistik hervor. In den gleichen Zusammenhang einer engen Verbindung zwischen Kommunalwissenschaft und kommunaler Praxis gehören das seit 1962 in enger personeller Verflechtung mit dem späteren Kommunalwissenschaftlichen Forschungszentrum herausgegebene „Archiv für Kommunalwissenschaften" und der „Kommunalwissenschaftliche Arbeitskreis", der seit 1956 in 35 Sitzungen jeweils aktuelle kommunalpolitische Themen aufgegriffen und durch Referate und Korreferate von beiden Seiten hat behandeln lassen.

Daneben sind in den gleichen Jahren auch von Einzelstädten — meist im Zusammenhang mit der Vorbereitung der ersten Stadtentwicklungspläne — eine Vielzahl von Initiativen ausgegangen, die über Gutachten- und Forschungsaufträge zum Auf- und Ausbau größerer kommerzieller Stadtforschungsinstitute, bald auch, dies vor allem in den Großstädten, zur Schaffung eigener Forschungskapazitäten führten und die, zumal sie zunehmend auch der Mittelfristigen Finanz- und Investitionsplanung und jeweils besonders aktuellen Fachplanungen zuzuarbeiten hatten, auch die Entwicklung von Theorie und Methodik einer wissenschaftlichen Prognostik entscheidend förderten.

Trotz der scheinbaren Kontinuität der Entwicklung hat — das hat schon das Beispiel der neueren Hochschulgründungen gezeigt — das Zusammenwirken, auch die wechselseitige Abhängigkeit von Kommunalpolitik und Wissenschaft in den letzten Jahrzehnten quantitativ und qualitativ eine neue Dimension gewonnen. Angesichts der existentiellen Bedeutung, die Planungsentscheidungen für die Städte gewannen, angesichts auch der zunehmenden Konkurrenz zwischen den verschiedenen politischen und Verwaltungsebenen wie auch zwischen den Städten selbst, wurden die Fragen an die Wissenschaft drängender, konkreter, wurden Paßgerechtigkeit und unmittelbare Verwertbarkeit der Ergebnisse wichtiger. Dabei zeigte sich, daß die Form, in der wissenschaftliche Leistungen nachgefragt und angeboten wurden, für ihre praktische Verwertbarkeit mindestens ebenso wichtig war wie die Qualität der Ergebnisse, und daß für diese noch keineswegs zufriedenstellende Lösungen gefunden worden waren. Dies beruht zum einen auf Unterschieden in Denkstrukturen und Erwartungshorizonten. Die Wissenschaften denken in der Regel deduktiv. Die für die Lösung einer Aufgabe erforderlichen Hypothesen und Methoden werden aus einem theoretisch-analytischen Bezugsrahmen abgeleitet. Ergebnisse werden häufig in der Wenn-dann-Form angeboten. Die kommunale Praxis denkt eher induktiv. Lösungsbedürftig ist ein zeitlich und örtlich eingegrenztes konkretes Problem. Wenn-dann-Antworten ermöglichen zwar die Aufstellung von Alternativen, sind aber vor allem dann nicht willkommen, wenn der Entscheidungsdruck groß und die Entscheidung kontrovers ist.

Je größer der Entscheidungsdruck und je kontroverser die Entscheidung, desto straffer sind im allgemeinen aber auch die Randbedingungen und Vorgaben, die aus vorangegangenen politischen und planerischen Erklärungen und Entscheidungen vorhanden sind. Ein wissenschaftliches Gutachten, das in einer solchen Situation zu abweichenden Ergebnissen kommt, wird kaum willkommen sein. Mag im Prinzip auch niemand die Unabhängigkeit wissenschaftlicher Lehrmeinungen und Forschungsergebnisse infrage stellen, im Einzelfall kann diese außerordentlich unbequem sein. Andererseits steht mit der Unabhängigkeit auch die Glaubwürdigkeit dieser Lehrmeinungen und Forschungsergebnisse auf dem Spiel, eine Glaubwürdigkeit, auf die die Kommunalpolitik nicht weniger angewiesen ist als die Wissenschaft. Ein guter Teil der Ernüchterung, wenn nicht sogar Skepsis, die nach einer Periode gegenseitiger Annäherung und hochgespannter Erwartungen auf beiden Seiten das Verhältnis von Kommunalpolitik und Wissenschaft heute bestimmen, ist auf dies Dilemma zurückzuführen. Trotzdem führt kein Weg an einem engen Zusammenwirken vorbei. Allerdings werden, wenn derartige Enttäuschungen vermieden werden sollen, kurzfristige Aufträge und ad hoc-Gutachten ersetzt werden müssen durch Formen langfristiger Zusammenarbeit, die sowohl die Themen als auch die Ergebnisse wissenschaftlicher Forschung so frühzeitig in Planungen und Programme einfließen lassen, daß deren sachliche Basis gesichert, Kontroversen und Alternativen beizeiten sichtbar und Art und Ausmaß auch der letztlich nur noch politisch zu fällenden Entscheidungen deutlich werden.

HAN VAN PUTTEN

# Städte in der Dritten Welt

### Die alte Lage

Im Hinblick auf die zu erwartenden Probleme der Städte in den achtziger Jahren vergessen wir allzu leicht die beachtliche Verbesserung der städtischen Lebensqualität in den letzten 75 Jahren. So gab es vor einem dreiviertel Jahrhundert in vielen unserer Wohnhäuser noch keine Wasserleitung, viel weniger eine eigene Toilette. Diese schlechten Wohnverhältnisse waren eine der Hauptursachen der Volkskrankheit Tuberkulose, die unzählige Opfer forderte. Der ehemalige Vorsitzende der IULA, der frühere Bürgermeister von Wien, FELIX SLAVIK, berichtet in seinem Buch *„Wien, am Beispiel einer Stadt"*, daß es im Jahre 1910 in seiner Stadt nicht weniger als 60 000 sogenannte Bettgeher gab, Menschen, die keine eigene Wohnung besaßen, sondern sich mit einer Schlafstelle zufrieden geben mußten. Oftmals wurde ein Bett auch zweimal vermietet, zuerst für einen Tagarbeiter, dann noch einmal für einen Nachtarbeiter.

Vergleicht man die heutige Wohn- und Lebensqualität in deutschen und anderen Städten Westeuropas mit der vor 75 Jahren, so könnte man vielleicht für die nächsten Jahrzehnte in den Städten der Entwicklungsländer eine ebenso schnelle Verbesserung der Verhältnisse erhoffen. Doch es gibt keinen Grund, allzu optimistisch zu sein. Schon allein die Zahl der von der Urbanisierung in der Dritten Welt erfaßten Menschen und das rasche Tempo der Verstädterung lassen kaum einen Vergleich mit der Entwicklung unserer Städte in diesem Jahrhundert zu.

In der Tat ist die Landflucht hinein in die Städte, wie sie sich seit 25 Jahren in den Entwicklungsländern vollzieht, die größte Völkerwanderung der Geschichte. In der Dritten Welt nimmt die Bevölkerung der Städte doppelt so schnell zu wie die Bewohner der ländlichen Gebiete. In den Entwicklungsländern gibt es heute etwa 800 Mill. Stadtbewohner, in 20 Jahren werden es mehr als zwei Milliarden sein.

Bei der Abwanderung der Menschen aus ländlichen Regionen besitzen die größten Städte auch die größte Anziehungskraft. In den Entwicklungsländern gibt es heute etwa 100 Städte mit mehr als 1 Mill. Einwohnern. Im Jahre 2000 werden es vermutlich 300 Städte sein, davon einige riesige Verdichtungsgebiete mit mehr als 15 Mill. Einwohnern. Man nimmt an, daß Mexico City mit schon jetzt mehr als 14 Mill. Einwohnern dann die größte dieser Städte sein wird.

Die Großstädte in den Entwicklungsländern sind allerdings mit denen in den industrialisierten Ländern kaum vergleichbar. Ihr Bild wird zusehends von Slums bestimmt. Der größte Teil der Einwohner ist zu arm, um sich eine menschenwürdige Unterkunft leisten zu können. Das gilt besonders für die Zugewanderten. Untersuchungen haben ergeben, daß die Bevölkerung in den Elendsvierteln zweimal so schnell wächst wie anderswo. Die Zahl der Slum-Bewohner wächst jährlich um 20%. Man kann deshalb nicht ausschließen, daß Ende dieses Jahrhunderts die Hälfte bis drei Viertel der Großstadtbewohner in den Entwicklungsländern in völlig unzureichenden Wohnverhältnissen leben wird.

In den Elendsvierteln sind drei bis acht Personen in einem Zimmer von 2 mal 3 qm untergebracht. Es gibt weder elektrisches Licht, noch Wasserleitung und höchstens hin und wieder eine offene Kanalisation. Oftmals ist nur eine öffentliche Zapfsäule für Wasser vorhanden, nicht selten muß diese für 2000 Personen ausreichen.

Da eine Minderheit der Bevölkerung mit etwa gleichem Lebensstandard wie bei uns neben einer Bevölkerungsmehrheit in ärmlichen Verhältnissen eng beieinanderlebt, sind soziale Spannungen und politische Unruhen zu befürchten.

Bis vor kurzem haben die Regierungen in den meisten Entwicklungsländern der öffentlichen Wohnungsfürsorge und der Stadtentwicklung nur wenig oder gar keine Aufmerksamkeit geschenkt. Nachdem sie ihre Unabhängigkeit erreicht hatten, strebten sie zunächst die Verbesserung der wirtschaftlichen Lage an. Die industrielle Entwicklung erhielt absolute Priorität, und es wurden in den Mehrjahresprogrammen fast keine Mittel für den Wohnungsbau bereitgestellt, weil man das für die Entwicklung des Landes als nicht wesentlich ansah. Man verließ sich darauf, daß die Mehrheit der auf dem Lande lebenden Bevölkerung gewohnt war, selbst oder mit Hilfe der Familie oder Dorfgemeinschaft für Unterkunft zu sorgen. Auch heute noch klagen Arbeitgeber in afrikanischen Städten darüber, daß ihre Arbeiter zeitweilig der Arbeit fernbleiben, weil sie im Dorf beim Bau eines Hauses helfen.

**Neue Erkenntnisse**

Allmählich beginnt sich aber in den Entwicklungsländern die Auffassung durchzusetzen, daß Wohnungsfürsorge eine öffentliche Aufgabe ist. Auch Habitat, die Konferenz der Vereinten Nationen über Menschliche Siedlungen, hat sich 1976 in Vancouver mit diesem Problem befaßt. Eine der ersten Thesen der Konferenz lautete: Pläne für Raumordnung und öffentliche Wohnungsfürsorge in den einzelnen Ländern der Dritten Welt sind wichtige Voraussetzungen für die wirtschaftliche und soziale Entwicklung.

Eine zweite wichtige Erkenntnis von Habitat besteht darin, daß Wohnungsbaupolitik nach dem Vorbild der industrialisierten Welt in den meisten Entwicklungsländern wegen deren wirtschaftlicher Situation nicht möglich ist. Die einzige Chance, die Wohnungssituation zu verbessern, liegt danach in der aktiven Mitarbeit der Bevölkerung selbst. Nur wenn das Volk selbst seine Arbeitskraft, seine technischen Kenntnisse und organisatorischen Fähigkeiten einsetzt, kann es seine Wohnverhältnisse verbessern.

Diese Erkenntnis gewinnt immer mehr an Boden, obwohl auch heute noch verschiedene Regierungen und Städte die Auffassung vertreten, daß Elendsquartiere nicht in das Bild eines modernen Staates passen und darum hinter hohen Zäunen verborgen oder gar von Planierraupen beseitigt werden sollten. Immerhin wird die Lösung des Problems verschiedentlich auch auf konstruktive Weise versucht. Dabei werden folgende beide Methoden angewandt: 1. Es wird Gelände mit einiger Infrastruktur, wie Wasserzapfstellen und befahrbaren Wegen, sowie Baumaterial — teils gegen Bezahlung — zur Verfügung gestellt oder es werden 2. bereits bestehende Elendsviertel mit Hilfe der Bevölkerung durch Wegeausbau und die Anlage von Kanalisation verbessert. Die Praxis hat gezeigt, daß die erste Methode für die Mehrheit der Entwicklungsländer noch zu kostspielig ist.

Um den einzelnen Ländern bei der praktischen Anwendung der 64 Empfehlungen für nationale Aktionen, die von der Habitat-Konferenz beschlossen wurden, behilflich zu sein, haben die Vereinten Nationen aus Vertretern von 58 Mitgliedstaaten eine Kommission gebildet und ein „Zentrum für Menschliche Siedlungen" mit Sitz in Nairobi als Exekutiv-Organ ins Leben gerufen. Dazu wurde ein Arbeitsprogramm aufgestellt, das wie die Resolutionen von Vancouver in sechs Kapitel eingeteilt ist, und zwar in nationale Strategien für: Siedlungen, Planung, Verwaltung, Wohnungen und

Infrastruktur, Bodenpolitik sowie Bürgerbeteiligung. Auf diesen Gebieten fördert das Zentrum Forschung, Ausbildung und Informationsaustausch. Eine wichtige Abteilung des Zentrums besteht aus Sachverständigen, die auf Wunsch der einzelnen Regierungen im Bereich von Siedlungspolitik und -technik Hilfe leisten.

Das Zentrum in Nairobi hat nicht die Absicht, selbst große Wohnungsbauprojekte duchzuführen oder zu finanzieren — die Weltbank ermöglicht letzteres durch Anleihen an die Regierungen —, sondern es versteht sich als Institution, die über Fachkenntnisse verfügt und praktiche Ratschläge auf dem Gebiet des Siedlungswesens und Wohnungsbaus gibt, während die Kommission das Forum für politische Beratung und Empfehlungen hinsichtlich der zu verfolgenden Strategien ist.

**Methoden der Industriestaaten nicht immer günstig für die Städte der Dritten Welt**

Es wäre ein Irrtum, zu glauben, daß alle Kenntnisse auf dem Gebiet der öffentlichen Wohnungsfürsorge in Entwicklungsländern schon vorhanden wären und daß sich das Zentrum in Nairobi darauf beschränken könnte, die Weitergabe von Erfahrungen aus den industrialisierten Ländern an die Entwicklungsländer zu fördern. In letzter Zeit sieht man immer mehr ein, daß eine solche Weitergabe nur von Nutzen ist, wenn sie auf sorgfältig ausgewählten Aufgabengebieten stattfindet. Das undifferenzierte Anwenden von westlichen Methoden und Normen hat im Gegenteil oft behindernd statt fördernd gewirkt. Die Probleme der Entwicklungsländer fordern in vielen Fällen Lösungen, die speziell auf die dortige Situation (u.a. die extreme Armut) zugeschnitten sind und nicht auf Erfahrungen höher entwickelter Länder basieren. Einige Beispiele zeigen, wie sich unsere Beurteilung der Problematik noch immer ändert, aber auch, wie notwendig es ist, das Studium der Lage vor Ort fortzusetzen und die dabei erworbenen Kenntnisse den bei der Verbesserung der Lebensumstände in den Entwicklungsländern Beteiligten an die Hand zu geben.

Sehr bekannt ist die Geschichte über die Stabilitätsnorm für Dächer, die ein Entwicklungsland aus der Kolonialzeit übernommen hatte, und die auf der Tragfähigkeit einer *Schneelast* von sechs Inches basierte. Möglicherweise ist das nur eine Geschichte; jedenfalls ist es nicht sehr wahrscheinlich, daß diese Norm noch immer angewandt wird.

Ähnliches passiert jetzt in einem Entwicklungsland, dessen Regierung vor kurzem neue Bauordnungen erlassen hat. Darin wird u.a. vorgeschrieben, daß den Behörden vor Baubeginn Wohnungsbaupläne zur Genehmigung vorgelegt werden müssen. Auf diese Weise werden Leute, die bisher eigene Häuser aus einheimischem Material und damit mit natürlicher Luftkühlung bauten, heute vom Wohnungsbau ausgeschlossen, weil sie nicht imstande sind, entsprechende technische Zeichnungen herzustellen. Durch diese Neuerungen gingen plötzlich Arbeitskräfte, technische Erfahrung und Möglichkeiten des Energiesparens verloren.

Von den Projekten zur Verbesserung der Lebensumstände in den Elendsvierteln und über die wahrscheinlich realistischste und zweckdienlichste Lösung des Wohnungsproblems in den Städten der Dritten Welt ist bereits gesprochen worden. Allmählich hat man auf diesem Gebiet so viele Erfahrungen gesammelt, daß man die verschiedenen Probleme, die dabei auftreten können, anfängt kennenzulernen. Eins von ihnen betrifft die Grundstückspolitik. Eine Familie, die auf einem Bauplatz eine Wohnung gebaut hat, wird nicht geneigt sein, viel Zeit und Geld für die Verbesserung und Verschönerung ihres Hauses zu investieren, solange sie fürchten muß, jeden Augenblick wieder verjagt zu werden. „Ansiedelungssicherheit" ist daher eine wichtige Bedingung für das Interesse, die Wohnung zu verbessern. Die Erfahrung in zahlreichen Ländern lehrt, daß sich sogar sehr arme Familien, sobald sie diese Sicherheit haben, wesentlich intensiver als zuvor um ihre Wohnung kümmern. Die Garantie dieser Sicherheit, selbst wenn die Behörden dazu einen Beitrag leisten wollen, ist allerdings schwierig. In erster Linie ist es mangels eines sorgfältig geführten Grundbuches nicht immer möglich, den Eigentümer eines bestimmten Grundstückes festzustellen. Besonders die ärmsten Barackenbewohner werden oft verführt, ein Grundstück, das sie als Eigentum erhielten, dem Meistbietenden zu verkaufen, um sich für den Ertrag Lebensmittel zu verschaffen. Der Grunderwerb durch die Gemeinde stößt begreiflicherweise oft auf finanzielle Schwierigkeiten. Nicht wenige der Verantwortlichen sind deshalb der Ansicht, daß eine gründliche Lösung des Problems nur durch eine umfassende Bodenreform zu erreichen ist.

### Slumbewohner und Stadtverwaltung

Die Verbesserung der Elendsquartiere durch Selbsthilfemethoden fordert selbstverständlich eine enge Zusammenarbeit zwischen den

Slumbewohnern und den örtlichen Behörden. Es ist nicht verwunderlich, daß es daran oft mangelt. Die Gemeindevorstände sehen sich nämlich in ihren Plänen für die Entwicklung und Verschönerung ihrer Städte, bei denen die westliche Industriestädte häufig als Vorbild dienen, immer wieder durch den nicht enden wollenden Zuzug armer Landbevölkerung gehindert. Die Zuwanderer, etwa tausend pro Tag, belasten den Arbeitsmarkt, die Wohnungssituation, die Wasserversorgung, den öffentlichen Verkehr, die Schulen und die Fürsorge dermaßen, daß die kommunalen Dienste überfordert werden, die finanziellen Defizite wachsen und der Traum einer schnellen Modernisierung zerrinnt. Unter diesen Umständen ist es erklärlich, daß sich die kommunalen Behörden auf den Standpunkt stellen, das Problem müsse durch staatliche Stellen gelöst werden, indem diese für die Eindämmung der Landflucht sorgen. Dementsprechend ist es auch erklärlich, daß die Stadtverwaltungen die Zuwanderer am Rande der Stadt ihrem Schicksal überlassen.

Immerhin ändert sich diese Haltung langsam. Immer mehr kommt man zu der Auffassung, durch Verbesserung der Lebensumstände in den Dörfern könne die Landflucht nicht wesentlich gebremst werden, und daß man deshalb versuchen sollte, die Zuwanderer in die Städte zu integrieren. Wo die Bereitschaft dazu vorhanden ist, fehlt es allerdings in den meisten Fällen an Sachverstand, dieses Ziel zu erreichen. Raumordner, Stadtplaner und Architekten der Entwicklungsländer haben meistens eine Ausbildung erhalten, die der in den industrialisierten Ländern entspricht. Diese Fachleute stehen demzufolge in ihrer Stadt ganz unvorbereitet den mit der extremen Armut zusammenhängenden Problemen gegenüber. Ein Seminar der Vereinten Nationen zu diesem Thema, das vom 20. bis 30. August 1978 in Enschede (Niederlande) stattfand, empfahl, die Ausbildung dieser Fachleute dergestalt zu revidieren, daß sie sich eng an den tatsächlichen Problemen ihrer künftigen Aufgabengebiete orientieren sollte. Ein eingehendes Studium der aktuellen Probleme und Bedürfnisse in den Elendsvierteln unmittelbar vor Ort sollte ein wesentlicher Bestandteil dieser Ausbildung sein.

Die Mithilfe der Bevölkerung bei der Verbesserung ihrer Wohnungssituation ist, wie gesagt, von wesentlicher Bedeutung. Größe und Qualität entsprechender Selbsthilfeorganisationen, die bei der Lösung der entstehenden Probleme wirksam werden wollen, sind von Land zu Land und von Stadt zu Stadt verschieden. In vielen Fällen wird man ohne die stimulierende Rolle staatlicher Behörden nicht auskommen, die die örtlichen Verwaltungschefs vor allem für

MANFRED ROMMEL
Präsident des Deutschen Städtetages
(1977—1979)
Oberbürgermeister von Stuttgart seit 1975.

eine intensivere Kommunikation zwischen Barackenbewohnern und Stadtverwaltung aufklären und ausbilden müssen. Das ist auch eine wichtige Aufgabe für die nichtstaatlichen Organisationen (NGO's), die auf örtlicher, staatlicher und internationaler Ebene als Wahrer der Interessen der ärmsten Gruppen bei der Organisation von Selbsthilfe und Bürgermitbestimmung eine Schlüsselstellung innehaben.

Bei der Verbesserung der Elendsquartiere werden so viel einheimische Baumaterialien wie möglich verwendet — die Backsteine werden oft von den Bewohnern selbst angefertigt — und entsprechende Technologien angewandt. Dabei werden zahlreiche neue Erkenntnisse gewonnen, deren Nutzung sowohl durch die Selbsthilfegruppen als auch den öffentlichen Dienst noch zu wünschen übrig läßt. Auch auf dem Gebiet der Kanalisation sowie der Abfuhr und Verarbeitung von Abfällen sind Techniken entwickelt worden, die den schwierigen Verhältnissen in den Entwicklungsländern Rechnung tragen. In diesem Zusammenhang muß auch die Energiefrage erwähnt werden. Die Erhöhung des Ölpreises hat von allen Ländern der Welt die nichtölproduzierenden Entwicklungsländer am härtesten getroffen. Der Ersatz von Kerosin durch Holz zu Kochzwecken beschleunigt das Abholzen der Wälder. Die dadurch entstehende Erosion verwandelt landwirtschaftlich genutzte Böden in Wüsten. Auch der Versuch, zur Lösung des Problems die Sonnenenergie zu nutzen, hat bis jetzt noch zu keinem befriedigenden Ergebnis geführt.

Slumbewohner, die im Rahmen der Verbesserungsprojekte ihr eigenes „Haus" erneuern möchten, brauchen oft kleinere Kredite für die Beschaffung von Baumaterialien. Die geringe Höhe der benötigten Summe und das Fehlen eines herkömmlichen Pfandes haben zur Folge, daß sich die Banken für derartige Geschäfte nicht interessieren. Um Wucherern entgehen zu können, benötigen die Kreditsuchenden in steigendem Maße besondere Einrichtungen, die ihre Wünsche befriedigen. Solche Einrichtungen gewähren Darlehen aufgrund persönlicher Bekanntschaft mit dem Kreditnehmer und dessen Rufs in der Nachbarschaft. Die Erfahrung hat gezeigt, daß der Prozentsatz derer, die den Zinszahlungen und Tilgungsverpflichtungen nicht rechtzeitig nachkommen, nicht höher ist als bei Bewohnern in besser situierten Vierteln.

Ob die neu zugezogenen Stadtbewohner endgültig integriert werden können, hängt entscheidend davon ab, ob sie für ihren Unterhalt selbst sorgen können. Die Suche nach Arbeit und Lohn war der wichtigste Grund für die Abwanderung in die Stadt und wichtiger als eine gute Unterkunft. Einer überraschend großen Zahl von Neuankömmlingen gelingt es, ein — wenn auch oft minimales — Einkommen im Dienstleistungsbereich zu erzielen: als Schuhputzer, Parkplatzwächter, Verkäufer selbst zubereiteter Speisen oder als Arbeiter in kleinen Werkstätten, wo nicht selten Abfallstoffe als Grundmaterial dienen. Die Erwartung, daß sich diese Tätigkeiten mit fortschreitender wirtschaftlicher Entwicklung verlieren, hat sich als unzutreffend erwiesen. Sie nehmen sogar an Umfang und Bedeutung zu. Es ist erfreulich, daß die Stadtverwaltungen zunehmend die Bedeutung dieses Dienstleistungssektors erkennen und bei neuen Ordnungsvorschriften Rücksicht auf diese Verdienstmöglichkeiten nehmen. Hier und da wird begonnen, kleinen Gewerbetreibenden bei der Kreditbeschaffung zu helfen. Auch wird für Ausbildungsmöglichkeiten und technische Hilfe gesorgt. Man wird jedoch immer darauf achten müssen, daß Kredite die kleinen Gewerbebetriebe nicht bis zur Unrentabilität belasten.

**Internationale Unterstützung ungenügend**

Diese unvollständige Beschreibung von Problemen, die bei der Verbesserung der Wohn- und Lebensumstände in den Städten der Entwicklungsländer im Vordergrund stehen, zeigt, daß ein ständiges Bedürfnis besteht, Erfahrungen zu sammeln, sie richtig zu werten, an die Entwicklungen anzupassen und dann zu verbreiten. Dies ist die wichtigste Aufgabe des UN-Zentrums für Menschliche Siedlungen in Nairobi. Es ist zu bedauern, daß das Zentrum nicht die finanzielle Unterstützung seitens der Regierungen der Industriestaaten erhält, die es für die Verwirklichung seines Programms benötigt. Dies ist um so betrüblicher, als man bei der Verbesserung der Wohn- und Lebensumstände für die ärmsten Bevölkerungsgruppen mit relativ bescheidenen Mitteln auskommen kann.

Immerhin bemüht sich eine Anzahl privater Organisationen auf den Gebieten Wohnungsbau, Planung, Architektur und Kommunalverwaltung durch Aufklärung über die Lebensumstände in den Entwicklungsländern die öffentliche Meinung für die Arbeit des Zentrums zu gewinnen. Trotz ihrer eigenen Probleme sollten auch die Städte in den wohlhabenden Industrieländern ihren Einfluß in dieser Richtung geltend machen. Die Regierung der Bundesrepublik Deutschland hat in diesem Jahr beschlossen, dem Zentrum in Nairobi 1 Mill. DM zur Verfügung zu stellen.

GERHARD BANNER

# Verwaltungsführung und Verwaltungsleistung in den Städten

## Verwaltungsführung und Politik

Auf der Rollenskala — *Politiker an der Verwaltungsspitze* — *"Politischer Beamter"* — *Beamter* ist der kommunale Wahlbeamte alles zugleich und alles zu seiner Zeit. In Süddeutschland wird er sich häufiger auf der linken Hälfte der Skala bewegen als im Geltungsbereich der „zweigleisigen" Gemeindeordnungen, doch ändert das nichts am Gesamtbild. Ziele und output seiner Tätigkeit sind zu vielgestaltig, als daß er sich eine einfache Identität leisten könnte. Daher ist es auch schwieriger, seine Leistung zu „benoten" als etwa die eines Architekten oder eines Pianisten. Mit „Verwaltungsführung" sind, gefestigtem Sprachgebrauch entsprechend, der Verwaltungschef und die Beigeordneten gemeint. Diese können die Leistung ihrer Verwaltung erheblich beeinflussen. Einigen der wichtigsten Einflußstränge geht die folgende Skizze nach.

Wer zur Verwaltungsführung gehört, kann sich nicht auf eine oder zwei der genannten Rollen spezialisieren. Er muß alle spielen, mithin in Verwaltung und Politik gleichermaßen verwurzelt sein. Sein Erfolgsrezept liegt in der Kombination politischer und administrativer Fähigkeiten. Dies hat zwei Gründe. Erstens: Verwaltungsnotwendigkeiten (z.B. rechtliche oder finanzielle Restriktionen) haben Einfluß auf kommunalpolitische Inhalte. In der Phase der VORBEREITUNG POLITISCHER ENTSCHEIDUNGEN wächst dem Wahlbeamten daher zwangsläufig eine aktive Rolle bei der Politikformulierung zu. Will er Erfolg haben, muß er dafür sorgen, daß die Verwaltungsnotwendigkeiten beachtet und in geeigneter Form politisch umgesetzt werden. Außerdem ist er besser als die in kurzen Wahlperioden denkenden Ratsvertreter geeignet — und daher, so wird man sagen müssen, verpflichtet —, das Langfristelement im politischen Prozeß zur Geltung zu bringen. Zweitens: Politik ist kein freischwebender Willensakt der politischen Vertretung, sie bedarf der Umsetzung durch den Verwaltungsapparat. Eine leistungsfähige, politisch sensible Verwaltung bildet also die unverzichtbare Infrastruktur für erfolgreiche Politik. Daher muß man den Wahlbeamten zum Zweck der wirksamen NACHBEREITUNG POLITISCHER ENTSCHEIDUNGEN für verpflichtet halten, seine Organisation ständig an den höchstmöglichen Leistungsstand heranzuführen.

Der Wahlbeamte braucht also beides, politische und administrative Kompetenz. Allerdings: das „Pferd", das ihn über den politisch-administrativen Parcours trägt, ist seine Verwaltung. Sie ist der Faktor, den er beeinflussen und gestalten kann. Gelingt ihm dies, d.h. füttert, pflegt und trainiert er sein Pferd, ist seine fachliche Erfolgschance gut, und er wird politische Anerkennung erfahren. Je mehr Anerkennung und Vertrauen er bei der Politik genießt, um so freiere Hand hat er umgekehrt bei der Gestaltung seiner Organisation, um so leistungsfähiger kann er sie machen und um so größer wird wiederum sein Erfolg sein. Wenn eine politische Vertretung den Drang spürt, sich ständig mit der laufenden Verwaltung zu befassen, muß die Verwaltungsführung sich fragen, ob sie etwas versäumt hat!

Vor dem Hintergrund dieses Wechselspiels zwischen Politik und Verwaltung muß man die Beziehungen zwischen Verwaltungsführung und Verwaltungsleistung sehen. Ein wichtiges Datum in diesem Zusammenhang ist die Erfahrungstatsache, daß dem Verwaltungschef einer Großstadt höchstens ein Drittel seiner Zeit zur Leitung der Verwaltung zur Verfügung steht. Der Rest verteilt sich auf Politik, Mitgliedschaften, Kontaktpflege und Repräsentation. Auch die Beigeordneten können oft nicht mehr als 50% ihrer Arbeitszeit auf die Leitung ihrer Verwaltungsbereiche verwenden. Der Charakter der Kommunalverwaltung als politische Verwaltung schließt eine wesentliche Erhöhung dieser Anteile aus. Es lohnt also zu fragen, wie die Verwaltungsführungen trotz dieser Zwänge die in ihren Verwaltungen schlummernden Möglichkeiten besser ausschöpfen können.

**Daueraufgabe der Führung: In die Leistungsfähigkeit der Verwaltung investieren**

Im Vordergrund des Führungsinteresses stehen die Sachpolitiken und -programme in den Bereichen Schule, Kultur, Soziales, Gesundheit, Wohnen, Stadterneuerung usw. Der Verwaltungsapparat, der die tägliche Arbeit leistet, „hat" nach weitverbreiteter Meinung „zu funktionieren". Funktioniert er nicht zur Zufriedenheit, wird punktuell reagiert und repariert. In solchen Fällen erweist sich häufig der Verwaltungschef oder der zuständige Beigeordnete als der große Krisenmanager, der den Apparat auf Trab bringt, die Panne nachträglich ausbügelt oder den Schaden begrenzt. Zwar ist Krisenmanagement für die Verwaltungsführung schon deswegen ein zu beherrschendes Pflichtfach, weil Krisen sich nicht ausschließen lassen. Andererseits wird eine Verwaltung nicht allein dadurch leistungsfähiger, daß sie über ein bewährtes Krisenmanagement verfügt. Leistungsfähigkeit ist ein Zustand der ganzen Verwaltung, der sich durch keine noch so brillante Einmannschau ersetzen läßt. Die wichtigste Innenaufgabe einer fähigen Verwaltungsführung besteht darin, systematisch IN DIE LEISTUNGSFÄHIGKEIT DER VERWALTUNG ZU INVESTIEREN.

Die Herstellung von Leistungsfähigkeit ist kein gelegentliches Reparaturproblem, sondern eine laufende Gestaltungsaufgabe ersten Ranges. Wir müssen zu einer POLITIK DER LEISTUNGSFÄHIGKEIT kommen, die in den Augen der Führungen den gleichen Rang einnimmt wie die oben genannten Sachpolitiken und von ihnen ebenso aktiv betrieben wird. Dazu ist es notwendig, gegen die weitverbreitete resignative Auffassung anzukämpfen, Bürokratien seien nun einmal schwerfällig, und mehr als durchschnittliche Leistungen könne man aus ihnen nur ausnahmsweise unter ungeheurem Einsatz von Führungsenergie herausholen.

Die Vorteile einer Politik, die darauf abzielt, die ganze Verwaltung leistungsfähiger zu machen, liegen auf der Hand:

— Die Verwaltung lernt, „mit dem Kopf der Führung zu denken". Sie reagiert auch auf ungewohnte Situationen zunehmend selbständiger, koordinierter, intelligenter.

— Es kommt seltener zu krisenhaften Zuständen. Daher kann Führungsenergie vom Krisenmanagement in die prophylaktische Befähigung der Verwaltung zur Leistung umgelenkt werden: vorarbeiten ist wirksamer als nacharbeiten.

Worin besteht die Leistungsfähigkeit einer Kommunalverwaltung? Es ist sinnvoll, sie dreifach zu definieren:

— SOZIAL: Die Verwaltung muß ihre Leistungen möglichst qualifiziert und bürgerbezogen erbringen.

— POLITISCH: Die Verwaltung muß in der Lage sein, die kommunalpolitischen Vorstellungen sensibel und wirksam umzusetzen.

— In bezug auf die MITARBEITER: Damit diese bereit sind, ihre Arbeitskraft voll in den Dienst der Verwaltungsziele zu stellen, müssen Arbeitsgestaltung und Führung ihren Bedürfnissen ausreichend angepaßt sein.

Eine angelsächsische Kurzformel lautet „management is doing things by people". Das impliziert, daß eine hohe soziale und politische Leistung letztlich nur erreichbar ist, wenn die Verwaltung sich gegenüber ihren Mitarbeitern als leistungsfähig erweist. Das Eingehen auf wichtige Mitarbeiterbedürfnisse ist der Schlüssel zu einer hohen Gesamtleistungsfähigkeit der Verwaltung. Mitarbeiter erwarten von ihrer Arbeit vor allem dreierlei:

— SINN: Die Arbeit muß als sinnvoll erfahren und in den Arbeitszusammenhang der Verwaltung eingeordnet werden können. Dazu gehören ausreichende Informationen sowie Arbeitsziele, die als wichtig empfunden werden.

— KONTAKT: Die Mitarbeiter haben das Bedürfnis, sich als Teil einer Gruppe zu empfinden, in der sie zusammenarbeiten, Einfluß ausüben und Anerkennung erfahren können.

— ENTWICKLUNG: Die Mitarbeiter suchen das Erfolgserlebnis. Dies erfordert Selbständigkeit bei der Arbeitserledigung und eine faire Chance, sich menschlich und beruflich weiterzuentwickeln.

Mit diesen Mitarbeitererwartungen korrespondieren zwei Hauptbedürfnisse der Verwaltung:

— DIE NACHTEILE DER ARBEITSTEILUNG ÜBERWINDEN, damit die Verwaltung einheitlich als EINE Verwaltung handeln kann. Dazu müssen Information, Kommunikation und Zusammenarbeit sichergestellt werden.

— DIE FÄHIGSTEN MITARBEITER IN DIE VERANTWORTLICHEN POSITIONEN BRINGEN. Dazu muß Vorsorge getroffen werden, daß die Mitarbeiter sich entwickeln können und daß bei Auswahlentscheidungen ausschließlich gefragt wird, welche Entscheidung für die Leistungsfähigkeit der Verwaltung die beste ist.

Die Gegenüberstellung zeigt, daß die Hauptbedürfnisse der Mitarbeiter und die der Verwaltung keineswegs unvereinbar sind. Der Versuch, sie zur Deckung zu bringen, wird zwar nie vollständig gelingen. Im Sinne einer Investition in die Leistungsfähigkeit ist er aber notwendig und kann in hohem Maße wirtschaftlich sein, wogegen die Negierung elementarer Mitarbeiterbedürfnisse in jedem Fall zu abnehmender Leistung und Unwirtschaftlichkeit führt. Erfolgsvoraussetzung ist, daß die Verwaltungsspitze eine POLITIK DER LEISTUNGSFÄHIGKEIT als wichtige Führungsaufgabe erkennt und nachdrücklich betreibt. Dazu nachfolgend einige Orientierungshinweise.

## Führungsstrategien zur Investition in die Leistungsfähigkeit

Um zu illustrieren, in welcher Richtung der Führungsbeitrag zur Investition in die Leistungsfähigkeit der Verwaltung gesucht werden kann, wird der Komplex „Leistungsfähigkeit" unter drei Leitthemen beleuchtet, die jeweils eines der zentralen Mitarbeiterbedürfnisse besonders ansprechen: Das Thema „Die richtigen Fragen stellen" korrespondiert vor allem mit der Suche nach Sinnhaftigkeit der Arbeit, das Thema „Die Brücke zur Ämterebene schlagen" mit dem Kontaktbedürfnis und das Thema „Den Mitarbeitern Entwicklungschancen geben" mit dem Streben nach persönlicher Entwicklung. Diese Leitmotive bezeichnen drei Führungsstrategien, die in der Realität vielfältig miteinander verflochten sind und in dieser Skizze nur aus Gründen der Darstellung getrennt angesprochen werden.

### *Die richtigen Fragen stellen*

Verwaltungen nehmen das wichtig, was die Führung erkennbar beschäftigt. Mancher beiläufig hingeworfene Satz des Verwaltungschefs hat im Apparat ungeahnte (und nicht immer beabsichtigte) Aktivitäten ausgelöst. Dabei sind „fragen" und „zuhören" als Einflußmittel wirkungsvoller als „sagen". Die zweckmäßig gestellte Frage ist die wirksamste Methode überhaupt, Entwicklungen zu steuern. Sie erfüllt in der Verwaltung eine ähnliche Rolle wie der Beweisantrag im Gerichtsverfahren. Leider haben wir uns angewöhnt, viel zu sagen und wenig zu fragen.

Will die Führung erreichen, daß die Verwaltung sich intensiver mit ihrer eigenen Leistungsfähigkeit befaßt, muß sie regelmäßig „Leistungsverbesserungsfragen" stellen. Geschieht dies in der Führungskonferenz (Beigeordnetenkonferenz), ist die Wirkung auf die Gesamtverwaltung am stärksten. Themenbereiche, aus denen solche Fragen gestellt werden können, sind: Stand und Qualität der Bürgernähe, der Beziehungen der politischen Vertretung, der Rationalisierung, der Kostenrechnung, der Dienstbesprechungen, der

Mitarbeiterführung, der Fortbildung. Nachdem die Führung hierzu gefragt hat, muß sie sich berichten lassen, Vorschläge anfordern, dafür sorgen, daß die Verwaltung sich informiert (bei anderen Verwaltungen, in Fortbildungsseminaren, bei der Kommunalen Gemeinschaftsstelle für Verwaltungsvereinfachung — KGSt —), zu einem festgesetzten Termin wieder berichten lassen, beharrlich nachfragen usf. Im Gegensatz zur Wirtschaft werden in den Führungskonferenzen der Verwaltung Leistungsverbesserungsthemen selten systematisch behandelt. Geschähe es häufiger, wäre die Steuerungswirkung beachtlich. Gezielte Fragen vermitteln SINN, geben Anlaß zur Diskussion von Zielen und motivieren die Verwaltung zu eigenen geistigen Anstrengungen in die aufgewiesene Richtung.

Darüber hinaus sollte jeder Beigeordnete in seinem Bereich die Kunst, die richtigen Fragen zu stellen, pflegen und dafür sorgen, daß sie auch den nachgeordneten Vorgesetzten zur Gewohnheit wird.

*Die Brücke zur Ämterebene schlagen*

Die Anordnung „Legen Sie mir bitte bis . . . einen Stadtentwicklungsplan vor" wäre sinn- und wirkungslos. Hierarchische Befehle funktionieren hinlänglich in Routineangelegenheiten und im Krisenfall, nicht wenn PROBLEME zu lösen sind. Probleme lassen sich nur in Kommunikation und Zusammenarbeit der Beteiligten bewältigen. Während die Routine unproblematisch und die Krise glücklicherweise die Ausnahme ist, haben die Probleme in der Kommunalverwaltung an Zahl und Komplexität kräftig zugenommen. Damit ist die Sicherung von Kommunikation und Zusammenarbeit zu einer wichtigen Führungsaufgabe geworden. Diese Aufgabe ist in den Großstädten von besonderer Dringlichkeit, weil dort infolge der erhöhten Belastung der Wahlbeamten mit Politik der Abstand zwischen Verwaltungsführung und Ämterebene zum Teil gefährlich groß geworden ist. Mit der Verselbständigung der Ämter wächst deren Zielunsicherheit, was dazu führt, daß es an der Schnittstelle von Verwaltung und Politik zunehmend knirscht und das erforderliche Krisenmanagement auf der Führungsebene immer mehr Kräfte bindet.

Was ist zu tun? Es läßt sich beobachten, daß diejenigen Verwaltungsbereiche besonders dynamisch und erfolgreich sind, deren Leiter die anliegenden Probleme in einem STÄNDIGEN KOMMUNIKA-

GÜNTHER BANTZER
Präsident des Deutschen Städtetages
(1979—1980)
Oberbürgermeister von Kiel (1965—1980).

TIONSPROZESS mit ihren für die Lösung zuständigen und befähigten Mitarbeitern erörtern. Zu dem je nach Problem wechselnden Kreis der Schlüsselfiguren oder „kritischen Mitarbeiter" gehören, wie der Augenschein zeigt, außer den Amtsleitern fast immer weitere Führungskräfte, in vielen Fällen auch Sachbearbeiter. Meist sind die Diskussionen offen, direkt und zielgerichtet. Etikettefragen und Profilierungsstreben spielen keine wahrnehmbare Rolle. Führungsprobleme werden freimütig angesprochen, politische Hintergründe, Verhandlungen der Beigeordnetenkonferenz und andere wichtige Informationen nach allen Richtungen analysiert. Die Gesprächsteilnehmer hören einander zu und zögern nicht, ihre Meinung zu ändern, wenn bessere Argumente vorgebracht werden. Alle sind engagiert bei der Sache und scheinen nur die Lösung des auf der Tagesordnung stehenden Problems im Sinn zu haben. Nur selten endet eine solche Besprechung ergebnislos oder mit einer pessimistischen Note. Ist ein weiterer Gesprächstermin notwendig, wird er in der Sitzung vereinbart. In der Zwischenzeit weiß jeder Teilnehmer, was er zu tun hat, um die Sache voranzutreiben.

Die geschilderte Methode der VERTIKALEN INTEGRATION hat die Wirkung eines Schwungrades, dem der Verwaltungschef oder Beigeordnete so lange Bewegungsenergie zuführt, bis es selbsttätig weiterläuft oder das Problem sich erledigt. Sie ist anderen Methoden der Problemlösung überlegen, denn:

— Die Zielvermittlung und -diskussion gelingt bis ins Detail

— Die volle politische Information erhöht die Chance, daß eine durchsetzbare Lösung gefunden wird

— In der Situation der „Führung zum Anfassen" erhalten die Mitarbeiter direkten Einfluß auf die Entscheidungen. Sie verbessern ihr Urteilsvermögen und ihre Fähigkeit, auch im politischen Bereich umsichtig und verantwortlich zu handeln

— Die Bereitschaft, Informationen spontan dorthin zu bringen, wo sie gebraucht werden, wächst. Die Informationskanäle werden entschlammt

— In der Dichte der persönlichen Kontakte entsteht Vertrauen. Anerkennung wird in der Gruppe erfahren und braucht nicht im illoyalen Ausplaudern von Informationen gesucht zu werden.

Führungskräfte, die dieser Methode folgen, sehen unbewußt in der WIRKUNG DER EIGENEN PERSON ihr wichtigstes Arbeitsinstrument. Sie wissen, wann Briefkopf und Unterschrift nicht mehr ausreichen und der pesönliche Einsatz gefordert ist. Sie helfen, indem sie sich helfen lassen und vermehren so ihren Einfluß auf die Ereignisse.

Die Methode der vertikalen Integration hat in der Verwaltung an Boden gewonnen, weil sie offenbar einer wachsenden Notwendigkeit entspricht. Man darf jedoch nicht verkennen, daß der geschilderte Besprechungstyp sich an einem extrem INTEGRATIVEN MODELL orientiert und eine Idealform darstellt. Am anderen Ende der Skala steht das von Rivalität und Auseinandersetzung geprägte ANTAGONISTISCHE MODELL, das gewiß ebenso häufig vorkommt, wobei in der Praxis Mischformen dominieren. Die Frage liegt nahe, ob und wie die Methode der vertikalen Integration da, wo sie funktional ist, d.h. im Bereich der Problemlösung, sich allgemein wird durchsetzen können.

Vom Max Weberschen Modell der Verwaltung als unpersönlichsachbezogener VollzugsMASCHINE geprägt, trauen wir insgeheim der Regelungskraft einer Dienstanweisung mehr zu als der Überzeugungskraft einer Person. Gibt es Probleme im Bereich der Zusammenarbeit, geht unser Reflex dahin, sie mit organisatorischen Mitteln und nicht durch bessere Führung zu lösen. Aus der richtigen Einsicht, daß menschliche Beziehungen nicht regelbar sind, folgern wir zu Unrecht, sie seien nicht beeinflußbar. Hält man das Prinzip des Gegeneinander in der Verwaltung erst einmal für gottgegeben, ist das Spiel verloren, bevor es angefangen hat.

Eine andere Wirklichkeit sieht so aus: Für Führungskräfte, die sich voll engagieren, sind die sozialen Beziehungen weithin gestaltbar. Jeder von uns hat wahrscheinlich dutzendfach beobachtet, wie ein neuer Vorgesetzter einen blockierten, verkrampften und sterilen Verwaltungsbereich gelockert und dynamisiert hat — und umgekehrt. Solchen Anstrengungen kommt zustatten, daß Offenheit und Dynamik ihre eigene stabilisierende Suggestivität enwickeln: Eine Organisationseinheit, die durch sie erfolgreich geworden ist, wird den erreichten Standard gegen Gängelungs- und Bürokratisierungstendenzen verteidigen. Die Verwaltungsführungen haben die Chance, das Gesetz des Handelns im Bereich der menschlichen Beziehungen zurückzugewinnen und ihre Verwaltungen zur Zusammenarbeit und Leistung zu führen, wenn sie sich ihrer vergessenen Kraft zur Integration erinnern.

Ebenso wichtig wie die Integration der einzelnen Fachbereiche ist die Zusammenarbeit zwischen den Fachbereichen. Hier haben sich gemeinsame Klausurveranstaltungen der Verwaltungsführung mit den Amtsleitern bewährt. Auf solchen Tagungen können Fragen der Leistungsfähigkeit der Verwaltung aufbereitet und diskutiert und Folgeaktivitäten vereinbart werden. Klausurtagungen eignen sich auch zur aktuellen Information über wichtige Angelegenheiten. In Einzelfällen sind sich großstädtische Amtsleiter bei solcher Gelegenheit erstmals persönlich begegnet! Wenn die Spitzenmitarbeiter der Verwaltung sich bei derartigen Veranstaltungen näher kennenlernen, ist die Grundlage für eine bessere dienstliche Zusammenarbeit gelegt und der Hauptzweck erreicht. Die Klausurtagungen sollten regelmäßig ein- bis zweimal jährlich an zwei Tagen in einer vom Tagesgeschehen abgeschirmten Umgebung stattfinden.

In einigen USA-Städten haben die Amtsleiter für einen befristeten Zeitraum ihre Stellen in direktem Tausch oder im Ringtausch gewechselt. Die Auswirkungen auf die Zusammenarbeit zwischen den Fachbereichen werden sehr positiv bewertet. Eine etwas höhere Dosis Mobilität könnte auch in unserer Verwaltung Wunder wirken.

*Den Mitarbeitern Entwicklungschancen geben*

Engagierte, leistungsbereite Mitarbeiter gibt es auf allen Verwaltungsebenen, oben allerdings häufiger als unten. Diese Mitarbeiter haben Freude an der Arbeit, üben Selbstkontrolle und sind nur in geringem Maße auf steuernde Aktivitäten ihrer Vorgesetzten angewiesen. Sie erklären das damit, daß ihre Arbeit inhaltlich und wegen der damit verbundenen Einflußchancen für sie interessant und anregend ist. Es muß das Ziel der Verwaltungsführung sein, diesen Zustand der Arbeitszufriedenheit und Leistungsbereitschaft auf eine möglichst große Zahl von Mitarbeitern auszudehnen. Zu diesem Zweck muß die Verwaltungsführung alles tun, um das IN DER ARBEIT SELBST LIEGENDE MOTIVATIONSPOTENTIAL stärker zu nutzen. Dies ist um so notwendiger, als die in der Verwaltung als Normalfall geltende Anerkennung, die Beförderung, auch in Zukunft ein seltenes Gut sein wird.

Zwar werden auch in Zukunft die Tätigkeiten unten tendenziell inhaltlich enger und weniger anregend sein als oben. Dennoch muß mehr darüber nachgedacht werden, Tätigkeiten in den unteren Rängen der Verwaltung inhaltlich zu verbreitern (job enlargement), um eine Unterforderung talentierter Mitarbeiter zu vermeiden. Die hier liegenden Möglichkeiten sind noch nicht ausgeschöpft. Zentraler ist die Kritik vieler befähigter Mitarbeiter an einer anderen Art von Spezialisierung: der zu starken Betonung der Trennungslinie zwischen oben und unten, Disposition und Vollzug, Denken und Handeln. Dieser überschießende Teil vertikaler Spezialisierung wirkt auf gutausgebildete, anspruchsvolle Mitarbeiter isolierend und entfremdend und führt zu einem Leistungsverlust. Die Verwaltungsführung kann, bei sich selbst beginnend, gegensteuern, indem sie die vertikale Arbeitsbereicherung (job enrichment) durch folgende Maßnahmen bewußt fördert:

— Stärkere gegenseitige Beeinflussung von Mitarbeitern und Vorgesetzten durch mehr Gespräche über dienstliche Angelegenheiten

— Vereinbarung von Arbeitszielen

— Ständige zwanglose Diskussion von Verbesserungsmöglichkeiten

— Schrittweise Delegation von Entscheidungsbefugnissen an Mitarbeiter, die zu größerer Verantwortung fähig und bereit sind

— Problemlösung in teilautonomen Gruppen

— Förderung interdisziplinärer Zusammenarbeit und in gewissem Umfang auch „fachfremder" Tätigkeiten

— Qualifizierung der Mitarbeiter im Bereich der Klienten- und Bürgerberatung.

Mit der Nutzung dieser auf die Person der Vorgesetzten und Mitarbeiter bezogenen Entwicklungsmöglichkeiten trüge die Verwaltungsführung zugleich dazu bei, den heute vielfach BLOCKIERTEN UND BÜROKRATISIERTEN FÜHRUNGSPROZESS wieder voll für die Verwaltung verfügbar zu machen.

Eine kohärente PERSONALPOLITIK DER ÖFFENTLICHEN VERWALTUNG wäre geeignet, die aufgezeigten, mehr individuellen Bemühungen um die Entwicklung des menschlichen Potentials der Verwaltung strukturell zu stützen. Leider gibt es heute noch keine solche Politik. In ihr käme der Entwicklung und Auswahl der Führungskräfte zentrale Bedeutung zu. Die Personalpolitik muß den Mitarbeitern die Möglichkeit geben, bei Eignung allmählich in verantwortliche Positionen hineinzuwachsen. Zu Vorgesetzten dürfen nur solche Mitarbeiter ernannt werden, von denen erwartet werden kann, daß sie die notwendige Integrationsleistung erbringen werden. Die Möglichkeiten, eine aktive Personalpolitik zu entwickeln und die

Rolle, die den Verwaltungsführungen dabei zukommt, wurden an anderer Stelle beschrieben *(G. Banner, Personal- und Organisationspolitik — Was geschieht ohne Dienstrechtsreform?, Sonderdruck MittKGSt, November 1980).*

*Vorteile der drei Führungsstrategien*

Die drei ausgewählten Führungsstrategien zur Investition in die Leistungsfähigkeit der Verwaltung, die hier nur skizzenhaft umrissen werden konnten, weisen in ihrer Kombination folgende Vorteile auf:

— Sie fördern die Leistungsfähigkeit der Verwaltung unmittelbar

— Die Verwaltungsführung braucht nicht alles auf einmal zu tun, aber sie kann täglich etwas tun

— Sie verstärken sich gegenseitig

— Die größere Nähe von Verwaltungsführung und Ämtern wirkt dynamisierend

— Die Verwaltungsführung braucht keine zusätzliche Zeit aufzuwenden; dem Mehr an Planung und persönlichen Kontakten entspricht ein Weniger an Krisenmanagement

— Im Gegensatz zu anderen Programmen kostet dieses Programm nichts.

Voraussetzung ist, daß die Führung ihr Eigeninteresse, in die Leistungsfähigkeit der Verwaltung zu investieren, erkennt und beharrlich verfolgt.


## KGSt und Verwaltungsführung

Die vorstehenden Überlegungen zielen darauf ab, bei den Verwaltungsführungen ein stärkeres Interesse für die Zusammenhänge zwischen Führung und Leistung in Verwaltungen zu wecken und sie anzuregen, die ihnen zu Gebote stehenden Möglichkeiten zur Investition in die Leistungsfähigkeit konsequent zu nutzen — durchaus auch im Interesse des eigenen Arbeitserfolgs. Die KGSt wird das Feld „Führung und Leistung" weiter beackern mit dem Ziel, schrittweise einen Bestand an konkreten, operationalen Empfehlungen zu erarbeiten. Dabei erweist sich als hinderlich, daß es uns an Wissen zum Phänomen Führung fehlt. Die Vorstellungen erfahrener Führungspraktiker über das, was sie täglich tun, sind i.d.R. zu bruchstückhaft, persönlich und anekdotisch, als daß sie in einer auch für andere hilfreichen Form vermittelt werden könnten. Die Wissenschaft umgeht das Thema fast völlig. Das liegt daran, daß Wissenschaftler nur schwer an Führungskräfte herankommen und führende Praktiker, auf deren Erfahrungen es besonders ankäme, nicht die Zeit haben, über ihre Arbeit systematisch nachzudenken, zu reden oder gar zu schreiben. Eine neuere Richtung will die Betriebswirtschaftslehre, um sie praxisnäher zu machen, zu einer Lehre von der Führung von Unternehmungen weiterentwickeln. Analog dazu ließe sich der Einfluß der Verwaltungswissenschaft auf die Verwaltungspraxis steigern, wenn diese Disziplin als Lehre von der Führung öffentlicher Verwaltungen angelegt würde. Eine solche Entwicklung ist mittelfristig nicht in Sicht. Der KGSt fällt bei dieser Sachlage eine wichtige Anregungs- und Vermittlungsaufgabe zu.

Vor allem muß der Versuchung widerstanden werden, Führung von der Ämterebene her zu erklären, nur weil wir über diese mehr wissen. Führung ist etwas anderes als Sachbearbeitung. Sie ist auch nicht „gesteigerte Sachbearbeitung". Der Sachbearbeiter fragt: Wie mache ich das richtig? Dagegen lautet die Frage der Führung: Wie erreiche ich, daß das Richtige gemacht wird? Zur Beantwortung der zweiten Frage bedarf es weniger der Beherrschung von Techniken als der Einsicht in soziale und politische Steuerungszusammenhänge und der Fähigkeit, aus ihnen Durchsetzungsstrategien zu entwickeln. Außerdem gehört zur Führung ein Schuß Kunst, was aus modischen Gründen gern heruntergespielt wird.

Deutlicher als in der Vergangenheit zeigt sich heute, daß die Qualität der Führung der kritische Faktor für die Leistungshöhe einer Verwaltung ist. Der Wirkungsgrad der herkömmlichen, auf die Ämterebene angesetzten organisatorischen Bemühungen zur Leistungsverbesserung hat in den letzten Jahren nachgelassen. Unter dem Einfluß von Personalvertretung und unmittelbarer Politikberührung ist die sachlich-heile Welt der Ämter pluralistischer und schwieriger geworden. In Zukunft müssen die Energien der Ämter- und der Führungsebene stärker gebündelt werden, wenn bei der Verbesserung der Verwaltungsleistung mehr als marginale Erfolge erzielt werden sollen.

Für die Arbeit der KGSt wird die Verwaltungsführung daher immer wichtiger. Die zentralen KGSt-Empfehlungen erweisen sich zunehmend nur noch dann als umsetzbar, wenn die Führung sich engagiert. Da dieses Engagement nicht mit Appellen zu erzeugen ist, hängt viel davon ab, ob es der KGSt gelingt, die Führungsbedeutung ihrer Empfehlungen überzeugend nachzuweisen. Die KGSt wird demnächst bei wichtigen Gutachten und Berichten besondere STRATEGISCH-TAKTISCHE EMPFEHLUNGEN AN DIE VERWALTUNGSFÜHRUNG richten. Wegen der Begrenztheit unseres Wissens von der Welt der Führung ist das ein schwieriges Unterfangen, das nur nach und nach Erfolg haben kann.

Neben der Ergänzung der gewohnten Ämterempfehlungen um Führungsempfehlungen wird die KGSt zunehmend FÜHRUNGSWICHTIGE THEMEN zum Gegenstand ihrer Untersuchungen machen. Bei der Themenauswahl wird sie sich davon leiten lassen, daß die verwaltungsinternen Probleme noch am leichtesten lösbar sind, während die eigentlichen Schwierigkeiten an den Schnittstellen zwischen dem kommunalen Verwaltungsapparat und Faktoren seiner näheren und weiteren Umwelt liegen. Verwaltung — Bürger, Verwaltung — Politik, Verwaltung — Beteiligungen, Verwaltung — Personalvertretung sind Beispiele für derartige Schnittstellen.

Schließlich ist die KGSt dabei, ein FÜHRUNGSKRÄFTESEMINAR für Verwaltungschefs und Beigeordnete zu konzipieren. Es soll den interessierten Verwaltungsführungen Gelegenheit zu systematischem Erfahrungsaustausch und zur gemeinsamen Entwicklung von Strategien zur Leistungsverbesserung geben.

Wenn neben dem Fachpersonal der Ämter auch in Zukunft kommunale Spitzenkräfte bereit sind, ihre Erfahrungen in die KGSt-Arbeit einzubringen, können wir auch unter schwieriger gewordenen Bedingungen mit Erfolgen rechnen.

Dr. Dr. h. c. Peter van Aubel
\* 5. Juni 1894 † 10. April 1964
Geschäftsführendes Präsidialmitglied des Deutschen Städtetages
(1945—1951)
Vorsitzender des Vorstandes der Wirtschaftsberatung AG (1931—1960).

JAKOB BERGER

# Die Kommunen als Arbeitgeber

## Die Anfänge

Die Bedeutung der Kommunen als Arbeitgeber hat seit etwa der Mitte des vorigen Jahrhunderts kontinuierlich in dem Maße und in dem Umfang zugenommen, in dem sich die Aufgaben der Verwaltung und der Daseinsvorsorge ausgedehnt haben. Je umfangreicher und vielfältiger die kommunalen Aufgaben — insbesondere seit dem Ende des Ersten Weltkrieges — wurden, desto mehr Angestellte und Arbeiter mußten in den Gemeinden und ihren Betrieben neben den Beamten beschäftigt werden. Dieser Wandel der Personalstruktur hat sich bis 1918 nur allmählich vollzogen und kaum größere Probleme aufgeworfen. Wie das Beamtenverhältnis wurde von den Bürgern, aber auch von den kommunalen Arbeitnehmern das Arbeitsverhältnis des öffentlichen Dienstes als ein besonderes, dem in der Privatwirtschaft nicht ohne weiteres vergleichbares empfunden. Nur so ist es zu verstehen, daß die Arbeitsbedingungen der Arbeitnehmer der Gemeinden bis Ende 1918 durch — man muß sich das heute einmal vorstellen — EINSEITIGE Verwaltungsverfügungen geregelt werden konnten. Das ist um so erstaunlicher, als es für die Privatwirtschaft schon lange vor dem Ersten Weltkrieg in großem Umfang Tarifverträge gab.

Für die Gemeinden änderte sich die Lage nach dem Ende des Ersten Weltkrieges schlagartig. Im November 1919 empfahl der „Rat der Volksbeauftragten", also der damalige Inhaber der Regierungsgewalt, den kommunalen Betrieben, künftig Tarifverträge abzuschließen. Diese Empfehlung sowie die Verordnung über Tarifverträge vom 23. Dezember 1918 konfrontierten auch die kommunalen Körperschaften mit der Notwendigkeit, Tarifverträge schließen zu müssen. Die Tarifverhandlungen wurden, da es keine kommunale Arbeitgeberorganisation gab, örtlich geführt. Wegen der Stellung der Gewerkschaften, die aufgrund der Zeitumstände vielfältige Forderungen erheben mußten, und der mangelnden Erfahrung im Führen von Tarifverhandlungen kamen die Kommunen den Gewerkschaften gegenüber hoffnungslos ins Hintertreffen.

Dies veranlaßte die damaligen Spitzenorganisationen — Städtetag, Landkreistag, Reichsstädtebund, Landgemeindetag —, zunächst ihren Mitgliedern bei Tarifverhandlungen mit Rat und Tat zur Seite zu stehen. Den Abschluß von Tarifverträgen konnten diese Verbände aus rechtlichen Gründen jedoch nicht selbst übernehmen; denn sie waren keine „Vereinigungen von Arbeitgebern" im Sinne des § 1 der Tarifvertrags-VO vom 23. Dezember 1918. Als sich gleichwohl die Situation der Kommunen kaum besserte, vereinbarte der damalige Deutsche Städtetag mit den zuständigen Gewerkschaften am 5. Februar 1919 eine Reihe von „Leitsätzen" für die örtlichen Tarifverhandlungen. Diese wurden zusammen mit „Grundsätzen für die Errichtung eines gemeindlichen Zentralausschusses" als „Richtlinien für Tarifverträge zwischen Stadtgemeinden und städtischen Arbeitern" bekanntgegeben. Da die „Richtlinien" keinerlei Bindung enthielten und die Verwaltungen, die in ihren — meist politisch zerstrittenen — Gremien kaum eine Stütze hatten, überzogenen Forderungen der Gewerkschaften im allgemeinen machtlos gegenüberstanden, führten die örtlichen Verhandlungen zu schweren finanziellen Belastungen, durch die auch andere Körperschaften präjudiziert wurden. Daher wurde zunehmend gefordert, den gut organisierten Gewerkschaften eine starke kommunale Arbeitgeberorganisation gegenüberzustellen.

**Die Entwicklung von 1919 bis 1933**

Nachdem im Laufe des Jahres 1919 zunächst unabhängig voneinander in vielen Teilen des Reichsgebietes kommunale (Bezirks-) Arbeitgeberverbände entstanden waren (z.B. in Rheinland-Westfalen, im Freistaat Sachsen, im Regierungsbezirk Magdeburg, in der Provinz Hessen-Nassau, in Oberschlesien und in Ostpreußen), schlug der Deutsche Städtetag im Einvernehmen mit den anderen kommunalen Spitzenverbänden vor, das ganze Reichsgebiet mit einem lückenlosen Netz kommunaler Arbeitgeberverbände zu überziehen und als Zentralverband einen besonderen Arbeitgeberverband der Gemeinden zu schaffen. Nach den Erfahrungen mit den „Richtlinien" und den örtlichen Tarifverträgen wurde diese Anregung sehr rasch in allen Bereichen aufgegriffen. Schon am 8. Mai 1920 konnte in Berlin der „Arbeitgeberverband Deutscher Gemeinden und Kommunalverbände" als Spitzenverband gegründet werden. Er erhielt später den Namen „Reichsarbeitgeberverband Deutscher Gemeinden und Kommunalverbände".

Bereits 1923 hatten sich in allen Ländern und preußischen Provinzen kommunale Landes- bzw. Provinzialarbeitgeberverbände — insgesamt 26 — gebildet. Sie alle gehörten zusammen mit den drei als Sonderbezirke aufgenommenen Städten Berlin, Breslau und Köln dem Reichsarbeitgeberverband an. Damit war eine kommunale SONDERSPITZENORGANISATION entstanden, in der die als Arbeitgeber vereinigten deutschen kommunalen Verwaltungen und Betriebe jeder Art und Größe zusammengefaßt waren.

Nach einer sehr gedeihlichen Entwicklung wurde der Reichsarbeitgeberverband Deutscher Gemeinden und Kommunalverbände ebenso wie alle anderen Arbeitgeberverbände Ende 1933 durch die Nationalsozialisten aufgelöst.

**Der Neubeginn nach 1945**

Durch das Kontrollratsgesetz Nr. 56 wurde das „Gesetz zur Ordnung der Nationalen Arbeit" aufgehoben. Damit ist der Abschluß frei vereinbarter Tarifverträge in der freien Wirtschaft und auch für den kommunalen Bereich wieder möglich geworden. Dies führte in Anknüpfung an die vor 1933 bestehende kommunale Arbeitgeberorganisation sehr bald zur Entstehung von kommunalen Arbeitgeberverbänden auf Landesebene. Nach einer ersten Konsolidierung der Verhältnisse wurde es als notwendig erkannt, im Interesse der Einheitlichkeit der Tarifpolitik die kommunalen Arbeitgeberverbände in einer gemeinsamen Spitze auf Bundesebene zusammenzufassen. Deshalb wurde am 12. Mai 1949 die Vereinigung der kommunalen Arbeitgeberverbände (VKA) e.V. gegründet. Damit hat man sich also auch nach 1945 wieder entschlossen, eine den Bereich aller kommunalen Spitzenverbände umfassende SONDERSPITZENORGANISATION zu schaffen. Sie hat die Aufgabe, als Spitzenorganisation im Sinne des Tarifvertragsgesetzes die gemeinsamen Angelegenheiten der auf Landesebene bestehenden kommunalen Arbeitgeberverbände und der diesen angeschlossenen Arbeitgeber auf tarif-, arbeits- und sozialrechtlichem Gebiet gegenüber Gewerkschaften, staatlichen Stellen und anderen Organisationen zu vertreten. Die VKA ist somit zuständig für die Angelegenheiten der Angestellten und Arbeiter (einschließlich der entsprechenden Auszubildenden), soweit es sich um die Erledigung von Arbeitgeberaufgaben und der damit zusammenhängenden Fragen handelt. Nicht in ihre Zuständigkeit fällt die Wahrnehmung von Aufgaben der Kommunen als Dienstherren von Beamten. Insoweit werden die kommunalen Spitzenverbände tätig. Der VKA gehören als Mitglieder die in den Bundesländern — ausgenommen Bremen — bestehenden zehn kommunalen Arbeitgeberverbände an. Mitglieder dieser Arbeitgeberverbände sind Städte, Gemeinden, Landkreise und sonstige kommunale Gebietskörperschaften, Anstalten und Stiftungen jeder Art und Größe sowie rechtlich selbständige kommunale Betriebe, Krankenhäuser, Sparkassen und andere dem kommunalen Bereich zuzuordnende Arbeitgeber. Bei diesen Arbeitgebern waren im Juni 1979 etwa 1,3 Mill. Arbeitnehmer beschäftigt, für die 1980 eine Lohnsumme von etwa 45 Mrd. DM aufgewendet werden muß.

Hauptaufgabe der VKA und ihrer Mitgliedverbände ist es, die erforderlichen Tarifverträge mit den für den öffentlichen Dienst zuständigen Gewerkschaften abzuschließen. Dabei hat sich die Zuständigkeitsverteilung so entwickelt, daß das Tarifrecht der Angestellten und Arbeiter im wesentlichen in bundesweit geltenden VKA-Tarifverträgen festgelegt ist. Daneben gibt es aber auch, insbesondere für die Arbeiter, ergänzendes bezirkliches Tarifrecht, das die Mitgliedverbände der VKA vereinbaren.

**Die VKA und die kommunalen Spitzenverbände**

Bei der Erfüllung ihrer Aufgaben arbeitet die VKA eng mit den kommunalen Spitzenverbänden zusammen. Der Deutsche Städtetag, der Deutsche Landkreistag und der Deutsche Städte- und Gemeindebund entsenden je einen Vertreter in die Mitgliederversammlung der VKA, die im übrigen aus den Vertretern der Mitgliedverbände besteht. Außerdem ist die Bundesvereinigung der kommunalen Spitzenverbände im Präsidium der VKA vertreten. Viele Persönlichkeiten des kommunalen Bereichs, die in den Gremien der VKA tätig sind, arbeiten auch in den kommunalen Spitzenverbänden mit. Die Zusammenarbeit mit diesen ist ausgezeichnet und unbürokratisch und deshalb auch reibungslos. Die gegenseitigen Zuständigkeiten sind klar abgegrenzt und werden beachtet. Dadurch werden Doppelarbeit und Reibungsverluste vermieden. Wegen der immer enger werdenden rechtlichen und faktischen Zusammenhänge zwischen dem Arbeitnehmerrecht und dem Recht der Beamten sowie wegen der großen und weiter wachsenden finanzwirtschaftlichen Bedeutung der Personalkosten ist die Beibehaltung und Intensivierung dieser im kommunalen Gesamtinteresse liegenden Zusammenarbeit selbstverständlich.

Die Tätigkeit der VKA unterscheidet sich von der der kommunalen Spitzenverbände nicht unwesentlich. Diese werden empfehlend, beratend, begutachtend und interessenwahrend tätig. Die VKA dagegen schafft durch den Abschluß von Tarifverträgen materielles Recht, das für die ihr angeschlossenen kommunalen Arbeitgeber wie Gesetzesrecht bindend ist. Das Tarifrecht der VKA schlägt jeweils unmittelbar personalpolitisch und finanziell durch. Dies und die Tatsache, daß es einerseits sehr schwierig ist, für die vielschichtigen kommunalen Bereiche immer allseits befriedigende Lösungen zu finden, und daß andererseits Trarifverträge jeweils Kompromißregelungen sind, führt dazu, daß die VKA zwangsläufig vielfältiger Kritik ausgesetzt ist. So ist es nicht ungewöhnlich, daß ihr — sie hat ja die Eigenschaft des „öffentlichen Arbeitgebers" und ist schon deshalb kritikwürdig — von der Öffentlichkeit der Vorwurf unangemessener Großzügigkeit im Umgang mit Steuergeldern gemacht wird, sie aber gleichzeitig von den Gewerkschaften und nicht selten auch in kommunalen Gremien wegen ihres angeblich mangelnden sozialen Verständnisses gescholten wird. Immer bleibt nur der Trost, daß es, wie es auch gemacht wurde, doch offenbar immer falsch war.

## Zusammenarbeit der VKA mit dem Bund und den Ländern

Die Erfüllung der Arbeitgeberaufgaben des Bundes obliegt dem Bundesminister des Innern. Die Länder haben sich seit 1949 in der Tarifgemeinschaft deutscher Länder (TdL) eine für alle Länder zuständige eigene Arbeitgeberorganisation geschaffen. Die VKA arbeitet mit beiden in allen wesentlichen Fragen eng und kooperativ zusammen. Diese allerdings nicht institutionalisierte Zusammenarbeit hat sich nach übereinstimmender Ansicht für den Bund, die TdL und die VKA gut bewährt; denn die drei „öffentlichen Arbeitgeber" haben dadurch, insbesondere den Gewerkschaften gegenüber, zwangsläufig ein größeres Gewicht. Gegenseitige Präjudizierungen werden vermieden. Hinzu kommt, daß die öffentlichen Arbeitgeber innerhalb der Gesamtwirtschaft eine zunehmende Bedeutung bekommen haben. Das erfordert, daß sie bereit und in der Lage sind, die ihnen als Tarifpartner zukommende gesamtwirtschaftliche und gesamtpolitische Verantwortung zu tragen. Das ist aber sinnvoll nur dann möglich, wenn sie gemeinsam und solidarisch auftreten und handeln können. Die freiwillige Zusammenarbeit mit Bund und Ländern führt jedoch nicht, wie es gelegentlich behauptet wird und nach außen vielleicht manchmal auch den Anschein hat, dazu, daß die kommunalen Interesen und das Gewicht der Kommunen als Arbeitgeber in den gemeinsam geführten Tarifverhandlungen nicht zum Zuge kommen können. Jeder, der aus eigenem Erleben den Ablauf der mit Tarifverhandlungen verbundenen internen Abstimmungen zwischen dem Bund, der TdL und der VKA kennt, wird bestätigen, daß sich die in den Gremien der VKA tätigen Repräsentanten der Gemeinden und der gemeindlichen Betriebe nicht nur zu artikulieren, sondern, soweit nötig, auch durchzusetzen vermögen.

**Ausblick**

Unser Grundgesetz hat den Gemeinden und den gemeindlichen Betrieben — wie den Arbeitgebern der privaten Wirtschaft — das Recht der freien Koalition eingeräumt. Dieses Recht muß auch künftig ein unabdingbarer und unveräußerlicher Bestandteil der kommunalen Selbstverwaltung sein. Die auf freiwilliger Basis geschaffene kommunale Arbeitgeberorganisation braucht zur Erfüllung ihrer nicht gerade einfachen Aufgaben auch in Zukunft die volle Unterstützung des ganzen kommunalen Bereiches und seiner Organisationen; denn in unserer Zeit, in der die Wirtschafts-, Tarif- und Sozialpolitik mit den geänderten wirtschaftlichen Rahmenbedingungen (Ölpreiserhöhungen, Rohstoffverteuerungen, höhere internationale Anforderungen an den Bundeshaushalt usw.) fertig werden muß, wird es wegen der eingeschränkten finanziellen Spielräume unvermeidlich sein, auch bei den Personalausgaben strenge Maßstäbe anzulegen. Die künftige Lohnpolitik muß sich daher auf die verringerten Verteilungsspielräume einstellen. Es wird daher bei Lohnverhandlungen nicht einfacher werden, jeweils einen konjunkturell, außenwirtschaftlich und arbeitsmarktpolitisch vertretbaren Kompromiß zu finden, der gleichzeitig auch den sozialen Interessen der kommunalen Arbeitnehmer entspricht. Diese anstehenden Aufgaben erfordern mehr denn je eine starke kommunale Arbeitgeberorganisation, in der die sachlichen Probleme und die Solidarität der kommunalen Arbeitgeber, nicht aber Parteipolitik die Arbeit bestimmen.

Ernst August Pohl

# Neues Prüfungsrecht für kommunale Wirtschaftsbetriebe

Das aktuelle Sachthema, aus „rundem Anlaß" aufgegriffen, erlaubt wohl vorab einen Rückblick darauf, wie das alles einmal anfing. Herbst 1930: Der Deutsche Städtetag begeht auf der Dresdner Hauptversammlung sein 25jähriges Bestehen. Doch zum Jubeln sind die wenigsten aufgelegt. Die Tagung gerät vielmehr zu einem bitteren SOS-Notruf, der in der gesamten Presse widerhallt. Denn auf dem Höhepunkt der Weltwirtschaftskrise, bei einem noch unzureichend ausbalancierten System der Soziallasten, droht der sprunghafte Anstieg der sogenannten „Wohlfahrtserwerbslosen" die städtischen Haushalte an den Rand des Abgrunds zu führen.

So griffen die allgemeine wirtschaftliche Situation und die soziale Frage unmittelbar über auf die wirtschaftliche Lage der Gemeinden. Da die zwangsläufigen Ausgaben weder aus Steuern noch am inländischen Kapitalmarkt zu decken waren, blieb den Gemeinden keine andere Wahl, als auf kurzfristige Auslandskredite auszuweichen. Allerdings sahen sie sich darin empfindlich eingeengt von der Reichsbank unter Hjalmar Schacht mit der Begründung, die kommunalen Anleihen „dienten nicht unmittelbar produktiven Zwecken". Eine solche Klausel mußte vor allem die kommunale Wirtschaft in ihrem Lebensnerv treffen. Lange genug hatte sie alle Investitionen zurückstellen müssen, und das gerade in einer Phase von der Sache her gebotener Expansion.

Obendrein sahen sich die Städte in ihrer wirtschaftlichen Betätigung immer heftiger angefeindet von Interessenten unterschiedlicher Richtung. Unter Schlagworten wie „Mißwirtschaft" oder „Munizipalsozialismus" riefen die einen nach Privatisierung, die andern nach Verstaatlichung. Und mancherorts retteten sich die Stadtväter schon kleinmütig in den — jedenfalls bequemeren — Ausverkauf ihrer Werke.

Demgegenüber trat der Städtetag durch seinen damaligen Präsidenten Oskar Mulert stets mit Festigkeit für den öffentlichen Auftrag der kommunalen Versorgungs- und Verkehrswirtschaft ein. Mochte es hie und da zu Auswüchsen wirtschaftlicher Betätigung gekommen sein und auch in der Art der Betriebsführung noch nicht alles zum besten stehen, so waren doch die maßgeblichen Kommunalpolitiker — unter ihnen Köpfe wie Adenauer, Brauer, Goerdeler, Jarres, Lehr — entschlossen, für Sauberkeit im eigenen Hause zu sorgen.

Selbstverwaltung verstanden sie wesentlich als Selbstverantwortung. Deshalb ließen sie die ganzen zwanziger Jahre hindurch ein Thema, das damals noch neuartig klang, nicht mehr von den Tagesordnungen der Städtetagsausschüsse verschwinden: Revision kommunaler Verwaltungen und Betriebe. Von Mal zu Mal nahmen die Vorstellungen Gestalt an; und als die Zeit reif war, nur ein paar Monate nach jener Dresdner Tagung, konnte man gemeinsam mit den einschlägigen Fachverbänden zur Gründung der damaligen „Wirtschaftsberatung Deutscher Städte AG" schreiten, ursprünglich gedacht als zentrale Stelle für Erfahrungsaustausch, Organisationshilfen und Rentabilitätsvergleiche. Als wenig später der Beruf des öffentlich bestellten Wirtschaftsprüfers geschaffen war, wurde die neue Einrichtung rasch organisatorisch und personell mit der nötigen Unabhängigkeit und Qualifikation ausgestattet und übernahm zunehmend auch die dann eingeführten Pflichtprüfungen.

Diese Skizze soll nur an einem Detail zeigen, wie sich die deutschen Städte in schwieriger Situation das Gesetz des Handelns nicht von anderen Kräften aufzwingen ließen, sondern aus Sachkompetenz vor Ort das Nötige unternahmen und einen Grundstein legten, auf dem die staatliche Seite dann weiterbaute.

**Motive einst und heute**

Das kommunale Prüfungsrecht geht zurück auf die Dritte Notverordnung des Reichspräsidenten vom 6. Oktober 1931, die noch eine bloße Rahmenvorschrift war. Ausgefüllt und damit praktikabel wurde sie erst mit der Durchführungsverordnung der Reichsregierung vom 30. März 1933, nur eine Woche nach dem unheilvollen „Ermächtigungsgesetz" (wenn auch nicht darauf beruhend). Aber was hier in formell vielleicht ungewöhnlichem Gewand daherkam, war weder übereilt niedergeschrieben noch etwa politisch anrüchig. Sorgfältige Ministerialarbeit war vorausgegangen. Und heute kann man bestätigen: Was einmal 50 Jahre überdauert und sich dabei

Dr. Otto Ziebill
\* 7. November 1896    † 27. Dezember 1978
Geschäftsführendes Präsidialmitglied des Deutschen Städtetages
(1951—1963)
Oberbürgermeister von Nürnberg (1948—1951).

vielfältig bewährt hat, muß wohl seine Rechtfertigung in sich tragen; das schließt nicht aus, daß es inzwischen zeitgemäße Anpassungen vertragen könnte.

Die damals neu eingeführte Pflichtprüfung für kommunale Wirtschaftsbetriebe stand in engem zeitlichen Zusammenhang mit jener für Aktiengesellschaften (seit der Novelle vom 19. September 1931), an die sie auch sachlich angelehnt war. Gleichwohl hatten beide Prüfungstypen unterschiedliche Ausgangspunkte, Ziele und Schwerpunkte. Bei der Aktiengesellschaft ging es, angesichts der gesteigerten Macht der Verwaltungen, in erster Linie um die Interessen der Geldgeber, d.h. der Gläubiger und Aktionäre, und demgemäß um mehr Bilanzwahrheit und -klarheit, d.h. um die eher formale Übereinstimmung mit Gesetz und Satzung.

Bei den Kommunalprüfungen hingegen standen die Spannung zwischen privater und öffentlicher Wirtschaft sowie das Interesse des Steuerzahlers an einer sparsamen Finanzgebarung im Vordergrund. Erklärtermaßen sollte hier die jährliche Abschlußprüfung dazu dienen, alle irgendwie entbehrlichen Regiebetriebe, die von der freien Unternehmerschaft wegen tatsächlich oder vermeintlich ungerechtfertigter Kostenvorteile als übermächtige Wettbewerber angesehen wurden, herauszufinden und allmählich abzubauen. Die kommunalen Unternehmen hatten also immer von neuem ihre Daseinsberechtigung nachzuweisen — schließlich nicht der schlechteste Ansporn zu überzeugenden Leistungen.

Am deutlichsten schlug sich dieser Unterschied im Prüfungsumfang nieder, der bei den Wirtschaftsbetrieben der öffentlichen Hand bekanntlich erheblich weiterreicht. Nach den Einleitungsworten der Dritten Notverordnung steht hier die gesamte Prüfung unter dem Oberziel der „Feststellung der wirtschaftlichen Verhältnisse"; dazu ist auch im Bestätigungsvermerk ausdrücklich Stellung zu nehmen. Wie dieser scheinbar recht allgemeine Sammelbegriff nach dem zugrundeliegenden Gesetzeszweck auszulegen und im einzelnen anzuwenden ist, wurde von der fachkundigen Praxis alsbald herausgearbeitet und immer weiter aufgefächert; heute ist es allen geläufig, die auf diesem Gebiet prüfen oder geprüft werden.

Wenn nun die alten reichsrechtlichen Vorschriften, die nach dem Krieg als Landesrecht fortgalten, Zug um Zug auf einen neuen Stand gebracht werden, so handelt es sich dabei nicht um einen grundsätzlichen Kurswechsel, eher um Verfeinerungen, Modernisierungen und Anpassungen an veränderte Verhältnisse. Immerhin findet sich doch manche Einzelheit darunter, die von den Betroffenen aufmerksam registriert sein will, wie erste Beispiele in der Praxis bereits gezeigt haben.

Ganz so ungebunden in Entscheidung und Ausgestaltung waren die Länder freilich nicht mehr, seit der Bund bei der Überwachung seiner eigenen Unternehmen und Beteiligungen aktiv geworden war mit dem Haushaltsgrundsätzegesetz (HGrG) von 1969, vor allem mit dessen § 53. In Anlehnung daran hat inzwischen die Mehrzahl der Länder nachgezogen: Schleswig-Holstein (1977), Bayern (1978), Rheinland-Pfalz (1978), Nordrhein-Westfalen (1979), Hessen (1980) sowie die drei Stadtstaaten. Die übrigen dürften in absehbarer Zeit folgen. In dieser Gesamtentwicklung wirken Gründe verschiedener Art zusammen: Ein Bedürfnis nach wirksamerer Kontrolle durch verbesserte Transparenz, das Hineinwachsen weiterer betrieblicher oder betriebsähnlicher Einheiten in kontrollbedürftige Größenordnungen, die Fortentwicklung des betriebswirtschaftlichen Instrumentariums, schließlich wohl auch ein Wandel in der Einstellung zum Wesen öffentlicher Wirtschaft, der zu veränderten Akzenten in den Prüfungsmaßstäben führt.


**Wesentliche Neuerungen**

So vielgestaltig im einzelnen landesrechtliche Regelungen ein und derselben Materie immer wieder ausfallen werden, sind in diesem Falle doch weithin einheitliche Grundlinien erkennbar, nicht zuletzt dank der Abstimmungstätigkeit in der Konferenz der Innenminister. Ganz generell fällt die Tendenz auf, die betriebswirtschaftliche Überwachung auszuweiten und zu intensivieren. Nicht nur wird das inzwischen bewährte Instrumentarium der externen Prüfung auf weitere Einrichtungen ausgedehnt, unabhängig von ihrer oft zufälligen Rechtsform; auch für Gegenstand und Tiefe der Prüfung werden neue Maßstäbe gesetzt. Eine Besonderheit stellt hier die Prüfung der Ordnungsmäßigkeit der Geschäftsführung dar. Und schließlich werden teilweise neue Forderungen für die Art der Berichterstattung aufgestellt, die den Adressaten eine raschere Durchsicht und Vergleichbarkeit ermöglichen sollen.

Die Eigenbetriebe waren — anders als sonstige Unternehmensformen und erklärbar aus ihrer historischen Abkunft — von jeher gehalten, Elemente der Planung bei sich einzubauen: einen für jedes Wirtschaftsjahr aufzustellenden Wirtschaftsplan mit Erfolgsplan,

Vermögensplan und Stellenübersicht und einen fünfjährigen Finanzplan. Damit waren bereits wichtige Ansatzpunkte für die hier betont geforderte materielle Beurteilung des Unternehmens durch den Wirtschaftsprüfer bereitgestellt. Es lag nahe, in Vorschriften und Maßstäben dem zu folgen, was inzwischen auch für die wirtschaftliche Betätigung von Bund und Ländern gilt, d.h den komplexen Begriff „wirtschaftliche Verhältnisse" in einzelne Tatbestände aufzufächern und damit die Überwachung weiter zu vertiefen.

Das bedeutet nach § 53 HGrG und den dazu vom Bundesfinanzminister verlautbarten Grundsätzen, daß — zusätzlich zur Geschäftsführungsprüfung, wie sie abgekürzt oft genannt wird — auch über „wirtschaftlich bedeutsame Sachverhalte" zu berichten ist: die Entwicklung der Vermögens- und Ertragslage, die Liquidität und Rentabilität, gewichtigere Verluste und ihre Ursachen sowie die Gründe eines etwa ausgewiesenen Jahresfehlbetrages. Diese Pflicht ist teilweise (z.B. in Nordrhein-Westfalen: § 103 a GO) ausgedehnt auf sonstige gemeindliche Einrichtungen, die nach eigenbetriebsrechtlichen Vorschriften abrechnen. Hierunter fallen vor allem Einrichtungen des Bildungs-, Gesundheits- und Sozialwesens, der Kultur, des Sports, der Erholung wie der Abfall- und Abwasserbeseitigung.

Während das neue Prüfungsrecht für Eigenbetriebe unmittelbar durch die Landesgesetzgeber begründet werden konnte, bedurfte es für die Gesellschaften des Handelsrechts wegen der Gesetzgebungskompetenz des Bundes einer mittelbaren Lösung. Besondere Bedeutung kommt hier der Rechtsform der Gesellschaft mit beschränkter Haftung zu, die — anders als die Aktiengesellschaft — im geltenden Recht bisher weder detaillierte Rechnungslegungsvorschriften noch eine Pflichtprüfung des Jahresabschlusses kennt. Beides wird sich ändern, wenn in absehbarer Zeit das deutsche Gesellschaftsrecht an das Recht der Europäischen Gemeinschaft angeglichen wird. Für die Übergangszeit bis dahin ist durch gesonderte Vorwegnahmen sichergestellt, daß die Jahresabschlüsse der GmbH mit kommunaler Beteiligung nach den aktienrechtlichen oder für die Eigenbetriebe geltenden Bestimmungen aufgestellt und geprüft werden.

Bestehen an den handelsrechtlichen Gesellschaften kommunale Mehrheitsbeteiligungen, so sind die erweiterten Prüfungs- und Informationsrechte grundsätzlich auch durchgehend von den Gemeinden wahrzunehmen. Damit sind hier Rechenschaftslegung und Prüfung nach Umfang und Tiefe derjenigen der Eigenbetriebe praktisch gleichgestellt. Durch Ausweichen in ein anderes rechtliches Gewand kann die nun einmal für nötig erachtete Überwachungsintensität nicht unterlaufen werden.

Soweit die Beteiligungshöhe der Gemeinden an Gesellschaften des Privatrechts nicht ohne weiteres ausreicht, sich die zusätzlichen Informations- und Prüfungsrechte zu verschaffen, sollen die Gemeinden darauf hinwirken, daß ihnen diese Rechte eingeräumt werden.

**Ordnungsmäßigkeit der Geschäftsführung**

Eine externe Prüfung, die über das reine Zahlenwerk so weit hinausgreift und selbst vor der Unternehmensführung nicht haltmachen soll, mußte zunächst verständlicherweise eine gewisse Unruhe bei den betroffenen Kreisen hervorrufen. Sollte damit etwa eine neuartige Zensurinstanz für die Geschäftspolitik geschaffen werden, gewissermaßen ein Prüfer als Super-Vorstand, jedoch frei von der Bürde der Verantwortung? Würde es dabei womöglich auch um die Zweckmäßigkeit des unternehmerischen Handelns gehen, und das erst aus der Rückschau, wo schließlich jedermann klüger ist? Kaum etwas von alledem trifft zu. Und so hat sich die Stimmung inzwischen wieder beruhigt, nicht zuletzt aufgrund ergänzender Veröffentlichungen zu dem Begriff und erster praktischer Erfahrungen.

Ganz so neuartig war dieser Prüfungstyp auch wiederum nicht. Schon 1889 taucht er im Genossenschaftsgesetz (§ 53) auf; offenbar sollten die Schöpfungen der Selbsthilfe durch eine verstärkte Verbandsrevision vor Eingriffen der staatlichen Aufsicht bewahrt werden. Als dann 1931 für die öffentlichen Wirtschaftsbetriebe die Feststellung der wirtschaftlichen Verhältnisse in den Mittelpunkt gerückt wurde, reichte dies zumindest in zentrale Bereiche der Unternehmensleitung hinein. Ähnliches ist den seit 1935 zugrundegelegten Allgemeinen Vertragsbedingungen für die gemeindlichen Prüfungen zu entnehmen. Und wie ein roter Faden geht das weiter mit den Prüfungsrichtlinien des Reichsfinanzministers von 1941 und denen der Bundesländer aus der Nachkriegszeit. Danach hatte sich der Prüfer ein Bild davon zu machen, „ob die Geschäfte ... ordnungsgemäß geführt worden sind".

Recht besehen, handelt es sich also um eine alte — und komplexe — Forderung, deren einzelne Bestandteile aber erst in neuerer Zeit klar formuliert wurden. Insbesondere die Grundlagenarbeiten von

ERICH POTTHOFF (1961), GUSTAV SAAGE (1965) und KARL-HEINZ FORSTER (1975) standen bei der Entwicklung der Arbeitshilfen durch das Fachgremium der Wirtschaftsprüfer Pate, die den neu gesetzlich verankerten Begriff mit konkretem Inhalt füllten. Klar ist nunmehr, daß es bei der Prüfung der Ordnungsmäßigkeit der Geschäftsführung nicht darauf ankommen kann, den Entscheidungsprozeß in allen seinen Einzelheiten nachzuvollziehen. Vielmehr wird sich die Untersuchung darauf zu konzentrieren haben, ob das Unternehmen nach seiner Art und Größenordnung mit einem angemessenen Führungsinstrumentarium ausgestattet ist und ob dieses auch ordnungsgemäß gehandhabt wird. Man spricht hier gelegentlich von einem statischen und einem dynamischen Aspekt, wie es sich bereits aus der doppelten Bedeutung des Wortes „Geschäftsführung" nahelegt.

Was die Ordnungsmäßigkeit angeht, so hat der Prüfer als „Meßlatte" dafür zunächst den Gesetzesbegriff von der „Sorgfalt eines ordentlichen und gewissenhaften Geschäftsleiters" heranzuziehen, der freilich nach weiterer Ausfüllung durch die Betriebswirtschaft ruft. Ist auch die Systembildung in diesem Punkt sicher noch nicht abgeschlossen, so hat doch der Wirtschaftsprüferberuf einen Fragenkatalog ausgearbeitet, der bereits stark ins Detail geht und wohl alles Nötige nach dem gegenwärtigen Stand der Meinungen erkennen läßt *(abgedruckt u. a. im VKU-Nachrichtendienst 1979, Folge 361).* Allerdings braucht nicht das gesamte Programm in jedem Jahr vollständig abgewickelt zu werden, solange durch planmäßige Schwerpunktprüfungen sichergestellt ist, daß kein wesentlicher Komplex übergangen wird.

**Integration der Prüfungseinrichtungen**

Wesentlich älter als Wirtschaftsprüferberuf und Pflichtprüfung der Jahresabschlüsse ist im öffentlichen Bereich die interne Finanzkontrolle in ihrem herkömmlich zweistufigen Aufbau: als örtliche Rechnungsprüfung und überörtliche Aufsichtsprüfung. Ihre Ziele sind zwar in erster Linie andere als die mit der Abschlußprüfung verfolgten. Gleichwohl führen die beiderseitigen Tätigkeiten zu Berührungen, teilweise auch Überschneidungen. Immer schon hatte sich darum eine gewisse Arbeitsteilung eingebürgert, und das nicht nur, um Doppelprüfungen im allseitigen Interesse zu vermeiden. Daß hier mit der Neuordnung weitere Klarstellungen eingeführt wurden, ist zu begrüßen. Schließlich sind Wirtschaftlichkeitsprüfungen selbst auch Kostenfaktoren und sollten darum ihrerseits nicht ausgeklammert bleiben vom Wirtschaftlichkeitsdenken. Während sich die Wirtschaftsprüfer in aller Regel dadurch entlasten konnten (und weiter können), daß sie die Ergebnisse der ohnehin laufend stattfindenden Kassenüberwachung durch das Rechnungsprüfungsamt übernehmen, zeichnet sich nun umgekehrt eine Entlastung für die sogenannte Betätigungsprüfung der öffentlichrechtlichen Einrichtungen ab, denn ihre wesentlichen Feststellungen sind bereits im Rahmen der nach § 53 HGrG erweiterten Abschlußprüfung zu treffen. Es ist also nur noch darauf zu achten, daß der Prüfungsbericht dann auch die für Kapitaleigner und Aufsichtsbehörden erforderlichen Informationen in der für sie geeigneten Form und Vollständigkeit enthält. Nur falls dies nicht ausreichen sollte, braucht ausnahmsweise noch zusätzlich auf die direkten Informationsrechte nach § 54 HGrG zurückgegriffen zu werden.

In ähnlicher Weise sollte sich auch das umgekehrte Problem lösen lassen: die Gefahr, daß prüfungsfreie Räume entstehen, indem eine Prüfungsinstitution sich zu unrecht auf die andere verläßt. Die gegenseitige Abstimmung wird erheblich erleichtert durch die inzwischen mit den Fragenkatalogen erreichte Systematisierung. Als weitere Schritte auf diesem Wege bieten sich an, daß man die Prüfungsberichte der jeweils anderen Seite auswertet, auch an deren Schlußbesprechungen teilnimmt und sich regelmäßig über Prüfungswünsche und -schwerpunkte austauscht. Für eine integrierte Prüfung dieser Art werden gegenwärtig in den Gremien des Instituts der Wirtschaftsprüfer weitere Grundsätze erarbeitet.

**Folgerungen für den Wirtschaftsprüfer**

Es dürfte einleuchten, daß das vom Gesetzgeber jetzt auf zunehmend breiter Front verlangte Mehr keineswegs nur für die geprüften Unternehmen und Einrichtungen manche Veränderung mit sich bringt, sondern auch dem Prüfer einiges abverlangt. Sofern er schon bisher mit Kommunalprüfungen befaßt war, wird es ihm zwar nicht schwerfallen, die ihm geläufigen Fragestellungen, Untersuchungsmethoden und Berichtsformen den neuen Systematisierungen anzupassen. War er dagegen vorwiegend auf privatwirtschaftlichem Gebiet tätig, so wird er sich auf den andersgearteten Prüfungstyp im Bereich der öffentlichen Wirtschaft umstellen müssen, der stets seine besondere Prägung hatte und jetzt so deutlich weiterentwickelt wird.

Man kann darin auch eine Rückkehr zu den Anfängen sehen, nämlich zu dem breiten, umfassenden Auftrag, der dem Wirtschaftsprüferberuf einst mit auf den Weg gegeben wurde, von dem er sich aber im Lauf der Jahrzehnte — sicher nicht unbeeinflußt vom Trend der Gesetzgebung — etwas entfernt hat. Dieser Auftrag ging unverkennbar hinaus über den eines bloßen Bücherrevisors oder Bilanzprüfers. Der Angehörige des damals neuen Berufs, mitunter mit dem des Hausarztes verglichen, sollte nicht nur an Symptomen herumdoktern, sondern das Unternehmen als Ganzes ins Visier bekommen, samt seiner Organisation und bis hin zu seiner Einordnung in die Volkswirtschaft. Wie breit der damalige Anspruch verstanden wurde, mag noch folgender zeitgenössische Satz zeigen: „Daß dem Techniker dabei eine starke Mitwirkung zufällt, ist selbstverständlich" *(so Frielinghaus 1931, damals zuständiger Referent im preußischen Handelsministerium).*

Ganz bewußt hat man für die Prüfung der öffentlichen Wirtschaftsbetriebe seinerzeit keinen Stand von Spezialisten geschaffen, denn es sollten ja gerade die unternehmensbezogenen Gesichtspunkte des Rationalprinzips auch in diesem Bereich zur Geltung gebracht und entsprechende Erfahrungen aus der Privatwirtschaft übertragen werden. Doch wurde daneben der andere Aspekt, in dem sich alle Kundigen einig waren, nur eben zurückgestellt, nicht etwa ganz vernachlässigt: daß die gemeindliche Pflichtprüfungen besondere Kenntnisse und Erfahrungen auf dem Gebiet der Kommunalverwaltung voraussetzen. Kommunale Versorgungs- und Verkehrsbetriebe sind nun einmal nicht isoliert zu betrachten, sondern stets in ihrem engen Zusammenhang mit der Trägergemeinde und deren Haushalt. Öffentlicher Zweck und kommunalpolitische Ziele sind hier so bestimmend, daß davon isolierte lediglich betriebswirtschaftlich-steuerliche Beurteilungen verfehlt wären.

Dies alles wird mitzubedenken sein, wenn die neuen Fragenkataloge zur Gechäftsführungsprüfung und zur Prüfung der wirtschaftlich bedeutsamen Sachverhalte herangezogen werden. Sie wollen allerdings nicht schematisch befolgt werden, sondern immer nur Gerüst und Leitlinie sein. Soweit sie Elemente der Ordnungsprüfung enthalten, die von Stichtagsbetrachtungen unabhängig sind, bietet sich die dringend erwünschte Möglichkeit, die Prüfungstätigkeit durch Vor- und Zwischenprüfungen in der zweiten Jahreshälfte zeitlich zu entspannen. Die Auftraggeber sollten sich schon im eigenen Interesse noch mehr als bisher zu entsprechenden Vereinbarungen mit den Wirtschaftsprüfern bereitfinden.

Sicher sind die neuen Prüfungsvorschriften eine Herausforderung für Prüfer und Geprüfte. Wenn beide sich an bislang ungewohnten Maßstäben auszurichten haben, mag das hie und da zu einem leicht veränderten „Klima" führen. Daß es gleichwohl — wie in der Vergangenheit — vom Grundton des Vertrauens beherrscht bleiben kann, sollten diese knappen Ausführungen deutlich gemacht haben. Wie die Geprüften sich verstehen, haben zitierfreudige Oberbürgrmeister — schmunzelnd und zugleich ein wenig skeptisch — gelegentlich mit dem Dichterwort umrissen:

„Wir Menschen werden wunderbar geprüft;
wir könnten's nicht ertragen, hätt' uns nicht
den holden Leichtsinn die Natur verliehn".

(Goethe, Torquato Tasso II, 4)

Dr. h. c. Werner Bockelmann
\* 23. September 1907   † 7. April 1968
Geschäftsführendes Präsidialmitglied des Deutschen Städtetages
(1964—1968)
Oberbürgermeister, später Oberstadtdirektor von Lüneburg (1945—1955).
Oberbürgermeister von Ludwigshafen (1955—1957). Oberbürgermeister
von Frankfurt am Main (1957—1964).

KARL AHRENS

# Die Städte und ihre Versorgungsunternehmen
# — Konzept und Ziele im Wandel der Zeit —

## Ausgangslage nach 1945

Das 75jährige Bestehen des Deutschen Städtetages ist ein guter Anlaß, sich auf einige wichtige, in den letzten Jahrzehnten entwickelte Zielvorstellungen und konzeptionelle Lösungen der kommunalen Versorgungswirtschaft zurückzubesinnen und einige Vorstellungen über die zukünftige Gestaltung versorgungswirtschaftlicher Aufgaben in den Städten aufzuzeigen.

Die Arbeit des VKU baute von Anbeginn auf einer intensiven Zusammenarbeit mit den Städten und Gemeinden und deren Spitzenverbänden auf. Ausgehend von der bis heute nachdrücklich vertretenen Auffassung, daß die Regelung der Energie- und Wasserversorgung der Bürger zum Wesenskern der kommunalen Selbstverwaltung gehört, fanden bereits 1947 unter dem Vorsitz des Hauptgeschäftsführers des wiedererstandenen Deutschen Städtetages, DR. VAN AUBEL, energiewirtschaftliche Besprechungen eines Kreises kommunaler Werkleiter statt, woraus sich der „Beirat 8 des Deutschen Städtetages" konstituierte.

Der Grund für die Aktivitäten des Deutschen Städtetages und der kommunalen Versorgungswirtschaft waren jene bereits wirksamen oder in Bildung begriffenen Interessentengruppen, die versuchten, die Städte in ihrem Aufgabenbereich Energieversorgung in den Hintergrund zu drängen. So wurde z.B. in der Elektrizitätswirtschaft sowohl von seiten der Verbundwirtschaft als auch des Ruhrkohlenbergbaus versucht, Kraftwerksausbauprogramme durchzusetzen, die die kommunalen Interessen bei der Stromerzeugung und -verteilung weitgehend unberücksichtigt ließen. Gleichzeitig verstärkten die Verbund- und Regionalseite ihre Bemühungen, die kommunale Stromverteilung aufzukaufen, um ihre Einflußgebiete zu arrondieren. Auch Großunternehmen der Gaswirtschaft versuchten, aus dem norddeutschen Raum heraus nach Süddeutschland vorzustoßen. In den meisten energiewirtschaftlichen Fachverbänden dominierten bei der Besetzung der Organe und Ausschüsse die Vertreter der Verbundwirtschaft und der Regionalunternehmen; die Vertreter kommunaler Unternehmen waren in den Hintergrund gedrängt.

In dieser Lage war der Gedanke nach einem Zusammenschluß kommunaler Versorgungsunternehmen geradezu zwingend. Nach zweijähriger Vorbereitungszeit konstituierte sich am 11. März 1949 aus dem „Beirat 8 des Deutschen Städtetages" der vorläufige Vorstand des Verbandes kommunaler Unternehmen der Orts- und Kreisstufe als selbständiger versorgungswirtschaftlicher Verband neben den Fachverbänden der Elektrizitätswirtschaft und der Gas- und Wasserwirtschaft.

Auch wenn sich in den folgenden Jahren der VKU durch Abgrenzung seiner Aufgaben von denen des Deutschen Städtetages, des späteren Verbandes öffentlicher Verkehrsbetriebe und der Wirtschaftsberatung AG organisatorisch und fachlich verselbständigte, so blieben doch die engen und vielfältigen Verbindungen mit den kommunalen Spitzenverbänden und gerade auch zum Deutschen Städtetag bestehen. Dies zeigte sich u.a. in der Mitgliedschaft von Verwaltungschefs in den Organen und Ausschüssen des Verbandes und vor allem darin, daß seit Bestehen des Verbandes die Präsidentschaft durch Oberbürgermeister oder Oberstadtdirektoren wahrgenommen wurde. Glanzvolle Namen aus der Nachkriegszeit deutscher Städte sind hier vertreten: Oberbürgermeister Dr. Otto Ziebill, Nürnberg, Oberstadtdirektor Dr. Walter Hensel, Düsseldorf, Oberstadtdirektor Dr. Adenauer, Köln, Oberbürgermeister Dr. Arnulf Klett, Stuttgart, Senatspräsident Bürgermeister Hans Koschnick, Bremen, und jetzt Oberbürgermeister Manfred Rommel, Stuttgart.

**Stromwirtschaft**

Die Anfangsjahre des VKU waren geprägt vor allem von der Sorge einmal um die Stromerzeugung in eigenen, verbrauchsnahen Kraftwerken und zum anderen von den Auseinandersetzungen zwischen den kommunalen Verteilerunternehmen und den mächtigen Liefermonopolen. In der Frage der verbrauchsorientierten Stromerzeugung konnte 1952 — übrigens gemeinsam mit der Arbeitsgemeinschaft der regionalen Versorgungsunternehmen (ARE) — mit einer Denkschrift ein recht bedeutsamer Erfolg erzielt werden. Die Verbrauchsnähe der Kraftwerke wurde danach von der Vereinigung deutscher Elektrizitätswerke (VDEW) und der staatlichen Energieaufsicht als gleichberechtigtes Kriterium bei der Auswahl der Standorte anerkannt. Dies wirkte sich nachhaltig für die dezentralisierte Stromerzeugung aus.

Erst 1964 erfolgte — diesmal von seiten des Bundeswirtschaftsministeriums — ein Angriff auf die verbrauchsorientierte Stromerzeugung durch die sogenannte 300-MW-Empfehlung, die den Ländern empfahl, den Bau kleinerer als 300-MW-Einheiten nicht zu genehmigen. Der VKU hielt dem entgegen, daß durch eine solche Politik die Entwicklung der Heizkraftwirtschaft beschnitten werde, die Probleme der Reservehaltung nicht berücksichtigt werden und den kommunalen Unternehmen auch eine wesentliche wettbewerbsadäquate Möglichkeit verbaut werde, auf die Preisbildung der großen Liefer-EVU Einfluß zu nehmen. Wenn dieser ministerielle Regulierungsversuch auch in der Praxis nur bei wenigen Projekten unmittelbar Bedeutung erlangt hat, so waren in der Tendenz jedoch negative Auswirkungen auf die kommunale Versorgungswirtschaft unverkennbar, die im weiteren Verlauf eine Reihe von Gegenaktivitäten der Gruppe der kommunalen Kraftwerksbetreiber veranlaßten. Wer die jüngste Diskussion um die Fernwärmeversorgung in den Städten verfolgt hat, weiß, daß dieses Problem an Aktualität nichts verloren hat und daß es richtig und weitsichtig war, sich von Anfang an gegen Zentralisierungstendenzen in der Stromerzeugung zur Wehr zu setzen.

In der Frage des STROMBEZUGES bestand zwischen den kommunalen Verteilerunternehmen und den Liefer-EVU von Anfang an ein gespanntes Verhältnis, das bis zum heutigen Tag anhält und — über die im Wirtschaftsleben beinahe naturgesetzliche Spannung zwischen Verkäufer und Käufer hinausgehend — seine Ursache in dem Bemühen der überlagernden Versorgungsstufen hat, die örtliche kommunale Versorgung aus dem Markt zu drängen. Eine Abwehrmaßnahme war die Bildung freiwilliger Kooperationsgruppen, der Strombezugsarbeitsgemeinschaften. Die Kooperationsgruppen stehen selbständig neben dem Verband, dessen Geschäftsstelle sie berät und im Rahmen der Möglichkeiten einen auch übergebietlichen Erfahrungsaustausch gewährleistet.

Die Regelung der Preise und Bedingungen berührt die wirtschaftliche Basis und damit die Existenz der kommunalen Stromverteilung nachhaltig. Aus diesem Grunde gewannen und gewinnen die Bemühungen um eine Abwehr sachfremder staatlich-politischer Einflußnahmen auf die Energiepreisbildung ein immer stärkeres Gewicht. Da diese Tendenzen nicht nur auf die kommunale Wirtschaft beschränkt sind, sieht der VKU verstärkt positive Anzeichen dafür, daß sich die andere Seite der Versorgungswirtschaft einer gemeinsamen Interessenlage und Versorgungsverantwortung stärker bewußt wird und die Bereitschaft wächst, den Weg partnerschaftlicher Zusammenarbeit zu beschreiten.

**Fernwärmeversorgung und Heizkraftwirtschaft**

Städteheizung auf der Basis der Kraft-Wärme-Kopplung hat eine lange, kommunalwirtschaftliche Tradition, die bis zum Beginn dieses Jahrhunderts zurückreicht. Sie blieb aber über Jahrzehnte das Privileg weniger großer Städte. So war auch nach der Gründung des VKU die Heizkraftwirtschaft das Anliegen einer nur relativ kleinen, aber besonders engagierten Gruppe von Werken, unterstützt nicht zuletzt durch die WIBERA, der es insbesondere zu verdanken ist, daß Tradition und Erfahrung der Städte und ihrer Unternehmen auf dem Gebiet der Heizkraftwirtschaft aus Mittel- und Ostdeutschland von Anfang an in die Aufbauphase der Bundesrepublik Deutschland eingebracht werden konnten.

Eines besonderen Engagements und einer unerschütterlichen Überzeugung, daß ein richtiger Weg beschritten wird, bedurfte es in dieser Zeit nun wirklich: Auch bei einer Beschränkung auf großstädtische Verdichtungsräume hatte die besonders kapitalintensive Fernwärmeversorgung einen immer härter werdenden Wettstreit mit dem überreichlich fließenden, immer billiger werdenden Öl zu bestehen. Schwarze Zahlen im Jahresabschluß waren keineswegs der Normalfall. Zusätzliche Schwierigkeiten waren (und sind) beim Bau und Betrieb der örtlichen Heizkraftwerke zu überwinden. Bestimmte Interessentengruppen ließen nichts unversucht, die Heizkraftwirtschaft in Mißkredit zu bringen. So gehörten schon besonderer Mut und besondere Weitsicht dazu, mit dem Aufbau neuer Stadtheizungen zu beginnen. Aber dies ist in der Tat geschehen, begleitet von entscheidenden innovatorischen Impulsen, die bis in die Gegenwart hinein fortdauern und fortwirken.

Die Diskussion innerhalb des VKU und sein Schrifttum sind ein deutliches Abbild dafür, wie kommunalwirtschaftlicher und energiepolitischer Stellenwert der Heizkraftwirtschaft wuchsen, so daß die Städte und ihre Unternehmen nach der ersten Energieversorgungskrise 1973/74 in der Lage waren, eine entscheidende Antwort auf die Frage nach den nun allenthalben geforderten Versorgungsalternativen zu geben. Die von der Bundesregierung damals in Auftrag gegebene „Gesamtstudie Fernwärme" ist nicht zuletzt durch das Engagement zahlreicher kommunaler Unternehmen und ihrer leitenden Mitarbeiter zustande gekommen. Mit der Aufforderung der Bundesregierung an die Gemeinden, örtliche Versorgungskonzepte zu erstellen, hat die Fernwärmeversorgung auf der Basis von Kraft-Wärme-Kopplung und Abwärmenutzung nun auch in der offiziellen Energiepolitik eine Neubestimmung ihrer Position erfahren. Heute steht auch in der allgemeinen Auffassung außer Zweifel, daß zur Versorgung der Bürger und der Wirtschaft der Städte mit Raum- und Prozeßwärme in ortsnahen Heizkraftwerken erzeugter Fernwärme gemeinsam mit Gas und Strom entscheidende Bedeutung zukommt. Ernsthaft läßt sich daher auch nicht bestreiten, daß die finanziellen Aufbau- und Starthilfen von Bund und Ländern angesichts der nach wie vor bestehenden absoluten und relativen Kapitalschwere von Fernwärmeversorgungssystemen, die sich durch in der Startphase unausweichliche erhebliche Vorleistungen noch verstärkt, zu Recht zur Verfügung gestellt werden.

**Gaswirtschaft**

Vor großen Sorgen stand Anfang der 50er Jahre die kommunale Gaswirtschaft. Mangelhafte Kohlenversorgung, steigende Kohlenpreise und hohe Kohlentransportkosten bei gestoppten Gasverkaufspreisen drückten die Gaswerke in die Verlustzone. Die Situation verschärfte sich in den Folgejahren noch dadurch, daß wegen des Vordringens der Ölheizung die Nachfrage nach Koks, einem Koppelprodukt der damaligen Gaserzeugung, zurückging. Um 1960 begann ein tiefgreifender Strukturwandel in der Gaswirtschaft, nämlich über eine Raffineriegasphase zur Umstellung auf Erdgas. Die kommunale Wirtschaft befaßte sich frühzeitig mit Fragen des Baues und Betriebes der notwendigen Gasfernleitungen, des gemeinschaftlichen Einkaufs von ausländischem Erdgas, der unterirdischen Gasspeicherung, des Erdgaseinsatzes in Kraftwerken, der unmittelbaren Belieferung großer Industrieunternehmen und der weiteren Existenz von „Inselgaswerken". Die Gasversorgungsunternehmen selbst und ihre Kunden mußten auf die Umstellung der örtlichen Gasversorgung auf Erdgas vorbereitet werden.

Um auf die Vorgänge, die sich auf den nationalen und internationalen Erdgasmärkten abspielten, wenigstens einen gewissen Einfluß auszuüben, unterstützte der VKU die Bestrebungen kommunaler Gasversorgungsunternehmen, sich an überörtlichen gemeinschaftlichen Gastransportunternehmen zu beteiligen. Gleichwohl nahm die Konzentration der nichtkommunalen Gasbeschaffung und des Gastransportes immer mehr zu mit der Folge, daß gegenüber den kommunalen Gasverteilerunternehmen sehr häufig die Position der Stärke ausgespielt wurde, ein Vorgehen übrigens, das auch heute noch zu finden ist und zu tiefgreifenden Verärgerungen im kommunalen Bereich führt.

Die kommunale Wirtschaft wird nicht müde, die „andere Seite" mahnend darauf hinzuweisen, daß der Bogen nicht überspannt werden darf, will die in starken wirtschaftlichen Gruppen formierte Gasbeschaffung und -fortleitung nicht Gefahr laufen, stärksten staatlichen Kontrollen und Eingriffen ausgesetzt zu werden. Der VKU setzt sich daher mit Nachdruck auch hier für Zusammenarbeit und vollkommene vertrauensvolle Offenheit der Partner und einen entsprechenden Stil des Miteinander-Umgehens ein. Nur so kann sichergestellt werden, daß das wirtschaftlich Notwendige von den in den Städten politisch Verantwortlichen, von der Öffentlichkeit und nicht zuletzt von den Kunden akzeptiert wird.

**Wasserversorgung**

Besondere Aufmerksamkeit widmet die kommunale Versorgungswirtschaft seit jeher der Sicherung der Trinkwassergewinnung und -verteilung, die eine ureigene Aufgabe der kommunalen Selbstverwaltung ist. Sie entstand im Zuge der Entwicklung größerer städtischer Gemeinwesen und der Notwendigkeit dieser Städte, Wirtschaft und Bevölkerung über Leitungen mit Wasser in ausreichender Menge und Qualität versorgen zu müssen. In vielen Städten war damit die Wasserversorgung die Keimzelle für das spätere Versorgungsunternehmen geworden. In Städten mit einem im Verhältnis zur Nachfrage nicht mehr ausreichenden Angebot an örtlich verfügbarem Grundwasser stellte sich bald das Problem, die benötigten Wassermengen aus Wasserüberschußgebieten zu gewinnen und heranzuführen. Dies galt sowohl für traditionelle wasserarme Gebiete in Deutschland als auch für Großstädte und Orte mit stark wasserverbrauchender Industrie. In diesen Fällen griff die kommunale Wirtschaft sehr häufig zum Mittel der interkommunalen

Zusammenarbeit, um den notwendigen Ausgleich zwischen wasserreichen und wasserarmen Gebieten herbeizuführen. Dabei wurden in Deutschland sehr unterschiedliche Lösungswege beschritten. Die Skala der Lösungen reicht vom Bau gemeinsam genutzter und betriebener Brunnen- und Transportanlagen über die Errichtung und den Betrieb von Trinkwassertalsperren in Mittelgebirgslagen bis hin zu umfangreichen, ja landesweiten Wassergewinnungs- und -transportanlagen in Form kommunaler Zweckverbände, deren bekannteste die Bodenseewasserversorgung und die Landeswasserversorgung in Baden-Württemberg sind.

Das in den 50er Jahren einsetzende wirtschaftliche Wachstum in der Bundesrepublik Deutschland machte die interkommunale Zusammenarbeit auf wasserwirtschaftlichem Gebiet besonders dringlich. Sie wurde von den kommunalen Spitzenverbänden und dem VKU nachdrücklich unterstützt und gefördert, nicht zuletzt auch deshalb, um den auch auf dem Wassersektor in unterschiedlicher Stärke virulenten Bestrebungen zu beggnen, die kommunale Wasserversorgung in staatliche oder überregional arbeitende, privatwirtschaftlich ausgerichtete Spartenunternehmen einzugliedern.

Dabei gehört es zu den Grundprinzipien der kommunalen Wasserversorgungspolitik, daß auch eine überörtliche Wassergewinnung und -fortleitung dort, wo sie unverzichtbar geworden ist, grundsätzlich nicht in die örtliche Wasserverteilung eingreifen darf. Dies ist im Prinzip Aufgabe der einzelnen Gemeinden, eine Auffassung, die in voller Übereinstimmung zwischen den kommunalen Spitzenverbänden und der kommunalen Wirtschaft auch gegenüber staatlichen Stellen und privatwirtschaftlichen Regionalunternehmen immer vertreten wurde und auch weiterhin nachdrücklich vertreten wird. Denn gerade z.Z. sind bestimmte Kreise der wasserwirtschaftlichen Verwaltung wieder bemüht, die örtlich strukturierte kommunale Wasserversorgung auch auf der Verteilungsebene in Frage zu stellen. Die Städte und Gemeinden, ihre Unternehmen und ihre Verbände müssen und werden mit allen zu Gebote stehenden Mitteln dafür eintreten, daß derartigen Bestrebungen, die den Charakter der Wasserversorgung als ureigene kommunale Aufgabe verkennen, der Erfolg versagt bleibt.

Die kommunale Wasserversorgung kann nicht ohne ausreichenden Schutz der Grundwasservorräte und der Reinhaltung der Oberflächengewässer funktionieren. Daher setzte sich die kommunale Wirtschaft schon frühzeitig für die Unterstützung entsprechender gesetzlicher Maßnahmen ein, insbesondere für die Novellierung des

Wasserhaushaltsgesetzes, das Waschmittelgesetz und das Abwasserabgabengesetz. Tatsache ist, daß wir in der Bundesrepublik keine Wassermengenprobleme — sieht man einmal von den oben beschriebenen und kooperativ zu lösenden örtlichen Ausgleichsproblemen ab —, sondern vor allem erhebliche Schwierigkeiten mit der Wassergüte haben. Diese können nur durch entsprechende gesetzliche Maßnahmen des Staates zur Gewässerreinhaltung und zur Hebung und Kontrolle der Trinkwasserqualität behoben werden. Die kommunale Wirtschaft unterstützt diese Bestrebungen nachdrücklich.

**Energierechtliche und ordnungspolitische Grundlagen**

Seit 1949 hatte sich die kommunale Wirtschaft mit Änderungen und Ergänzungsvorschlägen zum Energiewirtschaftsrecht und Kartellrecht zu befassen. Sie betrafen vor allem die von einigen versorgungswirtschaftlichen Interessentengruppen sicher nicht ungern gesehenen Absichten aus dem Bundeswirtschaftsministerium, die deutlich gegen die kommunale Wirtschaft gerichtet und dazu angetan waren, Gemeinden mit eigener versorgungswirtschaftlicher Betätigung zu diskriminieren. Aus diesem Grunde hat sich auch immer wieder der Deutsche Städtetag unter Einsatz seines ganzen politischen Gewichts für eine Abwehr derartiger Forderungen eingesetzt.

Das Ringen um die Behauptung der Rechtsgrundlagen der kommunalen Versorgungswirtschaft auf dem Felde des Energiewirtschafts- und Kartellrechts dauert auch 30 Jahre später noch unvermindert an. Auch mit der Vierten Kartellgesetznovelle aus dem Jahre 1980 dürfte die Auseinandersetzung noch nicht endgültig abgeschlossen sein, wenngleich wohl allgemein die Überzeugung zu herrschen scheint, daß zunächst einmal eine gesetzgeberische Atempause eintreten muß, die Gelegenheit zur Anwendungserprobung der neugeschaffenen Vorschriften gibt.

Dies gilt auch für die schon fast klassische Auseinandersetzung um die Frage, ob die an die Gemeinden vertragsgemäß zu zahlenden Konzessionsabgaben nun Kosten sind oder nicht. Auch hier stehen VKU und kommunale Spitzenverbände seit über 30 Jahren gemeinsam zur Verteidigung der Konzessionsabgabe zusammen. Liest man in den alten Akten darüber, kann man fast resignierend feststellen, daß sich seit 1950 in dieser Frage nichts wesentlich Neues ereignet hat.

Dr. Bruno Weinberger
Geschäftsführendes Präsidialmitglied des Deutschen Städtetages seit 1968.

**Querverbund**

Neben dem organisatorischen und betriebswirtschaftlichen Rationalisierungspotential, das dem Potential vertikaler und horizontaler Spartenkonzentration zumindest ebenbürtig ist, tritt in zunehmendem Maße die energiewirtschaftliche Konzeption des Querverbundes in den Vordergrund, eine ureigene Organisationsstruktur der kommunalen Wirtschaft, die im Eigenbetriebsrecht ausdrücklich festgeschrieben wurde. Sie ist darauf ausgerichtet, den Einsatz umweltfreundlicher, leitungsgebundener Energiearten zu fördern und die Energie auf allen Stufen — von der Primärenergie bis zur Nutzenergie — so rationell wie möglich zu nutzen. Diese Ziele haben seit der ersten Energiekrise 1973/74 ständig an Bedeutung gewonnen, zumal immer deutlicher wurde, daß der versorgungswirtschaftliche Querverbund in besonders wirksamer Weise darauf ausgerichtet werden kann, die Abhängigkeit unserer Volkswirtschaft von Energieimporten, vor allem Mineralölimporten, so gering wie möglich zu halten. Darüber hinaus hat sich gezeigt, daß das kommunale Querverbundunternehmen ideale Voraussetzungen für die Zusammenarbeit mit den gemeindlichen Vertretungskörperschaften und den planenden Dienststellen der Stadtverwaltung und damit auch für die Aufstellung Örtlicher Versorgungskonzepte für leitungsgebundene Energien bildet.

In diesem Zusammenhang darf nicht unerwähnt bleiben, daß der VKU mit dem Querverbundgedanken stets das Konzept der Versorgung des gesamten Gemeindegebietes durch ein einziges kommunales Querverbundunternehmen vertreten hat. Dadurch ist es nicht nur den Großstädten möglich, Versorgungsunternehmen in einer nachhaltig leistungsfähigen Größenordnung zu betreiben und eine spartenweise Herauslösung aus dem kommunalen Einflußbereich wegen angeblich unteroptimaler Betriebsgröße zu verhindern. U.a. dieses Rationalisierungspotential veranlaßt den VKU, im kommunalen Eigentum stehende Querverbundunternehmen in ihren Bemühungen zu unterstützen, nach Ablauf entgegenstehender privatrechtlicher Verträge zu einer Übereinstimmung von Gemeindegebiet und Versorgungsgebiet auch dort zu kommen, wo im Zuge der Gebietsreform innerhalb der neuen Gemeindegebiete versorgungswirtschaftliche „Gemengelagen" verschiedener Unternehmen entstanden sind.

### Die „Zehn Thesen zur Stellung der kommunalen Versorgungsunternehmen"

Die im vorstehenden skizzenhaft aufgezeigten Zielvorstellungen und konzeptionellen Lösungen wurden Mitte der 70er Jahre zusammengeführt, geordnet, systematisiert und verdichtet zu den „Zehn Thesen zur Stellung der kommunalen Versorgungsunternehmen in Wirtschaft und Gesellschaft".

Sie beschreiben die von den kommunalen Versorgungsunternehmen gemeinwirtschaftlich zu erfüllenden öffentlichen Aufgaben und ihre Einbettung in das städtische Gemeinwesen und weisen auf die enge Verknüpfung mit Gemeindevertretung, Verwaltungsführung und planenden Ämtern deutlich hin. Der VKU bekennt sich nicht nur nachhaltig zum kommunalen Querverbund, sondern auch zur Kooperation mit kommunalen und mit anderen Versorgungsunternehmen. Querverbund und Leitungsgebundenheit sollen die immer kritischer werdenden Umweltfragen lösen helfen und den sparsamen Einsatz der Primärenergien fördern. Der VKU bekennt sich in seinen „Zehn Thesen" ferner zu einer nachhaltigen Sicherung der Wasserversorgung auf der Grundlage einer vorausschauenden und verantwortungsvollen Wassergewinnung, -aufbereitung und -verteilung. Die kommunale Wirtschaft befürwortet einen ordnungspolitisch erwünschten Pluralismus im Versorgungsbereich im Interesse der von ihr zu bedienenden Bürger.

Die „Zehn Thesen" sind so etwas wie eine Fahne, unter der sich die kommunalen Unternehmen gesammelt haben. Sie hat ganz sicher ihre Solidarität und ihren Kooperationswillen gestärkt. Die Thesen sind aber auch die Flagge, die der VKU nach draußen zeigt und die deutlich macht, daß die im Laufe der Zeit aus vielen Zielen und Teilkonzepten gebildete Linie der kommunalen Wirtschaft zu einem vielseitigen und abgerundeten Gesamtkonzept zusammengeführt werden konnte.

In der weiteren Arbeit wird es nun darauf ankommen, viele der geäußerten konzeptionellen Zielvorgaben mit den realen Erfordernissen der Tagesarbeit abzustimmen, zu konkretisieren und mit Leben zu erfüllen.

### Örtliche Versorgungskonzepte

Ein Beispiel dafür ist die Erarbeitung von „Grundsätzen und Hinweisen für die Aufstellung und Weiterentwicklung Örtlicher Versorgungskonzepte durch kommunale Querverbundunternehmen". Sie sind als Arbeitshilfe für die Städte und ihre Versorgungsunternehmen in der Weise zu verstehen, daß die konkrete Ausgestaltung der Örtlichen Versorgungskonzepte auf die gegebenen örtlichen Verhältnisse auszurichten ist. Sie sind also kein allgemein verbindliches Organisationsschema, sondern zeigen den Ziel- und Gestaltungsrahmen für zu entwickelnde Konzepte auf. Die Gemeinden und ihre Versorgungsunternehmen entscheiden selbst, wie detailliert und mit welchen Schwerpunkten sie diese Aufgabe lösen und welche organisatorischen Verfahren der Information, Koordination und Kooperation sie dabei einsetzen wollen.

Die in den „Grundsätzen und Hinweisen" aufgeführten Ziele für Örtliche Versorgungskonzepte decken sich nahtlos mit den energie- und umweltschutzpolitischen Zielen der Bundesregierung und denen der Kommunalen Spitzenverbände, nämlich nachhaltige Sicherung der Bereitstellung der Primärenergieträger, Begrenzung des Zuwachses des Energieverbrauchs durch sparsame und rationelle Energieverwendung, Zurückdrängung des Mineralölanteils an der Energieversorgung und Verminderung der Umweltbelastung durch Vorgänge der Energieumwandlung, des Energietransports und der Energieverwendung.

Nach dem Verständnis des VKU ist ein Örtliches Versorgungskonzept eingebunden in die örtliche kommunale Entwicklungsplanung, die wiederum ausgeht von der gegebenen Bausubstanz und der Wirtschafts- und Sozialstruktur des kommunalen Gemeinwesens. Versorgungsplanung versteht sich somit als integrierte Fachplanung im Rahmen der in der Verantwortung des Rates liegenden Gesamtentwicklungsplanung. Dabei besteht mit dem Deutschen Städtetag Einigkeit darüber, daß die Versorgungsplanung als Fachplanung dort wahrgenommen werden soll, wo entsprechende Fachkompetenz und Sachverstand sitzen: im kommunalen Versorgungsunternehmen und nicht in einem — wie auch immer benannten — städtischen Energieamt.

Mit der Ausarbeitung der „Grundsätze und Hinweise für Örtliche Versorgungskonzepte" und ihrer öffentlichen Unterstützung durch die Kommunalen Spitzenverbände wurde in einem ersten Schritt der Aufforderung der Bundesregierung an die Gemeinden Rechnung getragen, solche Konzepte verstärkt zu entwickeln. Die Kommunalen Spitzenverbände gehen mit dem VKU davon aus, daß eine solche, mit der örtlichen Gesamtentwicklungsplanung und der kommunalen Selbstverwaltung verknüpfte Versorgungsplanung keiner zusätzlichen administrativen Eingriffe des Staates bedarf. Sie setzen vielmehr auf den eigenverantwortlichen, unter bürgerschaftlicher Kontrolle der Gemeindevertretung stehenden Ausbau der leitungsgebundenen Energieversorgung, eine Ansicht, der sich erfreulicherweise auch die Bundesregierung wiederholt angeschlossen hat. In einer Zeit, in der die Energieprobleme ständig schwieriger werden, ist dies ein ganz beachtlicher Vertrauensbeweis.

**Zukunftsaspekte**

Die Städte und ihre Versorgungsunternehmen werden sich gemeinsam bemühen, auf dem offenbar als richtig erkannten Weg weiterzugehen.

Sie werden die in der Vergangenheit erarbeiteten und in der Gegenwart als richtig erkannten Ziele und Konzepte in die Zukunft fortschreiben und werden auch weiterhin Mahner und Kritiker sein, wenn durch staatliche Stellen und bestimmte Interessenten wieder versucht werden sollte, den rechtlichen Ordnungsrahmen für unsere Energie- und Wasserversorgung zum Nachteil einer pluralistisch gestalteten sicheren und preisgünstigen Energieversorgung zu verändern. Dazu gehören nicht nur direkte Angriffe auf das Energiewirtschafts-, Kartell- und Tarifrecht, sondern auch indirekt wirksame Bestrebungen, z.B. die zwar stets bestrittene, aber immer wieder versuchte Demontage der Konzessionsabgabe oder die sachlich unbegründete Verschärfung der Preisaufsicht im Strombereich. Die Städte und ihre Versorgungsunternehmen, das sollte bedacht werden, ziehen in dieser Frage heute und in Zukunft an einem Strang!

In ihrem eigenen Verantwortungsbereich wird sich die kommunale Versorgungswirtschaft für die notwendigen technischen Innovationen einsetzen. Dies gilt nicht zuletzt für die Förderung der Kraft-Wärme-Kopplung bei der Stromerzeugung und den Ausbau der Fernwärmeversorgung auch unter Einbeziehung wirtschaftlich nutzbarer Abwärmepotentiale. Hierbei tauchen natürlich nicht nur vielfältige technische, sondern auch Investitions- und Finanzierungsprobleme auf, die teilweise nur gemeinsam mit Bund und Ländern gelöst werden können. Besonderer Wert wird auf die von Fachverstand und Sachkenntnis der Versorgungsunternehmen getragene Beratung der Kunden bei der technisch und wirtschaftlich richtigen Nutzung der ins Haus gelieferten leitungsgebundenen Energie gelegt.

Was bleibt, ist die von allen in Energiepolitik und Energiewirtschaft Verantwortlichen getragene Sorge um eine langfristig gesicherte Versorgung. Die Städte und ihre Versorgungsunternehmen unterstützen daher alle Bemühungen, die darauf abzielen, die volkswirtschaftlich notwendige Primärenergiegrundlage abzustützen. Dazu gehört nicht nur der Ausbau der Kohlebasis einschließlich Sicherung von Importkohle, sondern auch der verstärkte Einsatz der Nukleartechnik, wobei der nicht nur für die Stromerzeugung geeigneten Hochtemperaturreaktortechnik ein wesentlich stärkeres Gewicht zukommen sollte. Die kommunale Versorgungswirtschaft hat durch Beteiligung ihrer Unternehmen an Gemeinschaftskernkraftwerken bewiesen, daß sie in dieser Frage nicht nur Worte macht, sondern bereit ist, neben dem Nutzen aus solchen Beteiligungen auch die politisch manchmal nicht ganz einfachen Auseinandersetzungen auf sich zu nehmen. Dies gilt auch für die kommunalen Verteilerunternehmen, die sich keinesfalls mit dem Hinweis aus der Verantwortung ziehen wollen, da sie nur Strom verteilten, ginge sie die mit der Stromerzeugung gelegentlich hochgespielte Umweltproblematik nichts an.

Die vor uns liegenden Jahre werden energiepolitisch härter werden. Um so wichtiger ist es, für die Zukunft gerüstet zu sein und die zur Sicherung der Energieversorgung der Bevölkerung erforderlichen Maßnahmen zu treffen. Wir glauben, dies nicht in einem nervösen Detailaktionismus tun zu müssen, sondern im Rahmen eines in sich abgerundeten Handlungskonzepts. Soweit es den Verantwortungsbereich der Städte und ihrer Unternehmen betrifft, ist dieses Handlungskonzept in seinen wesentlichen Ausprägungen vorhanden, und es besteht der Anlaß, davon ausgehen zu können, daß dieser Rahmen entscheidungsfreudig ausgefüllt wird.

GÜNTER GIRNAU

# Öffentlicher Personennahverkehr als Instrument der Stadtentwicklungspolitik

**Einleitung**

Den Ergebnissen einer vom Verband öffentlicher Verkehrsbetriebe (VÖV) initiierten Repräsentativerhebung zufolge hat sich das Image des öffentlichen Personennahverkehrs in der Bundesrepublik Deutschland in den letzten Jahren deutlich verbessert. Wesentlich hierzu beigetragen haben die nun sichtbar werdenden ersten deutlichen Erfolge der jetzt vierzehnjährigen finanziellen Förderung des öffentlichen Personennahverkehrs durch Bund, Länder und Gemeinden.

Die Image-Verbesserung des öffentlichen Personennahverkehrs (ÖPNV) ist vor allem deswegen beachtenswert, weil der Bestand an Personenkraftwagen weiterhin hohe Zuwachsraten aufweist (ca. 6% pro Jahr im Durchschnitt der 70er Jahre) und das Sättigungsniveau auch heute noch nicht erreicht ist. Die nicht zu leugnende Auto-Euphorie konnte offensichtlich bisher noch nicht durch knapper werdende Energie und steigende Mineralölpreise sowie durch die auf breiter Basis geführte Umweltschutzdiskussion entscheidend gebremst werden.

Wenn somit die öffentlichen Verkehrsmittel zukünftig in einem auch nur annähernd chancengleichen Wettbewerb mit dem privaten Pkw bestehen wollen, dann ist eine erhebliche Steigerung der Attraktivität des öffentlichen Verkehrsangebotes zwingend geboten *(VÖV: Aktionsprogramm für die 80er Jahre; Herausgeber: Verband öffentlicher Verkehrsbetriebe, Köln 1980).* Da die öffentlichen Verkehrsunternehmen nicht in der Lage sind, dieser Forderung allein aus eigener Wirtschaftskraft zu entsprechen, müssen konsequenterweise Finanzhilfen des Bundes und der Länder zur Verbesserung der Verkehrsverhältnisse in den Gemeinden eingesetzt werden.

**Ausgangssituation**

Anfang der 60er Jahre wurde Verkehrspolitikern und Verkehrsplanern zunehmend bewußt, daß die immer augenfälliger zutage tretenden Verkehrsprobleme in den Ballungsräumen, ursächlich bedingt durch den ständig wachsenden Individualverkehr, systematischer Lösungsansätze bedurften.

*Bericht der Sachverständigenkommission*

Am 1. August 1961 beschloß der Bundestag das Gesetz über eine Untersuchung von Maßnahmen zur Verbesserung der Verkehrsverhältnisse in den Gemeinden. Die aufgrund dieses Gesetzes gebildete Sachverständigenkommission hat das von ihr erbetene Gutachten am 25. August 1964 erstattet und darin nicht nur deutlich auf die Notwendigkeit der Verbesserung der Verkehrsverhältnisse in den Städten hingewiesen, sondern darüber hinaus auch Größenvorstellungen über die Finanzmittel entwickelt, die hierfür erforderlich sind *(Deutscher Bundestag, Drucksache IV/2661 vom 29. Oktober 1964).*

Leitlinie für die Arbeit der Sachverständigenkommission war es, Lösungsvorschläge zur Erhaltung bzw. Wiederherstellung der Lebensqualität in den Gemeinden zu erarbeiten. Insbesondere sollten Maßnahmen aufgezeigt werden, mit denen den negativen Auswirkungen des Autoverkehrs — großer Flächenbedarf, Unfallhäufigkeit, Belastung der Umwelt durch Lärm und Abgase, Zerstörung gewachsener innerstädtischer Strukturen, Zersiedlung usw. — begegnet werden könnte.

*Bedeutung des ÖPNV im Sachverständigenbericht*

Zu den Kernaussagen des Gutachtnss gehörte die Forderung nach durchgreifender Verbesserung des öffentlichen Personennahverkehrs. Die generelle Empfehlung einer verstärkten Förderung des öffentlichen Personennahverkehrs wurde mit Blick auf die Probleme der Verdichtungsgebiete besonders akzentuiert:

— Sinnvollere Aufgabenteilung zwischen öffentlichen und individuellen Verkehrsmitteln,

— Erschließung und verstärkte Nutzung zusätzlicher Verkehrsebenen.

Der Deutsche Städtetag wurde am 27. November 1905 im Plenarsaal des Preußischen Landtages zu Berlin gegründet. Die Aufnahme entstand Anfang der zwanziger Jahre, das Gebäude befindet sich heute im Ostteil der geteilten Stadt unmittelbar an der Mauer.

In Verbindung mit den Empfehlungen wurden zahlreiche konkrete Vorschläge unterbreitet, darunter:

— Ausbau innerstädtischer Schienenbahnen (Straßenbahnen) zu Stadtschnellbahnen mit weitgehend unabhängig geführtem Fahrweg,

— Einbeziehung des Nahverkehrs der Deutschen Bundesbahn (DB) in die Bedienung der Ballungsräume,

— bauliche Verbesserung der Haltestellen,

— Trennung der Umsteigepunkte des öffentlichen Verkehrs vom allgemeinen Straßenverkehr,

— Anlage besonderer Fahrstreifen (Busspuren) für Omnibusse bzw. Benutzung besonderer Bahnkörper von Straßenbahnen durch Busse.

Parallel zu diesen auf die Förderung des öffentlichen Verkehrs abgestellten Maßnahmen wurden Vorkehrungen zur Einschränkung des ruhenden Individualverkehrs in den Ballungszentren vorgeschlagen. Durch Koordinierung von Städtebau und Verkehrsplanung sollte eine bessere Abgrenzung der Einsatzbereiche der verschiedenen Verkehrsmittel und eine optimale Nutzung ihrer spezifischen Eigenschaften erzielt werden.

*Richtige Prioritätensetzung und Finanzierungsanstöße*

Die Sachverständigenkommission erarbeitete nicht nur einen Maßnahmenkatalog in Verbindung mit einer Vorschaurechnung, sondern empfahl auch für den Einsatz der verfügbaren Finanzmittel die Festlegung einer Rangordnung unter Berücksichtigung der folgenden drei Gesichtspunkte:

— Dem öffentlichen Personennahverkehr gebührt die Priorität beim Ausbau der Verkehrswege. Durch die Förderung des öffentlichen Nahverkehrs kann in der Regel mit geringeren Kosten ein größerer Nutzen erreicht werden.

— Der Ausbau der Verkehrswege und -einrichtungen kann im gesamten Bundesgebiet aus finanziellen und personellen Gründen nicht gleichzeitig durchgeführt werden. Der Verkehrsausbau muß deshalb dort Vorrang erhalten, wo die größten Verkehrsmengen auftreten. Dies ist vor allem in den BALLUNGSRÄUMEN und in den Verkehrsregionen der GRÖSSEREN STÄDTE der Fall.

— Mit dem Straßenbau ist die Errichtung von Anlagen für den ruhenden Verkehr, vor allem in den Kernen der Verkehrsregionen sowie an Schnitt- und Brennpunkten des Verkehrs, eng verbunden. Durch die Schaffung besonderer Aufnahmeräume für den ruhenden Verkehr außerhalb des Straßenraumes kann dieser seiner Aufgabe zurückgewonnen oder erhalten werden.

*Gesetzgeberische Maßnahmen*

Für den Bund als Gesetzgeber waren die Empfehlungen der Sachverständigenkommission Anlaß, die gesetzlichen Grundlagen zur Bereitstellung von Bundesmitteln für Maßnahmen zur Verbesserung der Verkehrsverhältnisse in den Gemeinden zu schaffen. Im Zeitablauf wurden — in Anpassung an die praktischen Bedürfnisse oder politischen Notwendigkeiten gehorchend — diese gesetzlichen Grundlagen wiederholt geändert, erweitert oder eingeschränkt, so daß letztlich ein „Bündel von Gesetzen" die bisherige Entwicklung der Finanzierung bestimmt hat. Entscheidende Grundlage für die Finanzierung von Maßnahmen zur Verbesserung des öffentlichen Personennahverkehrs in den Gemeinden ist das Gemeindeverkehrsfinanzierungsgesetz — GVFG — *(Gemeindeverkehrsfinanzierungsgesetz vom 18. März 1971, BGBl I S. 239).*

Seit Bereitstellung der ersten Bundesmittel im Jahre 1967 ist heute nahezu „Halbzeit" für den von der Sachverständigenkommission vorgesehenen Planungs- und Investitionszeitraum von insgesamt 30 Jahren. Die zurückliegenden Jahre ermöglichen nicht nur eine detaillierte Aufschlüsselung der Investitionen und der erbrachten Bauleistungen, sondern erlauben auch konkrete Aussagen darüber, welche Erfolge und Auswirkungen aufgrund dieser Leistungen zu verzeichnen sind.

**Zahlen und Fakten zum städtischen Schnellbahnbau**

Entsprechend den Vorschlägen der Sachverständigenkommission und nach dem Willen der Geldgeber wurde der überwiegende Teil der Finanzmittel in den Ausbau der Schienenbahnen — S-, U-, Stadt- und Straßenbahnen — investiert: Auf der Grundlage des Gemeindeverkehrsfinanzierungsgesetzes (GVFG) werden im Zeitraum von 1967 bis Ende 1980 insgesamt 22 Mrd. DM für den Ausbau von Anlagen des öffentlichen Personennahverkehrs investiert sein. Mit 13,4 Mrd. DM (= 61%) entfällt auf den Ausbau von U-Bahnen, Stadtbahnen und Straßenbahnen der weitaus größte Anteil. An zweiter Stelle folgten mit 7,3 Mrd. DM (= 33%) schwerpunktmäßig die S-Bahnvorhaben der Deutschen Bundesbahn.

Nach der Herkunft der Finanzmittel haben Bund und Länder im langfristigen Durchschnitt hieran mit ca. 52% bzw. 20% den größten Anteil (der Anteil des Bundes an der Finanzierung beträgt heute rd. 60%). Der Anteil der Gemeinden ist jedoch mit 24% wesentlich höher, als dies in der Öffentlichkeit oft angenommen wird.

Mit den zur Verfügung gestellten Finanzmitteln wurde in den zurückliegenden Jahren ein gewaltiges Bauprogramm abgewickelt: Allein bei den kommunalen Schienenbahnen (ohne S-Bahn) konnten von 1967 bis 1980 ca. 720 Haltestellen und ca. 430 km Strecke, davon 180 km (= 40%) kreuzungsfrei in Hochlage, im Einschnitt oder im Tunnel in zahlreichen Städten (siehe Tabelle Seite 253) in Betrieb genommen werden. Weitere Abschnitte befinden sich kurz vor der Vollendung. Während in den 70er Jahren vorwiegend gebaut wurde, ist in den 80er Jahren etwa jährlich mit weiteren Eröffnungen zu rechnen — vorausgesetzt, die Finanzmittel stehen weiterhin zur Verfügung.

**Die Erfolge des Schnellbahnbaues**

Begleiterscheinung des heutigen Schnellbahnbaues ist, daß diese Investitionen in regelmäßigen Abständen ins Kreuzfeuer der Kritik bestimmter Interessengruppen geraten. Diese wollen die dem Ausbau des öffentlichen Personennahverkehrs zugedachten Finanzmittel in andere Kanäle umleiten. Von „Milliarden-Verschwendung" sprechen die einen, vor der Gefahr von „Investitionsruinen" warnen die anderen. Den Städten wurde und wird hemmungslose U-Bahn-Euphorie unterstellt — und dies selbst solchen Städten, die nie eine reine U-Bahn bauten, sondern die nur die Straßenbahn auf einem kurzen Streckenabschnitt unter die Erde verlegten.

In der Tat ist der Erfolgsnachweis der Investitionen auf diesem Gebiet — vor allem kurzfristig — nur schwer zu führen, und dies hat im wesentlichen zwei Gründe:

— Der Zeit/Kosten-Grund: Bis zur Inbetriebnahme einer einzigen U- oder Stadtbahnlinie ist ein Zeitraum von acht bis zehn Jahren zu veranschlagen; und bei normaler, aber stetiger Baudurchführung werden in einer Stadt mindestens etwa 500 Mill. DM pro Dekade für diesen Zweck benötigt. Für die Erstellung eines vollständigen Liniennetzes muß sogar ein Zeitraum von 20 bis 30 Jahren (und mehr) veranschlagt werden.

— Der Kosten/Nutzen-Grund: Alle Kosten/Nutzen-Analysen für unterirdische Verkehrsanlagen haben den Mangel, daß sehr entscheidende Nutzenkategorien, die durch den Ausbau von Schienenbahnsystemen bewirkt werden, nicht quantifizierbar sind. Hierzu zählen z.B. die Auswirkungen auf Siedlungsstruktur, Stadtentwicklung und wirtschaftliche Entwicklung der erschlossenen Gebiete, fernerhin die Attraktivitätssteigerungen im öffentlichen Personennahverkehr sowie der Nutzen für die Bauträger an der Trasse. Andere Nutzenkategorien sind im Hinblick auf ihre Monetarisierung äußerst problematisch und umstritten. Hierzu zählen z.B. die Auswirkungen auf Umweltschutz, Reisezeit und Unfälle; Stauungskosten; Energieeinsparungen usw.

Kosten/Nutzen-Analysen sind also — wenn überhaupt — stets nur eine Entscheidungshilfe; aber sie können niemals die politische Entscheidung ersetzen. Das Programm zur Verbesserung der Verkehrsverhältnisse in den Gemeinden war aber eine politische Entscheidung ersten Ranges: Unter diesem Aspekt kann sich eine Erfolgsbilanz der Investitionstätigkeit im öffentlichen Personennahverkehr auch nicht einseitig nur an den verkehrlichen Auswirkungen orientieren. So wäre es z.B. verfehlt, den Erfolg des Schnellbahnbaues ausschließlich an der Steigerung der Zahl der täglichen Fahrgäste zu messen. Nur die Berücksichtigung ALLER Auswirkungen der baulichen Maßnahmen ermöglicht eine objektive Beurteilung. Dies erfolgte 1978 in einer umfassenden Analyse des VÖV und DST *(VÖV/Deutscher Städtetag: Öffentlicher Personennahverkehr; Investitionen — Bauleistungen — Erfolge 1967 bis 1976, Köln 1978)!*

Im Rahmen einer derartigen Erfolgsanalyse muß der Schnellbahnbau daher in besonderem Maße stets auch als ein Instrument der Stadtentwicklung und -erneuerung, m.a.W. als ein Mittel der Stadtentwicklungspolitik gesehen werden. Nur unter diesem Aspekt sind die gewaltigen Investitionen überhaupt vertretbar und gleichbedeutend mit einer erheblichen Verbesserung der Lebensqualität der

## Kommunaler Schnellbahnbau nach dem GVFG in den Städten der Bundesrepublik Deutschland

| System | Baumaßnahmen in folgenden Städten |
|---|---|
| reine U-Bahn[1] | Berlin / Hamburg / München / Nürnberg |
| Stadtbahn[2] | Bielefeld / Bochum / Bonn / Bremen / Dortmund / Düsseldorf / Duisburg / Essen / Frankfurt / Gelsenkirchen / Hannover / Herne / Köln / Ludwigshafen / Mannheim / Mülheim (Ruhr) / Stuttgart |
| Straßenbahn[3] | Augsburg / Braunschweig / Darmstadt / Freiburg / Karlsruhe / Kassel / Krefeld / Mainz / München / Nürnberg / Würzburg |

*1 Völlig kreuzungsfreier Fahrweg; Fahrzeuge, die nicht im allgemeinen Straßenraum verkehren können.*

*2 Teilweise kreuzungsfreier, teilweise ebenerdiger Fahrweg; Fahrzeuge, die im allgemeinen Straßenraum und im Tunnel verkehren können.*

*3 Fahrweg überwiegend ebenerdig; Fahrzeuge, die im allgemeinen Straßenraum auch unter engen Trassierungsgegebenheiten verkehren können.*

---

Bürger. Folgende nachweisbare Auswirkungen verdeutlichen dies in besonderem Maße:

— Die Funktion der Innenstädte als Markt-, Handels- und Kommunikationszentrum wird wiederhergestellt.

— Die Wohn- und Freizeitqualität der Städte wird durch die Anlage von Grünflächen verbessert.

— Der Kraftfahrzeugverkehr kann auf leistungsfähigen Hauptverkehrsstraßen gebündelt werden; dadurch lassen sich verkehrsberuhigte Zonen mit Fußgängerbereichen schaffen, die vom Kraftfahrzeugverkehr weitgehend freigehalten werden.

— Die unterirdische Führung des öffentlichen Verkehrs macht eine intensive Nutzung der oberirdischen Ebene durch bauliche Verdichtung von Geschäfts- und Wohnbereichen möglich (wie z.b. die Neugestaltung des Bereichs Kröpcke in der niedersächsischen Landeshauptstadt Hannover).

— Die Verlagerung des Schienenverkehrs in die unterirdische Ebene macht es in vielen Fällen möglich, durch Erhaltung historisch wertvoller Bausubstanz das typische Stadtbild zu bewahren.

— Strukturschwache Gebiete (Altbaugebiete, Sanierungsgebiete, Hbf-Bereiche) können durch Baumaßnahmen zugunsten des öffentlichen Verkehrs und begleitende städtebauliche Erneuerungen in ihrer Entwicklung gefördert werden.

— Die Siedlungsentwicklung entlang der Schnellbahntrassen wird gefördert und damit der Zersiedlung Einhalt geboten.

— Öffentliche Einrichtungen, Naherholungsanlagen, Sportstätten usw. können besser erschlossen werden und lassen sich damit von größeren Bevölkerungsgruppen intensiver nutzen (insbesondere zur Bewältigung der Verkehrsspitzen bei Großveranstaltungen haben sich öffentliche Verkehrsmittel außerordentlich gut bewährt).

Schließlich: Kaum beachtet vollzog sich mit dem Bau unterirdischer Verkehrsanlagen die umfassende Sanierung und Modernisierung der städtischen Ver- und Entsorgungsnetze. Beim Bau der Stadtbahn in KÖLN wurden z.B. in Zusammenhang mit der Erstellung von ca. 11 km Tunnelstrecke (ca. 20 km Gesamtneubaustrecke) insgesamt 62 km Kanäle und Rohrleitungen sowie 233 km Kabel umgelegt oder neu verlegt. Ähnliches gilt für andere Städte. Die neuen Netze sind für eine weite Zukunft ausgelegt. Sie machen damit auch sonst notwendig werdende Reparatur- und Ergänzungsarbeiten am alten Netz überflüssig.

**Die Vernachlässigung der Mittel- und Kleinstädte**

So sehr auch die Anstrengungen zur Verbesserung des öffentlichen Personennahverkehrs in den Ballungsräumen durch den Ausbau der Schienennetze Erfolge zeigen, so wenig wurde bisher zur Verbesserung der Busbedienung in Klein- und Mittelstädten erreicht. Lediglich einige — allerdings wichtige — Voraussetzungen wurden geschaffen: So erlaubt das GVFG Finanzierungshilfen zur Erneuerung von Betriebshöfen und Werkstätten. Seit 1973 wurde etwa 1 Mrd. DM in derartige Projekte investiert mit dem Erfolg, daß die meisten Verkehrsunternehmen heute bzw. in naher Zukunft über moderne Anlagen verfügen (mit entsprechend positiven Auswirkungen auf die Fahrzeuge). Für die Stadtentwicklungspolitik ist dies insofern ein positiver Beitrag, als die in diesem Zusammenhang oft erfolgte Verlagerung von Betriebshöfen und Werkstätten in die Außengebiete für die Innenstädte eine Verringerung der Immissions- und Verkehrsbelastung bewirkt hat.

Was aber in diesem Bereich fehlt, ist ein Systemdenken. Hiermit wurde erst Ende der 70er Jahre begonnen, und zwar in zwei Bereichen:

— Für die MITTELSTÄDTE soll das „Busverkehrssystem" die Lösung sein, d.h. auch beim Bus werden Fahrweg, Haltestelle, Betriebsleitsystem sowie Fahrgastinformation und -bedienung als eine Einheit gesehen und entsprechend ausgebaut. Die technischen Lösungen hierzu liegen vor *(VÖV/VDA: Busverkehrssystem; Alba Buchverlag, Düsseldorf 1979);* die Umsetzung in die Praxis wurde eingeleitet. In drei Gebieten wird beispielhaft erprobt, wie optimaler Ausbau des Bussystems und Stadtgestaltung harmonisch verbunden werden können: Lübeck als Beispiel für eine Mittelstadt; Nordheim/Osterode als Beispiel für einen ländlichen Raum; München-Pasing als Beispiel für das Randgebiet einer Großstadt. *(Eine endgültige Entscheidung über die beiden zuletzt genannten Orte steht noch aus.)*

— Für die Anforderungen von KLEINSTÄDTEN wird eine möglichst weitgehende Umstellung von reinem Linienbetrieb auf Bedarfsbusbetrieb erprobt. Friedrichshafen (Rufbus) und Wunstorf (R-Bus) dienen als Testgebiete. Die Loslösung von der starren Bindung an Fahrplan und Linie führt insbesondere für ländliche Räume zu wesentlichen Attraktivitätssteigerungen für den Fahrgast.

In beiden Fällen lassen sich die technischen und betrieblichen Probleme lösen. Die offene Frage ist, ob sich der erforderliche finanzielle Aufwand zur Errichtung der notwendigen Infrastrukturen und zur Abwicklung des (besseren) Betriebes lohnt — vor allem im Hinblick auf das meist geringe Fahrgastaufkommen. Obwohl bereits die ersten Versuche zeigen, daß auch in diesen Gebieten ein besseres

Angebot zur erhöhten Inanspruchnahme des Verkehrssystems führt, werden wirtschaftliche Aspekte dazu zwingen, das sehr hohe (erste) Attraktivitätsniveau des Versuchsbetriebs etwas herabzusetzen. Dies kann z.b. darin bestehen, daß der Busbetrieb in den Spitzenzeiten als Linienbetrieb und außerhalb als Bedarfsbetrieb durchgeführt wird. Die Erprobungen werden hier zu größerer Klarheit führen.

Wichtig ist: In den genannten Gebieten kann nur dann etwas zur Verbesserung des öffentlichen Personennahverkehrs getan werden, wenn das GVFG — wie in den Ballungsräumen — eine Finanzierung der Maßnahmen zuläßt. Eine Öffnung in diese Richtung ist unbedingt erforderlich, wenn das Attraktivitätsgefälle zwischen Ballung und Land nicht extreme Formen annehmen soll.

**Schlußbemerkung**

Es kann nicht oft genug darauf hingewiesen werden, daß die Sachverständigenkommission für die Verbesserung der Verkehrsverhältnisse in den Gemeinden einen realistischen Gesamtzeitraum von 30 Jahren veranschlagt hatte. Dennoch erscheint der weitere Ausbau des öffentlichen Personennahverkehrs gerade zur „Halbzeit" so gefährdet wie nie zuvor. Die durch das Gemeindeverkehrsfinanzierungsgesetz gegebene Finanzbasis, nach der für die Verbesserung der Verkehrsverhältnisse in den Gemeinden ein Mineralölsteueranteil von DM 0,06/Liter zweckgebunden ist, scheint brüchig geworden zu sein. Die jüngsten Steuerschätzungen lassen erkennen, daß das Mineralölsteueraufkommen nicht mehr die Steigerungsraten erwarten läßt, mit denen in den zurückliegenden Jahren gerechnet und geplant werden konnte. Auch die überproportionalen Baupreissteigerungen der letzten Jahre haben das Ihrige dazu beigetragen, daß für das konstant gebliebene Finanzvolumen immer weniger gebaut werden konnte. Die Verantwortlichen haben bereits zur Kenntnis nehmen müssen, daß das Programm zur Förderung von Baumaßnahmen im Bereich des öffentlichen Personennahverkehrs spürbar gekürzt werden müsse.

Gesetzt den Fall, die Finanzmittel würden eine nennenswerte Kürzung erfahren, dann würden allerdings in der Tat die Kritiker recht behalten: Nicht nur, daß die Fertigstellung vieler Projekte weit hinausgezögert würde, in manchen Fällen wären auch Investitionsruinen unausweichlich.

Soll die bisher erfolgreich betriebene Stadtentwicklungspolitik nicht auf halbem Wege stehenbleiben, so muß die Investitionstätigkeit auch in den nächsten Jahren kontinuierlich fortgeführt werden. Dies ist Voraussetzung dafür, daß die meisten der bisher begonnenen Bauvorhaben ihren vollen Verkehrswert entfalten können: Erst Ende der 80er Jahre werden nämlich die bisher gebauten Teilstrecken der Schienenbahnen zu vollständigen Netzen verknüpft sein. Das für die laufende Dekade unbedingt erforderliche Investitionsvolumen liegt in der Größenordnung von rd. 2 Mrd. DM jährlich.

Schwerpunkte der finanziellen Förderung werden demnach auch in Zukunft die Ballungsräume und die größeren Städte bleiben. Mit der Konzentration auf die Verdichtungsgebiete darf es jedoch nicht sein Bewenden haben. Auch Räume außerhalb dieser Gebiete bedürfen einer angemessenen Versorgung durch öffentliche Verkehrsmittel. Dabei handelt es sich nicht nur um das viel zitierte „flache Land", sondern auch um zahlreiche Mittelstädte und mittlere Großstädte, deren öffentliche Verkehrsbedienung in aller Regel durch den Bus erfolgt. Auch dort kann durch eine systematische Förderung des öffentlichen Personennahverkehrs nicht nur dessen Attraktivität nennenswert verbessert, sondern auch eine gezielte Stadtentwicklungspolitik betrieben werden.

HELMUT GEIGER

# Sparkassen und kommunale Bindung

Die Sparkassen sind öffentlich rechtliche Kreditinstitute, die von Gemeinden oder Gemeindeverbänden getragen werden. Mit dieser Feststellung wird die besondere Stellung der Sparkassen innerhalb der Kreditwirtschaft beschrieben; hieraus leitet sich ihre Aufgabe ab, und diese Feststellung ist auch der Ausgangspunkt für das besondere Verhältnis von Sparkassen und kommunalen Gewährträgern.

Die besondere Stellung der Sparkassen innerhalb der deutschen Kreditwirtschaft ergibt sich aus der öffentlich-rechtlichen Organisationsform. Das Nebeneinander von privaten Banken, Genossenschaftsbanken und öffentlich rechtlichen Sparkassen und Landesbanken/Girozentralen bildet das Kennzeichen für die Struktur des Gruppenwettbewerbs der universell tätigen Kreditinstitute in der Bundesrepublik Deutschland. Die Intensität des Wettbewerbs folgt dabei aus dem doppelten Spannungsfeld von unterschiedlichen Organisationsstrukturen der Kreditinstitute — zentral/dezentral — und unterschiedlichen geschäftspolitischen Zielsetzungen — gewinnorientiert/aufgabenorientiert —. Während die bankwirtschaftliche Tätigkeit der privaten Kreditbanken weitgehend überregional ausgerichtet ist mit zentraler Organisation und zentraler Entscheidung über die wesentlichen geschäftspolitischen Grundsätze, sind die beiden anderen Institutsgruppen, Genossenschaftsbanken und Sparkassenorganisation, dezentral ausgerichtet sowohl bezüglich der geschäftspolitischen Entscheidungskompetenzen als auch hinsichtlich der organisatorischen Ausgestaltung.

Diese Wettbewerbssituation hat in der Bundesrepublik Deutschland zu einer umfassenden Versorgung mit kreditwirtschaftlichen Leistungen geführt, die alle Bevölkerungsschichten und alle Regionen erfaßt. Diese Wettbewerbssituation ist eine wesentliche Ursache für die Innovationskraft und den bemerkenswerten Rationalisierungsstand der Kreditwirtschaft sowie die Intensität der Kapitalansammlung und -versorgung.

## Aufgaben der Sparkassen im Wandel der Zeit

Die Sparkassen nehmen aufgrund ihrer öffentlich rechtlichen Organisation eine Sonderstellung innerhalb der deutschen Kreditwirtschaft ein. Einerseits leiten sich daraus die öffentlichen Aufgaben ab, zum andern liegt hier die Begründung für die örtlich beschränkte Tätigkeit der Sparkassen.

Die Sparkassen sind aufgrund satzungsmäßiger Regelung verpflichtet, umfassende kreditwirtschaftliche Leistungen allen Bevölkerungskreisen zur Verfügung zu stellen. Dabei sollen sie vor allem die wirtschaftlich schwächeren Bevölkerungskreise versorgen und die Belange der mittelständischen Wirtschaft berücksichtigen. Ihre Leistungen müssen die Sparkassen überall, nicht zuletzt auch in strukturschwachen Gebieten, bereitstellen. Diese Aufgabenstellung der Sparkassen ist gesellschafts- und sozialpolitischer Natur und findet im Rahmen der Gesetze seine Konkretisierung in der jeweiligen ökonomischen und sozialpolitischen Situation. Hieraus ergibt sich, daß sich der Aufgabenkreis der Sparkassen bei sich wandelnder Wirtschafts- und Gesellschaftsstruktur fortentwickelt und sich den wandelnden Bedürfnissen der jeweiligen Zeit in den unterschiedlichen Räumen der Bundesrepublik angepaßt hat.

Im Interesse der Aufgabenerfüllung und zur Sicherung des Wettbewerbs in der Kreditwirtschaft ist darüber hinaus notwendig, daß die örtlich gebundene Tätigkeit der Sparkassen durch die Zusammenarbeit mit den überörtlich agierenden Landesbanken/Girozentralen ergänzt wird. Deshalb ist die Zusammenarbeit von Sparkassen und Landesbanken/Girozentralen im Verbund Voraussetzung für die Aufgabenerfüllung durch die Sparkassen. Dies gilt um so mehr, als die Sparkassen aufgrund ihrer öffentlich rechtlichen Verfassung nicht alle Geschäfte selbst tätigen dürfen; auch für das Auslandsgeschäft ergeben sich aus der Aufgabenstellung und der örtlichen Bindung Restriktionen.

### Regionalprinzip unverzichtbar

Das Sparkassenwesen wurzelt in der örtlichen Aufgabenerfüllung ihrer Gewährträger. Dies hat zur Folge, daß wesentliche Ordnungsprinzipien des Sparkassenwesens ihren Ursprung in Kommunalverfassungs- und Anstaltsrecht haben. Neben der besonderen öffentlichen sozialpolitischen und wettbewerbspolitischen Aufgabenstellung ist deshalb das Regionalprinzip ein besonderes Merkmal der

Das neue Haus des Deutschen Städtetages in Köln-Marienburg. 1973 fertiggestellt. Architekt: Joachim Schürmann.

öffentlichen Sparkassen und zugleich deutlicher Ausdruck der kommunalen Bindung. Sparkassen als Anstalten des öffentlichen Rechts sind grundsätzlich an den Wirkungsbereich des Gewährträgers gebunden. Diese räumliche Zuständigkeitsbeschränkung der Sparkassentätigkeit ist in den Sparkassengesetzen, Verordnungen und Satzungen niedergelegt. Insoweit unterscheidet sich das Regionalprinzip auch von der freiwilligen Selbstbeschränkung im Genossenschaftssektor. Die Erfüllung ihrer besonderen Aufgaben ist den Sparkassen nicht allgemein zugewiesen, sondern mit dem Ziel, die örtliche Kreditversorgung sicherzustellen und nur im Bereich des Gewährträgers Zweigstellen zu errichten. Hieraus resultiert die Notwendigkeit, im Rahmen kommunaler Neugliederungen im Grundsatz alle Zweigstellen zu übertragen, die nach der Neugliederung auf gewährträgerfremdem Gebiet liegen. Allerdings berücksichtigt die konkrete sparkassenrechtliche Ausgestaltung des Regionalprinzips, daß Sparkassen im Wettbwerb stehende Unternehmen sind, und weist deshalb im einzelnen den Sparkassen ein Wirkungsfeld zu, das nicht völlig deckungsgleich mit dem Gebiet des Gewährträgers ist. Diese Ausnahmen vom Regionalprinzip sind in den Sparkassengesetzen und Satzungen ausdrücklich geregelt. Darüber hinaus sind die Sparkassen auf die Zusammenarbeit im Verbund der Sparkassenorganisation angewiesen. Das Regionalprinzip führt also dazu, daß in der Regel die Geschäftsbereiche der Sparkassen eindeutig voneinander abgrenzbar sind, so daß zwischen den Sparkassen, von Ausnahmefällen abgesehen, kein Wettbewerb besteht.

Das sich aus der kommunalen Bindung ergebende Regionalprinzip hat dabei auch gesamtwirtschaftlich wichtige Funktionen zu erfüllen: Das mit der regionalen Beschränkung der Geschäftätigkeit der Sparkassen verbundene Prinzip der Dezentralisation entspricht den Ordnungsgrundsätzen unserer sozialen Marktwirtschaft. Dezentrale Entscheidungen und dezentrale Entscheidungsträger schaffen Voraussetzungen für die in einer solchen Wirtschaftsordnung notwendige Anpassungsfähigkeit an sich ändernde Märkte. Gleichzeitig macht die Dezentralisation die örtlich gebundene Korrekturfunktion der Sparkassen im Wettbewerb innerhalb der deutschen Kreditwirtschaft deutlich.

Das Regionalprinzip stellt darüber hinaus sicher, daß die lokalen Märkte gleichmäßig mit kreditwirtschaftlichen Leistungen versorgt werden. Die zwingend vorgeschriebene Beschränkung der Geschäftstätigkeit auf den örtlichen Raum hat eine Kanalisierung der

Finanzierungsmittel in Richtung auf weniger ertragreiche, aber volkswirtschaftlich wichtige Sektoren zur Folge. Die kreditwirtschaftlichen Dienstleistungen werden deshalb in der Bundesrepublik überall in einem vergleichbaren Standard angeboten, der lokale Markt wird intensiv betreut und nicht nur die ertragreichen Ballungszentren und Wirtschaftssektoren in die kreditwirtschaftliche Versorgung einbezogen. Die räumlich ausgeglichene Wirtschaftsstruktur in der Bundesrepublik Deutschland ist deshalb auch ein Ergebnis der leistungsfähigen, auf den örtlichen Raum beschränkten Kreditinstitute. Nur solche Institute eignen sich als Instrument einer wirksamen Struktur und Regionalpolitik.

Nicht zuletzt ist das Regionalprinzip auch für die Sparkassenorganisation selbst von struktureller Bedeutung, weil es das Ordnungskriterium für die räumliche Arbeitsteilung innerhalb der Sparkassenorganisation darstellt.

### Sparkassen als Hausbanken der kommunalen Körperschaften

Die enge Verbindung der Sparkassen mit ihren kommunalen Gewährträgern manifestiert sich darüber hinaus in einer Vielzahl von Berührungspunkten. So sind die Sparkassen zunächst auch die Hausbanken ihrer Gewährträger und wichtige Kreditgeber der öffentlichen Hand insgesamt.

Sie stehen entsprechend ihrer gesetzlichen Aufgabe ihren Gewährträgern sowie anderen öffentlichen Einrichtungen mit allen kreditwirtschaftlichen Leistungen bevorzugt zur Verfügung, zum Beispiel mit kurzfristigen Kassenkrediten, Kommunalkrediten, bei der Abwicklung des Zahlungsverkehrs des Gewährträgers und seiner Kommunalunternehmen sowie bei der Anlage unverbrauchter Haushaltsmittel. Darüber hinaus werden die Sparkassen bei der Finanzierung von öffentlich geförderten Infrastruktur- und Wirtschaftsförderungsmaßnahmen vorrangig eingesetzt. Dieses Hausbankprinzip ist das Ergebnis der engen institutionellen und gesetzlich begründeten Bindung der Sparkassen an die Kommunen. Schließlich führt die kommunale Bindung der Sparkassen auch zu Berührungspunkten mit der kommunalen Selbstverwaltung der Gewährträger, die sich unter anderem auch bei der Besetzung von Verwaltungsräten, Vorstandspositionen, Mitwirkung im Kreditausschuß und dergleichen, manifestiert. Eine weitere wichtige Klammer zwischen Sparkassen und ihrem Gewährträger stellt die Gewährträgerhaftung dar, der auf der anderen Seite die Beteiligung an den Jahresüberschüssen der Sparkassen entspricht.

**Uneingeschränktes Ja zur kommunalen Bindung**

Die Beziehungen zwischen Sparkassen und ihren kommunalen Gewährträgern sind also vielgestaltig. Rechtliche, institutionelle und personelle Verbindungen sowie gegenseitige wirtschaftliche Interessen bestimmen das enge Verhältnis zueinander. Die Sparkassenorganisation bejaht die kommunale Bindung und die damit verbundenen besonderen Strukturmerkmale uneingeschränkt. Aufbau und Verfassung der Sparkassenorganisation waren die Basis für den geschäftlichen Erfolg der Sparkassen, der sie in die Lage versetzt hat, in der Wiederaufbauphase ein ausreichendes und qualifiziertes Angebot an geld- und kreditwirtschaftlichen Leistungen zur Verfügung zu stellen. Vor anderen Instituten haben die Sparkassen Sparkapital auch aus kleinsten Beträgen in quantitativ fühlbare langfristige Finanzierungsmittel umgesetzt. Das Finanzierungsvolumen der Sparkassen für die öffentliche Hand, die Wirtschaft und die Privaten war eine Voraussetzung für das wirtschaftliche Wachstum und Garant für die gesamtwirtschaftlich stabile Entwicklung in der Bundesrepublik Deutschland. Dabei ließen kommunale Bindung und öffentlich rechtlicher Charakter der Sparkassen genügend Spielraum, um sich den notwendigen Veränderungen anzupassen, beispielsweise durch die Novellierung der Sparkassengesetze und durch eine immer wieder zeitgemäße Interpretation der besonderen Aufgabenstellung der Sparkassen.

Unter Berücksichtigung dieses marktpolitischen Erfolges und bei der Anpassungsfähigkeit der strukturellen Gegebenheit der Sparkassenorganisation an sich ändernde Marktsituationen stehen für die Sparkassen auch in Zukunft die öffentlich-rechtliche Ausgestaltung, die kommunale Bindung und das Regionalprinzip nicht zur Diskussion.

**Schwieriges Problem: Eigenkapital**

Der kommunalen Bindung der Sparkassen und den sich daraus für die Sparkassen ergebenden Beschränkungen entspricht die Verantwortung der Kommunen und der kommunalen Gewährträger, die Sparkassen als funktions- und konkurrenzfähige Institute zu erhalten. Eine Belastungsprobe für das Verhältnis von Sparkassen und Kommunen könnte sich in Zukunft dabei aus den erhöhten Anforderungen des Bundesgesetzgebers an die Eigenkapitalausstattung eines Kreditinstituts ergeben.

In der Vergangenheit konnten die Sparkassen den Kapitalanforderungen deshalb nachkommen, weil es ihnen durch ermäßigte Steuersätze möglich war, ihre Finanzkraft den zunehmenden Anforderungen der Kunden anzupassen. Voraussetzung für künftiges Wachstum ist es deshalb, auch bei der stark gesteigerten Steuerlast das Eigenkapital mit dem allgemeinen Wachstum der Institute mitwachsen zu lassen.

Eine ausreichende Eigenkapitalversorgung ist dabei zunächst kein spezifisches Problem der Sparkassen, sondern ein Problem der deutschen Kreditwirtschaft insgesamt: Gemessen am internationalen Vergleich weisen die deutschen Kreditinstitute besonders niedrige Eigenkapitalquoten auf. Als Maßstab für die Eigenkapitalausstattung der Kreditinstitute dient dabei üblicherweise das Verhältnis von Eigenkapital und Geschäftsvolumen. Gemessen an dieser Relation rangieren die Sparkassen in der Eigenkapitalausstattung innerhalb der deutschen Kreditwirtschaft mit einer Quote von rund 3,4% am unteren Ende.

Die so ermittelte Eigenkapitalquote vernachlässigt jedoch die Risikostruktur des Kreditgeschäfts. Mißt man die Eigenkapitalausstattung der Kreditinstitute am Risikogehalt ihres Kreditgeschäftes, so müssen z.B. Institute mit stärkerem Industriekreditgeschäft höheres Eigenkapital aufweisen als Institute mit einem größeren Anteil von Real- und Kommunalkrediten. Diese Notwendigkeit ergibt sich schon daraus, um den bankaufsichtsrechtlichen Normen des Grundsatzes I des Bundesaufsichtsamtes für das Kreditwesen entsprechen zu können.

Untersucht man unter diesem Aspekt der unterschiedlichen Risikostruktur des Kreditgeschäftes die Eigenkapitalausstattung der deutschen Kreditinstitute, so zeigt sich, daß die Sparkassen bei einer so errechneten Eigenkapitalquote nach den Kreditgenossenschaften aufgrund der bei ihnen zulässigen Anrechnung des Haftsummenzuschlags innerhalb der deutschen Kreditwirtschaft die relativ günstigste Eigenkapitalquote aufweisen.

Die besondere Problematik für die künftige Eigenkapitalversorgung der Kreditinstitute entsteht aus zwei Ansätzen:

Die Eigenkapitalausstattung erfüllt mehrere Funktionen. Die Finanzierungsfunktion, die bei den Kreditinstituten relativ unbedeutend ist, die Haftungs- und Garantiefunktion sowie die Vertrauensfunktion. Diese traditionellen Funktionen des Eigenkapitals in der Kreditwirtschaft verlieren jedoch allgemein zunehmend an Bedeutung. Dagegen wird das Eigenkapital immer stärker zum Maßstab für bankaufsichtsrechtliche Normen. Im wesentlichen zielen diese bankaufsichtsrechtlichen Regelungen und Normen darauf ab, daß das Kreditvolumen der Kreditinstitute das 18fache des ausgewiesenen Eigenkapitals nicht übersteigen darf. Dabei werden die verschiedenen Kreditarten entsprechend ihrer Risikolage differenziert angerechnet. Hieraus ergibt sich, daß der Umfang des Kreditgeschäfts einerseits durch die strukturelle Zusammensetzung des Kreditgeschäfts beeinflußt wird, zum anderen unmittelbar von der Höhe des Eigenkapitals abhängt. Damit ist die künftige Eigenkapitalausstattung der Kreditinstitute zugleich auch maßgebend für das künftige Wachstum der Kreditinstitute. Die Eigenkapitalausstattung wirkt daher unmittelbar auf die Wettbewerbsfähigkeit und die Möglichkeiten der Aufgabenerfüllung der Sparkassen ein.

Die Eigenkapitalausstattung der Sparkassen und der anderen Kreditinstitute hat zum anderen neue Aktualität durch die Vorlage des Gutachtens der Bankenstrukturkommission erhalten. Die Kommission ist in ihrem Gutachten davon ausgegangen, daß langfristig die Eigenkapitalausstattung der Kreditinstitute verbessert werden muß. Sie glaubt, dies durch erhöhte Eigenkapitalanforderungen erreichen zu können. Außerdem verlangt sie eine strenge puristische Definition des Eigenkapitalbegriffs im Kreditwesengesetz. Zwar ist schwer vorstellbar, daß die sehr theoretischen Vorstellungen der Bankenstrukturkommission bei den in der nächsten Legislaturperiode zu erwartenden Änderungen des Kreditwesengesetzes voll realisiert werden. Gleichwohl muß sich die Kreditwirtschaft und damit auch die Sparkassen und ihre kommunalen Gewährträger rechtzeitig darauf einstellen, daß in Zukunft erhöhte Anforderungen an die Eigenkapitalausstattung gestellt werden.

Insgesamt erfüllen die Sparkassen im Durchschnitt zur Zeit die Anforderungen an die notwendige Eigenkapitalausstattung. Dies gilt sowohl, wenn man als Maßstab die Relation des Eigenkapitals zum Geschäftsvolumen heranzieht, als auch, wenn man die Risikostruktur des Kreditgeschäfts berücksichtigt. Gleichwohl dürften in Zukunft die Anforderungen an die Eigenkapitalausstattung steigen. Das besondere Problem für die Sparkassen besteht darin, daß sie die einzige Gruppe des deutschen Kreditgewerbes sind, der für die Eigenkapitalbildung ausschließlich der Weg der Selbstfinanzierung aus erwirtschafteten Gewinnen offensteht. Die Möglichkeiten der

Selbstfinanzierung sind jedoch, wie auch die derzeitige Hochzinsphase deutlich gemacht hat, begrenzt. Zu berücksichtigen ist dabei, daß die Selbstfinanzierungsmöglichkeiten auch durch die Erhöhung des Körperschaftssteuersatzes bei den Sparkassen stark beschnitten worden sind. Geschäftspolitische Maßnahmen und eine konsequente Rationalisierung, unterstützt durch ein abgeschwächtes Bilanzsummenwachstum, konnten in der Vergangenheit eine hinreichende Versorgung mit Eigenkapital sicherstellen. Im Interesse der Aufgabenerfüllung durch die Sparkassen und zur Sicherung der Wettbewerbsfähigkeit im Markt der Zukunft ist jedoch ein Einfrieren der Eigenkapitalbildung bei den Sparkassen zu wenig. Langfristig ist es daher unerläßlich, den Sparkassen zusätzliche Möglichkeiten der Eigenkapitalbildung zu eröffnen.

Neue Wege der Eigenkapitalbildung der Sparkassen sind auch aus dem Selbstverständnis der Sparkassen nur in einer Form denkbar, daß dadurch die kommunale Bindung der öffentlich-rechtlichen Sparkassen und ihr Status als Anstalten des öffentlichen Rechts nicht beeinträchtigt werden. Die dezentrale Struktur der Sparkassenorganisation und die aus dem Regionalprinzip sich ergebende Wettbewerbsfunktion darf durch Überlegungen, den Sparkassen Eigenkapital von außen zuzuführen, nicht infrage gestellt werden. Um so wichtiger ist es, daß sich die Kommunen und kommunalen Gewährträger der Sparkassen darauf einstellen, aufgrund ihrer Verantwortung für die Funktions- und Wettbewerbsfähigkeit der kommunalen Sparkassen die Sparkassen mit dem notwendigen Eigenkapital durch die Bereitstellung von Dotationskapital auszustatten. Dabei kann man voraussetzen, daß die Sparkassen durch ihre eigene Geschäftspolitik und durch die sich daraus ergebende Rentabilitätslage nachweisen, daß sie leistungs- und wettbewerbsfähig sind, daß sie ihre besonderen Aufgaben erfüllen können und deshalb die Zurverfügungstellung von Dotationskapital durch die Kommunen wirtschaftlich richtig ist.

Eine weitere realistische Möglichkeit, die im Rahmen des KWG notwendige Eigenkapitalquote zu sichern, ohne andererseits die kommunalen Gewährträger finanziell zu belasten, liegt in der Anerkennung eines Haftungszuschlags für Anstaltslast und Gewährträgerhaftung. Diese Lösung entspräche der geltenden Regelung für die Genossenschaftsinstitute, bei denen ein rechnerischer Zuschlag zum Eigenkapital erfolgen kann, der der entsprechenden Verpflichtung der Genossen Rechnung trägt.

Die Anerkennung der Gewährträgerhaftung würde deshalb auch Wettbewerbsgleichheit zu den Genossenschaftsbanken herstellen. Die Bankenstrukturkommission hat sich in ihrem Gutachten gegen die Anerkennung eines Haftungszuschlags ausgesprochen. Kommunale Gewährträger und die Sparkassenorganisation sollten sich jedoch gemeinsam bemühen, bei der legislatorischen Umsetzung des Gutachtens im Rahmen der zu erwartenden Novellierung des Kreditwesengesetzes die sachlich gerechtfertigte Forderung nach Anerkennung eines Haftungszuschlags für Anstaltslast und Gewährträgerhaftung zu ermöglichen.

DIETER BLISSENBACH

# Die Veröffentlichungen des Deutschen Städtetages 1905-1980

## (Bibliographie)

## Inhalt

|  | Seite |
|---|---|
| I. Zeitschriften | 271 |
| II. Jahrbücher | 278 |
| III. Reihen | 280 |
|     Schriftenreihe des Deutschen Städtetages | 280 |
|     Kommunales Archiv | 282 |
|     Schriften des Deutschen Städtetages | 291 |
|     Neue Schriften des Deutschen Städtetages | 291 |
|     DST-Beiträge, Reihe A bis H | 296 |
| IV. Einzelschriften | 306 |
| V. Verschiedenes | 325 |

# I. Zeitschriften

Lfd. Nr.

1   1) MITTEILUNGEN DER ZENTRALSTELLE DES DEUTSCHEN STÄDTE-
TAGES.
Jg. 1/1907 — Jg. 14/1920. (jährl. 10 Nummern; ab Jg. 7/1913
monatlich)

*Berlin: Selbstverlag der Zentralstelle des Deutschen Städtetages.*

Beilagen:

2   Verwaltungsbericht der Zentralstelle des Deutschen Städtetages
für 1906.
(Jg. 1/1907, Nr. 1)

3   Luther, Hans
Der städtische Immobiliarkredit. Bericht an die Immobiliarkredit-
kommission.
(Jg. 9/1915, Nr. 7/8)

4   Die Leistungen der Städte zugunsten des Hausbesitzes. Regelungen
in 172 deutschen Städten.
(Jg. 10/1916, Nr. 15)

(Fortführung der Zeitschrift siehe Lfd. Nr. 5)

5   MITTEILUNGEN DES DEUTSCHEN STÄDTETAGES.
Jg. 15/1921 — Jg. 21/1927, Nr. 8. (monatlich; ab Jg. 15/1921,
Nr. 10 bis Jg. 17/1923, Nr. 4/5 vierzehntäglich; anschließend wieder
monatlich)

*Berlin: Selbstverlag des Deutschen Städtetages.*

Beilagen:

6   Schulärzte.
(Jg. 15/1921, Nr. 4)

7   Schulzahnpflege in deutschen Städten.
(Jg. 15/1921, Nr. 5. Siehe auch Lfd. Nr. 14)

8   Schulpflegerinnen.
(Jg. 15/1921, Nr. 6)

9   Maier, Hans
Örtliche Einrichtungen zur Beschäftigung Erwerbsbeschränkter.
(Jg. 15/1921, Nr. 13)

Lfd. Nr.

10 Die Wohlfahrtspflege im Deutschen Reich. Eine Übersicht hrsg. vom Deutschen Städtetag und dem Verband Deutscher Landkreise bearb. mit Unterstützung des Preußischen Ministeriums für Volkswohlfahrt durch das Archiv für Wohlfarhrtspflege.
(Jg. 15/1921, Nr. 15)

11 Die postalische Zulässigkeit von Sammelsendungen.
(Jg. 19/1925, Nr. 1)

12 Entwurf einer Reichsstädteordnung.
(Jg. 19/1925, Nr. 19)

13 Stellungnahme des Preußischen Städtetages zum Entwurf eines Preußischen Städtebaugesetzes.
(Jg. 20/1926, Nr. 2. Siehe auch Lfd. Nr. 21)

14 Schulzahnpflege in deutschen Städten.
(Jg. 21/1927, Nr. 6. Siehe auch Lfd. Nr. 7)

(Fortführung der Zeitschrift siehe Lfd. Nr. 15)

15 DER STÄDTETAG. Mitteilungen des Deutschen Städtetages / Zeitschrift für deutsche Kommunalpolitik.
Jg. 21/1927, Nr. 9 — Jg. 27/1933, Nr. 6. (monatlich)
(Unselbständige Beilage: Städte und Statistik; siehe Lfd. Nr. 40)

*Berlin: Selbstverlag des Deutschen Städtetages.*
*(Jg. 21/1927, Nr. 9 — Jg. 23/1929, Nr. 4)*
*Berlin: Heymann.*
*(Jg. 23/1929, Nr. 5 — Jg. 27/1933, Nr. 6)*

Sonderhefte:

16 Verzeichnis der Spruchbehörden bei Klagen gegen Fürsorgeverbände und im Fürsorgeverfahren mit einem Verzeichnis der Landesfürsorgeverbände. Hrsg. vom Deutschen Städtetag unter Mitarbeit des Archivs für Wohlfahrtspflege und den Herren Falck, Ruppert, Wittelshöfer, Muthesius und Memelsdorff. 1. Augs. 124 S.
(Jg. 21/1927; Januar. Siehe auch Lfd. Nr. 66)

17 Reichspolitik und Städte. Hauptversammlung des 7. Deutschen Städtetages in Magdeburg, September 1927.
(Jg. 21/1927; Oktober. Siehe auch Lfd. Nr. 51)

Lfd. Nr.

Beilage:

18 Simon, Ludwig
Der Begriff der kommunalen Schuldscheindarlehen im Anleiheablösungsgesetz.
(Jg. 21/1927, Nr. 12)

Sonderhefte:

19 Kommunalpolitik und Presse. 96 Spalten
(Jg. 22/1928; Januar)

20 Reichsaufbau und Selbstverwaltung.
(Jg. 22/1928; November. Siehe auch Lfd. Nr. 54 und 267)

Beilage:

21 Vorschlag für ein preußisches Städtebaugesetz, beschlossen vom Vorstand des Preußischen Städtetages am 9. Februar 1929.
(Jg. 23/1929, Nr. 2. Siehe auch Lfd. Nr. 13)
(Fortführung der Zeitschrift siehe Lfd. Nr. 22)

22 DER GEMEINDETAG. Zeitschrift für deutsche Kommunalpolitik (Gemeindepolitik).
Jg. 27/1933, Nr. 7 — Jg. 37/1943, Nr. 13/14. (monatlich)
*Berlin: Heymann. (Jg. 27/1933, Nr. 7—12)*
*Stuttgart: Kohlhammer. (Jg. 28/1934 ff.)*
(Unselbständige Beilage: Gemeinden und Statistik; siehe Lfd. Nr. 41)
(Fortführung siehe Lfd. Nr. 23)

23 DER STÄDTETAG. Zeitschrift für kommunale Praxis und Wissenschaft.
Neue Folge:
Jg. 1/1948, Sonderheft und Heft 1—6;
Jg. 2/1949 ff. (monatlich)
(Unselbständiger Teil: Vergleichende Städtestatistik; siehe Lfd. Nr. 44)
*Stuttgart: Kohlhammer.*

24 2) DIE LANDGEMEINDE. Amtliches Organ des Deutschen Gemeindetages für ländliche Selbstverwaltung.
Laufende, unselbständige Beilage:
Gesetzessammlung und für die ländliche Selbstverwaltung wichtigen Verordnungen und Erlasse.

Lfd. Nr.

Ausgabe A
für Preußen, Hessen, Saarland, Oldenburg, Mecklenburg, Braunschweig, Anhalt, Lippe, Hamburg und Bremen.
Neue Folge:
Jg. 1/1934 (= Alte Folge Jg. 43) — Jg. 10/1943, Heft 13/14. (vierzehntäglich)

*Berlin: Deutscher Gemeindeverlag. (N.F. Jg. 1/1934, Nr. 1—3)*
*Berlin: Neuer Kommunalverlag. (N.F. Jg. 1/1934, Nr. 4 — Jg. 4/1937, Nr. 3)*
*Berlin: Vereinigte Verlagsgesellschaft Francke & Co. (N.F. Jg. 4/ 1937, Nr. 4 ff.)*

25 Ausgabe B
für Bayern. (Hervorgegangen aus: „Der Bayerische Bürgermeister").
Jg. 28/1939 — Jg. 32/1943, Nr. 7.

26 Sonderbeilage für die elsässischen Gemeinden.
Jg. 30/1941 — Jg. 32/1943, Nr. 7.

*München: Kommunalschriften-Verlag J. Jehle.*

27 Ausgabe C
für Sachsen. (Hervorgegangen aus: „Der Sächsische Gemeindetag").
Jg. 47/1938 — Jg. 50/1941.

*Dresden: Kommunal-Verlag Sachsen.*

28 Ausgabe D
für Württemberg. (Hervorgegangen aus: „Württembergische Gemeinde-Zeitung").
Jg. 67/1938 — Jg. 70/1941.

*Stuttgart: Kohlhammer.*

29 Ausgabe E
für Baden. (Hervorgegangen aus: „Die Gemeinde. Zeitschrift für das Verwaltungs- und Rechnungswesen der badischen Gemeinden...").
Neue Folge:
Jg. 1/1936 (= Alte Folge Jg. 38) — Jg. 6/1941.

*Karlsruhe: Malsch & Vogel.*

Lfd. Nr.

30  Ausgabe O
    für die Ostmark.
    Jg. 1/1939 — Jg. 2/1940, Nr. 12.

31  Ausgabe O und S
    für die Ostmark und den Sudetengau.
    Jg. 2/1940, Nr. 13 — Jg. 3/1941, Nr. 10.

*Stuttgart: Kohlhammer.*

32  3) NACHRICHTENDIENST DES DEUTSCHEN STÄDTETAGES.
    Jg. 1/1933, Folge 1—11.

    *Berlin: Deutscher Städetag.*

    (Fortführung siehe Lfd. Nr. 33)

33  NACHRICHTENDIENST DES DEUTSCHEN GEMEINDETAGES.
    Jg. 1/1933 — Jg. 13/1945, Folge 1/2. (zehntäglich; ab Jg. 8/1940 vierzehntäglich)

    *Berlin: Deutscher Gemeindetag.*

    (Fortführung siehe Lfd. Nr. 34)

34  MITTEILUNGEN DES DEUTSCHEN STÄDTETAGES.
    Jg. 1/1946, Nr. 1—20 unter dem Titel: MITTEILUNGEN DES DEUTSCHEN STÄDTETAGES IN DER BRITISCHEN ZONE; (wöchentlich)
    Jg. 2/1947 ff. (vierzehntäglich)
    Ab Jg. 24/1969 ff. mit der monatlichen Beilage: Literatur-Mitteilungen. (Siehe Lfd. Nr. 35)

    *Bad Godesberg / (ab 1948) Köln: Deutscher Städtetag.*

35  LITERATUR-MITTEILUNGEN. Monatliche Beilage der Mitteilungen des Deutschen Städtetages. (Siehe Lfd. Nr. 34)
    Jg. 1/1954, Ausg. 1 — Jg. 15/1968, Ausg. 87 selbständig unter dem Titel: BIBLIOTHEK DES DEUTSCHEN STÄDTETAGES / NEUEINGÄNGE; (zweimonatlich)
    Jg. 16/1969 ff. (monatlich)

    *Köln: Deutscher Städtetag.*

Lfd. Nr.

36   4) PRESSE- UND FUNKSPIEGEL DES DEUTSCHEN STÄDTETAGES.
Nr. 1 vom 1. 4. 1946 — Nr. 48 vom 1. 8. 1946.

*Bad Godesberg: Deutscher Städtetag in der Britischen Zone im Entstehen.*

37   5) WIEDERAUFBAU-MITTEILUNGEN.
Jg. 1/1946, Nr. 1—4;
Jg. 2/1947, Nr. 5—7;
Jg. 3/1948, Nr. 8—10;
Jg. 4/1949, Nr. 11.

*Bad Godesberg / (ab 1948) Köln: Deutscher Städtetag (in der Britischen Zone im Entstehen), Bauausschuß; Essen: Siedlungsverband Ruhrkohlenbezirk.*

38   6) KOMMUNALE KORRESPONDENZ.
Nr. 1, 1949 — Nr. 17, 1951 unter dem Titel: KOMMUNALE INFORMATION;
Nr. 18, 1951 ff. (Nach Bedarf; jährlich etwa 10—15 Nummern)

*Köln: Deutscher Städtetag.*

39   7) STATISTISCHE VIERTELJAHRESBERICHTE DES DEUTSCHEN STÄDTETAGES.
Jg. 1/1928 — Jg. 2/1929.

*Berlin: Deutscher Städtetag.*

(Fortführung siehe Lfd. Nr. 40)

40   Städte und Statistik. (Unselbständige Beilage der Zeitschrift: Der Städtetag; siehe Lfd. Nr. 15; monatlich)
Beilage zu Jg. 24/1930, Nr. 4 bis Jg. 27/1933, Nr. 6.

(Fortführung siehe Lfd. Nr. 41)

41   Gemeinden und Statistik. (Unselbständige Beilage der Zeitschrift: Der Gemeindetag; siehe Lfd. Nr. 22; jährlich 8—13 Nummern)
Beilage zu Jg. 27/1933, Nr. 7 — Jg. 33/1939, Nr. 6.

Lfd. Nr.

42   8) VIERTELJÄHRLICHER KOMMUNALPOLITISCHER ZAHLENSPIEGEL DER GROSSSTÄDTE.
Jg. 1/1937 — Jg. 2/1938.

*Berlin: Deutscher Gemeindetag.*

43   9) VERGLEICHENDE STÄDTESTATISTIK.
Jg. 1/1946 — Jg. 24/1969. (vierteljährlich)

*Braunschweig: (Deutscher Städtetag in der Britischen Zone); Deutscher Städtetag, Statistische Abteilung.*

(Fortführung siehe Lfd. Nr. 44)

44   Vergleichende Städtestatistik. (Unselbständiger Teil der Zeitschrift: Der Städtetag; siehe Lfd. Nr. 23).
Enthalten in N.F. Jg. 23/1970 ff. (Nach Bedarf; jährlich zwischen 2 und 8 Beiträge)

45   10) VERGLEICHENDE GROSSSTADTSTATISTIK.
Jg. 1/1975 unter dem Titel: VERGLEICHENDE STÄDTESTATISTIK; (vierteljährlich)
Jg. 2/1976 (halbjährlich)
Jg. 3/1977 ff. (vierteljährlich)

*Köln: Deutscher Städtetag.*

## II. Jahrbücher

Lfd. Nr.

46   1) STATISTISCHES JAHRBUCH DEUTSCHER GEMEINDEN (bis Jg. 28/1933 unter dem Titel: STATISTISCHES JAHRBUCH DEUTSCHER STÄDTE).
Begründet von Moritz Neefe. Hrsg. vom Verband(e) der deutschen Städtestatistiker. Amtliche Veröffentlichung des Deutschen Städtetages (Deutschen Gemeindetages). Ab Jg. 37/1949 hrsg. vom Deutschen Städtetag.
Jg. 22/1927 (= Neue Folge Jg. 1) — Jg. 36/1941;
Jg. 37/1949 ff.

*Leipzig: Brandstetter. (Jg. 22/1927 — Jg. 24/1929);*
*Jena: Fischer. (Jg. 25/1930 — Jg. 36/1941);*
*Schwäbisch Gmünd: Bürger. (Jg. 37/1949 — Jg. 39/1951);*
*Braunschweig: Waisenhaus Buchdruckerei und Verlag. (Jg. 40/1952 — Jg. 60/1973);*
*Köln: Bachem. (Jg. 61/1974 ff.).*

47   2) KOMMUNALES JAHRBUCH. Bearbeitet im Forschungsinstitut für Sozialwissenschaften der Stadt Köln. Mit Unterstützung des Deutschen Städtetages hrsg. von Hugo Lindemann, Otto Most, Albert Südekum und (ab Bd 2) Oskar Mulert.
Neue Folge:
Bd 1/1927. 298 S.
Bd 2/1931. 380 S.
Bd 3/1932. 358 S.

*Jena: Fischer.*

48   3) JAHRBUCH DER LANDGEMEINDEN (für das Jahr) . . . Handbuch für die Bürgermeister, Amts- und Gemeindevorsteher und anderen Beamten der ländlichen Verwaltung. Hrsg. im Auftrage des Deutschen Gemeindetages von Ralf Zeitler.
Jg. 10/1934 — Jg. 15/1939.

*Berlin: Deutscher Gemeindeverlag.*

Lfd. Nr.

49  4) GESCHÄFTSBERICHT DER HAUPTGESCHÄFTSSTELLE DES DEUTSCHEN STÄDTETAGES FÜR DIE JAHRE . . .
1. Ausg. 1951/52 — 22. Ausg. 1972/73; (jährlich)
23. Ausg. 1973 und 1974 ff. (zweijährlich)

*Köln: Deutscher Städtetag.*


50  5) DST-BIBLIOGRAPHIE. Jahresverzeichnis 1946 bis . . .
1. Ausg. 1946 — 1970 ff. (jährlich kumulierend)

*Köln: Deutscher Städtetag.*

## III. Reihen

Lfd. Nr.

1) SCHRIFTENREIHE DES DEUTSCHEN STÄDTETAGES.

*Berlin: Selbstverlag des Deutschen Städtetages.*

51   Heft 1: SIEBENTER DEUTSCHER STÄDTETAG, MAGEDEBURG, 23. September 1927. (Thema: Reichspolitik und Städte). 1927. 117 S.
(Auch als Sonderheft der Zeitschrift „Der Städtetag", Jg. 21/1927, erschienen; siehe Lfd. Nr. 17. Siehe auch Lfd. Nr. 263)

52   Heft 2: JAHRES-VERSAMMLUNG DES PREUSSISCHEN STÄDTETAGES, MAGDEBURG, 24. September 1927. (Thema: Die Zusammenarbeit der kommunalen und wirtschaftlichen Selbstverwaltung auf dem Gebiet der Sozialpolitik). 1927. 97 S.

53   Heft 3: HOFMANN, EMIL
Die Milchversorgung der deutschen Städte, bearb. aufgrund einer Rundfrage des Deutschen Städtetages vom Dez. 1926.
1927. 120 S.

54   Heft 4: (Zehnte) JAHRES-VERSAMMLUNG DES DEUTSCHEN STÄDTETAGES, BRESLAU, den 25. September 1928. (Thema: Reichsaufbau und Selbstverwaltung). 1928. 96 S.
(Siehe auch Lfd. Nr. 20 und 267)

55   Heft 5: JAHRES-VERSAMMLUNG DES PREUSSISCHEN STÄDTETAGES, BRESLAU, 26. September 1928. (Thema: Schwebende Fragen des Finanzausgleichs — Bedarfsordnung und Bedarfsdeckung in Reich, Ländern und Gemeinden). 1928. 104 S.

56   Heft 6: GRUNDFRAGEN DER KOMMUNALEN NEUGLIEDERUNG. Denkschrift des Preußischen Städtetages.
1929. 43 S.
(Auch als Einzelschrift erschienen; siehe Lfd. Nr. 265)

Lfd. Nr.

57 Heft 7: JELLINEK, WALTER
Entschädigung für baurechtliche Eigentumsbeschränkungen. Rechtsgutachten dem Deutschen Städtetag erstattet. 2. Aufl.
1929. 35 S.

58 Heft 8: SCHWÉERS, OTTO / FRANZ MEMELSDORFF
Die Bekämpfung der Geschlechtskrankheiten in deutschen Städten.
1930. 219 S.

59 Heft 9: (Elfte) JAHRES-VERSAMMLUNG DES DEUTSCHEN STÄDTETAGES, FRANKFURT A.M., 27. September 1929. (Thema: Sinn und Form der Selbstverwaltung).
1929. 84 S.
(Siehe auch Lfd. Nr. 268)

60 Heft 10: JAHRES-VERSAMMLUNG DES PREUSSISCHEN STÄDTETAGES, FRANKFURT A.M., 28. September 1929. (Thema: Die Bedeutung der gemeindlichen Unternehmungen im Rahmen der deutschen Volkswirtschaft).
1929. 63 S.

61 Heft 11: REICHS-STÄDTEORDNUNG. Entwurf und Begründung. Vorgelegt vom Deutschen Städtetag 1930. 1., 2. und 3. Aufl.
1930. 60 S.

62 Heft 12: DER DEUTSCHE STÄDTETAG. 25 Jahre Gemeinschaftsarbeit deutscher Städte. 1., 2. und 3. Aufl.
1930. 68 S.

63 Heft 13: ACHTER DEUTSCHER STÄDTETAG, DRESDEN, 26. September 1930. (Thema: 1. 25 Jahre Deutscher Städtetag. 2. Arbeitslosenversicherung und Gemeindehaushalt).
1930. 122 S.
(Siehe auch Lfd. Nr. 269)

64 Heft 14: ELFTER PREUSSISCHER STÄDTETAG, DRESDEN, 27. Sept. 1930. (Thema: Der kommunale Kredit).
1930. 93 S.

65 Heft 15: JAEGER, HEINZ
Die Aufgaben der Versicherungsämter. Im Auftrag des Deutschen Städtetages bearbeitet.
1931. 57 S.

Lfd. Nr.

66   Heft 16: VERZEICHNIS DER SPRUCHBEHÖRDEN BEI KLAGEN GEGEN FÜRSORGEVERBÄNDE. Hrsg. vom Deutschen Städtetag unter Mitarbeit des Archivs für Wohlfahrtspflege. 2. Ausgabe.
1931. 49 S.
(Siehe auch Lfd. Nr. 16)

67   Heft 17: UNGETHÜM, FRIEDRICH
Die deutschen Städte im Überweisungssystem des Reichsfinanzausgleichs. Zahlenreihen über die Errechnung und die Auswirkungen der Verteilungsschlüssel für die Einkommensteuer und die Körperschaftsteuer.
1932. 118 S. Anlage: Tabellen. 28 S.

2) KOMMUNALES ARCHIV.
Hrsg. vom Deutschen Gemeindetag, teilweise in Verbindung mit dem Kommunalwissenschaftlichen Institut an der Universität Berlin.

*Berlin: Deutscher Gemeindetag.*

68   Nr. 1   LAUT, HANS
Gutachten zur Frage der Haftpflicht der Städte für Gebäudeschäden infolge Erschütterungen durch den Straßenverkehr.
1934. 25 S.

69   Nr. 2:   JAHN, WILHELM
Der Veräußerungspreis im Grunderwerbsteuerrecht.
1934. 19 S.

70   Nr. 3:   DIE ORGANISATION DER STÄDTISCHEN KASSEN. Ergebnisse einer Rundfrage des Preußischen Gemeindetages.
1. Aufl. 1934. 19 S.
2. Aufl. 1935. 19 S.

71   Nr. 4:   REUSS, HERMANN
Die Rechtsprechung des Reichsgerichts zur fluchtlinienrechtlichen Bedeutung des § 75 Einl. ALR.
1934. 5 S.

| Lfd. Nr. | | | |
|---|---|---|---|
| 72 | Nr. 5: | HÖLZER, FRITZ | |

Nr. 5: HÖLZER, FRITZ
Das Zahlungsverfahren für Wohlfahrtsunterstützungen.
1. Aufl. 1934. 17 S.
2. u. 3. Aufl. 1935. 17 S.

73 Nr. 6: BENECKE, OTTO
Die Reichskulturkammer. Stand vom 20. 11. 1933.
1934. 17 S.

74 Nr. 7: EINZELFRAGEN DES VOLKSSCHULHAUSBAUES. Zusammenstellung aus Schriften, Erläuterungsberichten und Bauzeitungen.
1934. 143 S.

75 Nr. 8: BERTRAM, KURT
Kurze Einführung in Begriff, Wesen und Behandlung (Trennung) des vereinfachten Küsterschulamtes.
1934. 10 S.

76 Nr. 8a: BERTRAM, KURT
Die vermögensrechtliche Auseinandersetzung bei Trennung von Kirchen- und Schulamt.
1. Ausg. 1934. 22 S.

DIE VERMÖGENSRECHTLICHE AUSEINANDERSETZUNG nach dem Gesetz über die Trennung dauernd vereinigter Schul- und Kirchenämter vom 7. Sept. 1938.
2. Ausg. 1939. 76 S.

77 Nr. 9: STEINBERG, FRIEDRICH
Die Grundvermögensteuer-Erleichterungen für Preußen.
1. Ausg. 1934. 20 S.
2. Ausg. 1937. 34 S.

78 Nr. 10: DIE DEZERNENTEN DER WOHLFAHRTS-, JUGEND- UND GESUNDHEITSÄMTER in den Städten mit mehr als 20 000 Einwohner.
1. Ausg. Stand: 1. Nov. 1933. 1934. 12 S.
2. Ausg. 1938. 171 S.

79 Nr. 11: DIE NEUGESTALTUNG DER DEUTSCHEN ELEKTRIZITÄTSWIRTSCHAFT. Vorschläge des Deutschen Gemeindetages für eine planmäßige Fortentwicklung unter einheitlicher Führung.
1934. 24 S.

Lfd. Nr.

80 Nr. 12: DIE KINOSTEUER. Stand: 1. Febr. 1934.
1934. 20 S.

81 Nr. 13: MUSTERMARKTORDNUNG.
1934. 6 S.

82 Nr. 14: BETRIEBSSATZUNG FÜR DIE VERSORGUNGSBETRIEBE ODER VERKEHRSBETRIEBE DER STADT (DES KREISES).
Vom Deutschen Gemeindetag als Muster für die preußischen Städte und Landkreise festgestellt.
1934. 22 S.

83 Nr. 15: SCHÖNEBECK, HEINRICH
Das Ruhegehalt der leitenden preußischen Gemeindebeamten (aufgrund des RdErl. d. MdI. v. 9. Juni 1934).
1934. 23 Bl.

84 Nr. 16: GESETZ ÜBER DEN DEUTSCHEN GEMEINDETAG (vom 15. Dez. 1933) und Satzung des Deutschen Gemeindetages.
1. Ausg. 1934. 21 S.
2. Ausg. 1935. 21 S.

85 Nr. 17: FLESCH, AUGUST
Die Vermögens- und Schuldenwirtschaft der Gemeinden in Preußen.
1934. 14 S.

86 Nr. 18: STEFFENS, HEINZ
Änderungen der Reichsgewerbeordnung und des Gaststättengesetzes.
4. Ausg. 1935. 36 S.
(Siehe auch Lfd. Nr. 93)

87 Nr. 19: PAULEIT, ERNST
Bestandsverzeichnisse über bewegliche Einrichtungsgegenstände, Geräte usw.
1935. 8 S.

88 Nr. 20: BERTRAM, KURT
Ausgleichskassen zur Aufbringung der Kosten von Volksschullehrer-Vertretungen.
1935. 13 S.

Lfd. Nr.

89  Nr. 21: TWELSING, FRIEDRICH
Die Tätigkeit der Meldebehörde, der Ortspolizei-, der Kreispolizei- bzw. der Polizeiaufsichtsbehörde bei der Durchführung des Wehrgesetzes und der Verordnung über das Erfassungswesen.
1935. 6 S.

90  Nr. 22: HÜLSDELL, ROBERT
Die Preußische Landesschulkasse — gemeinverständlich dargestellt.
1935. 9 S.

91  Nr. 23: STEFFENS, HEINZ
Verfassung und Verwaltung der preußischen Amtsbezirke. Eine erläuterte Neufassung der die Amtsbezirke betreffenden Bestimmungen der Kreisordnungen nach dem Stand vom 1. Sept. 1936.
1936. 14 S.

92  Nr. 24: BERTRAM, KURT
Die Nebentätigkeit von Beamten, unter bes. Berücksichtigung der Nebentätigkeit der Volksschullehrerschaft. Grundsätzliche Behandlung des Doppelverdienertums.
1936. 28 S.
(Siehe auch Lfd. Nr. 103)

93  Nr. 25: STEFFENS, HEINZ
Änderungen der Reichsgewerbeordnung. Mit Ergänzungsheft.
5. Ausg. 1936. 30 S.
(Siehe auch Lfd. Nr. 86)

94  Nr. 26: STEFFENS, HEINZ
Die preußischen Kreisordnungen in den heute anzuwendenden Fassungen.
1. Ausg. 1937. 36 S.
2. Ausg. 1938. 87 S.
3. Ausg. 1939. 119 S.

95  Nr. 27: STEFFENS, HEINZ
Gesetz über die allgemeine Landesverwaltung vom 30. Juli 1883 in der jetzt geltenden Fassung und Gesetz über die Anpassung der Landesverwaltung an die Grundsätze des Nationalsozialistischen Staates — Anpassungsgesetz — vom 15. 12. 1933.
1. Ausg. 1937. 28 S.
2. Ausg. 1939. 83 S.

Lfd. Nr.

96 Nr. 28: SCHÖNEBECK, HEINRICH
Laufbahn, Ausbildung und Fortbildung der leitenden und höheren Beamten des Reiches, der Gemeinden und Gemeindeverbände.
1. Ausg. 1938. 48 S.
2. Ausg. nach dem Stande v. 1. Nov. 1938.
1938. 48 S. Nachtrag 1939. 21 S.

97 Nr. 29: STEFFENS, HEINZ
Gesetz über die Zuständigkeit der Verwaltungs- und Verwaltungsgerichtsbehörden vom 1. Aug. 1883 (GS S. 237) in der heute geltenden Fassung.
1937. 18 S.

98 Nr. 30: BREITENFELD, RICHARD
Finanzausgleich und Lastenverteilung. Darstellung der Beteiligung der öffentlichen Gebietskörperschaften an den als Überweisungssteuer geltenden Reichs- und preußischen Landessteuern sowie der Lastenverteilung und Lastenausgleichsmaßnahmen in Preußen.
1. Ausg. 1937. 27 S.
2. Ausg. 1938. 28 S.

99 Nr. 31: KLINGELHÖFER, HEINRICH
Die Büro- und Gebührenkassen bei den Gemeindeverwaltungen. Leitfaden für das Einrichten und Verwalten gemeindlicher Büro- und Gebührenkassen mit Buchungs- und Abschlußbeispielen.
1937. 36 S.

100 Nr. 32: STEFFENS, HEINZ
Die Gewerbeordnung. An Hand der Akten des Deutschen Gemeindetages unter Berücksichtigung der neuesten Rechtsprechung für die Gemeinden erläutert.
1938. 58 S.

101 Nr. 33: RAHNER, HANS
Der beamteneigene Kraftwagen im Dienste der Gemeinden und Gemeindeverbände. Beschaffung und Entschädigung der Beamten für die dienstliche Benutzung des Kraftwagens.
1. u. 2. Ausg. 1938. 20 S.
3. u. 4. Ausg. 1939. 54 S.

Lfd. Nr.

102 Nr. 34: HEROLD, HEINZ
Die Rechtslage bei Leistungen der politischen Gemeinden an die Kirchengemeinden. Eine Materialsammlung.
1938. 24 S.

103 Nr. 35: BERTRAM, KURT
Die Nebentätigkeit von Beamten gemäß der reichsgesetzlichen Regelung durch das Deutsche Beamtengesetz vom 26. Jan. 1937 unter bes. Berücksichtigung der Nebentätigkeit der Volksschullehrerschaft.
1938. 46 S.
(Siehe auch Lfd. Nr. 92)

104 Nr. 36: LEBENSMITTELGESETZ VOM 17. JAN. 1936 (RGBl. I S. 18) nebst Durchführungs- und Ausführungsbestimmungen und sonstigen Erlassen. Milchgesetz vom 31. Juli 1930 (RGBl. I S. 421) mit Ausführungsverordnung. Anhang: Grundsätzliche Entscheidungen zum Lebensmittelgesetz und zum Milchgesetz.
1938. 32 S.

105 Nr. 37: STEFFENS, HEINZ
Wehrleistungsgesetz vom 13. Juli 1938 (RGBl. I S. 887) und vorläufige Durchführungsbekanntmachung zum WLG v. 16. Juli 1938 (RMinBl. S. 493). Textausg. mit Verweisungen, Hinweisen auf eingetretene Änderungen und kurzen Erläuterungen.
1938. 18 S. Ergänzung 1938. 15 S.

106 Nr. 38: BERTHOLD, HANS
Reichsgesetz über den Finanzausgleich zwischen Reich, Ländern und Gemeinden. Textausgabe.
1. Ausg. nach dem Stande vom 1. Aug. 1938.
1938. 12 S.
2. Ausg. nach dem Stande v. 1. Febr. 1939.
1939. 31 S.

107 Nr. 39: MÖLLER, ADOLF
Berichtsverfahren und Berichtstechnik im Gemeindeprüfungswesen in Preußen.
1938. 20 S.

| Lfd. Nr. | | |
|---|---|---|
| 108 | Nr. 40: | SCHIEDT, HANS<br>Anleitung für Gemeinden und Gemeindeverbände zur Aufstellung der vom Führer der Verwaltung oder des Betriebs zu erlassenden Besonderen Dienstordnung (BDO) zu ATO, TOA und TOB.<br>1. Ausg. 1938. 15 S.<br>2. Ausg. nach d. Stande 1. Nov. 1938.<br>1938. 40 S. |
| 109 | Nr. 41: | FISCHER, H.G.<br>Das gemeindliche Bekanntmachungswesen. Mit Anhang: Presserecht.<br>1938. 67 S. |
| 110 | Nr. 42: | STEFFENS, HEINZ<br>Preußisches Polizeikostenrecht. Zusammengestellt und erläutert.<br>1939. 71 S. |
| 111 | Nr. 43: | SCHÖNEBECK, HEINRICH<br>Unterstützungen von Beamten und nichtbeamteten Gefolgschaftsmitgliedern aus Anlaß von Krankheit, Geburt und Tod und aus sonstigem Anlaß. Stand Dez. 1941.<br>2. Ausg. 1942. 63 S. |
| 112 | Nr. 44: | SCHÖNEBECK, HEINRICH<br>Die neuen Vorschriften über die Anstellung von Berufssoldaten und der ihnen gleichgestellten Reichsarbeitsdienstführer in der Gemeindeverwaltung. Stand Mitte Febr. 1939.<br>1939. 63 S. |
| 113 | Nr. 45: | STEFFENS, HEINZ<br>Ehrenzeichen, Polizei-Dienstauszeichnung, Ehrenkreuz der Deutschen Mutter. Stiftungsverordnungen, Durchführungs- und Ausführungsbestimmungen.<br>1939. 105 S. |
| 114 | Nr. 46: | SELTMANN, FRIEDRICH<br>Die Finanzierung des Ausbaus und der Unterhaltung von Ortsstraßen unter besonderer Berücksichtigung des preußischen Landesrechts.<br>1939. 79 S. |

Lfd. Nr.

115 Nr. 47: MÖLLER, ADOLF
Der Reichsanstaltsgedanke im Gemeindeprüfungswesen. Zugleich ein Beitrag zum Verhältnis der Gemeindeaufsicht zur Gemeindeprüfung.
1939. 39 S.

116 Nr. 48: RAHNER, HANS
Die Beurlaubung von Behördenangehörigen (Beamten, Angestellten und Arbeitern) in Sonderfällen.
1939. 49 S.

117 Nr. 49: STEFFENS, HEINZ
Reichsleistungsgesetz vom 1. Sept. 1939 (RGBl. I S. 1645) und vorläufige Durchführungsbekanntmachung zum Wehrleistungsgesetz vom 16. Juli 1938 (RMinBl. S. 493). Textausgabe mit Verweisungen, Hinweisen auf eingetretene Änderungen, mit Erläuterungen, einer Einleitung . . .
1939. 115 S. Ergänzung 1940. 33 S.

118 Nr. 50: SCHÖNEBECK, HEINRICH
Wegweiser für die österreichischen Gemeinden und Gemeindeverbände durch das in Österreich geltende Beamtenrecht. Stand Nov. 1939.
1940. 82 S.

119 Nr. 51: SCHÖNEBECK, HEINRICH
Schaffung von Beamtenstellen. Die Runderlasse zur Durchführung von § 148 des Deutschen Beamtengesetzes. Stand Nov. 1939. Gesamtreich.
1940. 29 S.

120 Nr. 52: STEFFENS, HEINZ
Das Kriegsdienstrecht der Beamten, Angestellten und Arbeiter der Gemeinden und Gemeindeverbände. Eine systematische Darstellung. Stand 16. Nov. 1939.
1939. 62 S.

121 Nr. 53: RAHNER, HANS
Dienstwohnungsvorschriften, Werkdienstwohnungsvorschriften. Anpassung der gemeindlichen Regelung an diejenige des Reiches.
1940. 74 S.

Lfd. Nr.

122 Nr. 54: KÖNIGSBERG, FRITZ
Berufsschulbeiträge in Preußen. Mit Gesetz- und Erlaßmaterial sowie Mustern für Satzungen und Beschlüsse.
1940. 64 S.

123 Nr. 55: STEFFENS, HEINZ
Preußisches Verwaltungsgerichts- und Verwaltungsverfahren im Kriege.
1940. 33 S.

124 Nr. 56: SCHÖNEBECK, HEINRICH
Wegweiser für die sudetendeutschen Gemeinden und Gemeindeverbände durch das im Sudetengau geltende Beamtenrecht. Stand Jan. 1940.
1940. 54 S.

125 Nr. 57: SEYFFERT, G.
Die wichtigsten Vorschriften für den Erstattungsverkehr zwischen Fürsorgeverbänden. Textausgabe mit Erläuterungen und Hinweisen. Stand Juli 1940.
1940. 194 S.

126 Nr. 58: GRÜNBERG, FRITZ / FRITZ JAHN
Die Eisen- und Stahlbewirtschaftung für den Bedarf der Gemeinden und Gemeindeverbände, insbesondere die Zuteilung von Kontrollnummern aus dem Kontingent des Deutschen Gemeindetages „Wb-Gem".
1. u. 2. Ausg. 1941. 115 S.

127 Nr. 59: ANPASSUNG DER STADTSTRASSEN und Nebenanlagen an den neuzeitlichen Verkehr.
1941. 40 S.

128 Nr. 60: BERTHOLD, HANS
Preußisches Finanzausgleichsgesetz vom 10. Nov. 1938 (GS S. 108) in d. Fass. d. Bekanntm. v. 5. Mai 1941 (GS S. 28) nebst Durchführungsverordnung... Textausgabe.
1941. 33 S.

129 Nr. 61: BENECKE, OTTO
Theater- und Konzertwesen der Städte. Ein Wegweiser für die praktische Arbeit.
1941. 63 S.

Lfd. Nr. 3) SCHRIFTEN DES DEUTSCHEN STÄDTETAGES.

*Braunschweig: Westermann.*

130 Heft 1: ENTWURF EINER DEUTSCHEN GEMEINDEORDNUNG. Mit Vorwort und Einleitung von Ernst Böhme.
1947. 106 S.

131 Heft 2: GEMEINDE UND STAAT. 4 Vorträge. (Inhalt: Hermann Pünder: Grundfragen der Selbstverwaltung im Lande Nordrhein-Westfalen. / Cuno Raabe: Die Gemeinden in der Verfassung der Länder und Gesamtdeutschlands. / Arnulf Klett: Die Gemeinden in den Verfassungen der deutschen Länder. / Werner Jacobi: Die Städte im Verwaltungsaufbau des Landes Nordrhein-Westfalen.) Hrsg. von Ernst Böhme.
1948. 32 S.

132 Heft 3: NEUES STÄDTEBAURECHT. Der Entwurf eines Gesetzes über den Aufbau der Deutschen Gemeinden (Aufbaugesetz) mit einem Anhang: Gesetzliche Regelung der Trümmerräumung und Trümmerverwertung. Hrsg. von Johannes Göderitz.
1948. 52 S.

4) NEUE SCHRIFTEN DES DEUTSCHEN STÄDTETAGES.

*Köln: Kohlhammer.*

133 Heft 1: DIE PREUSSISCHE STÄDTEORDNUNG VON 1808. Textausgabe mit einer Einführung von August Krebsbach.
1. Aufl. 1957. 96 S.

DIE PREUSSISCHE STÄDTEORDNUNG VON 1808. Textausgabe mit Darstellung der Grundlagen und Entstehung der Städteordnung sowie Fortentwicklung des preußischen Städterechts. Von August Krebsbach.
2. Aufl. 1970. 110 S.

134 Heft 2: BOHMANN, HERBERT
Das Gemeindefinanzsystem.
1. Aufl. 1956. 42 S.
2. Aufl. 1967. 91 S.
(Siehe auch Lfd. Nr. 168)

Lfd. Nr.

135 Heft 3: MARX, KARL THEODOR
Die Städte zur Neuordnung der sozialen Leistungen. Der 9. Hauptversammlung des Deutschen Städtetages vorgelegt.
1956. 128 S.

136 Heft 4: STADTSTRASSEN IM FERNVERKEHRSNETZ. Mit Zahlentafeln, Schaubildern und einer Falttafel. Bearb. in der Hauptgeschäftsstelle des Deutschen Städtetages.
1957. 56 S.

137 Heft 5: NEUES RECHT FÜR DEN STÄDTEBAU. Kommunale Erwägungen und Forderungen zum Bundesbaugesetz.
1959. 74 S.

138 Heft 6: ERNEUERUNG UNSERER STÄDTE. Vorträge, Aussprachen und Ergebnisse der 11. Hauptversammlung des Deutschen Städtetages, Augsburg, 1.—3. Juni 1960.
1960. 223 S.

139 Heft 7: AN DEN VIERTEN BUNDESTAG. Kundgebung des Hauptausschusses des Deutschen Städtetages, Bonn, 6. Oktober 1961.
1961. 40 S.

140 Heft 8: DIE STADT UND IHRE REGION.
1962. 196 S.

141 Heft 9: DIE STADT MUSS LEBEN — WENN IHR LEBEN WOLLT. 12. Hauptversammlung des Deutschen Städtetages, Düsseldorf, 27.—29. Juni 1962.
1962. 112 S.

142 Heft 10: DIE VERKEHRSPROBLEME DER STÄDTE. Eine Denkschrift des Deutschen Städtetages.
1963. 100 S.

143 Heft 11: KRANKENHAUS-SORGEN.
1963. 144 S.

144 Heft 12: ZIEBILL, OTTO
Bürger — Städte — Staat.
1963. 199 S.

| Lfd. Nr. | | |
|---|---|---|
| 145 | Heft 13: | KOMMUNALPOLITIK MORGEN. 12. Hauptversammlung des Deutschen Städtetages, Zweiter Abschnitt. Berlin, 24. Mai 1963.<br>1963. 48 S. |
| 146 | Heft 14: | ORDNUNG IM RAUM. Ein Bericht aus den Niederlanden.<br>1965. 136 S. |
| 147 | Heft 15: | STRASSEN FÜR DIE STÄDTE. Jetzt muß gehandelt werden!<br>1965. 48 S. |
| 148 | Heft 16: | LEBEN IN DER STADT? — LEBEN IN DER STADT! Vorträge, Aussprachen und Ergebnisse der 13. Hauptversammlung des Deutschen Städtetages, Nürnberg, 9. bis 11. Juni 1965.<br>1965. 239 S. |
| 149 | Heft 17: | DEN WOHLSTAND SICHERN. Kundgebung des (Hauptausschusses des) Deutschen Städtetages an Bundestag und Bundesregierung (27. Oktober 1965 in Berlin).<br>1965. 58 S. |
| 150 | Heft 18: | DAS UNRECHT AN DEN STÄDTEN. Forderungen der Städte an den Bund und die Länder. Bericht über die 65. Tagung des Hauptausschusses des Deutschen Städtetages und eine Pressekonferenz am 25. Mai 1966 in Frankfurt am Main.<br>1966. 72 S. |
| 151 | Heft 19: | SORGEN UM DIE ZUKUNFT. Ein Notruf der Städte.<br>1966. 47 S. |
| 152 | Heft 20: | WEINBERGER, BRUNO / HERMANN ELSNER<br>Investitionsbedarf der Gemeinden (GV) 1966 bis 1975.<br>1967. 59 S.<br>(Siehe auch Lfd. Nr. 159 und 362) |
| 153 | Heft 21: | STADT, GESELLSCHAFT, SCHULE. Grundlagen und Zukunft der städtischen Schulen. Vorträge, Aussprachen, Ergebnisse und Podiumsdiskussionen des Schulkongresses deutscher Städte am 5. und 6. Juni 1967 in Dortmund. Anlage: Zahlen und Daten.<br>1967. 114 S. / Anl.: 16 S. |

Lfd. Nr.

154 Heft 22: REFORMEN FÜR DIE STÄDTE VON MORGEN. Freie Bürger — Moderne Verwaltung — Gesunde Finanzen. Vorträge, Aussprachen und Ergebnisse der 14. Hauptversammlung des Deutschen Städtetages vom 21. bis 23. Juni 1967 in Bremen.
1967. 212 S.

155 Heft 23: IN LETZTER STUNDE. Reden, Diskussionsbeiträge und Beschluß der außerordentlichen Hauptversammlung des Deutschen Städtetages am 26. November 1968 in Bonn.
1968. 67 S.

156 Heft 24: DHEUS, EGON
Strukturanalyse und Prognose. Beitrag der Statistik zur Stadtentwicklungsforschung.
1. Aufl. 1969. 97 S.
2. Aufl. 1971. 115 S.

157 Heft 25: IM SCHNITTPUNKT UNSERER WELT: DIE STADT! Vorträge, Aussprachen und Ergebnisse der 15. Hauptversammlung des Deutschen Städtetages vom 27. bis 29. Mai 1969 in Mannheim.
1969. 176 S.

158 Heft 26: STÄDTISCHE KULTURPOLITIK. Empfehlungen, Richtlinien und Hinweise des Deutschen Städtetages zur Praxis städtischer Kulturpolitik 1946 bis 1970.
1971. 112 S.
(Siehe auch Lfd. Nr. 186 und 190)

159 Heft 27: KRUMSIEK, ROLF / DIETER LENZ / SIEGMUND WIMMER
Kommunaler Investitionsbedarf 1971—1980.
1971. 71 S.
(Siehe auch Lfd. Nr. 152 und 362)

160 Heft 28: RETTET UNSERE STÄDTE JETZT! Vorträge, Aussprachen und Ergebnisse der 16. Hauptversammlung des Deutschen Städtetages vom 25. bis 27. Mai 1971 in München.
1971. 247 S.

161 Heft 29: WEGE ZUR MENSCHLICHEN STADT. Vorträge, Aussprachen und Ergebnisse der 17. Hauptversammlung des Deutschen Städtetages vom 2. bis 4. Mai 1973 in Dortmund.
1973. 282 S.

Lfd. Nr.

162 Heft 30: HILLEBRECHT, RUDOLF
Städtebau als Herausforderung. Ausgewählte Schriften und Vorträge. Zusammengestellt von . . .
1975. 269 S.

163 Heft 31: NEUORDNUNG DER VERWALTUNG. Ein Beitrag zur Funktionalreform.
1975. 192 S.

164 Heft 32: DIE STADT: ZENTRUM DER ENTWICKLUNG. Vorträge, Aussprachen und Ergebnisse der 18. Hauptversammlung des Deutschen Städtetages vom 10. bis 12. Juni 1975 in Berlin.
1975. 276 S.

165 Heft 33: MÜLLER, EWALD
Bürgerinformation. Kommunalverwaltung und Öffentlichkeit.
1. Aufl. 1977. 319 S.
2. Aufl. 1977. 319 S.

166 Heft 34: UNSERE STÄDTE UND DIE JUNGE GENERATION. Vorträge, Aussprachen und Ergebnisse der 19. Hauptversammlung des Deutschen Städtetages vom 4. bis 6. Mai 1977 in Stuttgart.
1977. 363 S.

167 Heft 35: PEINE, FRANZ-JOSEPH
Rechtsfragen der Einrichtung von Fußgängerstraßen. Ein Beitrag zur rechtlichen Bewältigung eines städtebaulichen Phänomens.
1979. 279 S.

168 Heft 36: ELSNER, HERMANN
Das Gemeindefinanzsystem. Geschichte, Ideen, Grundlagen.
1979. 208 S.
(Siehe auch Lfd. Nr. 134)

169 Heft 37: KREISSIG, GERALD / HEIDEMARIE TRESSLER / JOCHEN VON USLAR
Kultur in den Städten. Eine Bestandsaufnahme.
1979. 255 S.

Lfd. Nr.

170 Heft 38: STARKE STÄDTE — LEBENDIGE DEMOKRATIE. Standort und Zukunft der kommunalen Selbstverwaltung. Vorträge, Aussprachen und Ergebnisse der 20. Hauptversammlung des Deutschen Städtetages vom 9. bis 11. Mai 1979 in Kiel.
1979. 333 S.

171 Heft 39: ERLENKÄMPER, FRIEDEL
Die Stadt-Umland-Problematik der Flächenstaaten der Bundesrepublik Deutschland. Bestandsaufnahme und Versuch eines Beitrages zur Lösung.
1980. 387 S.

172 Heft 40: DEUTSCHER STÄDTETAG — IM DIENST DEUTSCHER STÄDTE 1905—1980.
1980. 328 S.

173 Heft 41: NEUE WOHNUNGSNOT IN UNSEREN STÄDTEN. Wohnungspolitische Fachkonferenz des Deutschen Städtetages am 4. und 5. März 1980 in München.
1980. 186 S.

5) DST-BEITRÄGE ...

*Köln: Deutscher Städtetag.*

Reihe A: DST-BEITRÄGE ZUR KOMMUNALPOLITIK.

174 Heft 1: WEINBERGER, BRUNO
Der Bund und die Städte. Probleme der Stadtentwicklung in der Bundesrepublik.
1974. 60 S.

175 Heft 2: PRIVATISIERUNG ÖFFENTLICHER AUFGABEN.
1976. 46 S.

176 Heft 3: FÜR DIE ZUKUNFT DER STÄDTE. (Rudolf Hillebrecht: Stadtentwicklung unter veränderten Voraussetzungen. / Bruno Weinberger: Städte als Entwicklungszentren ohne ausreichende Finanzen?).
1976. 50 S.

| Lfd. Nr. | | Reihe B: DST-BEITRÄGE ZUM KOMMUNALRECHT. |
|---|---|---|
| 177 | Heft 1: | SCHLEBERGER, ERWIN / URSUS FUHRMANN / ROLF WIESE Die Stadt und ihr Umland. Diskussionsbeiträge zum Stadt-Umland-Problem. 1975. 105 S. |
| 178 | Heft 2: | DIE WALDBRANDKATASTROPHE IN NIEDERSACHSEN. Berichte, Einsatzerfahrungen und Vorschläge kommunaler Branddirektoren. 1976. 110 S. |
| 179 | Heft 3: | STADTSTREICHER — Kommunale Erfahrungen, Probleme, Antworten —. 1978. 60 S. (Siehe auch Lfd. Nr. 203) |

Reihe C: DST-BEITRÄGE ZUR BILDUNGSPOLITIK.

| | | |
|---|---|---|
| 180 | Heft 1: | HINWEISE ZUR SCHULENTWICKLUNGSPLANUNG zusammengestellt in Zusammenarbeit mit der Kommunalen Gemeinschaftsstelle für Verwaltungsvereinfachung. Stand: 1. 4. 1972. 1972. 33 S. |
| 181 | Heft 2: | ZIELDATEN DER BILDUNGSREFORM I. Zwischenbericht der Bund-Länder-Kommission für Bildungsplanung und das Nordrhein-Westfalen-Programm 1975. — Synoptische Darstellung. 1972. 31 S. (Siehe auch Lfd. Nr. 182) |
| 182 | Heft 3: | ZIELDATEN DER BILDUNGSREFORM II. Zwischenbericht der Bund-Länder-Kommission für Bildungsplanung und das Nordrhein-Westfalen-Programm 1975. — Synoptische Darstellung. 1972. 31 S. (Siehe auch Lfd. Nr. 181) |
| 183 | Heft 4: | SCHULKONGRESS DEUTSCHER STÄDTE DORTMUND 10./11. Mai 1971. Zusammenfassung der Vorträge, Aussprachen, Ergebnisse und der Podiumsdiskussion. 1972. 151 S. |

Lfd. Nr.

184 Heft 5: STANDORTPROBLEME DER GESAMTHOCHSCHULE. 5. Kolloquium der Hochschulstädte am 24./25. Februar 1972 in Bielefeld. Referate und Diskussion.
1972. 153 S.

185 Heft 6: UNTERRICHT FÜR AUSLÄNDISCHE KINDER.
1973. 116 S.

186 Heft 7: BILDUNGS- UND KULTURPOLITIK IN DER STADT. Empfehlungen und Stellungnahmen des Deutschen Städtetages 1970—1974.
1975. 129 S.
(Siehe auch Lfd. Nr. 158 und 190)

187 Heft 8: KULTUR UND STADTENTWICKLUNG. Deutsch-Amerikanische Konferenz über kommunale Kulturpolitik, 13.—13. Okt. 1976 in München.
1977. 115 S.
(Siehe auch Lfd. Nr. 188)

188 Heft 9: CULTURE AND URBAN DEVELOPMENT. German-American Conference on Local Cultural Policy 11.—13. October 1976 in München.
1977. 171 S.
(Siehe auch Lfd. Nr. 187)

189 Heft 10: LANGE, HELMUT / HANS GÜNTER KRANE
EDV in der Schule. Ein Diskussionsbeitrag der Hauptgeschäftsstelle des Deutschen Städtetages.
1978. 30 S.

190 Heft 11: KULTURPOLITIK DES DEUTSCHEN STÄDTETAGES. Empfehlungen und Stellungnahmen von 1952 bis 1978. Bearbeiter: Jochen von Uslar.
1979. 213 S.
(Siehe auch Lfd. Nr. 158 und 186

191 Heft 12: DIE ZWEITE AUSLÄNDERGENERATION. TEIL II: Ausländische Kinder und Jugendliche im deutschen Bildungs- und Ausbildungssystem. Probleme, Programme, Erfahrungen.
1980. 181 S.
(Siehe auch Lfd. Nr. 202)

| Lfd. Nr. | | Reihe D: DST-BEITRÄGE ZUR SOZIALPOLITIK. |
|---|---|---|
| 192 | Heft 1: | HINWEISE ZUR ALTENHILFE.<br>1. Aufl. 1965. 47 S.<br>2. Aufl. 1967. 52 S. |
| 193 | Heft 2: | HINWEISE ZUR OBDACHLOSENHILFE.<br>1968. 32 S. |
| 194 | Heft 3: | EMPFEHLUNGEN FÜR DIE FAMILIENFÜRSORGE.<br>1969. 8 S. |
| 195 | Heft 4: | HINWEISE ZUR PFLEGESTELLEN-GEWINNUNG.<br>1969. 19 S. |
| 196 | Heft 5: | ALTENEINRICHTUNGEN 1969 IN DER BUNDESREPUBLIK. Altenwohnheime, Altenheime, Altenpflegeheime. Bearbeitet vom Statistischen Amt der Stadt Stuttgart. 1971. 31 S. |
| 197 | Heft 6: | HINWEISE ZUR HILFE FÜR AUSLÄNDISCHE ARBEITNEHMER.<br>1971. 202 S.<br>(Ursprünglicher, aber aufgegebener Reihentitel: „Sozialpolitische Schriften des Deutschen Städtetages" [Nr. 6]) |
| 198 | Heft 7: | HINWEISE ZUR ERZIEHUNGSBERATUNG.<br>1971. 17 S.<br>(Ursprünglicher, aber aufgegebener Reihentitel: „Sozialpolitische Schriften des Deutschen Städtetages" [Nr. 7]) |
| 199 | Heft 8: | MATERIALIEN ZUR JUGENDHILFERECHTSREFORM.<br>1979. 433 S. |
| 200 | Heft 9: | HINWEISE ZUR KOMMUNALEN BEHINDERTENHILFE.<br>1979. 141 S. |
| 201 | Heft 10: | HINWEISE ZUR ARBEIT IN SOZALEN BRENNPUNKTEN.<br>1979. 66 S. |
| 202 | Heft 11: | DIE ZWEITE AUSLÄNDERGENERATION. TEIL I: Ergebnisse eines Erfahrungsaustausches unter Städten mit besonders hohem Ausländeranteil.<br>1980. 262 S.<br>(Siehe auch Lfd. Nr. 191) |

| Lfd. Nr. | | |
|---|---|---|
| 203 | Heft 12: | STADTSTREICHER — Eine Herausforderung an die kommunale Sozialpolitik. Ergebnisse einer Fachtagung des Deutschen Städtetages in Zusammenarbeit mit der Landeshauptstadt Stuttgart.<br>1980. 75 S.<br>(Siehe auch Lfd. Nr. 179) |

Reihe E: DST-BEITRÄGE ZUR STADTENTWICKLUNG.

| | | |
|---|---|---|
| 204 | Heft 1: | GESAMTSCHULE UND SCHULZENTRUM IN DER STADTPLANUNG. Eine Studie.<br>1972. 66 S. |
| 205 | Heft 2: | BESSERES PLANUNGS- UND BODENRECHT. Vorschläge des Deutschen Städtetages zur Novellierung des Bundesbaugesetzes.<br>1973. 36 S. |
| 206 | Heft 3: | STANDORTPROGRAMME NACH DEM NORDRHEIN-WESTFALEN-PROGRAMM 1975. Vorträge und Diskussionen einer Informationstagung des Städtetages Nordrhein-Westfalen am 18. August 1972 in Neuss.<br>1973. 84 S. |
| 207 | Heft 4: | MONHEIM, ROLF<br>Fußgängerbereiche. Bestand und Entwicklung. Eine Dokumentation mit 30 Fotos, 7 Diagrammen und 35 Karten im Text, 6 Tabellen im Text, 769 Karten im Anhang, 19 Tabellen im Anhang und 610 Literaturangaben in der Bibliographie.<br>1975. 280 S. |
| 208 | Heft 5: | RÄUMLICHE ENTWICKLUNGSPLANUNG. Vorschlag zur Erstellung eines räumlich-funktionalen Entwicklungskonzepts.<br>1976. 72 S. |
| 209 | Heft 6: | WOHNUNGSMARKTANALYSEN.<br>1976. 61 S. |

Lfd. Nr.

210 Heft 7: STADTENTWICKLUNG UND STADTERNEUERUNG. Aus der Arbeit der Konferenz von Dienststellen der Stadtentwicklungsplanung des Deutschen Städtetages.
1978. 150 S.

211 Heft 8: AUFBAU EINES VERMESSUNGSSYSTEMS IN BALLUNGSRÄUMEN. Empfehlungen des Deutschen Städtetages.
1978. 33 S.

Reihe F: DST-BEITRÄGE ZUR WIRTSCHAFTS- UND VERKEHRSPOLITIK.

212 Heft 1: VERKEHRSPOLITIK — Konzepte, Richtlinien, Empfehlungen —.
1975. 60 S.

213 Heft 2: LÄRMSCHUTZ IN DEN STÄDTEN. Planungs- und Handlungskonzepte für Maßnahmen zur Verkehrsberuhigung und zum Lärmschutz. Beispiele, Hinweise, Empfehlungen, Forderungen.
1978. 71 S.

Reihe G: DST-BEITRÄGE ZUR FINANZPOLITIK.

214 Heft 1: KOMMUNALER FINANZAUSGLEICH IN DEN BUNDESLÄNDERN. Entwicklungsstand der Finanzausgleichsgesetze vier Jahre nach der Gemeindefinanzreform von 1969. Stand: 1. 8. 1973.
1973. 26 S.

215 Heft 2: BECKER, HUBERT / RICHARD RUDOLF KLEIN
Entwicklung der kommunalen Steuereinnahmen im Zeitraum 1961—1973. Stand: 31. 8. 1974.
1974. 116 S.

216 Heft 3: GERLACH, KLAUS ADOLF
Kommunale Haushaltsdaten. Auswertung gemeindlicher Rechnungsstatistiken 1961 bis 1971.
1975. 148 S.

Lfd. Nr.

217 Heft 4: KLEIN, RICHARD RUDOLF / HANS KRINGS
Sonderformen kommunaler Investitionsfinanzierung.
1976. 54 S.

218 Heft 5: AO 1977. Auswirkungen auf die Realsteuern. Bearb. vom Beirat „Kommunalabgaben und Steuern" des Deutschen Städtetages.
1976. 58 S.

219 Heft 6: BLISSENBACH, DIETER
Gemeindefinanzreform — ein Dauerthema. Eine Bibliographie von 1867 bis 1977.
1977. 137 S.
(Siehe auch Lfd. Nr. 328 und 333)

220 Heft 7: MÜNSTERMANN, ENGELBERT / HUBERT BECKER
Finanzausgleichsleistungen an Kommunen. Ein Vergleich der Finanzausgleichssysteme in den Bundesländern.
1978. 182 S.

221 Heft 8: UMSATZARTEN IN BETRIEBEN GEWERBLICHER ART, § 4 KSTG 1977. Arbeitshilfe.
1980. 83 S.

Reihe H: DST-BEITRÄGE ZUR STATISTIK UND STADTFORSCHUNG.

222 Heft 1: GUTACHTENSAMMLUNG 1971. Eine Dokumentation über die in den Jahren 1969 bis 1971 gesammelten Titel von Gutachten, Untersuchungen und wissenschaftlichen Arbeiten der Mitgliedstädte des Deutschen Städtetages.
1972. 64 S.

223 Heft 2: GUTACHTENSAMMLUNG 1972. Eine Dokumentation über die im Jahre 1972 gesammelten Titel von Gutachten, Untersuchungen und wissenschaftlichen Arbeiten der Mitgliedstädte des Deutschen Städtetages.
1973. 83 S.

224 Heft 3: GUTACHTENSAMMLUNG 1973. Eine Dokumentation über die im Jahre 1973 gesammelten Titel von Gutachten, Untersuchungen und wissenschaftlichen Arbeiten der Mitgliedstädte des Deutschen Städtetages.
1974. 205 S.

Lfd. Nr.

225 Heft 4: KREISSIG, GERALD / JOHANNES HINTZEN
Zur Personalentwicklung der Kommunen.
1975. 35 S.

226 Heft 5: GUTACHTENSAMMLUNG 1974. Eine Dokumentation über die im Jahre 1974 gesammelten Titel von Gutachten, Untersuchungen und wissenschaftlichen Arbeiten der Mitgliedstädte des Deutschen Städtetages.
1975. 162 S.

227 Heft 6: KLEINRÄUMIGE GLIEDERUNG DES GEMEINDEGEBIETES. Empfehlungen und Entwürfe. Erarbeitet im Ausschuß Kommunalstatistik und Verwaltungsautomation im Verband Deutscher Städtestatistiker.
1976. 67 S.

228 Heft 7: ARBEITSHIFLE FÜR WANDERUNGSMOTIVUNTERSUCHUNGEN. Bearb. im Ausschuß Stadtforschung des Verbandes Deutscher Städtestatistiker von Klaus Kaiser und Jens Gerhardt, Erhard Hruschka, Dieter von Lölhöffel, Bruno Rosenkranz, Gerd Weßel.
1976. 63 S.

229 Heft 8: GUTACHTENSAMMLUNG 1975/76. Eine Dokumentation über die im Jahre 1975/76 gesammelten Titel von Gutachten, Untersuchungen und wissenschaftlichen Arbeiten der Mitgliedstädte des Deutschen Städtetages.
1977. 207 S.

230 Heft 9: BEVÖLKERUNGSPROGNOSEN ALS BEITRÄGE ZUR STADTENTWICKLUNGSPLANUNG. Erarbeitet im Ausschuß Gebiets-, Bevölkerungs- und Gesundheitsstatistik im Verband Deutscher Städtestatistiker. Von Heinrich Glöckner, Hubert Harfst, Ernst Myrenne, Ulrich Naumann und Othmar Viererbl.
1977. 233 S.

231 Heft 10: ARBEITSHILFE FÜR IMAGEUNTERSUCHUNGEN. Bearbeitet im Ausschuß Stadtforschung des Verbandes Deutscher Städtestatistiker. Von Rainer Duss, Erhard Hruschka, Sigrid Scharpf und Othmar J. Viererbl.
1977. 45 S.

Lfd. Nr.

232 Heft 11: GUTACHTENSAMMLUNG 1976/77. Eine Dokumentation über die im Jahre 1976/77 gesammelten Titel von Gutachten, Untersuchungen und wissenschaftlichen Arbeiten der Mitgliedstädte des Deutschen Städtetages.
1977. 85 S.

233 Heft 12: DIE GEMEINDEN IN DER BUNDESREPUBLIK DEUTSCHLAND NACH DER GEBIETSREFORM 1978. Gebietsstand: 1. 5. 1978. Bevölkerungsstand: 30. 6. 1977, Bayern 30. 9. 1977.
1978. 503 S.

234 Heft 13: BEITRÄGE VON STATISTIK UND STADTFORSCHUNG ZUR KOMMUNALEN PLANUNG. Bearbeitet im Ausschuß Stadtforschung des Verbandes Deutscher Städtestatistiker von einer Arbeitsgruppe unter Leitung von Othmar J. Viererbl mit Beiträgen von ...
1978. 100 S.

235 Heft 14: GUTACHTENSAMMLUNG 1978. Eine Dokumentation über die im Jahre 1978 gesammelten Titel von Gutachten, Untersuchungen und wissenschaftlichen Arbeiten der Mitgliedstädte des Deutschen Städtetages.
1979. 121 S.

236 Heft 15: KLEINRÄUMIGE GLIEDERUNG. Räumliches Ordnungssystem Zensus 1981. Erarbeitet im Ausschuß Kommunalstatistik und Verwaltungsautomation des Verbandes Deutscher Städtestatistiker.
1979. 64 S.

237 Heft 16: ADV-UNTERSTÜTZUNG DER ZÄHLUNGSORGANISATION 1981. Erarbeitet im Ausschuß Kommunalstatistik und Verwaltungsautomation des Verbandes Deutscher Städtestatistiker.
1979. 69 S.

238 Heft 17: BESCHÄFTIGUNGSPROGNOSEN FÜR STÄDTE. Bearbeitet im Ausschuß für Wirtschafts- und Verkehrsstatistik im Verband Deutscher Städtestatistiker. Von Bernhard Rechmann, Karl Asemann, Rainer Döhla, Friedrich O. Neeb, Ernst J. Richter.
1980. 164 S.

Lfd. Nr.

239 Heft 18: BEITRÄGE VON STATISTIK UND STADTFORSCHUNG ZUR KOMMUNALEN WIRTSCHAFTSFÖRDERUNG. Bearbeitet im Ausschuß für Wirtschafts- und Verkehrsstatistik im Verband Deutscher Städtestatistiker von Othmar J. Viererbl und Rainer Döhla, Hubert Harfst, Gert Nicolini, Ernst J. Richter, Otto Ruchty und Hans-Eckard Stegen. 1980. 172 S.

240 Heft 19: KREISSIG, GERALD
Statistische Materialien zur Ausländerfrage.
1980. 47 S.

# IV. Einzelschriften

Lfd. Nr.

241 1903: ADICKES, FRANZ / OTTO BEUTLER
Die sozialen Aufgaben der deutschen Städte. Zwei Vorträge, gehalten auf dem ersten deutschen Städtetag zu Dresden am 2. Sept. 1903.
*Leipzig: Duncker & Humblot 1903. 133 S.*

242 1904: WUTTKE, ROBERT (Hrsg.)
Die deutschen Städte. Geschildert nach den Ergebnissen der ersten deutschen Städteausstellung zu Dresden 1903. Hrsg. i.A. d. Ausstellungsleitung.
Bd 1: Textband. 892 S. Bd 2: Bildband. 455 S.
*Leipzig: Brandstetter 1904.*

243 1905: VERHANDLUNGEN DES ERSTEN DEUTSCHEN STÄDTETAGES am Montag, dem 27. Nov. 1905 zu BERLIN. (Themen: 1. Konstituierung, Bildung des Bureaus, Auslegung der ... Satzung, Stadtwahl für Zentralstelle / 2. Die Fleischversorgung der deutschen Städte u. die Schädigung ihrer Bevölkerung durch die gegenwärtige Fleischteuerung / 3. Wahl des Vorstandes und des Hauptausschusses).
*Berlin: Verlag W. & S. Loewenthal 1905. 34 S.*

244 1908: VERHANDLUNGEN DES ZWEITEN DEUTSCHEN STÄDTETAGES am 6. und 7. Juli 1908 zu MÜNCHEN. (Themen: 1. Die Kreditverhältnisse der Deutschen Städte ... / 2. Das städtische Fortbildungsschulwesen ...).
*Berlin: Deutscher Städte-Verlag 1908. 62 S.*
(Siehe auch Lfd. Nr. 245, 246 und 248)

245 1909: SCHÄFER, FRIEDRICH
Die Befriedigung der Kreditbedürfnisses der größeren deutschen Städte in den Jahren 1906 bis 1909. Bericht an den Vorstand des Deutschen Städtetages im Auftrage der Kommission zur Vorbereitung einer Entschließung wegen Verbesserung der Kreditverhältnisse der Gemeinden.
*Berlin: Selbstverlag des Deutschen Städtetages 1909. 50 S.*
(Siehe auch Lfd. Nr. 244, 246 und 248)

Lfd. Nr.

246  1911: BERICHT DES VORSTANDES DES DEUTSCHEN STÄDTETAGES ÜBER DIE PRÜFUNG DER KREDITVERHÄLTNISSE DER DEUTSCHEN STÄDTE (auf den Beschluß der Hauptversammlung in München vom 6. Juli 1908).
*Dresden: Buchdruckerei der Dr. Güntzschen Stiftung 1911. 111 S.*
(Siehe auch Lfd. Nr. 244, 245 und 248)

247  EINGABE DES VORSTANDES DES DEUTSCHEN STÄDTETAGES AN DEN BUNDESRAT BETR. ARBEITSLOSENVERSICHERUNG vom 25. Sept. 1911.
*Berlin: Verlag W. & S. Loewenthal 1911.*

248  VERHANDLUNGEN DES DRITTEN DEUTSCHEN STÄDTETAGES am 11. und 12. Sept. 1911 zu POSEN. (Themen: 1. Prüfung der Kreditverhältnisse der Deutschen Städte / 2. Zur Frage der Arbeitslosenversicherung / 3. Neueinteilung der Reichstagswahlkreise).
*Berlin: Verlag W. & S. Loewenthal 1911. 72 S.*
(Siehe auch Lfd. Nr. 244, 245 und 246)

249  1912: SILBERGLEIT, HEINRICH
Statistische Beiträge zur Frage der Lebensmittelversorgung in deutschen Großstädten.
*Berlin: Selbstverlag des Deutschen Städtetages 1912.*

250  1914: VERHANDLUNGEN DES VIERTEN DEUTSCHEN STÄDTETAGES am 15. und 16. Juni 1914 zu CÖLN. (Themen: 1. Die Organisation des städtischen Realkredits / 2. Die Bedeutung des Werkbundgedankens für die deutschen Städte / 3. Die Verbindung von Städten und Privatkapital für wirtschaftliche Unternehmungen).
*Berlin: Selbstverlag des Deutschen Städtetages 1914. 75 S.*

251  1918: DIE DEUTSCHE STÄDTEGESETZGEBUNG UND DAS GEMEINDEWAHLRECHT.
*Berlin: Selbstverlag des Deutschen Städtetages 1918.*

252  1921: VERHANDLUNGEN DES FÜNFTEN DEUTSCHEN STÄDTETAGES am 23. und 24. Juni 1921 zu STUTTGART. (Themen: 1. Die gegenwärtige Lage der Städte / 2. Das Gemeindeverfassungsrecht).
*Berlin: Selbstverlag des Deutschen Städtetages 1921. 103 S.*

Lfd. Nr.

253   1922: VERHANDLUNGEN DES (siebten) HAUPTAUSSCHUSSES DES DEUTSCHEN STÄDTETAGES am 30. Juni und 1. Juli 1922 in KÖNIGSBERG/PR. (Themen: 1. Gegenwärtige Aufgaben der städtischen Fürsorge / 2. Stellung der Städte zum Hilfswerk der deutschen Landwirtschaft / 3. Organisation der Elektrizitätswirtschaft und die Städte / 4. Landessteuergesetz).
*Berlin: Selbstverlag des Deutschen Städtetages 1922. 68 S.*

254   STENOGRAPHISCHER BERICHT ÜBER DIE AUSSERORDENTLICHE HAUPTVERSAMMLUNG DES DEUTSCHEN STÄDTETAGES und des Reichsstädtebundes am 11. Nov. 1921 in BERLIN. (Thema: Die Neuregelung der Beamten- und Angestellten-Besoldung und der Arbeitslöhne und deren Deckung in den deutschen Städten).
*Berlin: Selbstverlag des Deutschen Städtetages 1922.*

255   1924: VERHANDLUNGEN DES HAUPTAUSSCHUSSES DES PREUSSISCHEN STÄDTETAGES am 26. und 27. Mai 1924 in MÜNSTER/WESTF. (Themen: 1. Staatsverwaltungsreform in Preußen / 2. Rechtsstellung der Gemeinden auf dem Gebiet des Schulwesens).
*Berlin: Selbstverlag des Deutschen Städtetages 1924. 54 S.*

256   VERHANDLUNGEN DES SECHSTEN DEUTSCHEN STÄDTETAGES am 25. und 26. September 1924 in HANNOVER. Themen: 1. Die Wiederherstellung der Selbstverwaltung im Reich und in den Ländern / 2. Die Vereinheitlichung des deutschen Städterechts).
*Berlin: Selbstverlag des Deutschen Städtetages 1924. 151 S.*

257   1925: (Achte) HAUPTAUSSCHUSSITZUNG DES DEUTSCHEN STÄDTETAGES am 6. und 7. Februar 1925 in BERLIN. (Themen: 1. Finanzausgleich / 2. Wohnungszwangswirtschaft).
*Berlin: Selbstverlag des Deutschen Städtetages 1925. 150 S.*

258   GESCHÄFTSBERICHT DER GESCHÄFTSSTELLE DES DEUTSCHEN STÄDTETAGES für die Zeit vom 1. April 1924 bis 31. März 1925.
*Berlin: Selbstverlag des Deutschen Städtetages 1925. 46 S.*

Lfd. Nr.

259 1926: ARBEITSNACHWEISTAGUNG AM 2. JUNI 1926 IN BERLIN, veranstaltet von dem Deutschen Städtetage und dem Deutschen Landkreistage. (Inhalt: 1. Hermann Luppe: Die Stellung des Arbeitsnachweises im Rahmen der gemeindlichen Selbstverwaltung / 2. Schlotter: Die Organisation der Arbeitslosenversicherung unter dem Gesichtspunkt der Verwaltungsvereinfachung).
*Berlin: Selbstverlag des Deutschen Städtetages 1926. 84 S.*

260 MULERT, OSKAR
Kommunale Finanzprobleme. Vortrag auf der (neunten) Jahresversammlung des Deutschen Städtetages am 17. Sept. 1926 in Stettin.
*Berlin: Selbstverlag des Deutschen Städtetages 1926. 27 S.*
(Siehe auch Lfd. Nr. 262)

261 STÄDTE, STAAT, WIRTSCHAFT. Denkschrift des Deutschen Städtetages.
*Berlin: Selbstverlag des Deutschen Städtetages 1926. 81 S.*

262 1927: (Neunte) JAHRESVERSAMMLUNG DES DEUTSCHEN STÄDTETAGES am 17. und 18. September 1926 in STETTIN. (Themen: 1. Finanzreform / 2. Erwerbslosenproblem).
*Berlin: Selbstverlag des Deutschen Städtetages 1927. 116 S.*
(Siehe auch Lfd. Nr. 260)

263 MULERT, OSKAR
Reichspolitik und Städte. Vortrag. Aus dem Verhandlungsbericht des (siebten) Deutschen Städtetages am 23. Sept. 1927 in Magdeburg.
*Berlin: Selbstverlag des Deutschen Städtetages 1927. 24 S.*
(Siehe auch Lfd. Nr. 51)

264 1928: DER WOHNUNGSBAU IN DEUTSCHLAND NACH DEM WELTKRIEG. Seine Entwicklung unter der unmittelbaren und mittelbaren Förderung durch die deutschen Gemeindeverwaltungen. Von Albert Gut unter Mitarbeit von ... Hrsg. i.A. der Kommunalen Vereinigung für Wohnungswesen unter Förderung des Deutschen und Preußischen Städtetages, des Reichsstädtebundes und des Deutschen Landkreistages.
*München: Bruckmann 1928. 568 S.*

Lfd. Nr.

265 1929: GRUNDFRAGEN DER KOMMUNALEN NEUGLIEDERUNG.
Denkschrift des Preußischen Städtetages.
*Berlin: Selbstverlag des Deutschen Städtetages 1929. 43 S.*
(Auch als Heft 6 der „Schriftenreihe des Deutschen Städtetages" erschienen; siehe Lfd. Nr. 56)

266 VORSCHLÄGE ZUR ABGRENZUNG DER ZUSTÄNDIGKEITEN ZWISCHEN REICH, LÄNDERN UND GEMEINDEN. Dem Verfassungsausschuß der Länderkonferenz überreicht vom Deutschen Städtetag im Juni 1929.
*Berlin: Selbstverlag des Deutschen Städtetages 1929. 12 S.*

267 MULERT, OSKAR
Reichsaufbau und Selbstverwaltung. Vortrag, gehalten am 25. September 1928 auf der (zehnten) Jahresversammlung des Deutschen Städtetages zu Breslau.
*Berlin: Heymann 1929. 32 S.*
(Siehe auch Lfd. Nr. 20 und 54)

268 MULERT, OSKAR
Sinn und Form der Selbstverwaltung. Vortrag auf der (elften) Jahresversammlung des Deutschen Städtetages am 27. September 1929 in Frankfurt am Main.
*Berlin: Selbstverlag des Deutschen Städtetages 1929. 27 S.*
(Siehe auch Lfd. Nr. 59)

269 1930: MULERT, OSKAR
25 Jahre Deutscher Städtetag. Eröffnungsansprache auf dem 8. Deutschen Städtetag am 26. September 1930 in Dresden.
*Berlin: Selbstverlag des Deutschen Städtetages 1930. 9 S.*
(Siehe auch Lfd. Nr. 63)

270 LÖSER, KARL / RICHARD COUVÉ
Reformen in den Städtischen Verwaltungen. Materialsammlung. Hrsg. auf Veranlassung des Deutschen Städtetages und des Reichsstädtebundes in Verbindung mit dem Deutschen Institut für wirtschaftliche Arbeit in der öffentlichen Verwaltung, Berlin.
*Berlin: Heymann 1930. 172 S.*
(= Schriftenreihe des Diwiv, Bd 5)

Lfd. Nr.

271  1931/  FREIHERR VOM STEIN. Briefwechsel, Denkschriften und Auf-
     37:    zeichnungen. Im Auftrag der Reichsregierung, der Preußi-
            schen Staatsregierung und des Deutschen und Preußischen
            Städtetages bearb. von Erich Botzenhart. Bd 1—7.
            *Berlin: Heymann 1931—1937.*

272  1932:  ALLGEMEINE GRUNDSÄTZE FÜR DAS HAUSHALTS-KASSEN-
            UND RECHNUNGSWESEN DER DEUTSCHEN STÄDTE. Aufge-
            stellt im Mai 1932.
            *Berlin: Selbstverlag des Deutschen Städtetages 1932. 17 S.*

273         MUSTER EINER ALLGEMEINEN HAUSHALTSORDNUNG FÜR DIE
            DEUTSCHEN STÄDTE. Aufgestellt im Mai 1932.
            *Berlin: Selbstverlag des Deutschen Städtetages 1932. 8 S.*

274         MUSTER EINER ALLGEMEINEN KASSENORDNUNG FÜR DIE
            DEUTSCHEN STÄDTE. Zugleich Anleitung zu § 33 des Musters
            einer allgemeinen Haushaltsordnung für die deutschen
            Städte. Aufgestellt im Mai 1932.
            *Berlin: Selbstverlag des Deutschen Städtetages 1932. 25 S.*

275  1933:  DIE HIFLSBEDÜRFTIGKEITSPRÜFUNG IN DER ARBEITSLOSEN-
            VERSICHERUNG UND KRISENFÜRSORGE. Stellungnahme des
            Deutschen Städtetages, des Deutschen Landkreistages, des
            Reichsstädtebundes und des Deutschen Landgemeindetages
            zu dem Gutachten des Prüfungsdienstes der Reichsanstalt
            für Arbeitsvermittlung und Arbeitslosenversicherung vom
            Oktober 1932.
            *Berlin: Selbstverlag des Deutschen Städtetages 1933. 102 S.*

276  1934:  GESCHÄFTSORDNUNG FÜR DIE GESCHÄFTSSTELLE DES DEUT-
            SCHEN GEMEINDETAGES und die Landes- und Provinzial-
            dienststellen.
            *Berlin: Deutscher Gemeindetag 1934. 31 S. 2 Einzelbl. als Anl.*

277  1935:  MERKBLATT ÜBER DIE ERRICHTUNG VON ARBEITERWOHN-
            STÄTTEN. Hrsg. von der Reichsgruppe Industrie, dem Deut-
            schen Gemeindetag, dem Reichsheimstättenamt der NSDAP
            und der Deutschen Arbeitsfront.
            *Berlin: Deutscher Gemeindetag 1935. 16 S.*

Lfd. Nr.

278 AKTENVERZEICHNIS DES DEUTSCHEN GEMEINDETAGES.
*Berlin: Deutscher Gemeindetag 1935. 23 S.*

279 1936: DIE DEUTSCHE GEMEINDE. Ausstellung Berlin, 7. Juni bis 21. Juni 1936. Amtlicher Führer. Veranstalter: Deutscher Gemeindetag und die Gemeinnützige Berliner Ausstellungs-, Messe- und Fremdenverkehrs-GmbH.
*Berlin: Union Deutsche Verlagsgesellschaft 1936. 224 S.*

280 (1.) TAGUNG DER VORSTÄNDE DES DEUTSCHEN GEMEINDETAGES und seiner Landes- und Provinzialdienststellen in BERLIN am 6. Juni 1936.
*Berlin: Deutscher Gemeindetag 1936. 66 S.*

281 1936: GESCHÄFTSVERTEILUGNSPLAN DER GESCHÄFTSSTELLE DES DEUTSCHEN GEMEINDETAGES.
*Berlin: Deutscher Gemeindetag 1936. 15 S.*
(Siehe auch Lfd. Nr. 284 und 288)

282 1937: (2.) TAGUNG DER VORSTÄNDE DES DEUTSCHEN GEMEINDETAGES und seiner Landes- und Provinzialdienststellen in BERLIN am 7. und 8. April 1937.
*Berlin: Deutscher Gemeindetag 1937. 53 S.*

283 1938: WEGWEISER UND GESAMTVERZEICHNIS DER DEUTSCHEN GEMEINDEN (ab 3 000 Einwohner). Hrsg. auf Grund des Archivmaterials des Deutschen Gemeindetages. 1. Ausg. Jahrgang 1937/38.
*Berlin: O. Elsner Verlagsges. 1938. 342 S.*

284 GESCHÄFTSVERTEILUNGSPLAN DER GESCHÄFTSSTELLE DES DEUTSCHEN GEMEINDETAGES.
*Berlin: Deutscher Gemeindetag 1938. 19 S.*
(Siehe auch Lfd. Nr. 281 und 288)

285 (3.) TAGUNG DER VORSTÄNDE DES DEUTSCHEN GEMEINDETAGES und seiner Landes- und Provinzialdienststellen in BERLIN am 14. und 15. Juni 1938.
*Berlin: Deutscher Gemeindetag 1938. 29 S.*

Lfd. Nr.

286  1939: KNIEPMEYER, FRITZ / HANS RICHTER
Die Wasserversorgung durch die Gemeinden. Erläuterungen zur Mustersatzung des Deutschen Gemeindetages über den Anschluß an die öffentlichen Wasserleitungen und über die Abgabe von Wasser nach § 18 der Deutschen Gemeindeordnung.
*Stuttgart: Kohlhammer 1939. 168 S.*
(= Das Recht der öffentlichen Betriebe. Bd 2)

287  1939/41: DEUTSCHES STÄDTEBUCH. Handbuch städtischer Geschichte. Im Auftrag der Konferenz der landesgeschichtlichen Kommission Deutschlands mit Unterstützung des Deutschen Gemeindetages hrsg. von Erich Keyser. Bd 1: Nordostdeutschland. 1939. 911 S. Bd 2: Mitteldeutschland. 1941. 762 S.
*Stuttgart: Kohlhammer.*

288  1941: GESCHÄFTSVERTEILUNGSPLAN DER GESCHÄFTSSTELLE DES DEUTSCHEN GEMEINDETAGES.
*Berlin: Deutscher Gemeindetag 1941. 39 S.*
(Siehe auch Lfd. Nr. 281 und 284)

289  1942: ORGANISATIONSPLAN DES DEUTSCHEN GEMEINDETAGES.
*Berlin: Deutscher Gemeindetag 1942. 10 S.*

290  1946: DRITTE INTERZONALE STÄDTEKONFERENZ IN STUTTGART, Schloß Hohenheim am 15. und 16. November 1946. Stenographisches Protokoll. Hrsg. vom Deutschen Städtetag.
*Stuttgart: Kohlhammer 1946. 128 S.*

291  1947: DIE SOZIALE UND GESUNDHEITLICHE LAGE IN DEUTSCHLAND. Vorträge und Entschließung auf der Tagung des 2. Hauptausschusses des Deutschen Städtetages zu Goslar am 18. Juli 1947.
*Berlin, München: Urban & Schwarzenberg 1947. 47 S.*
(= Fürsorge und Sozialreform, Reihe B: Aufbau und Ausbau. Heft 8)

292  1948: ERSTE HAUPTVERSAMMLUNG UND ERSTER STÄDTEKONGRESS 20. Mai 1948, FRANKFURT A.M., Paulskirche.
*Köln: Deutscher Städtetag 1948. 77 S.*
(= Deutscher Städtetag. Tagungsberichte)

Lfd. Nr.

293 GEMEINDEN UND GRUNDGESETZ. Finanzlage der Städte. Kommunale Kulturpflege und Völkerverständigung. Tagungsberichte. 5. Sitzung des Hauptausschusses des Deutschen Städtetages, 23. Oktober 1948, Münster i.W.
*Köln: Deutscher Städtetag 1948. 70 S.*

294 1949: FORDERUNGEN ZUM WOHNUNGSBAU. Die Nürnberger Beschlüsse des Deutschen Städtetages. (6. Hauptausschuß des Deutschen Städtetages am 25. 3. 1949 in Nürnberg).
*Köln: Deutscher Städtetag 1949. 16 S.*

295 KOMMUNALKREDIT UND KOMMUNALE KREDITINSTITUTE. (Vorgebunden: Unsere Städte vor dem Problem der Heimatlosen). Tagungsberichte. 2. Hauptversammlung des Deutschen Städtetages, 1. und 2. Juli 1949, Lübeck.
*Köln: Deutscher Städtetag 1949. 123 S.*
(Siehe auch Lfd. Nr. 297)

296 SOZIALER WOHNUNGSBAU. Tagungsberichte. 6. Sitzung des Hauptausschusses, 25. März 1949, Nürnberg.
*Köln: Deutscher Städtetag 1949. 48 S.*

297 DIE STÄDTE VOR DEM PROBLEM DER HEIMATLOSEN. Berichte für die 2. Hauptversammlung des Deutschen Städtetages, 1. und 2. Juli 1949, Lübeck.
*Köln: Deutscher Städtetag 1949. 67 S.*
(Siehe auch Lfd. Nr. 295)

298 RAPPAPORT, PHILIPP
Wiederaufbau und Neubau von Wohnungen. Vortrag, gehalten auf der 6. Hauptausschußsitzung des Deutschen Städtetages in Nürnberg am 25. März 1949.
*Lüdenscheid: Lüdenscheider Verlags-Druckerei Ehmer 1949. 16 S.*

299 1950: DER NEUAUFBAU UNSERER STÄDTE. Vorträge und Aussprachen im Hauptausschuß des Deutschen Städtetages. Tagungsberichte. 7. Sitzung des Hauptausschusses, Öffentlicher Teil. 10. und 11. März 1950, Berlin.
*Köln: Deutscher Städtetag 1950. 96 S.*

| Lfd. Nr. | |
|---|---|
| 300 | DIE STÄDTISCHEN FINANZEN IN GEFAHR. Vorträge und Aussprache im Hauptausschuß des Deutschen Städtetages. Tagungsberichte. 8. Sitzung des Hauptausschusses gemeinsam mit einer Abordnung des Deutschen Städtebundes. Öffentlicher Teil, 28. September 1950, Bonn.<br>*Köln: Deutscher Städtetag 1950. 67 S.* |
| 301 | UNSERE STÄDTE UND IHRE JUGEND. Bericht über die 3. Hauptversammlung des Deutschen Städtetages, Köln, 30. 6. und 1. 7. 1950.<br>*Göttingen: Schwartz 1950. 416 S.* |
| 302 | 1951: KULTURHANDBUCH DEUTSCHER STÄDTE. Ämter, Theater, Orchester, Vermittler, Kunstschulen, Museen, Akademien, Kunsthandlungen, Verlage, Büchereien, Puppenbühnen, Filmtheater, Volkshochschulen, Wissenschaft. Hrsg. Deutscher Städtetag und Notgemeinschaft der Deutschen Kunst.<br>*Köln: Deutscher Städtetag 1951. 103 S.* |
| 303 | 1952: LEITSÄTZE ZUR KOMMUNALEN KULTURARBEIT. Stuttgarter Richtlinien. Nach Billigung durch Präsidium und Hauptausschuß abschließend festgelegt in der 15. Sitzung des Kulturausschusses des Deutschen Städtetages in Stuttgart am 18./19. 1. 1952.<br>*Köln: Deutscher Städtetag 1952. 12 S.* |
| 304 | 1953: MEWES, BERNHARD<br>Schul- und Kulturpflege der Gemeinden im Zahlenbild. Vorbericht für die Hauptversammlung 1953 in Hamburg.<br>*Köln: Deutscher Städtetag 1953. 15 S.* |
| 305 | RÜCKKEHR ZUR VERBUNDENEN STEUERWIRTSCHAFT.<br>*Köln: Deutscher Städtetag 1953. 27 S.* |
| 306 | 1954: DIE GEISTIGE VERANTWORTUNG DER STÄDTE. Schul- und kulturpolitischer Teil der 6. Hauptversammlung des Deutschen Städtetages in Hamburg am 25./26. September 1953.<br>*Köln: Deutscher Städtetag 1954. 111 S.* |

Lfd. Nr.

307  ERHARD, HEIRNICH
Aus der Geschichte der Städtereinigung.
*Stuttgart, Köln: Kohlhammer 1954. 68 S.*
(Erweiterter Sonderdruck aus „Der Städtetag", Jg. N.F.
6/1953, SS. 184, 324—325, 383—385, 431—432, 642—644/
Jg. N.F. 7/1954, SS. 91—92, 188—190, 401—402)

308  1955: ZIEBILL, OTTO
Geschichte des Deutschen Städtetages. Fünfzig Jahre deutsche Kommunalpolitik. Hrsg. vom Deutschen Städtetag unter Mitwirkung des Vereins zur Pflege kommunalwissenschaftlicher Aufgaben e.V. 1. Aufl.
*Stuttgart, Köln: Kohlhammer 1955. 399 S.*
(Siehe auch Lfd. Nr. 312)

309  DIE DEUTSCHE STADT IM BILD. Städtebilder vom 15. bis zum 20. Jahrhundert im Haus des Deutschen Kunsthandwerks, Frankfurt a.M. vom 10. Juni bis 10. Juli 1955. Ausstellungskatalog. Veranstaltung des Deutschen Städtetages in Verbindung mit der Stadt Frankfurt a.M. aus Anlaß der Jubiläumstagung des Deutschen Städtetages. Bearb. von Curt Gravenkamp.
*Frankfurt/M.: Stadtverwaltung 1955. 60 S., 14 Abb.*

310  KOMMUNALE KULTURPFLEGE IN DEUTSCHLAND. Dem XII. Internationalen Gemeindekongreß, Rom, 26. 9.—1. 10. 1955, überreicht vom Deutschen Städtetag.
*Köln: Deutscher Städtetag 1955. 16 S.*

311  1956: GEWERBESTEUERSENKUNG? Hrsg. vom Deutschen Städtetag.
*Köln: Deutscher Städtetag 1956. 30 S.*

312  ZIEBILL, OTTO
Geschichte des Deutschen Städtetages. Fünfzig Jahre deutsche Kommunalpolitik. Hrsg. vom Deutschen Städtetag unter Mitwirkung des Vereins zur Pflege kommunalwissenschaftlicher Aufgaben e.V. 2. Aufl.
*Stuttgart, Köln: Kohlhammer 1956. 409 S.*
(Siehe auch Lfd. Nr. 308)

Lfd. Nr.

313 RICHTLINIEN FÜR DIE SCHAFFUNG VON ERHOLUNGS-, SPIEL- UND SPORTANLAGEN IN STÄDTEN. 1. Fassung.
*Köln: Deutscher Städtetag / Düsseldorf: Deutscher Städtebund / Frankfurt a. M.: Arbeitsgemeinschaft Deutscher Sportämter / Köln: Übungsstätten-Beratungsstelle des Deutschen Sportbundes 1956. 4 S.*
(Siehe auch Lfd. Nr. 334 und 357)

314 1959: STÄDTISCHE SELBSTVERWALTUNG IN DEUTSCHLAND; Municipal Selfgovernment in Germany; Autonomic Communale en Allemagne. 1. Aufl.
*Köln: Deutscher Städtetag 1959. 40 S.*
(Sonderdruck aus „Der Städtetag", Jg. N.F. 12/1959, Heft 6, Seite 257—294).
(Siehe auch Lfd. Nr. 323 und 324)

315 1961: DER VERKEHR AUF DEN STADTSTRASSEN. Ergebnisse der Verkehrszählung des Deutschen Städtetages auf Stadtstraßen im Jahre 1958.
*Bad Godesberg: Kirschbaum 1961. 20 S., 56 Ktn.*
(= Forschungsarbeiten aus dem Straßenwesen. N.F. Heft 54)

316 1962: FÖRST, WALTER (Bearb.)
Chaos oder Ordnung auf unseren Straßen?
*Köln: Deutscher Städtetag 1962. 80 S.*

317 DIE VERKEHRSPROBLEME DER STÄDTE. Denkschrift des Deutschen Städtetages. Vorgelegt der Sachverständigenkommission für eine Untersuchung der Verkehrsverhältnisse der Gemeinden.
*Köln: Deutscher Städtetag 1962. 99 S.*

318 TAMMS, FRIEDRICH
Die Verkehrsproblematik der Städte mit gesonderter Darstellung der Tiefbahnprobleme. Denkschrift des Deutschen Städtetages. Entwurf.
*Köln: Deutscher Städtetag 1962. 74 S.*

319 SCHNEIDER, WOLF
Unser Sorgenkind ... die Stadt. Hrsg. vom Deutschen Städtetag. 1. Ausg. (Entwurfsausgabe).
*München: Süddeutscher Verlag 1962. 32 Blatt*
(Siehe auch Lfd. Nr. 322)

Lfd. Nr.

320   1963: ERBEL, ALFONS
Sperrmüllabfuhr. Ergebnis einer vom Deutschen Städtetag im Einvernehmen mit dem Verband Kommunaler Fuhrparks- und Stadtreinigungsbetriebe im Jahre 1962 durchgeführten Umfrage.

*Köln: Deutscher Städtetag 1963. 15 S.*

321        POCKENALARMPLAN.

*Köln: Deutscher Städtetag 1963. getr. Pag.*

322        SCHNEIDER, WOLF
Unser Sorgenkind ... die Stadt. Hrsg. vom Deutschen Städtetag. 2. Ausg.

*München: Süddeutscher Verlag 1963. 32 Blatt*
(Siehe auch Lfd. Nr. 319)

323   1964: STÄDTISCHE SELBSTVERWALTUNG IN DEUTSCHLAND; Municipal Selfgovernment in Germany; Autonomic Communale en Allemagne. 2. Aufl.

*Köln: Deutscher Städtetag 1964. 40 S.*
(Sonderdruck aus „Der Städtetag", N.F. Jg. 12/1959, Heft 6, Seite 257—294).
(Siehe auch Lfd. Nr. 314 und 324)

324   1965: STÄDTISCHE SELBSTVERWALTUNG IN DEUTSCHLAND; Municipal Selfgovernment in Germany; Autonomie Communale en Allemagne. 3. Aufl.

*Köln: Deutscher Städtetag 1965. 40 S.*
(Sonderdruck aus „Der Städtetag", Jg. N.F. 12/1959, Heft 6, Seite 257—294).
(Siehe auch Lfd. Nr. 314 und 323)

325        GRUNDBESTIMMUNGEN FÜR DIE QUALITÄT VON SCHULMÖBELN. Hrsg. vom Deutschen Städtetag, der Ständigen Konferenz der Kultusminister der Länder in der Bundesrepublik Deutschland — Unterausschuß für Fragen des Schulbaues —, der Gewerkschaft Erziehung und Wissenschaft (GEW) und dem Fachverband der Deutschen Schulmöbelindustrie e.V.

*Wiesbaden: Fachverband der Deutschen Schulmöbelindustrie 1965. 14 S.*

Lfd. Nr.

326 1966: BEER, RÜDIGER ROBERT
Kommunale Kulturarbeit in Europa. Vorbericht für ein Seminar des CCC, Genf, Mai 1966.
*Köln: Deutscher Städtetag 1966. 86 S.*

327 WERNER,
Die Organisation des Unterrichtswesens in Frankreich. Vortrag anläßlich der 29. Tagung des Schulausschusses des Deutschen Städtetages in Kehl am 27. 6. 1966.
*Köln: Deutscher Städtetag 1966. 17 S.*

328 BLISSENBACH, DIETER
Bibliographie zur Finanz-/Steuerreform. 1. Aufl., Stand Dezember 1965.
*Köln: Deutscher Städtetag 1966. 15 S.*
(Siehe auch Lfd. Nr. 333 und 219)

329 BLISSENBACH, DIETER
Bibliographie Dr. Fritz Elsas.
*Köln: Deutscher Städtetag 1966. 6 S.*

330 1967: STÄDTE UND SCHULEN.
*Köln: Deutscher Städtetag 1967. 48 S.*

331 DARSTELLUNGSBEISPIELE FÜR BEBAUUNGSPLÄNE nach der Planzeichenverordnung vom 19. Januar 1965 (BGBl. I, S. 21). 1. Ausg.
*Köln: Deutscher Städtetag 1967. Mappe mit einem Deckblatt und 6 Karten.*
(Siehe auch Lfd. Nr. 349)

332 WIRTSCHAFTLICHE UNTERNEHMEN DER STÄDTE IN DEUTSCHLAND. (Deutsch, englisch, französisch).
*Köln: Deutscher Städtetag; Verband kommunaler Unternehmen; Verband öffentlicher Verkehrsbetriebe 1967. 65 S.*

333 BLISSENBACH, DIETER
Bibliographie zur Finanz-/Steuerreform. 2. Aufl., Stand Mai 1967.
*Köln: Deutscher Städtetag 1967. 18 S.*
(Siehe auch Lfd. Nr. 328 und 219)

| Lfd. Nr. | | |
|---|---|---|
| 334 | | RICHTLINIEN FÜR DIE SCHAFFUNG VON ERHOLUNGS-, SPIEL- UND SPORTANLAGEN IN GEMEINDEN mit 5000 und mehr Einwohnern. II. Fassung. |

*Köln: Deutscher Städtetag / Düsseldorf: Deutscher Städtebund / Frankfurt a. M.: Arbeitsgemeinschaft Deutscher Sportämter / Köln: Übungsstätten-Beratungsstelle des Deutschen Sportbundes 1967. 12 S.*
(Siehe auch Lfd. Nr. 313 und 357)

335    1968: REFORM DER GEMEINDEFINANZEN 1969.

*Köln: Deutscher Städtetag 1968. 32 S.*

336    RASENACK, OTTO / WALTER WOWRA
Schlachthofgutachten. Auszug aus dem Gutachten zur Durchführung einer Untersuchung über Kapazität, Standort und Einordnung von Schlachthofanlagen in der Bundesrepublik einschließlich Berlin.

*Köln: Deutscher Städtetag 1968. 133 S.*

337    GEMEINDEFINANZREFORM. Material für die Beratung im Rechtsausschuß, Finanzausschuß, Ausschuß für Kommunalpolitik, Raumordnung, Städtebau und Wohnungswesen des Deutschen Bundestages.

*Köln: Deutscher Städtetag 1968. getr. Pag.*

338    BLISSENBACH, DIETER
Der internationale Bereich. Aufsätze und Berichte aus „Der Städtetag" 1948—1967. Literaturzusammenstellung.

*Köln: Deutscher Städtetag 1968. 21 S.*

339    1969: DIE STÄDTE IN DER STRUKTURPOLITIK. Thesen des Deutschen Städtetages.

*Köln: Deutscher Städtetag 1969. 10 S.*

340    GRÜNFLÄCHENBEDARF, PARKANLAGEN. Katalog dringlicher Forschungsaufgaben. Zusammenstellung und Federführung: Fritz Jantzen.

*Köln/Dortmund: Deutscher Städtetag, Konferenz der Gartenbauamtsleiter, Arbeitsgruppe Grünflächenbedarf 1969. 42 S.*
(Siehe auch Lfd. Nr. 350)

Lfd. Nr.

341 1970: DER DEUTSCHE STÄDTETAG ZUM STRUKTURPLAN DER BILDUNGSKOMMISSION.
*Köln: Deutscher Städtetag 1970. 31 S., Anh.*

342 HOCHSCHULPLANUNG UND STADTPLANUNG. 4. Kolloquium der Hochschulstädte am 26./27. Oktober 1970. Referate und Diskussion.
*Köln: Deutscher Städtetag 1970. 94 S.*

343 1971: DAS KLEINGARTENWESEN ALS TEIL DER STADTENTWICKLUNG. Untersuchung über den Strukturwandel, Grundsätze und Tendenzen.
*Köln (Duisburg): Deutscher Städtetag, Konferenz der Gartenbauamtsleiter, Arbeitsgruppe Kleingartenwesen 1971. 21 S.*

344 VERKEHR AUF STADTSTRASSEN. Straßenverkehrszählung des Deutschen Städtetages 1965. GESAMTBAND BUNDESGEBIET. Bearb. von Friedrich Lüdke.
*Köln: Deutscher Städtetag 1971. 47 S., 22 Tab., 68 Ktn.*

345 VERKEHR AUF STADTSTRASSEN. Straßenverkehrszählung des Deutschen Städtetages 1965. TEILBAND NORD mit den Ländern Schleswig-Holstein, Niedersachsen, Hamburg, Bremen. Bearb. von Friedrich Lüdke.
*Köln: Deutscher Städtetag 1971. 47 S., 22 Tab., 15 Ktn.*

346 VERKEHR AUF STADTSTRASSEN. Straßenverkehrszählung des Deutschen Städtetages 1965. TEILBAND SÜD mit den Ländern Baden-Württemberg, Rheinland-Pfalz, Saarland, Hessen, Bayern. Bearb. von Friedrich Lüdke.
*Köln: Deutscher Städtetag 1971. 47 S., 22 Tab., 28 Ktn.*

347 VERKEHR AUF STADTSTRASSEN. Straßenverkehrszählung des Deutschen Städtetages 1965. TEILBAND WEST mit dem Land Nordrhein-Westfalen. Bearb. von Friedrich Lüdke.
*Köln: Deutscher Städtetag 1971. 47 S., 22 Tab., 26 Ktn.*

348 1972: LUDMANN, HARALD
Fußgängerbereiche in deutschen Städten. Beispiele und Hinweise für die Planung. Zusammengestellt von der Plenarzusammenkunft des Deutschen Städtetages.
*Köln: Deutscher Gemeindeverlag; Kohlhammer 1972. 112 S.*

Lfd. Nr.

349 DARSTELLUNGSBEISPIELE FÜR BEBAUUNGSPLÄNE. Hrsg. vom Deutschen Städtetag. 2. Ausgabe.

*Köln: Deutscher Städtetag 1972. 6 Karten in Schlaufe.*
(Siehe auch Lfd. Nr. 331)

350 1973: GRÜNFLÄCHENBEDARF, PARKANLAGEN. Katalog dringlicher Forschungsaufgaben. Zusammenstellung und Federführung: Fritz Jantzen. 2. Aufl.

*Köln/Dortmund: Deutscher Städtetag, Konferenz der Gartenbauamtsleiter, Arbeitsgruppe Grünflächenbedarf 1973. 40 S. 1 Kt.*
(Siehe auch Lfd. Nr. 340)

351 1974: KOMMUNALE ENTWICKLUNGSPLANUNG: SCHULENTWICKLUNGSPLANUNG. Grundlieferung.

*Berlin, Köln: Deutsches Institut für Urbanistik;*
*Köln: Deutscher Städtetag 1974.* (Loseblatt-Sammlung).
(= Deutsches Institut für Urbanistik. Arbeitshilfe 1).
(Siehe auch Lfd. Nr. 353)

352 BARTLSPERGER, RICHARD
Die Werbenutzungsverträge der Gemeinden. Hrsg. vom Deutschen Städtetag.

*Stuttgart: Kohlhammer 1975. 154 S.*

353 KOMMUNALE ENTWICKLUNGSPLANUNG: SCHULENTWICKLUNGSPLANUNG. 1. Erg.-Lief.: Juni 1975.

*Berlin, Köln: Deutsches Institut für Urbanistik;*
*Köln: Deutscher Städtetag 1975.* (Loseblatt-Sammlung).
(= Deutsches Institut für Urbanistik. Arbeitshilfe 1).
(Siehe auch Lfd. Nr. 351)

354 1976: SEELING, AUGUST
25 Jahre für die Kultur. August Seeling im Kulturausschuß des Deutschen Städtetages.

*Köln: Deutscher Städtetag 1976. 20 S.*

355 FAHRPREISE IM ÖFFENTLICHEN PERSONENNAHVERKEHR. Empfehlungen für die Gestaltung von Tarifen im öffentlichen Personennahverkehr.

*Köln: Deutscher Städtetag;*
*Köln: Verband öffentlicher Verkehrsbetriebe 1976. 24 S.*

Lfd. Nr.

356 KOMMUNALE GEBÜHRENHAUSHALTE. Teil 1: Kalkulationsverhalten und Deckungsgrade. Berichtsband. Bearb. von Engelbert Münstermann, Bernd Wrobel, Gerhard Zabel unter Mitarbeit von Stefan Depiereux und Jürgen Hoog. 128 S. / Teil 2: Kalkulationsverhalten und Deckungsgrade. Datenband. Zusammengestellt von Jürgen Hoog und Bernd Wrobel. 337 S. / Teil 3: Kalkulatorische Zinsen. Von Bernd Wrobel. 94 S.

*Berlin/Köln: Deutsches Institut für Urbanistik; Köln: Deutscher Städtetag 1976.*

357 RICHTLINIEN FÜR DIE SCHAFFUNG VON ERHOLUNGS-, SPIEL- UND SPORTANLAGEN. III. Fassung.

*Frankfurt/M.: Deutsche Olympische Gesellschaft / Köln: Deutscher Städtetag / Düsseldorf: Deutscher Städte- und Gemeindebund / Bonn: Deutscher Landkreistag / Frankfurt/M.: Deutscher Sportbund 1976. 36 S.*
(Siehe auch Lfd. Nr. 313 und 334)

358 1977: LÄRM IN DER STADT. Bericht über die Veranstaltung des Deutschen Instituts für Urbanistik in Zusammenarbeit mit dem Siedlungsverband Ruhrkohlenbezirk und dem Deutschen Städtetag am 29. und 30. November in Essen.

*Berlin / Köln: Deutsches Institut für Urbanistik; Essen: Siedlungsverband Ruhrkohlenbezirk; Köln: Deutscher Städtetag 1977. 236 S.*

359 VERGABE VON PFLEGE- UND UNTERHALTUNGSARBEITEN FÜR STÄDTISCHE GRÜNFLÄCHEN AN UNTERNEHMEN DES GARTEN- UND LANDSCHAFTSBAUES. Beschlossen von der Ständigen Konferenz der Gartenbauamtsleiter beim Deutschen Städtetag am 21./22. 9. 1977.

*Köln / Dortmund: Ständige Konferenz der Gartenbauamtsleiter beim Deutschen Städtetag 1977. 33 Bl.*

360 HOCHSCHULPLANUNG UND STADTENTWICKLUNG. Eine Erhebung in 60 Hochschulstädten. Von Hans-Jürgen Franke, Manfred Herrmann, Heiner Janssen, Helmut Lange, Klaus Uhlig.

*Berlin/Köln: Deutsches Institut für Urbanistik; Köln: Deutscher Städtetag 1977. 384 S.*

Lfd. Nr.

361 1978: ÖFFENTLICHER PERSONENNAHVERKEHR, Investitionen — Bauleistungen — Erfolge 1967-1976. Eine Zwischenbilanz zum Förderungsprogramm des Gemeindeverkehrsfinanzierungsgesetzes.

*Köln: Verband öffentlicher Verkehrsbetriebe; Köln: Deutscher Städtetag 1978. 104 S.*

362 1980: KOMMUNALER INVESTITIONSBEDARF BIS 1990. Grundlagen, Probleme, Perspektiven. Von Michael Bretschneider, Friedrich Döpping, Klaus Adolf Gerlach, Richard Rudolf Klein, Nizan Rauch und Michael Reidenbach.

*Berlin/Köln: Deutsches Institut für Urbanistik; Köln: Deutscher Städtetag 1980. 232 S.*
(Siehe auch Lfd. Nr. 152 und 159)

## V. Verschiedenes

Lfd. Nr.

363 1) TASCHENKALENDER ... (mit Einsteck-Beilage wechselnder Thematik).
*Köln: Deutscher Städtetag.*
1. Ausg. 1964 ff. (jährlich)

364 2) DEUTSCHER STÄDTETAG / Association of German Cities and Towns / Union des Villes Allemagnes. (Prospekt)
*Köln: Deutscher Städtetag.*
1. Ausg. 1962. Leporello
2. Ausg. 1967. Leporello

365 DEUTSCHER STÄDTETAG. (Prospekt)
*Köln: Deutscher Städtetag.*
1. Ausg. 1964. Leporello
2. Ausg. 1967. Leporello
3. Ausg. 1969. Leporello

366 DEUTSCHER STÄDTETAG. Aufgaben, Organisation, Mitglieder. (Prospekt)
*Köln: Deutscher Städtetag 1980.* Leporello

367 GERMAN ASSOCIATION OF CITIES / Deutscher Städtetag. Objects, Organization, Members. (Prospekt)
*Köln: Deutscher Städtetag 1980.* Leporello

368 UNION DES VILLES ALLEMANDES / Deutscher Städtetag. Tâches, Organisation, Membres. (Prospekt)
*Köln: Deutscher Städtetag 1980.* Leporello

369 UNIÃO ALEMÃ DOS MUNICÌPIOS. Tarefas, Organização, Membros. (Prospekt)
*Köln: Deutscher Städtetag 1980.* Leporello

370 3) HEUTE GUT, ABER MORGEN NOCH BESSER LEBEN ... Text: Stefan Schnell; Redaktion und Gestaltung: Jost Torbohm.
*Köln: Deutscher Städtetag 1968.* Leporello

Lfd. Nr.

371 4) STATISTIK IN DER BRIEFTASCHE.
*Köln: Deutscher Städtetag.*
1. Ausg. 1967. 16 S.
2. Ausg. 1969. 20 S.

372 5) ZAHLENSPIEGEL DEUTSCHER STÄDTE. Ausgewählte Strukturdaten der unmittelbaren Mitgliedstädte des Deutschen Städtetages.
*Köln: Deutscher Städtetag.*
1. Ausg. 1971. 20 S.
2. Ausg. 1973. Leporello
3. Ausg. 1975. Leporello

373 6) WOHNUNGSWIRTSCHAFTLICHE DATEN. Wohnungspolitische Fachkonferenz am 4. und 5. März 1980 in München. Zusammengestellt in der Statistischen Abteilung des Deutschen Städtetages nach Unterlagen des Statistischen Bundesamtes.
*Köln: Deutscher Städtetag 1980.* Leporello

374 7) MILLIONENSTÄDTE DER WELT UND GROSSSTÄDTE DER BUNDESREPUBLIK DEUTSCHLAND. Zusammengestellt in der Statistischen Abteilung des Deutschen Städtetages nach Unterlagen des Statistischen Bundesamtes.
*Köln: Deutscher Städtetag 1980.* Leporello